BIKER CHICZ VON NORDAMERIKA

Von

Edward Winterhalder & Wil De Clercq

BLOCKHEAD CITY
Jenison, Michigan

Herausgegeben von Blockhead City, PO Box 145, Jenison MI 49429.

Frontcover-Konzept und Innendesign von Barb Gunia bei Sans Serif Inc.

Cataloging-in-Publication-Daten des Verlags

Winterhalder, Edward, 1955 -
Biker chicz of north america

DeClercq, Wil, 1948 -
Biker chicz of north America

1: Women Motorcycle Riders—Nonfiction. 2. Women Motorcyclists—Nonfiction. 3. Motorcyclists—Nonfiction. 4. Motorcycle Riders—Nonfiction 5. Harley Riders—Nonfiction. 6. Bikers—Nonfiction. 7. Women—Biography. 8. Women—History. 9. Winterhalder, Edward. 10. De Clercq, Wil

I. Title: Biker chicz of north america

ISBN: 979-8-4771416-6-1

Taschenbuch: Oktober 2024   1. Auflage

EDWARD WINTERHALDER BÜCHER

AUF NIEDERLÄNDISCH:

De Assimilatie: Rock Machine Wordt Bandidos – Bikers Verenigd Tegen De Hells Angels by Edward Winterhalder & Wil De Clercq (2023)

AUF ENGLISCH:

A Wild Ride In The Fast Lane: A Collection Of True Stories And Tall Tales From My Life As An Outlaw Biker by Edward Winterhalder (2025)

Real Bikers Of North America: Men Who Rode With An Outlaw Motorcycle Club by Edward Winterhalder (2025)

Searching For My Identity (Vol 1): The Chronological Evolution Of A Troubled Adolescent To Outlaw Biker by Edward Winterhalder (2022)

Searching For My Identity (Vol 2): The Chronological Evolution Of An Outlaw Biker On The Road To Redemption by Edward Winterhalder (2022)

The Blue and Silver Shark: A Biker's Story (Book 5 in the Series) by Edward Winterhalder & Marc Teatum (2015)

Biker Chicz: The Attraction of Women To Motorcycles And Outlaw Bikers by Edward Winterhalder & Wil De Clercq (2014)

The Ultimate Biker Anthology: An Introduction to Books About Motorcycle Clubs And Outlaw Bikers by Edward Winterhalder & Iain Parke (2013)

The Moon Upstairs: A Biker's Story (Book 4 in the Series) by Edward Winterhalder & Marc Teatum (2012). Based on an original concept by Wil De Clercq

One Light Coming: A Biker's Story (Book 3 in the Series) by Edward Winterhalder & Marc Teatum (2011)

Biker Chicz of North America by Edward Winterhalder & Wil De Clercq (2010)

The Mirror: A Biker's Story (Book 2 in the Series) by Edward Winterhalder & James Richard Larson (2010)

Biker Chicks: The Magnetic Attraction of Women to Bad Boys and Motorbikes by Edward Winterhalder, Wil De Clercq & Arthur Veno (2009)

All Roads Lead to Sturgis: A Biker's Story (Book 1 in the Series) by Edward Winterhalder & James Richard Larson (2009)

The Assimilation: Rock Machine Become Bandidos – Bikers United Against the Hells Angels by Edward Winterhalder & Wil De Clercq (2008)

Out in Bad Standings: Inside the Bandidos Motorcycle Club – The Making of a Worldwide Dynasty by Edward Winterhalder (2005)

AUF FRANZÖSISCH:

Une Course Folle Sur La Voie Rapide: Recueil Histoires Vraies Et Récits Fantastiques Tirées De Ma Vie De Motard Hors-La-Loi by Edward Winterhalder (2025)

Vrais Motards D'Amérique Du Nord: Les Hommes Qui Ont Roulé Avec Un Club De Motards Hors-La-Loi by Edward Winterhalder (2025)

Tous Les Chemins Menent A Sturgis: Une Histoire De Motard (Livre 1 de la Serie) by Edward Winterhalder & James Richard Larson (2023)

Le Miroir: Une Histoire De Motard (Livre 2 De La Serie) by Edward Winterhalder & James Richard Larson (2023)

Un Lumière Venant: Une Histoire De Motard (Livre 3 De La Serie) by Edward Winterhalder & Marc Teatum (2023)

La Lune À L'étage: Une Histoire De Motard (Livre 4 De La Serie) by Edward Winterhalder & Marc Teatum (2023)

Le Requin Bleu Et Argent: Une Histoire De Motard (Livre 5 De La Serie) by Edward Winterhalder & Marc Teatum (2023)

Recherche De Mon Identité (Vol 1): L'évolution Chronologique D'un Adolescent Troublé Au Motard Hors-la-loi by Edward Winterhalder (2022)

Recherche De Mon Identité (Vol 2): L'évolution Chronologique D'un Motard Hors-la-loi Sur La Route De La Rédemption by Edward Winterhalder (2022)

L'Assimilation: Rock Machine Devient Bandidos - Bikers United Contre Les Hells Angels by Edward Winterhalder & Wil De Clercq (2021)

Motarde Femmes: L'Attirance Des Femmes Pour Les Motos Et Les Motards Hors-La-Loi by Edward Winterhalder & Wil De Clercq (2021)

L'Ultime Anthologie Biker: Une Introduction Aux Livres Sur Les Clubs De Motards Et Les Motards Hors-La-Loi by Edward Winterhalder & Iain Parke (2021)

Biker Chicz D'Amérique Du Nord by Edward Winterhalder & Wil De Clercq (2021)

L'Assimilation: Rock Machine & Bandidos Contre Hells Angels by Edward Winterhalder & Wil De Clercq (2009)

AUF DEUTSCH:

Eine Wilde Fahrt Auf Der Überholspur: Eine Sammlung Wahrer Geschichten Und Fabeln Aus Meinem Leben Als Outlaw-Biker by Edward Winterhalder (2025)

Echte Biker Von Nordamerika: Männer Die Mit Einem Outlaw-Motorradclub Fuhren by Edward Winterhalder (2025)

Alle Wege Führen Nach Sturgis: Die Geschichte Eines Bikers (Buch 1 Der Reihe) by Edward Winterhalder & James Richard Larson (2023)

Der Spiegel: Die Geschichte Eines Bikers (Buch 2 Der Reihe) by Edward Winterhalder & James Richard Larson (2023)

Ein Licht Kommt: Die Geschichte Eines Bikers (Buch 3 Der Reihe) by Edward Winterhalder & Marc Teatum (2023)

Der Mond Nach Oben: Die Geschichte Eines Bikers (Buch 4 Der Reihe) by Edward Winterhalder & Marc Teatum (2023)

Der Blau Und Silber Hai: Die Geschichte Eines Bikers (Buch 5 Der Reihe) by Edward Winterhalder & Marc Teatum (2023)

Auf Der Suche Nach Meiner Identität (Band 1): Die Chronologische Entwicklung Eines Schwierigen Jugendlichen Zum Outlaw Biker by Edward Winterhalder (2022)

Auf Der Suche Nach Meiner Identität (Band 2): Die Chronologische Entwicklung Eines Outlaw Biker Auf Dem Weg Zur Vergebung by Edward Winterhalder (2022)

Die Übernahme: Von Der Rock Machine Zu Den Bandidos Der Bikerkrieg In Kanada by Edward Winterhalder & Wil De Clercq (2021)

Biker Frauen: Die Anziehungskraft Von Frauen Auf Motorräder Und Outlaw-Bikers by Edward Winterhalder & Wil De Clercq (2021)

Die Ultimativ Biker-Anthologie: Eine Einführung in Bücher über Motorradclubs & Outlaw Biker by Edward Winterhalder & Iain Parke (2021)

Biker Chicz Von Nordamerika by Edward Winterhalder & Wil De Clercq (2021)

Die Ubernahme: Von Der Rock Machine Zu Den Bandidos – Der Bikerkrieg In Kanada by Edward Winterhalder & Wil De Clercq (2010)

AUF JAPANISCH:

自分の正体を求めて(第1巻)：悩み多き青少年からアウトロー・バイカーへの経時的進化 by Edward Winterhalder (2024)

自分の正体を求めて (第2巻)：贖罪への道を歩むアウトロー・バイカーの経時的進化 by Edward Winterhalder (2024)

AUF SPANISCH:

Un Viaje Salvaje Por El Carril Rápido: Una Recopilación De Historias Reales Y Cuentos Fantásticos De Mi Vida Como Motero Fuera De La Ley by Edward Winterhalder (2025)

Auténticos Motoristas De Norteamérica: Hombres Que Cabalgaron Con Un Club De Moteros Fuera De La Ley by Edward Winterhalder (2025)

Buscando Mi Identidad (Vol 1): La Evolución Cronológica De Un Adolescente Con Problemas A Un Motociclista Fuera De La Ley by Edward Winterhalder (2022)

Buscando Mi Identidad (Vol 2): La Evolución Cronológica De Un Motociclista Fuera De La Ley En El Camino Hacia La Redención by Edward Winterhalder (2022)

Todos Los Caminos Llevan A Sturgis: La Historia De Un Motorista (Libro 1 de la Serie) by Edward Winterhalder & James Richard Larson (2023)

El Espejo: La Historia De Un Motorista (Libro 2 de la Serie) by Edward Winterhalder & James Richard Larson (2023)

Uno Ligero Que Viene: La Historia De Un Motorista (Libro 3 de la Serie) by Edward Winterhalder & Marc Teatum (2023)

La Luna Arriba: La Historia De Un Motorista (Libro 4 de la Serie) by Edward Winterhalder & Marc Teatum (2023)

El Tiburón Azul Y Plata: La Historia De Un Motorista (Libro 5 de la Serie) by Edward Winterhalder & Marc Teatum (2023)

La Asimilación: Rock Machine Volverse Bandidos – Motociclistas Unidos Contra Los Hells Angels by Edward Winterhalder & Wil De Clercq (2021)

Mujeres Motociclistas: La Atracción De Las Mujeres Por Las Motocicletas Y Los Motociclistas Fuera De La Ley by Edward Winterhalder & Wil De Clercq (2021)

El Último Antologia Biker: Introducción A Los Libros Sobre Clubes De Motociclistas Y Motociclistas Fuera De La Ley by Edward Winterhalder & Iain Parke (2021)

Biker Chicz De América Del Norte by Edward Winterhalder & Wil De Clercq (2021)

EDWARD WINTERHALDER
WEBSITE & SOZIALE MEDIEN

Website:

http://www.blockheadcity.com

Wikipedia:

http://en.wikipedia.org/wiki/Edward_Winterhalder

IMDB:

http://www.imdb.com/name/nm3034980

YouTube:

http://www.youtube.com/c/BlockheadCity

LinkedIn:

http://www.linkedin.com/in/edwardwinterhalder

Instagram:

https://www.instagram.com/blockheadcity

Twitter:

https://twitter.com/BlockheadCity

Zur Freiheit, denn ohne sie können wir nicht leben.

An alle Motorradfahrerinnen weltweit.

An Marla Garber, eine Harley-Fahrerin, die den Weg für den heutigen Biker Chicz ebnete, indem sie in einem Jahr mehr Meilen zurücklegte, als die meisten Männer in ihrem Leben fahren.

Inhaltsverzeichnis

Die Frauen

Danksagung

Edward Winterhalder: Ich möchte allen 22 in diesem Buch vorgestellten Frauen dafür danken, dass sie an Wil und mich geglaubt haben; meiner Frau Caroline und meiner Tochter Taylor dafür, dass sie mich bis zum Ende der Zeit bedingungslos geliebt haben; und meinem guten Freund und Bruder Wil De Clercq, der mich ermutigt hat, mich darauf zu konzentrieren, die positiven Aspekte des Harley-Lifestyles für kommende Generationen zu bewahren.

Wil De Clercq: Ich möchte Brian Taylor, Rick „Zak" Rochon, John „John Boy" Nicholson, Manisha Solomon und Bev De Corte dafür danken, dass sie mich daran erinnert haben, was wichtig ist. Ein großes Dankeschön geht an Sara Jordan, ohne die dieses Buch nie geschrieben worden wäre. Zu guter Letzt möchte ich meinem Waffenbruder Edward Winterhalder für die Treue danken.

Ein besonderer Dank geht an unseren Redakteur Tom Pitoniak, der alles zusammengetragen hat; Barb Gunia bei Sans Serif für das Layout und Design des Buches; und John „Rogue" Herlihy und Cris Sommer Simmons für die Erleichterung der Einführung in viele der in diesem Buch vorgestellten Frauen. Cris Sommer Simmons erlaubte uns, ihr episches Buch The American Motorcycle Girls 1900 to 1950 (Parker House, 2009) als Teil unserer Forschungsbibliothek zu verwenden, wofür wir dankbar sind. Ihr akribisch recherchiertes Material lieferte uns eine zusätzliche Beweisquelle für die Beteiligung von Frauen am Motorradfahren, die in unserem Einführungskapitel „Frauen – Fahrräder – Motorräder und Harleys" behandelt wird.

Anmerkung Der Autoren

Weltweite Studien zeigen, dass 12 bis 18 Prozent der Motorradbegeisterten Frauen sind. Es ist interessant festzustellen, dass die Zahl der Motorradfahrerinnen in Nordamerika seit den frühen 1990er Jahren exponentiell zugenommen hat und dies bis heute anhält. Statistiken des American Motorcycle Industry Council zeigen, dass 2008 in den Vereinigten Staaten über eine Million neue Motorräder verkauft wurden. Von dieser beeindruckenden Zahl wurden mehr als 100.000 an Frauen verkauft.

Diese Daten implizieren, dass der Motorradbesitz von Frauen im gleichen Zeitraum 2003 um rund 29 Prozent zugenommen hat. Dies als einen erheblichen Anstieg zu bezeichnen, wäre eine Untertreibung. In Kanada, das etwa 10 Prozent der amerikanischen Bevölkerung ausmacht, wurden im Jahr 2008 knapp über 170.000 neue Einheiten von Motorrädern, Rollern und ATVs verkauft. 51,47 Prozent des gesamten Einzelhandelsumsatzes entfielen auf neue Motorräder. Wie in den USA stellen Frauen das am schnellsten wachsende Marktsegment dar.

Es gibt zahlreiche gesellschaftliche Gründe, warum es 2010 mehr Akzeptanz oder sogar Ermutigung für eine Frau gibt, Motorrad zu fahren als noch im Jahr 2000, geschweige denn 1960! Die sozialen Werte und der Status von Frauen haben sich im Laufe der Jahre dramatisch verändert. Und wir leben in einer Zeit, in der Frauen die gleichen Berufs- und Freizeitaktivitäten wie Männer ausüben, ohne eine Augenbraue zu heben. Motorradfahren ist nur ein weiteres Spiegelbild der Zeit. Es ist heute genauso üblich, dass eine Frau ihr eigenes Haus, ein Auto und ein Motorrad kauft, wie sie es vor fünfzig Jahren war, die Lebensmittel der Familie zu kaufen.

Unsere ursprüngliche Absicht für *Biker Chicz aus Nordamerika* war es, sich auf Mainstream-Motorradfahrerinnen zu konzentrieren, die mehr oder weniger das durchschnittliche Mädchen von nebenan sind. Das einzige Kriterium, nach dem wir suchten, war, dass sie inspirierende Geschichten zu erzählen hatten und eine Harley-Davidson fuhren. Wir sind keineswegs Harley-Snobs, aber weil Harley-Davidson-Motorräder die identifyzierbarsten und repräsentativsten der Biker-Kultur sind, haben wir „America's Freedom Machine" als gemeinsamen Nenner gewählt, um unserer Erzählung eine Kontinuität zu verleihen. Unser Hauptziel war es, Bikerinnen zu präsentieren, deren Accounts anderen Frauen (und Männern) Mut machen würden, egal ob sie ein Motorrad fahren, darüber nachdenken, eines zu fahren oder einfach mehr über diesen faszinierenden Lebensstil erfahren möchten.

Als unsere Pläne, dieses Buch zu schreiben, bekannt wurde, haben wir uns mit Frauen aus den USA und Kanada in Verbindung gesetzt, die alles andere als Mainstream- oder durchschnittliche Bikerinnen sind. Dank des Beitrags von Personen wie John „Rogue" Herlihy, der einer der frühen Fotografen und Schriftsteller für das *Easyriders Magazine* war, und Cris Sommer Simmons, Mitbegründer des *Harley Women Magazine* und Autor von The *American Motorcycle Girls 1900 bis 1950*, können wir Plötzlich interviewten wir Frauen, die unserer bescheidenen Meinung nach Mitglieder des aktuellen Königshauses der weiblichen Harley-Davidson-Fahrerwelt sind.

Obwohl sich keiner von ihnen als solche wahrnimmt, sind sie wirklich erstaunliche Frauen, die die Kunst des Motorradfahrens beherrschen und sich im Leben hervorgetan haben. Frauen, die ihren Träumen gefolgt sind und es gewagt haben, ihr Leben nach ihren eigenen Vorstellungen zu leben! Einige von ihnen kamen leicht durch ihren Erfolg, die meisten durch den Sieg über Widrigkeiten. Alle sind Überlebende, die sich mutig Herausforderungen gestellt haben, die viele von uns – Männer oder Frauen – entmutigend finden würden.

Obwohl jede Frau, die in diesem Buch vorgestellt wird, einzigartig und außergewöhnlich ist, gibt es, nicht überraschend, bestimmte Eigenschaften, die sie alle gemeinsam haben. Sie sind nicht nur bekennende Harley-Fahrerinnen – und in vielen Fällen Botschafter des Frauenmotorradsports – sie sind erfolgreich, intelligent, freidenkend, abenteuerlustig, risikofreudig, kreativ, inspirierend, hartnäckig und spirituell veranlagt, wenn nicht sogar religiös. Und wenn die Flasche nicht ganz voll ist, betrachten sie sie als halb voll – niemals halb leer! Eine weitere deutliche Gemeinsamkeit ist die Tatsache, dass viele von ihnen aus zerrütteten Familien und geschiedenen Eltern stammen. Infolgedessen endeten nicht wenige von ihnen in Beziehungen, die ebenfalls in Scheidung endeten. Die meisten von ihnen haben jedoch inzwischen Mr. Right gefunden: Gleichgesinnte, die ihre Lebenseinstellung und die Liebe zu Motorrädern teilen.

Obwohl wir viele Kandidaten hatten, die sich für eine Teilnahme an dem Buch interessierten, trafen wir niemanden unter dreißig Jahren – vielleicht ist dies auf die Wirtschaftswissenschaften zurückzuführen. Für viele jüngere Frauen liegt es nicht in ihrem Budget, ein Motorrad vom Kaliber von Harley-Davidson zu fahren. Während unsere jüngste Fahrerin zum Zeitpunkt des Interviews fünfunddreißig war, liegt das Durchschnittsalter der Frauen bei *Biker Chicz aus Nordamerika* bei etwa vierundvierzig. Am äußersten Ende steht eine faszinierende Dame, die mit 85 Jahren immer noch reitet. Einige sagten direkt, wie viele Jahre sie hinter sich haben; einige zogen es vor, es als „Damengeheimnis" zu bewahren. Letztlich geht es nicht um das Alter, sondern um den Lebensstil – einen Lebensstil, den Jung und Alt gleichermaßen genießen können.

Wir empfinden es als Ehre und Privileg, diese faszinierenden Frauen kennengelernt zu haben. Wir möchten ihnen dafür danken, dass sie unser Projekt unterstützt haben, indem sie sich die Zeit genommen haben, ihre Geschichten mit uns zu teilen. Obwohl der Fokus dieses Buches auf Frauen liegt, die Motorradfahren sind, hielten wir es für angebracht, eine Einführung in die Geschichte des Motorrads und die Rolle der Frauen darin aufzunehmen. Wir dachten auch, dass einige Hintergrundinformationen zu Harley-Davidson nicht fehl am Platz wären. Wir empfehlen Ihnen, unsere Einführung „Frauen – Fahrräder – Motorräder und Harleys" zu

lesen, um die Szene besser einschätzen und verstehen zu können,
auch wenn Sie langjährige Fahrerin sind.

Willkommen zu *Biker Chicz aus Nordamerika*!

Edward Winterhalder
Wil De Clercq
Tulsa, Oklahoma
September 2010

– Einführung –

Frauen…Fahrräder…Motorräder Und Harleys

Das Motorrad – ein direkter Nachkomme des Sicherheitsfahrrads – war das erste motorisierte Fahrzeug, das aus dem Industriezeitalter hervorging. Diese moderne mechanische Innovation, die dem Automobil fünfundzwanzig Jahre und dem Flugzeug sechsunddreißig Jahre voraus war, beflügelte die Fantasie von Männern und Frauen gleichermaßen. Während Motorradfahren zunächst als relativ preiswertes Fortbewegungsmittel sowie als Freizeit-/Wettkampffahrzeug für Männer galt, integrierten sich Frauen ab dem Tag, an dem um die Wende des 19. Jahrhundert.

Als das Motorradfahren noch in den Kinderschuhen steckte, war das „schwächere Geschlecht", wie Frauen gemeinhin genannt wurden, jedoch mit erheblichen sozialen und persönlichen Barrieren konfrontiert, bevor es sich als Motorradfahrer durchsetzte. Obwohl die Gesellschaft am Rande einer Ära stand, die unvorstellbare technologische Fortschritte hervorbringen würde, galten Frauen insgesamt immer noch als Bürger zweiter Klasse, mehr oder weniger auf Abruf der Männer. Männliche Dinge zu tun galt als die Domäne der Männer und Motorradfahren war eines dieser Dinge. Frauen, die es wagten, ein Bein über ein Motorrad zu werfen, galten als undamenhaft, kurios, Außenseiter, Eindringlinge und Geschlechtsverräter. Nicht nur von engstirnigen Männern, sondern auch von der Mehrheit der Frauen!

In Wirklichkeit waren Frauen, die mit dem Motorradfahren begannen, unabhängig, einfallsreich, mutig, mutig und hartnäckig. Sie kamen aus allen Gesellschaftsschichten, aus dem Mittelstand ebenso wie aus der gehobenen Gesellschaft. Für letztere war das Motorradfahren eine interessante und abenteuerliche Sache; für erstere war es oft eine Notwendigkeit. Einige der ersten Motorradfahrerinnen waren die Ehefrauen und Töchter von Bauern, Viehzüchtern und Kleinunternehmern. Frauen, die in der Lage waren, ein Motorrad zu fahren – insbesondere eines mit einem Beiwagen, um Familienmitglieder und Fracht zu transportieren – galten als eine Bereicherung für ihre Männer.

Als Ende des 19. Jahrhunderts die ersten Serienmotorräder auf den Markt kamen, hatten bereits viele Frauen das Fahrrad – eine erstaunliche technologische Innovation an sich – wegen seiner Mobilität und Freiheit angenommen. Wie bei ihrem Wunsch, Motorrad zu fahren, waren Frauen etwa zehn Jahre zuvor mit der gleichen Negativität konfrontiert, als sie mit dem Fahrradfahren begannen. Während Männer Freiheit und Mobilität als Geburtsrecht ansahen, wurde Frauen davon abgeraten, Fahrrad zu fahren … noch mehr ein motorisiertes. Einfach ausgedrückt galt es für eine Dame als inakzeptables Verhalten: Von ihr wurde erwartet, dass sie zu Hause blieb und nicht alleine in der Stadt herumlief.

Ironischerweise war das Fahrrad, wie später das Motorrad, ein wichtiger Katalysator in der Entwicklung des Aufstiegs von Frauen in einer Gesellschaft, die allmählich einem großen Realitätswandel ausgesetzt war. Die prominente amerikanische

Suffragistin und Gleichberechtigungsführerin Susan B. Anthony machte folgende Aussage über Fahrräder, als sie jemand fragte, was sie über Frauen halte, die diese neuen Geräte fahren: „Lassen Sie mich Ihnen sagen, was ich vom Fahrradfahren halte … Ich denke, es hat mehr bewirkt." Frauen zu emanzipieren als alles andere auf der Welt. Eine Frau auf einem Fahrrad präsentiert das Bild einer freien und ungezügelten Weiblichkeit." Ein Bericht der US-Volkszählung aus dem Jahr 1900 schrieb dem Fahrrad eine „Revolution der sozialen Bedingungen" zu. Das Motorrad würde nicht nur diese Revolution der sozialen Bedingungen beschleunigen, sondern auch eine neue Industrie- und Wirtschaftsrevolution fördern.

Einer der frühen Vorteile, die dem Fahrrad und dem Motorrad zugeschrieben wurden, war eine Änderung in der Art und Weise, wie sich Frauen kleideten. Umständliche Kleidung, einschließlich langer Röcke, die, wie es die Konvention erforderte, bis unter die Knöchel reichten, war ein ernsthaftes Hindernis für das Fahren eines riemen- oder kettengetriebenen Zweiradfahrzeugs. Aus purer Notwendigkeit wurden kürzere Röcke und gegabelte Kleidungsstücke, sogenannte Bloomers, eingeführt – im Grunde ein langer Rock, der in der Mitte geschnitten und neu genäht wurde, um Herrenhosen zu ähneln –, damit Frauen sicher fahren konnten, ohne sich im Antriebsmechanismus oder am Hinterrad des Fahrrads zu verfangen. Aus Pumphosen entwickelte Hosen speziell für Frauen. Dieser Fortschritt kam nicht ohne Preis. Jede Frau, die rationale Reitausrüstung wie Lederjacken und -hosen trug, würde verspottet werden. Sie setzte sich auch der Gefahr aus, gegen die damals geltende Kleiderordnung zu verstoßen. Ein gutes Beispiel dafür war die Verhaftung der Van Buren-Schwestern im Jahr 1916 und eine Geldstrafe für das öffentliche Tragen von Hosen während einer transkontinentalen Motorradreise durch die Vereinigten Staaten.

Viele Männer betrachteten Motorradfahrerinnen als direkte Bedrohung ihrer Männlichkeit. Schließlich waren die meisten mechanischen Dinge das Produkt der männlichen Vorstellungskraft und damit ihre Domäne. Das zerbrechliche Frauenbild, das von der viktorianischen Ära verewigt wurde, wich langsam Frauen der Unabhängigkeit, der starken Willenskraft und des Körpers. Frauen begannen zu demonstrieren, dass ihr Geschlecht keine Grundlage für die Entrechtung in einer sich schnell verändernden Welt war. Pionierinnen bewiesen nicht nur ihren Mut, indem sie in der Lage waren, die schweren Biester zu zähmen und zu handhaben, zu denen Motorräder werden würden, sobald sie sich von einem einfachen motorbetriebenen Fahrrad zu einem echten Fahrrad entwickelt hatten, sondern sie verlangten auch, dass sie die Begabung für mechanische Dinge besitzen. Frühe Motorräder waren wählerisch und gingen oft kaputt; Reparaturen waren selbstverständlich, vor allem bei langen Landfahrten, bei denen keine Mechaniker zu finden waren.

Obwohl sie zweifellos Vorgänger hatte, war die erste dokumentierte Frau, die in den Vereinigten Staaten Motorrad fuhr, eine gewisse Mrs. G. N. Rogers aus Schenectady, New York. Bereits 1902 wird Mrs. Rogers als versierte Reiterin erwähnt.

Ansonsten ist wenig über sie bekannt. Aber offiziell wird sie für immer als die erste Amerikanerin bekannt sein, die ein "Motorrad" fährt, wie das motorisierte Fahrrad vom amerikanischen Erfinder Edward J. Pennington benannt wurde.

High Society – Glamour und Gefahr

Während gewöhnliche Frauen Pionierarbeit beim Motorradfahren leisteten – trotz all der Negativität und Kritik, die damit einhergingen – trugen hochkarätige Frauen dazu bei, es populär zu machen und es gesellschaftlich akzeptabler zu machen. Die Liste renommierter Frauen, die in den ersten Jahrzehnten des 20. Jahrhunderts mit dem Motorradfahren begannen, ist beeindruckend. Dorothy Rice, der ältesten Tochter des New Yorker Millionärs/Industriellen Isaac Rice, Gründer von General Dynamics, wird zugeschrieben, dass sie die erste Frau war, die in New York City Motorrad fuhr. Als sie 1906 ein auffälliges blaues Fahrrad fuhr – die meisten Motorräder waren noch in Schwarz oder Grau erhältlich –, fuhr Ms. Rice wurde von New Yorker Klatsch-kolumnisten und Schlagzeilenjägern als "The Blue Streak Girl" bezeichnet.

Wo immer sie ritt, machte Dorothy auf sich aufmerksam, besonders durch ihre Vollgashaltung, gelegentliche Festnahmen und Strafzettel. Wie ihre Familie und ihre Freunde, darunter Koryphäen wie der König von Spanien, der König von Schweden, der Zar von Russland, Madame Curie, Präsidentin McKinley und Papst Pius X . Aber Dorothy hatte nichts Undamenhaftes, denn sie war eine erstaunliche Dichterin und das Oberhaupt der Poetry Society of

America. Später im Leben wurde sie mit ihrem Ehemann/Partner zu einer weltbekannten Bridge-Spielerin. Ihre Kühnheit und ihr Gegenbild von Motorradfahrerinnen inspirierten andere junge New Yorkerinnen zum Radfahren. Zu dieser Gruppe gehörte die bekannte Varieté-Darstellerin Clara Inge, eine von mehr als einem Dutzend Radfahrerinnen in der Stadt um 1910.

Clara Wagner, Tochter des Motorradherstellers George Wagner in St. Paul, Minnesota, begann im Alter von fünfzehn Jahren mit dem Reiten. 1907 wurde sie als erste Frau Mitglied der Federation of American Motorcyclists (FAM), einem Vorläufer der American Motorcyclist Association (AMA). Drei Jahre später erzielte sie in einem von Männern dominierten Langstreckenrennen von Chicago nach Indianapolis eine perfekte Punktzahl. Schon bald zogen die Nervenkitzel und Gefahren von Rennmotorrädern zwei junge Debütantinnen aus Indianapolis an, Viola Culip und Mabel Masters, deren Eltern zu den reichsten der Stadt gehörten. Mit sechzehn Jahren begannen sie mit dem Motorradfahren und erlangten 1911 lokale Bekanntheit als Flat-Track-Rennfahrer.

Bereits 1907 begeisterten Frauen wie Mrs. C. B. Clark die Zuschauer, indem sie ihr Motorrad in einem sechzehn Fuß großen, gitterförmigen Globus fuhren, der treffend „Hazardous Globe of Death" genannt wurde. Clarks Heldentaten inspirierten andere Fahrerinnen, darunter Margaret Gast, May Williams, Jean Perry, Olive Hagar und Marjorie Kemp, das Motorradfahren bis ans Limit und darüber hinaus zu bringen. Gast war die erste Frau, die auf der tödlichen Board-Track-Rennstrecke (Motordrom) antrat, die von

1907 bis 1928 beliebt war, als sie aufgrund einer Reihe schrecklicher Unfälle und Todesfälle verboten wurde. Gast, wie Williams und Perry, traten auch auf der sogenannten „Wall of Death" auf, großen senkrechten, tonnenartigen Strukturen mit einer Plattform am oberen Rand, von der aus Zuschauer die Fahrer beobachten konnten, wie sie durch die Innenseiten der Wände rasten, durch Zentrifugalkraft gehalten.

Fond du Lac, Vera Matthews aus Wisconsin, eine angesehene Reiterin, sagte, Motorradfahren sei einfacher als Reiten. Der Ruf und das gute Aussehen von Frau Matthews wurden von Feilbach Motorcycles genutzt, die sie in einer Reihe von ca. 1912 Anzeigen zeigten. Die Stummfilmschauspielerin Easter Walters, eine versierte Trickfahrerin, die viele ihrer eigenen Filmstunts machte, verlieh dem Motorradfahren der Frauen in den späten Teenagerjahren und frühen Zwanzigern einen Hauch von Hollywood-Glamour. Sie war eine der ersten Unterhaltungsstars, die eine Harley-Davidson besaß. Heute ist kein Star mit Selbstachtung und Abenteuer im Blut ohne einen.

Adeline und Augusta Van Buren – Nachkommen des ehemaligen US-Präsidenten Martin Van Buren – wurden als die ersten Motorradfahrer bekannt, die 1916 auf einer Cross-Country-Tour den 4.301 Meter hohen Pikes Peak bestiegen und hinunterstiegen. Der Brooklyn , New Yorker gehörten auch zu den ersten Frauen, die durch die Vereinigten Staaten fuhren. Zweifellos waren die Schwestern von den abenteuerlustigen Effie und Avis Hotchkiss fasziniert und inspiriert. Das Mutter-Tochter-Team absolvierte 1915 über einen Zeitraum von zwei Monaten eine 14.490 Kilometer lange Wanderung durch das Land. Effie, die als Bankangestellte in New York City angestellt war, fuhr das Fahrrad, während ihre Mutter saß der Beiwagen. Die Van Burens, die als erste Frauen die Cross-Country-Tour auf separaten Rädern machten, legten in 58 Tagen über 8.855 Kilometer von New York nach San Francisco zurück. (Dazu gehörte auch der Tag, den sie im Gefängnis verbrachten, weil sie gegen die Kleiderordnung einiger Backwaters verstoßen hatten.) Nach ihrer Ankunft in San Francisco fuhren die Schwestern aus einer Laune heraus die kalifornische Küste hinunter nach Mexiko!

Obwohl viele der frühen, von Männern dominierten Motorradclubs Frauen den Beitritt erlaubten, wurde 1938 der erste rein weibliche Club in Kalifornien gegründet, die Sacramento Cyclettes. 1940 gründeten Linda Dugeau und die legendäre Dorothy „Dot" Robinson die Motor Maids, die zum renommiertesten Frauen-Motorradclub der USA werden sollten. Der Club, der bei seiner Gründung 51 Mitglieder zählte, setzte den Maßstab für alle nachfolgenden Frauen-Motorradclubs und ist bis heute aktiv. Unter der Leitung von Dugeau und Robinson waren die Motor Maids maßgeblich daran beteiligt, Frauen in ganz Amerika dazu zu inspirieren, mit dem Motorradfahren zu beginnen und die Freuden des Motorradfahrens zu erleben.

Robinson, immer makellos gepflegt und frisiert, ist als First Lady des Motorradfahrens bekannt. Obwohl sie vor allem für ihre unermüdliche Arbeit mit den Motor Maids bekannt ist, erregte sie zum ersten Mal Aufmerksamkeit, als sie 1930 beim Flint, Michigan 100 Race, auf dem Podium stand; fünf Jahre später stellte sie einen transkontinentalen Ausdauerrekord auf. Im Jahr 1940, dem Jahr, in dem sie das prestigeträchtige Jack Pine National Enduro gewann, war Robinson die erste Frau, die eine AMA National Championship gewann.

Der Anstieg der Zahl der Motorradfahrerinnen, der in den 1930er Jahren begonnen hatte, hielt bis weit in die Jahre des Zweiten Weltkriegs der 1940er Jahre an. Frauen wie Rosalie Myers, Theresa Wallach, Dot Robinson und Bessie Stringfield – alle in die Motorcycle Hall of Fame aufgenommen – setzen ihre fahrerischen Fähigkeiten als Militärkuriere und Disponenten ein. Zehntausende von Frauen spielten eine zentrale Rolle in den amerikanischen Kriegsanstrengungen, indem sie traditionelle Männerberufe wie Maschinenführer, Schweißer, Nieter, Mechaniker usw. besetzten – Arbeitsplätze, die von Männern geräumt wurden, die in den Krieg zogen – und für viele von ihnen Reiten ein Motorrad war der effektivste und wirtschaftlichste Weg zur Arbeit. Für manche Frauen boten die Kriegsjahre die perfekte Gelegenheit, Motorradfahren zu lernen. In vielen Fällen wurde das Fahrrad der Wahl in einem Schuppen oder einer Garage direkt auf dem Grundstück der Familie gelagert, dort von Ehemännern, Brüdern, Vätern oder Freunden, die in Europa oder im Pazifikraum kämpften.

Doch das Ende des Krieges bedeutete für viele Motorradfahrerinnen das Ende. Männer eroberten das Motorrad als ihr eigenes zurück, und von Frauen wurde erwartet, dass sie die Art von Modellhausfrau waren, die in beliebten Sitcoms der 1950er Jahre wie *The Adventures of Ozzie and Harriet, Father Knows Best* und *Leave It to Beaver* dargestellt wurde. Das Aufkommen von Outlaw-Motorradclubs der Nachkriegszeit wie den Booze Fighters, den Pissed Off Bastards und den Hells Angels warf das Motorrad aufgrund ihrer von den Medien gut publizierten und stark übertriebenen Heldentaten bald in ein negatives Licht. Vor allem Motorradfahrerinnen würden die Hauptlast tragen. Es war eine Sache, ein „bad boy" zu sein, und eine ganz andere, ein „böses Mädchen" zu sein, was voll mit Konnotationen von lockerer Sexualmoral, mangelndem Anstand und einem Mangel an idealisierter Weiblichkeit war. Es würde mehr als drei Jahrzehnte dauern, dieses Stigma zu beseitigen. Tatsächlich dauerte es bis in die 90er Jahre – als so ziemlich alles und alles zur Norm wurde –, bis der Anblick einer Frau, die auf einem Motorrad fuhr, ob zum Transport, zur Erholung oder zum Wettkampf, alltäglich wurde.

Wie vor mehr als einem Jahrhundert fühlen sich Fahrerinnen von heute aus den gleichen Gründen wie Männer von Motorrädern angezogen. Wenn Sie eine grundlegende Frage stellen wie "Warum reiten Sie?" Die Antworten, die man erhält, sind einstimmig: ein tiefes Gefühl von Freiheit, Ermächtigung, Transzendenz, Maximierung der Sinne, ungezügeltes Abenteuer, Situations-bewusstsein und Kommunikation mit der Umwelt. Wenn man etwas tiefer gräbt, tauchen Kommentare auf, wie der Adrenalinschub, wenn man das Gaspedal durchtritt und das Motorrad wie ein temperamentvolles Vollblut reagiert, dessen Auspuffton wie eine abstrakte Symphonie klingt, die durch das Herunterschalten der Gänge und das Rocken des Gaspedals orchestriert wird.

Das Motorrad hat etwas an sich, das die menschliche Natur anspricht. Vielleicht, weil es das moderne Äquivalent des Pferdes ist, ein Tier, zu dem wir seit Jahrtausenden eine enge Beziehung haben und das wir wegen seiner Schönheit, Anmut und Transportfähigkeit schätzen. Motorradfahren ist dem Reiten nicht unähnlich: Jede Bewegung, von der kleinsten bis zur bedeutendsten, löst eine Reaktion aus. Rumpf, Schultern, Arme, Handgelenke, Hände, Finger, Beine und Füße des Fahrers sind alle entscheidend für den Betrieb eines Motorrads. Es geht wirklich darum, dass der Mensch mit einer Maschine, seiner unmittelbaren Umgebung und den Elementen harmoniert.

Die Erfahrung, ein Motorrad zu steuern, kann nicht durch das Fahren eines Autos reproduziert werden, das seinen Fahrer in einer kokonähnlichen Umgebung isoliert. In einem Auto wird die Außenwelt durch Glasscheiben erlebt, gesehen, aber nicht daran teilhaben. Auf einem Motorrad wird die Außenwelt nie von der Erfahrung ausgeschlossen; daher das Gefühl von Freiheit, Heiterkeit und dem Leben im Moment. Während Gefahrenelemente und verschiedene Grade von Unbehagen in die Gleichung des Motorradfahrens einfließen, sind die Kompromisse beispiellos. Für viele bedeuten diese Faktoren eine Form von Ekstase!

Die All-American Freedom Machine

Motorradfahren ist der Inbegriff von Coolness. Es geht um Individualität. Das Motorrad symbolisiert abstrakte Themen wie

Rebellion, Glamour, Nonkonformität, Leben am Rande, Gefahr und Sex. Motorradfahren ist ein Statement. Und wenn es um zwei Räder geht, kann keine größere Aussage gemacht werden, als ein Harley-Davidson Motorrad zu fahren. Für einen eingefleischten Biker ist Harley-Davidson das einzig Wahre … das *einzig* Wahre!

Während man eine schnittige Hochleistungs-GP-Nachbildung, ein Moped und alles dazwischen fährt, sagt nichts mehr über einen Menschen aus, als eine Harley-Davidson zu fahren. Kein anderes Motorrad verkörpert die Biker-Kultur wie eine Harley-Davidson; Tatsächlich ist der Name Harley-Davidson gleichbedeutend mit Bikerkultur. Die Marke war maßgeblich an der Bildung der amerikanischen Biker-Kultur beteiligt, die sich weltweit verbreitet und verändert hat. Bis heute ist Harley-Davidson der Inbegriff von Harley-Davidson.

Harley-Davidson ist mehr als ein Motorrad. Es ist eine kulturelle Ikone mit einer mehr als hundertjährigen Geschichte. Von den mehr als 300 Motorradherstellern, die es einst in den Vereinigten Staaten gab, ist Harley-Davidson der einzige, der seit seiner Gründung im Jahr 1903, im selben Jahr, in dem die Ford Motor Company gegründet wurde, ununterbrochen tätig war. Harley-Davidson ist das bekannteste Motorrad der Welt und eines der am meisten geschätzten. Dies ist zum Teil auf die souveräne Ästhetik und den unverwechselbaren Rumpelsound des Bikes zurückzuführen. In vielen Ländern ist eine Harley in die Hände zu bekommen, ist wie auffallendes Gold – ein unbezahlbares Stück funktionaler mechanischer Kunst, das viele Nachahmer hat, aber keine Gleichen!

Wie das Land, das den Lebensstil der Bikerkultur hervorbrachte, ist Harley-Davidson so amerikanisch wie Apfelkuchen und Uncle Sam. Es ist kein Zufall, dass der Adler – das Nationalsymbol der Vereinigten Staaten – das Hauptbild für Harley-Davidson ist. Der erste Motorradhersteller in den USA war jedoch nicht Harley-Davidson, wie manche Leute aufgrund der Langlebigkeit und Mystik des Unternehmens glauben.

Wie fast alle Unternehmen, die im Motorradgeschäft Potenzial sahen, war die Waltham Manufacturing Company, die 1898 das erste in den USA gebaute Verbrauchermotorrad auf den Markt brachte, ein Fahrradhersteller. Und wie alle sogenannten Motorräder der damaligen Zeit war ihre Orient-Aster genannte Maschine nichts anderes als ein Fahrrad, an dem ein Verbrennungsmotor befestigt war. Drei Jahre nachdem die Orient-Aster auf den Markt kam, konstruierte die Hendee Manufacturing Company einen Motorrad-Prototyp, der ein Jahr später unter dem Markennamen Indian in Produktion ging und zu einer eigenen Ikone wurde.

Waltham Manufacturing, Anfang der 1920er Jahre als Indian Motorcycle Company neu gegründet, war 1950 neben Harley-Davidson der einzige amerikanische Motorradhersteller, der noch existierte. Drei Jahre später meldete Indian Motorcycles Konkurs an. Obwohl die Marke Indian Motorcycles bei einigen Gelegenheiten wieder zum Leben erweckt wurde – zuletzt 2006 von

Stellican Limited, einem britischen Private-Equity-Fonds, der die Produktion in North Carolina aufnahm – bleibt Harley-Davidson das einzige echte amerikanische Motorrad auf dem Planeten.

Die Harley-Davidson Motorcycle Company wurde 1903 in Milwaukee, Wisconsin, von William „Bill" Harley und Arthur „Art" Davidson gegründet. Die mechanisch veranlagten Freunde hatten bereits 1901 mit zwanzig Jahren angefangen, kleine Motoren mit Fahrrädern zu basteln und zu kombinieren jeweils zweiundzwanzig Jahre alt. Im Gegensatz zu seinen Vorgängern kann Harley-Davidson jedoch behaupten, das erste motorradspezifische Unternehmen zu sein, das in den USA das Licht der Welt erblickt hat.

Das Ziel von Bill Harley und Art Davidson war es, die Mausefalle buchstäblich neu zu erfinden und Motorräder von höchster Qualität, Design und Funktionalität zu bauen. Zunächst wurden einige Prototypen nach Entwürfen des begnadeten Zeichners Harley zusammengeschustert. Während dies an sich noch nichts Revolutionäres war, als sie 1904 ihr erstes Motorrad verkauften, waren es viele der Eigenschaften ihrer Maschinen. Eine ihrer frühen Innovationen war ein grober Vergaser, der aus einer ausrangierten Tomatendose hergestellt wurde. Das Konzept wurde bis 1909 verwendet, als neue Fortschritte eingeführt wurden.

Entsprechend ihrer Mission waren Harley und Davidson führend darin, das spindeldürre Fahrrad aus der „Motorrad"-Gleichung herauszunehmen. Das Motorrad, das den Grundstein für die Harley-Davidson-Dynastie legte, war eine 475-cm³-

Einzylindermaschine, die als Silent Grey Fellow bezeichnet wurde. Es war, gelinde gesagt, seiner Zeit völlig voraus. Es war topaktuell und auf dem neuesten Stand der Technik – Terminologie noch nicht erfunden – aber dennoch sehr passend. Das fortschrittliche Loop-Frame-Design des Fahrrads hebt es aus der Kategorie der motorisierten Fahrräder heraus und definiert das moderne Motorrad für viele Jahre, dessen Grundlagen bis heute sichtbar sind. Bill Harleys Entwurf für das 1907 eingeführte Springer-Frontend war so erfolgreich, dass das System bis zu den 1948 eingeführten Panheads des ersten Jahres verwendet wurde.

Fünf Jahre nachdem sie sich ihre eigene Motorradfirma vorgestellt hatten, trat Art Davidsons Bruder Walt dem Team bei. William A. Davidson kam ebenfalls an Bord und das Unternehmen blieb bis zum 7. Januar 1969 ausschließlich in den Händen der Harley- und Davidson-Familien American Machine and Foundry Company (AMF) für gemeldete 22 Millionen US-Dollar. Familienmitglieder hatten bereits 1965 den Vorschlag unterstützt, das Unternehmen an die Börse zu bringen. Einige Jahre später begann das Management mit der Angst vor Insolvenzen im Hinterkopf, eine „Fusion" für mehrere Interessenten zu unternehmen. AMF hat sich der Situation gewachsen und würde das Unternehmen im Guten wie im Schlechten für die nächsten elfeinhalb Jahre in der Hand halten.

Manche sagen, AMF hätte Harley-Davidson beinahe zerstört. Andere glauben, dass es das Unternehmen vor dem unvermeidlichen Bankrott bewahrt und einen Übergang auf die nächste Ebene ermöglicht hat. Während der Wert der Unternehmensanteile stieg und sich die Fahrradverkäufe gegenüber preiswerteren und sportlicheren japanischen Motorrädern behaupteten, blies die Qualität von Amerikas Motorradikone langsam aus den Auspuffrohren. AMF verdoppelte die Produktion von Harley mit dem antiquierten Fließband des Unternehmens, was zu Motorrädern führte, die in vielen Kreisen zum Synonym für "Schrott" wurden. Es wurde so schlimm, dass die Motorräder, die auch im Aufkleberpreis gestiegen waren, manchmal mit fehlenden Teilen bei den Händlern ankamen. Garantieprobleme wurden problematisch und viele langjährige Händler sowie treue Kunden wurden desillusioniert. Zahlreiche erfahrene Harley-Davidson-Arbeiter verließen angewidert das Land. Erschwerend kam der Tod von William J. Harley im Alter von 59 Jahren im Jahr 1971 hinzu, dem kurz darauf der Rücktritt von Walter Davidson Jr. als Vizepräsident und Verkaufsleiter folgte.

Obwohl AMF nur wenige Änderungen im Management von Harley-Davidson vornahm, setzte sich schnell eine „Wir gegen sie"-Mentalität durch. Auf der einen Seite standen die Familien und ihre Unterstützer, auf der anderen die AMF-Bühnen. Willie G. Davidson, Enkel des Mitbegründers William A. Davidson, war einer von denen, die die Achterbahn-AMF-Jahre überstanden haben. Willie G. folgte den Vorschlägen der AMF-Verkaufs- und Marketingabteilung, einen Realitätscheck zu machen und die Harley-Fahrer Amerikas zu erreichen. Obwohl die AMF-Leute sehr wenig über die Motorradindustrie wussten, war ihnen klar, dass diejenigen, die es wissen sollten, eindeutig keinen Kontakt zum Markt und zu den Verbrauchern hatten. Willie G. nahm den Ruf an, machte sich auf den Weg und mischte sich unter die Harley-Fahrer.

Willie G.s Streifzug in die Welt der Harley-Biker war in jeder Hinsicht ein Augenöffner. Er redete wenig und hörte viel zu und gewann wertvolle Erkenntnisse darüber, was Biker erwarteten, mochten, nicht mochten und brauchten. 1971 kam die Antwort von Willie G. in Form der Harley-Davidson Super Glide, die als FX bezeichnet wurde. Das FX, das erste Custom-Bike des Unternehmens, rühmte sich einer Reihe bemerkenswerter „Premieren". Es erwies sich als evolutionärer Hybrid, der einige der besten Eigenschaften von zwei bestehenden Modellen, dem Sportster und dem FL, vereinte.

Die felsige Beziehung zwischen AMF und Harley-Davidsons Insidern endete im Juni 1981, als eine Gruppe von dreizehn H-D-Anhängern das Unternehmen zurückkaufte. Zu der Gruppe gehörten Willie G. Davidson – unterstützt von seinem Vater William H. Davidson – Vaughn Beals und Jeffrey Bleustein. Der Vorstandsvorsitzende Beals wurde ausgewählt, um das wiedergeborene Familienunternehmen durch neue Gewässer zu navigieren.

Viele Prüfungen und Wirrungen verfolgten Harley-Davidson im Laufe des nächsten Jahrzehnts, einschließlich des allgegenwärtigen Gespensts des Bankrotts. Vaughn Beals und sein Managementteam haben einen nüchternen Ansatz eingeleitet, um Harley über Wasser zu halten. Eine neue schlanke, gemeine und saubere Agenda wurde umgesetzt. Ein Einfrieren der Managementgehälter, Entlassungen, die Auflösung der Nicht-Motorrad-Bereiche des Unternehmens wie Golfwagen und Nutzfahrzeuge sowie die Schließung einer ihrer Produktionsstätten folgten in kurzer Zeit. 1983 wurde eine „Unterlassungskampagne" gegen die unlizenzierte Verwendung von Harley-Davidson-Logos und -Namen gestartet. Die Rücknahme des Markennamens und deren Verwertung für die eigenen Zwecke durch das Merchandising zahlreicher Nebenprodukte würde sich zu einem lukrativen Millionenbetrag entwickeln Nebenerwerb für das Unternehmen.

Ein weiterer strategischer Schritt war die Übernahme der von Carl Wicks gegründeten Harley-Davidson Owners Association. Herr Wicks wurde von der Firma informiert, dass sie seine Organisation durch ihre eigene Harley Owners Group (HOG) ersetzen würden, die heute über eine Million Mitglieder hat. Das Akronym HOG war kein Zufall; Es nutzte den Spitznamen, den Harley-Davidson-Motorräder in seinen frühen Tagen des Rennsports erhielten, als das Werksteam ein Ferkel als Maskottchen annahm. Trotz oder wegen seiner vielen umstrittenen Schritte hat Harley-Davidson die stürmischen Jahre der Neugruppierung und Neuausrichtung überstanden. Wie sich seit 1903 gezeigt hatte, war die Harley-Davidson Motor Company ein leuchtendes Beispiel für amerikanischen Einfallsreichtum, Entschlossenheit und Überleben.

Eine neue Ära bricht für Harley-Davidson

Das jahrzehntelang mit dem Harley-Motorrad verbundene Outlaw-Biker-Stigma begann Anfang der 90er Jahre zu verblassen: Die

Marke wurde zum Statussymbol für eine aufstrebende neue Klasse von Movern und Shakern namens Yuppies (junge Urban Professionals) und Rubs (reiche urbane Biker). Möchtegern-Bösewichte – besser bekannt als „Wochenendkrieger" – zu denen CEOs, Unternehmer, Ärzte, Zahnärzte, Banker, Anwälte usw. gehörten, wollten eine Harley besitzen und auf ihr gesehen werden. An der Wende des 21. Jahrhunderts und bis weit ins neue Jahrzehnt hinein erfüllten sich pensionierte Gewerkschaftsarbeiter mit großzügigen Abfindungen und süßen Renten den Lebenstraum von einer Harley. Ein weiterer auffälliger Trend war, dass immer mehr Frauen – viele von ihnen Nachkommen der Pionierinnen der Frauenbefreiungsbewegung der 1960er Jahre – auch Harley-Davidson-Motorräder kauften.

Die Anschaffung eines neuen Harley-Davidson-Motorrads ist einzigartig. Der Slogan, der zuerst von verkaufserfahrenen AMF-Marketingmitarbeitern als All-American Freedom Machine gefeiert wurde, hat sich über den patriotischen Eifer hinaus entwickelt, den er in den 1980er Jahren vermitteln sollte, als die Japaner ihre Fahrräder zu Millionen zu Schnäppchenpreisen auf nord-amerikanischem Boden entluden -Kellerpreise. Auch heute noch mag der Kauf eines japanischen Motorrads günstiger sein, aber am Ende des Tages ist es immer noch nur ein weiteres Motorrad, unabhängig von Aussehen, Leistung und Technologie. Neue Harley-Besitzer erhalten einen Schlüssel, der nicht nur ihre Motorräder startet, sondern auch die Tür zur Erfüllung von Träumen und Fantasien öffnet. Es ist auch der Schlüssel zu einer unverwechselbaren und exklusiven Bikerkultur.

Der Trend eines wachsenden Frauenmotorradmarktes entging Harley nicht. In den späten 90er Jahren bestand das Unternehmen darauf, dass seine Autohäuser gehobener und frauenfreundlicher wurden. Einige Fahrradmodelle, wie die Sportster, wurden speziell entwickelt, um weibliche Fahrer anzuziehen. Während die Harley Owners Group weibliche Fahrer (und Passagiere) offen begrüßt, wurde Ladies of Harley konzipiert, um parallel zu HOG zu agieren, jedoch mit einem Fokus auf Frauenthemen. In den letzten sechs Jahren ist die Zahl der Harley-Fahrerinnen in Nordamerika deutlich gestiegen. Marketing direkt an Frauen ist zu einem vollwertigen, gut organisierten Unterfangen geworden. Die meisten Frauen, die in ihren Werbekampagnen verwendet werden, sind echte Harley-Davidson-Fahrer, nicht nur hübsche Gesichter, die einen Knucklehead nicht von einem Panhead unterscheiden würden.

Zu den frauenspezifischen Marketingprogrammen von Harley gehören hochkarätige Motorradveranstaltungen. Seit 2007 würdigt Harley-Davidson Fahrerinnen bei Amerikas größten jährlichen Bikertreffen, darunter die berühmte Sturgis Motorcycle Rally und Daytona Fahrradwoche. Um Harleys Engagement für die Ausbildung und Stärkung sowohl aktueller Fahrerinnen als auch derjenigen, die davon träumen, auf die Straße zu gehen, zu unterstreichen, zieht das Unternehmen alle Register. Während der einwöchigen Feier im Sturgis bietet Harley eine Vielzahl von

Aktivitäten speziell für Frauen an. Dazu gehört ein interaktiver Frauenbereich mit Motorrad- und Produktinformationen, Seminaren und Giveaways. Frauen erhalten ein breites Spektrum an Informationen, darunter Demonstrationen, wie man ein kaputtes Fahrrad aufnimmt, ihr Motorrad auf Passform, Funktion und Stil abstimmt und einen Sicherheitscheck vor der Fahrt durchführt. Außerdem gibt es Tipps zur gesunden Ernährung unterwegs und zur Auswahl funktioneller und modischer Klamotten, von sportlich-lässig bis zum „Mädelsabend". Frauen in ganz Nordamerika haben diese Initiativen begrüßt.

Rund 14 Prozent der Harley-Davidson-Kunden sind Frauen. Überwiegend findet man sie bei Sportster- und Softail-Modellen, die eine niedrigere Sitzposition haben. Das neueste Sportster-Modell, der Iron 883, bietet viele Personalisierungsmöglichkeiten zu relativ geringen Kosten. Und da es mehrere Möglichkeiten gibt, ein Fahrrad für Fahrer kleinerer Statur ergonomisch anzupassen, darunter niedrigere Sitze und Anpassungen an Fußrasten und Lenker, ist eine deutliche Zunahme der Frauen zu beobachten, die sich für größere Modelle bis hin zu schweren Tourenrädern entscheiden.

Laut Leslie Prevish, Frauen-Outreach-Managerin bei Harley-Davidson USA, strahlt eine Harley-Fahrerin eine Aura des Selbstvertrauens und der Unabhängigkeit aus. Prevish weist darauf hin, dass eine Harley in der heutigen Welt nicht nur ein Symbol für Freiheit für Frauen ist, sondern auch eine Metapher für Gleichberechtigung.

Die Frauen

Cris Sommer Simmons – Furchtlos Aber Respektvoll

Auf der Rückseite des beeindruckenden Buches von Cris Sommer Simmons, *The American Motorcycle Girls 1900 to 1950*, kommentierte Country-Sänger-Songwriter-Legende Willie Nelson: sieht auf einem Pferd oder Fahrrad aus. Es gibt ein gewisses Aussehen von Unabhängigkeit, Stolz und Freiheit. Furchtlos, aber respektvoll. Irgendwie wie du, Cris." Nelson, der mit Cris und ihrem Mann Patrick befreundet ist, sollte es wissen. Er ist ein Mann mit einem scharfen Auge für den Charakter einer Person und erzählt sie so, wie sie ist, sei es in Liedern oder Gesprächen. Cris sieht nicht nur auf Pferd und Fahrrad gut aus – als wäre sie für den Sattel geboren: Sie strahlt Unabhängigkeit, Stolz und Freiheit aus. Außerdem ist sie furchtlos, aber respektvoll: Attribute, die sie durch einen faszinierenden Lebensweg geführt haben, bei dem das Motorrad seit ihrer Kindheit im Mittelpunkt stand.

Obwohl es ihr am weitesten von ihrem Kopf entfernt war, sah Cris, wie sich ihre Leidenschaft für Motorräder in eine unerwartete Karriere als Schriftstellerin verwandelte; eine Karriere, die sie seit über 25 Jahren begleitet. Es überrascht nicht, dass der Frauenmotorradsport seit 1983 das Hauptthema des Schreibens der Chicagoer ist, beginnend mit den Newslettern des Women in The Wind Motorcycle Club. In *The American Motorcycle Girls 1900 to 1950*, Cris' jüngstem großen Schreibprojekt, das 2009 von Parker House veröffentlicht wurde, würdigt sie amerikanische Motorradpioniere der ersten Hälfte des 20. Jahrhunderts. Viele von ihnen haben im Laufe der Jahre Kultstatus erlangt. Es ist die Art von Buch, die nur von jemandem geschrieben werden kann, der fundierte Kenntnisse und Leidenschaft für das Thema hat: eine Person, die das Leben selbst gelebt hat. Cris Sommer Simmons passt von A bis Z!

Cris ist selbst eine amerikanische Motorrad-Ikone und fährt seit ihrem vierzehnten Lebensjahr alleine Motorräder. Cris wurde dreimal in die Motorcycle Hall of Fame aufgenommen und ist seit den frühen 1980er Jahren eine außergewöhnliche Motorradbotschafterin für Frauen. Sie ist die Art von Frau, die praktiziert, was sie predigt, und das Evangelium des Motorradfahrens für Frauen zu predigen war eine ihrer langjährigen Missionen. Im Laufe der Jahre hat sie das Motorradfahren zu einer hohen Kunst und zu einem Lebensstil gemacht, den sie gerne mit allen Interessierten teilen möchte.

„Ich wollte schon immer Schriftstellerin werden, aber ich wollte das Schreiben nicht beruflich verfolgen. Ich habe in der Grundschule und in der High School wirklich gut abgeschnitten, indem ich Aufsätze und Kurzgeschichten geschrieben habe, aber ich habe nie eine Journalistenschule oder ein College besucht. Schriftsteller zu werden ist eigentlich ein Nebenprodukt meines Biker-Lifestyles. Es ist das Letzte, wozu das Motorradfahren führen würde. Ich glaube, ich habe nur mein Schicksal erfüllt", sagte Cris.

Cris wurde in eine Familie mit sieben Kindern geboren, zu denen fünf Brüder, Tim, Mark, Joe, Rick und Jason sowie Schwester Rachel gehören. Ihre Mutter Shirlee, eine Kosmetikerin, die für

Lancôme arbeitete, ermutigte Cris und den Rest ihrer Kinder, ihren Träumen zu folgen. Obwohl sich ihre Eltern scheiden ließen, als sie noch sehr jung war, sah Cris ihren Vater regelmäßig, als sie aufwuchs. Er brachte ihr sogar das Fliegen bei, etwas, das sie liebte. Aber ihre wahre Leidenschaft galt den Motorrädern. Als Jugendlicher und später als Teenager hing sie mit ihren Brüdern und all den Jungs aus der Nachbarschaft ab. Sie spielte Tackle Football, Hockey und Second Base für das Baseballteam der Nachbarschaft. Als sie vier war, sprachen alle ihre kleinen Freundinnen davon, Ballerinas zu werden. Nicht Cris – sie wollte Lkw-Fahrerin werden! Sie fuhr nie Lastwagen, aber das Motorradfahren erfüllte ihre Träume von Reisen und Abenteuern. Es würde ihre Plätze einnehmen, im wörtlichen und übertragenen Sinne, die ein Lastwagen niemals könnte.

Ihre Liebesaffäre mit Motorrädern begann im Alter von neun Jahren. Zu diesem Zeitpunkt begann sie, ihren Stiefvater Richard, einen Blecharbeiter, zu bedrängen, sie auf seiner 750er Honda mitzunehmen. Sie war von Anfang an süchtig nach Motorrädern und hat sich selbst versprochen, eines Tages ihr eigenes Fahrrad zu fahren. Sie war besonders begeistert von Harleys, seit sie ihre erste mit dreizehn Jahren gehört und gesehen hat. Cris hatte die Abenteuerlust bereits von ihrem leiblichen Vater Joe geerbt, der seit seinem neunzehnten Lebensjahr Flugzeuge flog. Er besaß sogar seine eigene private Piper Cherokee 6, mit der er Touristen und Fotografen zu Sightseeing-Ausflügen in und um Chicago mitnahm.

„Ich bin in der Nähe von Flughäfen aufgewachsen. Ich war ein echter Flughafen-Gör. Ich habe mir nie die Gelegenheit entgehen lassen, mit meinem Vater zu fliegen, und das Gefühl, tatsächlich ein Flugzeug zu steuern, ist ein Nervenkitzel, der seinesgleichen sucht, außer vielleicht beim Fahrradfahren. Ich glaube, ich hätte ein guter Pilot werden können, aber mein Herz und meine Seele waren Motorräder. Jedes Mal, wenn mein Stiefvater sein Fahrrad anzündete, rannte ich aus dem Haus, in der Hoffnung, er würde mich mitnehmen. Etwas an der Optik und dem Sound eines Motorrads reizte mich, ganz zu schweigen von der Aufregung auf einem Motorrad, auch wenn es nur als Beifahrer war. Mein erstes Motorrad, eine Yamaha Twin Jet 100, bekam ich mit etwa 14 Jahren. Es war keine Harley, aber es war ein Anfang. Mein Stiefvater hat mir auf dem Parkplatz eines örtlichen Wonder Bread Outlet Stores gezeigt, wie man das Fahrrad bedient. Ich brauchte weniger Zeit, um zu lernen, wie man ein Motorrad fährt, als ein Fahrrad. Ich hatte das Gefühl, ja, das ist es! Ich hatte von meiner Mutter einen Streit um ein Motorrad erwartet, aber sie war damit völlig einverstanden. Ich war ein bisschen überrascht. Meine Mutter war nicht gerade eine Frau vom Typ Biker. Sie war Model und Schauspielerin, bevor sie eine Familie hatte, und arbeitete dann in der Kosmetikindustrie, was man nicht wirklich mit Motorrädern gleichsetzt“, erklärte Cris.

Es überrascht nicht, dass Cris zu dieser Zeit das einzige Mädchen in ihrer Nachbarschaft war, das Fahrrad fuhr. Obwohl sie zu jung war, um eine Lizenz zu erhalten, fuhr sie ihren Twin Jet sowohl auf der Straße als auch im Gelände, wo sie Dirtbike-berittene Jungs fuhr und oft die inoffiziellen Wettbewerbe gewann. In ihrem letzten Highschool-Jahr verkaufte Cris jedoch ihr Fahrrad und fuhr einige Jahre nicht mehr. Sie hatte einen Wachstumsschub als Teenager und der Twin Jet passte nicht mehr zu ihr. Und sie wollte von ihren Kollegen mehr akzeptiert werden. Es war einfach nicht cool, Fett unter den Fingernägeln zu haben und Motorrad-fahren galt als Jungssache.

Obwohl Cris sich in der Grundschule behauptete – sie las in der fünften Klasse auf High-School-Niveau – und später in der High School, hatte Cris keine Ambitionen, aufs College zu gehen. Sie hatte in ihrem Abschlussjahr an der East Leyden High School in Franklin Park, Illinois, für den United States Postal Service gearbeitet, das sie 1975 abschloss. Schließlich fand sie eine Stelle als Briefträgerin bei der Post in Addison, Illinois, wo sie blieb zehn Jahre. Es war eine Arbeit, die sie sehr genoss und von der sie dachte, sie würde sie bis zu ihrer Pensionierung ausüben. Aber einen Postsack zu schleudern und Post zuzustellen, sollte sich als Sprungbrett für eine andere Karriere erweisen, eine, die mit ihrer Liebe zu Motorrädern und ihrem Kindheitswunsch, Schriftstellerin zu werden, mitschwingt.

Cris zollt ihrem ersten Ehemann Gary Sommer, den sie 1980 geheiratet hat, großen Respekt dafür, dass er sie ermutigt hat, wieder mit dem Reiten zu beginnen. Er brachte ihr auch die Grundlagen des Schraubenschlüssels und der Fahrradwartung bei. In den ersten Jahren, in denen sie zusammen waren, fuhr sie jedoch als

Beifahrerin, wohin sie auch ging. Nach mehr als einem Jahr in ihrer Beziehung schlug Gary vor, mit seiner Harley alleine zu fahren. Obwohl sie noch nie etwas Größeres als 100ccm gefahren war, nahm Cris die schwere Harley trotz der unterschiedlichen Fahreigenschaften wie ein Vogel in die Luft. Da wusste sie, dass ihre Tage als Beifahrerin zu Ende gingen.

„Ich habe Gary durch einen Freund bei der Post kennengelernt. Ich war in meinem letzten Highschool-Jahr und hatte den Twin Jet nicht mehr. Obwohl er sechs Jahre älter war, entdeckte ich, dass er eine Harley fuhr, die bei mir definitiv einige Punkte eingefahren hat. Ich kannte damals niemanden, der eine Harley besaß. Als er zum ersten Mal auftauchte, kam er mit einem Shovelhead die Straße herunter. Das ließ mein Herz schon etwas höher schlagen. Er war der wahre Deal. Er sah aus wie das Teil. Er hatte in der Vergangenheit verschiedenen Clubs angehört und war immer noch mit einigen der Jungs rumgehangen, obwohl auch keiner von ihnen mehr in irgendwelchen Clubs zu tun hatte. Was mich wirklich überzeugte, war, dass sein Fahrrad keinen Ständer hatte. Er hat es einfach auf den Boden gelegt. Ich dachte, wow, das ist ziemlich interessant. Ich wusste, dass wir berühmt miteinander auskommen würden. Und das haben wir ungefähr dreizehn Jahre lang gemacht“, sagte Cris.

Im August 1975, kurz nachdem sie und Gary ein Paar geworden waren, wurden die beiden in einen schlimmen Motorradunfall verwickelt, bei dem sie an zwei Stellen ein Bein gebrochen und verschiedene Straßenausschläge hatte. Sie beschloss, dass sie, wenn sie in einen weiteren Absturz verwickelt werden sollte, diejenige sein würde, die den Absturz verursachte. Es dauerte nicht lange, nachdem ihr Bein verheilt war, als Gary Cris ermutigte, mit seiner Harley eine Runde durch die Nachbarschaft zu fahren. Diese eine Fahrt war alles, was sie brauchte, um einen Motorradführerschein zu machen und eine treue Harley-Fahrerin zu werden. Im selben Jahr kaufte sie sich im Alter von 19 Jahren eine Sportster von 1977. Sie stieg nach nur einem Jahr auf der Sportster zu einem 1979er Shovelhead auf.

„Als ich meine erste Harley bekam, gab es noch viele Männer, die nicht wollten, dass ihre Frauen oder Freundinnen mitfahren. Aber einen Hardcore-Biker wie Gary zu haben, der mich zum Fahren ermutigte, bedeutete viel. Es zeigte, dass das Geschlecht für manche Männer beim Reiten kein Thema ist. Wenn Sie mit dem Fahrrad umgehen können, werden Sie als gleichwertig angesehen. Es gab jedoch einen sehr engen Freund von uns, ein ehemaliges Clubmitglied der „alten Schule“, der mir sagte, dass ich nicht auf mein eigenes Fahrrad gehöre. Aber ich muss mir seinen Respekt verdient haben. Er sagte mir bald, dass ich „wie ein Kerl ritt“. Von ihm war das ein riesiges Kompliment. Komisch, heute sind wir immer noch enge Freunde“, sagte Cris.

Nachdem sie ihre Sportster bekommen hatte, fingen Cris und Gary an, viele Kilometer auf ihren Rädern zurückzulegen; manchmal nur zu zweit, manchmal mit Freunden und anderen Paaren. Cross-Country-Trips und große Motorrad-Festivals und Rallyes wurden zu regelmäßigen Zielen. Freundinnen hingegen fuhren meistens hinten auf dem Fahrrad ihres alten Mannes. Erst Anfang der 1980er Jahre begann Cris, sich mit Frauen anzufreunden, die auch reiten. Eine der ersten war Linda „Jo" Giovannoni, die in der Teileabteilung eines örtlichen Harley-Davidson-Händlers arbeitete. Sie verstanden sich auf Anhieb, genossen die Gesellschaft des anderen und gingen oft zusammen reiten.

Sie waren es leid, ständig mit den Jungs zu fahren, und beschlossen, nach anderen Frauen zu suchen, mit denen sie reiten konnten. Dabei trafen sie bald auf Becky Brown, die 1979 Women in the Wind (WITW) gegründet hatte. Beckys Begeisterung für die Förderung des Frauenmotorradsports hinterließ bei Cris und Jo großen Eindruck. Zu dieser Zeit lernte Cris auch Louise Scherbyn kennen – bereits eine eigene Legende und 1950 Gründerin der Women's International Motorcycle Association (WIMA). 1983 gründeten sie mit Beckys Segen das zweite Kapitel von Women in the Wind. Im Laufe der Jahre hat sich der Club zu einer internationalen Reitorganisation mit über sechzig Chaptern entwickelt.

„Ich kam 1980 zu WIMA, als ich anfing, mich mehr für die Damen-Reitszene zu interessieren. Ich fing an, mit Louise zu korrespondieren, und sie hat das Feuer nur noch angezündet. Sie war wirklich begeistert vom Motorradfahren. Ungefähr ein Jahr später sahen Jo und ich irgendwo eine Anzeige für Women in the Wind und wir nahmen Kontakt mit Becky auf. Wir tauschten Briefe und Bilder unserer Motorräder aus und eines der Bilder, die sie uns schickte, war von ihrer Harley, die in einer Ecke ihrer Küche versteckt war. Ich wusste, dass jeder, der ihre Harley während des langen Winters in Ohio in ihrer Küche aufbewahrte, jemand war, mit dem ich befreundet sein wollte. Jo und ich besuchten Becky in Ohio und dann kam sie zu uns und besuchte uns. In kürzester Zeit waren wir mit ungefähr 25 anderen Fahrerinnen in Kontakt, einige in unserer eigenen Gegend, einige in Ohio, Indiana und Wisconsin. Das hat dazu geführt, dass wir das zweite Women in the Wind Chapter gegründet haben. Es erwies sich auch als der Beginn meiner Karriere als Motorradschreiber", sagte Cris.

Nachdem sie ihr eigenes Kapitel ins Leben gerufen hatten, begannen Cris und Jo einen Women in the Wind-Newsletter zu schreiben, was ihnen beiden Spaß machte. Dieses Bestreben erwies sich als Katalysator für größere Dinge. Cris hatte endlich einen Ort gefunden, an dem sie ihre Schreibfähigkeiten einsetzen konnte, ebenso wie Jo, die auch ein Händchen dafür hatte, Gedanken zu Papier zu bringen. Ihre Newsletter wurden gut angenommen und fanden ihren Weg in die Hände von Frauen, die keine Clubmitglieder waren, aber nach etwas suchten, mit dem sie sich identifizieren konnten. Obwohl es viele Motorradmagazine für Männer auf dem Markt gab, gab es keine speziell für den Frauenmarkt. Als Briefträgerin stieß Cris auf viele dieser Zeitschriften und sie blätterte sie in ihren Kaffee- und Mittagspausen durch.

„Ich schätze, man könnte sagen, ich lese die Post anderer Leute, obwohl ich besonders vorsichtig war, den Salat in meiner

Mittagspause von den Seiten fernzuhalten! Die von mir gelieferten Fahrradmagazine waren nicht die Art, die für Frauen interessant war. Die meisten von ihnen waren entweder technisch orientiert, am männlichen Biker-Lifestyle oder an der Pin-Up-Variante. Beflügelt von dem Interesse, das unsere Club-Newsletter erzeugten, begann ich, Artikel und Bilder von Fahrerinnen an einige dieser Zeitschriften zu senden. Ich habe ein paar meiner Fotos veröffentlicht, aber ich habe nicht gerade die Welt in Brand gesteckt", bemerkte Cris.

„Mir wurde klar, dass ein Motorradmagazin benötigt wird, das auf den Frauenmarkt ausgerichtet ist. Ich habe mit Jo darüber gesprochen und sie war sehr begeistert. Wir haben ein Konzept entwickelt, das wir Harley-Davidson vorstellen wollten, in der Hoffnung, dass sie die Initiative unterstützen. Da Jo die Harley-Verbindung von der Arbeit im Autohaus hatte, dachten wir, wir versuchen es mal. Sie arrangierte ein Treffen für uns und wir fuhren mit diesem sechzehnseitigen Modell unseres Magazins nach Milwaukee. Aber wir wussten wirklich nicht, was wir taten und was uns erwartete. Es war ein mutiger Schritt, aber wir waren wirklich leidenschaftlich daran interessiert, ein Magazin zu gründen und Harley-Motorräder zu betreiben."

Zu ihrer angenehmen Überraschung begrüßte Harley-Davidson ihren Vorschlag. Das Timing von Cris und Jo erwies sich als perfekt. Das Unternehmen war daran interessiert, den Frauenmarkt zu erschließen und beschloss, dieses Unterfangen zu wagen. Cris und Jo erhielten die Lizenz, ein zweimonatlich erscheinendes Magazin mit dem Namen *Harley Women Magazine* zu veröffentlichen. Die Vereinbarung sah einen Probelauf von drei Themen vor. Sie machten sich an die Arbeit – immer noch mit ihren Hauptjobs – und vertieften sich in jeden Aspekt der Veröffentlichung des Magazins. Dazu gehörten das Schreiben und Fotografieren, das Führen von Interviews, das Seitenlayout, der Verkauf von Werbung, der Vertrieb und die Betreuung der Buchhaltung. Für beide war es eine steile Lernkurve.

Da Cris wusste, dass sie Hilfe brauchten, um das Magazin zum Laufen zu bringen und es über das gewohnte Newsletter-Format hinaus zu bringen, bat Cris Linda Lentini, eine gute Freundin von ihr, um Rat. Lentini, gelernte Schriftsetzerin und Grafikerin, beriet nicht nur, sie verstärkte das Team für ein Jahr und brachte ihnen bei, eine professionell aussehende Schwarz-Weiß-Publikation zu erstellen. Das *Harley Women Magazine* wurde mit jeder Ausgabe besser. Das Magazin wurde gut angenommen und Harley blieb langfristig an Bord. Sie fügten hier und da ein paar Seiten hinzu, fingen dann an, ein wenig Farbe zu verwenden, und entwickelten sich schließlich zu glatteren Papieren. Das *Harley Women Magazine* zog viele Leser an, sowohl männliche als auch weibliche, und erwies sich als erfolgreicher, als Cris oder Jo je gehofft hatten.

„Harley-Davidson hat uns sehr unterstützt und geduldig. Wir hatten großes Glück, sie in unserer Ecke zu haben. Ich bezweifle, dass es ohne ihre Einsicht und Unterstützung ein Magazin gegeben hätte. Sie waren großartig für uns und bis heute haben wir eine starke Beziehung zu einigen der Leute, die noch dort arbeiten, sowie zu der

Davidson-Familie, die ich absolut verehre. Es war eine unglaubliche Erfahrung, die mich in aufregende neue Richtungen geführt hat. Ich habe meinen Traum gelebt… Motorrad zu fahren, über den Lebensstil zu schreiben und eine Zeitschrift zu veröffentlichen. Es war sehr erfreulich, obwohl unser Erfolg nie in Dollar gemessen wurde", erklärte Cris.

„Wir haben schnell gemerkt, dass das, was wir tun, wichtig ist. Wir machten einen Unterschied. Wir haben nicht nur ein Rand-Motorradmagazin herausgebracht, wir waren mittendrin! Die Leute genossen es, über unsere Abenteuer zu lesen. Wir erhielten viele Briefe und Anrufe von Frauen aus der ganzen Welt, die das Gefühl hatten, dass das Magazin sie als Motorradfahrerinnen bestätigte. Andere Frauen erzählten uns, dass sie wegen der Zeitschrift mit dem Reiten angefangen haben. Die Mainstream-Medien nahmen unsere Aktivitäten zur Kenntnis und kontaktierten uns, um Interviews mit uns zu führen. Das ganze Unterfangen hatte einen Schneeballeffekt. Es wuchs einfach weiter und beanspruchte immer mehr von meiner Zeit."

Cris kündigte schließlich 1988 ihre Stelle bei der Post, um sich ganz auf das Magazin zu konzentrieren. Es war jedoch keine leichte Entscheidung, die Sicherheit eines guten Arbeitsplatzes und eines festen Gehaltsschecks hinter sich zu lassen. Sie hatte zu diesem Zeitpunkt zwei Kinder zur Welt gebracht, Tochter Lindsey im Jahr 1984 und Sohn Josh im Jahr 1986. Um die Sache noch komplizierter zu machen, hatten sie sich von ihrem Ehemann Gary getrennt. Als unabhängige Frau in der Motorradwelt hatte ihre Ehe ihren Tribut gefordert. Trotzdem blieben sie Freunde und waren sich einig, dass ihre Entscheidung, sich scheiden zu lassen, für beide Seiten von Vorteil war. Obwohl Cris Mühe hatte, über die Runden zu kommen, war sie mit ihrer neuen Karriere zufrieden und überzeugt, dass sie auf dem richtigen Weg war. Sie folgte ihrem Herzen und ihren Träumen. Sowohl sie als auch Jo verbrachten viel Zeit damit, Orte wie Daytona und Sturgis zu bereisen, um für das *Harley Women Magazine* zu werben. Ihr Enthusiasmus erwies sich als ansteckend! Überall verkauften sie Abos und T-Shirts und gewannen viele neue Leser.

Unterwegs lernten sie auch berühmte und einflussreiche Leute kennen. Bei einer solchen Gelegenheit durfte das Paar mit dem legendären Verleger/Zillionär Malcolm Forbes und seiner Freundin, der Schauspielerin Elizabeth Taylor, fahren. Eines der vielen Dinge, für die Forbes neben dem Aktivismus für die Rechte von Motorradfahrern bekannt ist, ist sein Geschenk an Frau Taylor einer teuren Harley-Davidson, die "Purple Passion" getauft wurde. Cris und Jo wurden an dem Tag eingeladen, an dem Forbes Ms. Taylor das Geschenk der lila Sportster überreichte. Als Cris die extravagante Motorradliebhaberin später um geschäftliche Ratschläge bat, sagte er ihr, sie solle das Magazin aufbauen und verkaufen. Diese Worte würden Cris nicht entgehen lassen.

Ende der 1980er Jahre traten Cris und Jo mehrere Jahre lang in unzähligen überregionalen Zeitungsartikeln sowie Radio- und Fernseh-Talkshows als Vertreter und Fürsprecher der wachsenden Zahl von Motorradfahrerinnen auf. Mit zunehmendem Profil und

Einfluss von Criss wuchsen auch die Auszeichnungen. 1988 wurde ihr die lebenslange Ehrenmitgliedschaft von Women in the Wind verliehen. Zwei Jahre später wurde sie in der Women in Motorcycling-Ausstellung der American Motorcyclist Association im AMA-Museum in Westerville, Ohio, als bahnbrechende Motorradfahrerin geehrt. Im Laufe der Zeit wurden Cris und Linda „Jo" Giovannoni weitere Anerkennungen und Ehrungen zuteil.

Während dieser Zeit als zweirädriger Mover und Shaker veränderte sich Cris' Leben dramatisch. 1989, während sie sich bei der Sturgis Motorcycle Rally um die Geschäfte kümmerte, lernte sie ihren Motorrad-Enthusiasten und Rockstar Patrick Simmons von den Doobie Brothers kennen. Die weltberühmte Band hielt eine Pressekonferenz ab, um für ein Benefizkonzert zu werben, das sie für die Wohltätigkeitsorganisation der Harley-Davidson Muscular Dystrophy Association veranstalteten. Es erwies sich als einer dieser glücklichen Momente, die genauso gut nicht hätten passieren können.

„Im Laufe der Jahre hatte ich viele Biker-Prominente kennengelernt und für mich war dies nur ein weiteres Interview. Ich war alles andere als sternenklar. Eigentlich wollte ich gar nicht gehen. Jo und ich arbeiteten viele Stunden daran, die Berichterstattung über die Veranstaltungen für das Magazin auszugleichen und an unserem Stand Abonnements zu bewerben und zu verkaufen. Ich wollte mir nur etwas zu essen schnappen und ins Bett kriechen. Aber Clyde Fessler, der damals Vice President of Marketing bei Harley-Davidson war, drängte mich zu gehen. Als er mir sagte, dass es viel gutes Essen geben würde, änderte ich meine Meinung. Wir waren ein knapper Betrieb und eine kostenlose Mahlzeit war nicht etwas, das man bereitwillig weitergab. Also dachte ich mir, ich würde mir ein paar Notizen für einen Artikel machen, einen Happen essen und ausschneiden. Aber die Begegnung mit Pat hat meine Welt auf den Kopf gestellt. Wir hatten eine sofortige Verbindung. Es war ein Treffen zweier Seelenverwandter. Wir lachen immer noch darüber, wie wir uns kennengelernt haben", erklärte Cris.

Schon bald wurden Cris und Patrick ein Paar – verbunden durch ihre gemeinsamen Interessen, insbesondere eine tiefe Leidenschaft für Motorräder – und begannen eine Fernbeziehung. Schließlich war Cris es leid, getrennt zu sein und sich auf Telefonanrufe und Briefe zu verlassen, und verkaufte 1990 ihr Interesse an *Harley Women* an Jo und zog mit ihren Kindern nach Kalifornien, um bei Pat zu leben. Es war eine weitere schwere Entscheidung, aber sie wusste, dass das Magazin etabliert genug war, damit Jo ohne sie weitermachen konnte. Jo leitete das Magazin bis November 1997, als sie es an einen anderen Verlag verkaufte. In den 1990er Jahren stieg die Zahl der weiblichen Fahrer in den Vereinigten Staaten deutlich an. Cris und Jos Vorbild und ihre Leidenschaft für das Fahren wurden zusammen mit dem *Harley Women Magazine* als wichtiger Einfluss auf diesen Trend angesehen.

Nachdem sie ihren Anteil an der Zeitschrift verkauft hatte, begann Cris eine produktive 15-jährige Tätigkeit als freiberufliche

Motorradjournalistin. Sie schrieb für eine Reihe renommierter amerikanischer Motorradmagazine, darunter *American Iron, Motorcycle Collector, Iron Works, Easyriders* und *V-Twin*, um nur einige zu nennen. Darüber hinaus verkaufte sie ihre Artikel und Fotografien an Zeitschriften in Japan, Spanien und Australien. Cris verfasste auch über zwölf Jahre lang ihre eigene Kolumne im beliebten japanischen Harley-Magazin *Hot Bike Japan*.

Cris war definitiv im Groove: Reiten, schreiben, Bilder schießen, ihre drei Kinder großziehen – Sohn Patrick Harley Simmons wurde Ende 1990 geboren – und sich an ihr neues Leben mit Patrick dem Rockstar gewöhnen, den sie 1994 heiratete Geschmack des Rock 'n' Roll-Lifestyle-Tournee weltweit mit den Doobies. Sie beschreibt diese Jahre als wild und verrückt, hält hin und wieder inne, um sich selbst zu kneifen und sicherzustellen, dass es kein Traum war.

„Das waren tolle Zeiten. Ich hatte viel Spaß mit Pat und der Band unterwegs. Wann immer es mir möglich ist, bin ich trotzdem mit den Doobies unterwegs. Mit den anderen Bandmitgliedern, ihren Frauen und der Crew habe ich mich immer gut verstanden. Wir sind wirklich alle eine große Familie. Es war wirklich inspirierend. Ich habe mich von einer normalen alleinerziehenden Mutter in Chicago auf Tournee mit einer berühmten Band und dem Mann, der sich als die Liebe meines Lebens herausstellte, wiedergefunden. Ich habe viele neue und faszinierende Menschen kennengelernt und die Welt aus einer Perspektive gesehen, die man normalerweise als Tourist nicht sieht", sagte Cris.

Cris zog nicht nur ihre Kinder groß und war mit einem vielbeschäftigten Tourmusiker verheiratet, sondern war auch weiterhin eine hingebungsvolle Botschafterin des Frauenmotorradsports. 1994 schrieb und veröffentlichte sie das preisgekrönte Kinder-Motorradbuch *Patrick Wants to Ride*. Das Buch brachte ihr den Brighter Image MVP Award der AMA ein. Die Inspiration für das Buch kam von Patrick Sr. sowie ihren Kindern, die alle als kleine Kinder das Fahren von Dirtbikes gelernt haben. *Patrick Wants to Ride*, illustriert vom Bostoner politischen Karikaturisten Paul Jamiol, ist die Geschichte eines Jungen, der Harley-Davidson-Motorräder liebt. Er träumt von dem Tag, an dem er groß genug sein wird, um auf einem mitzufahren und mit Mama und Papa auf Tour zu gehen. Das Buch, das sich in der dritten Auflage befindet, wurde über 12.000 Exemplare verkauft.

Ein weiteres herausragendes Jahr für Cris war 1995, als sie eingeladen wurde, eine von vier Frauen zu sein, die in einem Dokumentarfilm über Motorradfahrerinnen für Turner Broadcasting zu sehen sind. Der Film *Biker Women* stellte in diesem Jahr Zuschauerrekorde für eine Originaldokumentation auf und hob Cris' Profil auf eine weitere Ebene. Dadurch erreichte sie ein noch größeres Segment der Motorrad-Frauen-Community und machte sie darin mehr oder weniger zu einem bekannten Namen.

Bei der Recherche von Hintergrundinformationen für verschiedene Zeitschriftenaufträge wurde Cris immer mehr bewusst, welche Rolle Frauen in der Evolution des Motorradfahrens spielten. Sie wurde von den Frauen von damals gefesselt und erkannte die Dankbarkeit, die sie und alle Reiterinnen von heute ihnen schulden. Im Laufe der Jahre begann Cris darüber nachzudenken, ein Hommagebuch an die amerikanischen Motorradpioniereinnen zu schreiben. Nach und nach begann sie, Bilder und Informationen für ein Buch zu sammeln, von dem sie sich selbst versprach, eines Tages zu schreiben. Dies ist das Buch, das zu *The American Motorcycle Girls 1900 bis 1950* werden sollte. In der Schatzkammer der Erinnerungsstücke, die sie für das Buch gesammelt hat, ist eine Reihe von Fotoalben und Sammelalben enthalten, die der Wall of Death-Fahrerin Olive Hager gehörten. Cris stolperte bei einer Online-Auktion über diese Gegenstände und war überzeugt, dass es vorherbestimmt war, dass sie bei ihnen landen würde.

„Viele der Frauen, über die ich in meinem Buch geschrieben habe, waren in der amerikanischen Motorradwelt bereits bekannt, aber meine größte Freude war es, einigen der weniger bekannten und unbesungenen Heldinnen ihr Recht zu geben. Frauen wie Olive Hager und Margaret Gast zum Beispiel, die irgendwie durchs Raster gefallen sind, sind nun zu Recht im Druck verewigt. Es war ein riesiger Nervenkitzel, auf Olives persönliche Alben zu stoßen. Da sie keine Kinder hat, denen sie ihre kostbaren Sammelalben hinterlassen könnte, würde sie sich sicher freuen, wenn sie wissen würde, dass sie in meinen Besitz kommen und für den Schatz geschätzt werden, der sie sind. Ich hatte auch das Glück, einige der überlebenden Frauen, die alle über siebzig und achtzig Jahre alt sind, tatsächlich interviewen zu können. Ich sprach mit Familienmitgliedern wie Kindern, Enkeln, Nichten und Neffen von bereits Verstorbenen. Für mich war dieses Buch eine Herzensangelegenheit. Es war auch sehr inspirierend zu sehen, wie die Frauen damals ihr Leben gelebt haben. Ich fühlte mich demütig, dass ich diejenige war, die ihre Geschichten erzählen durfte. Es ist mir so wichtig, dass sich die Leute daran erinnern", sagte Cris.

Cris schreibt ihrem Mann Patrick zu, dass er einer der wichtigsten Motivatoren war, um das Buchprojekt in Angriff zu nehmen, für das sie etwa zweieinhalb Jahre brauchte. Patrick ist ein begeisterter Sammler früher Motorradliteratur und Erinnerungsstücke. Mit all seinen Sachen hat er viel dazu beigetragen, den Übergang vom Konzept in die Realität viel einfacher zu machen. Ganz zu schweigen von seinem Enthusiasmus, bemerkte sie.

„Pat ist mehr als nur mein Seelenverwandter. Er inspiriert mich ständig und treibt mich liebevoll an, meine Träume zu leben. Wir passen perfekt zusammen und feierten kürzlich den zwanzigsten Jahrestag unseres ersten Treffens in Sturgis im Jahr 1989. Aus diesem Anlass verbrachten wir ein paar Tage zusammen bei der Sturgis Rallye, um in Erinnerungen zu schwelgen und unseren Segen zu zählen. Seitdem ist viel Wasser unter der Brücke geflossen. Wir haben großes Glück gehabt. Und zu denken, dass es genauso einfach nicht hätte passieren können, weil ich fast nicht zu der Pressekonferenz der Doobies gegangen wäre. Aber wer weiß, wir hätten uns woanders treffen können. Ich denke, unsere Wege sollten sich kreuzen", sagte Cris.

Cris kombinierte ihre Liebe zur Musik und zum Schreiben und fand eine weitere Leidenschaft, die von ihrer Beziehung zu Patrick inspiriert wurde – das gemeinsame Schreiben von Songs mit ihm. Einer ihrer Songs, "Don't Be Afraid", war auf dem Doobies-Album *Sibling Rivalry* enthalten, dessen Cover-Artwork vom Motorrad inspiriert ist, ein Konzept, das die Band erstmals 1989 auf ihrem *Cycles*-Album verwendete. Wann immer sich die Gelegenheit bietet, fahren Cris und Patrick, die 1997 nach Hawaii gezogen sind, immer noch gerne zusammen. Sie freuen sich immer auf einige Cross-Country-Fahrten, wenn es die Zeit zulässt. Sie erinnert sich an ihre frühesten Cross-Country-Fahrten – 4.828 Kilometer allein von zu Hause entfernt, mit nur Wechselkleidung und ein paar anderen Notwendigkeiten in ihren Satteltaschen – zu den besten Erinnerungen ihres Lebens.

Diese Fahrten, die sie mit neun Jahren auf dem Fahrrad ihres Stiefvaters unternahm, haben Cris auf eine erstaunliche Reise von einem normalen Motorrad-Enthusiasten zu einer Schrifts-tellerkarriere, zu einer Botschafterin für Frauenmotorrad und einer Beziehung zu einem Mann geführt, der sie total ist synchron mit. Cris wurde mit drei wundervollen Kindern gesegnet, auf die jede Mutter stolz wäre und lebt an einem Ort, von dem die meisten Menschen nur träumen können. Abgerundet wird das Ganze durch die Auszeichnungen und Auszeichnungen, die sie auf ihrem Weg erhalten hat. Zusätzlich zu früheren Anerkennungen wurde Cris 2003 in die National Motorcycle Hall of Fame in Anamosa, Iowa, und die American Motorcycle Heritage Foundation Motorcycle Hall of Fame in Westerville, Ohio, aufgenommen. 2008 wurde sie in die Sturgis Motorcycle Hall aufgenommen des Ruhmes. Ihr Buch *The American Motorcycle Girls 1900 to 1950* erhielt ausgezeichnete Kritiken und wurde von Jay Leno für seinen „Jay's Garage Book Club" ausgewählt.

„Es ist sicherlich eine große Ehre, von Ihren Kollegen für das, was Sie tun, anerkannt zu werden. Aber der eigentliche Akt, etwas zu erreichen, insbesondere das, was anderen Menschen zugute kommt, ist die größte Belohnung, die man sich wünschen kann. Ich arbeite hart an dem, was ich tue und bin von Natur aus ein Macher. Ich mache immer etwas. Es fällt mir schwer, herumzusitzen und nichts zu tun. Auch wenn ich mich zurücklehne, tue ich etwas. Mein Verstand scheint sich nie abzuschalten, außer wenn ich schlafe", sagte Cris.

Cris ist nicht nur Mitglied von WIMA und Women in the Wind, sondern seit 1986 auch Mitglied der AMA und HOG (Harley Owners Group). Sie kam 2007 zu Motor Maids. Heute fährt sie eine 88er Harley-Davidson Heritage und ist Restaurierung einer Harley-Davidson VD von 1934. Cris schreibt weiterhin verschiedene Artikel, arbeitet derzeit an einem Drehbuch und einer Dokumentation und hält Vorträge, um die Sache weiter voranzutreiben. Cris freut sich auf die Teilnahme am Cannonball Run 2010, den sie für den Ritt ihres Lebens hält. Die Cross-Country-Motorrad-Langstreckenfahrt vor 1916 beginnt am 10. September in Kitty Hawk, North Carolina und endet 5.310 Kilometer später in Santa Monica, Kalifornien. Von den 70 gemeldeten Fahrern ist Cris mit ihrem 1915er Harley-Davidson Dreigang-Twin die einzige Amerikanerin. Es nimmt nur eine weitere Frau, eine Deutsche, teil.

Obwohl Cris einen sehr aktiven Lebensstil führt, bleibt die Zeit mit ihrem Mann und ihren Kindern ihre Priorität. Der Rest kommt von Tag zu Tag, ganz nach dem Schicksal.

Mandy Rossmeyer Campbell – Das Erbe Am Leben Erhalten

Für viele Biker ist Destination Daytona in Ormond Beach, Florida, ein Ort, um Urlaub zu machen, zu feiern und/oder ein Harley-Davidson-Motorrad, Teile, Zubehör und Bekleidung zu kaufen. Für Mandy Rossmeyer Campbell, die ihr ganzes Leben lang Biker ist, ist Destination Daytona ein Ort, an den sie täglich arbeitet, um zu arbeiten. Destination Daytona, das sich im Besitz von Mandys Familie befindet und von ihrem verstorbenen Vater Bruce Rossmeyer gegründet wurde, erstreckt sich über einhundertfünfzig Hektar Land am US Highway 1, und besteht aus sieben Fachgeschäften, einer Bar und einem Pub, Eigentumswohnungen, einem Hotel und Suiten, den weltweit größter Aftermarket-Supermarkt für Motorradteile und -zubehör sowie der größte Harley-Davidson-Händler der Welt.

„Die Arbeit bei Destination Daytona kommt einem Traumjob wahrscheinlich am nächsten. Ich bin im Herzen ein Biker und wo kann ich meine Tage besser verbringen, als von Motorrädern und Motorradleuten umgeben zu sein, zu denen auch mein Bruder Will und meine Schwester Shelly gehören. Auch mein Vater war bis zu seinem tragischen Unfall sehr aktiv, obwohl er halb im Ruhestand war. Ich weiß, dass viele Biker alles geben würden, um einen Job wie meinen zu haben, aber im Motorradgeschäft zu sein, ist eigentlich nicht das, was ich mit meinem Leben anfangen wollte. Ohne meinen Vater bezweifle ich sehr, dass ich in der

Motorradbranche gearbeitet hätte. Es kam alles zu einem günstigen Zeitpunkt. Ich wollte meinen Job aufgeben, war mir aber nicht sicher, womit ich ihn ersetzen sollte", sagte Mandy.

Als alleinerziehende Mutter von zwei Töchtern und einem Sohn verfolgte Mandy eine Karriere als Lehrerin bis 2005, als Bruce Rossmeyer Destination Daytona eröffnete, um seinen Harley-Davidson-Händler in Daytona zu etwas mehr als nur zum Kauf von Motorrädern auszubauen. Mandy hatte über zehn Jahre mit Unterbrechungen als Sport- und Gesundheitslehrerin gearbeitet und war auf der Suche nach einer Veränderung. Als ihr Vater erwähnte, dass es genau die Art von Veränderung war, die sie brauchte, um Teil des neuen Geschäfts der Familie Rossmeyer zu sein, nahm sie ihn auf sich. Sie hatte bereits in ihrer Freizeit im Autohaus gearbeitet, um bei der Organisation von Bike-Events mitzuhelfen, und Destination Daytona erwies sich für sie als vorgefertigte Herausforderung. Mandy begann im Vertrieb als Bestandsmanagerin und verbrachte einige Zeit in den verschiedenen Abteilungen des Harley-Davidson-Händlers, um das Geschäft von Grund auf kennenzulernen. Heute ist sie stärker in den täglichen Betrieb von Destination Daytona involviert und überwacht Werbeaktionen, Sonderveranstaltungen, Buchhaltung und Mitarbeiter.

„Destination Daytona ist eine Weiterentwicklung. Es ist viel Arbeit. Es passiert ständig so viel. Neben der Daytona Bike Week und dem BiketoberFest, den beiden größten Events, an denen wir beteiligt sind, veranstalten wir selbst eine Reihe von Motorrad-

Themenveranstaltungen. Dazu gehören eine Bike Night und das Mega-Motor Event, das Tauschbörse, Autoshow und Bikeshow vereint. Wir hatten großen Erfolg mit unseren Garagenpartys nur für Frauen. Wir organisieren auch Charity-Motorradläufe, veranstalten Hochzeitsempfänge, veranstalten Konzerte und veranstalten einen jährlichen Karneval in Zusammenarbeit mit der Handelskammer von Ormond Beach, deren Mitglied ich bin", sagte Mandy.

„Für mich war es in den letzten vier Jahren eine steile Lernkurve, aber sobald ich mir etwas in den Kopf gesetzt habe, habe ich es ziemlich geschafft. Neben dem Motorradgeschäft muss ich auch das Hotel- und Freizeitgeschäft verstehen. Es hilft auch, ein Mensch zu sein, weil man mit so vielen verschiedenen Persönlichkeiten umgehen muss. Überwiegend besuchen uns Biker aller Art, aber auch viele Nicht-Fahrer kommen in den Laden. Die meisten Biker sind Harley-Fahrer, aber viele fahren auch andere Motorradmarken. Einige sind Hardcore- und einige Wochenendkrieger. Menschen, die sich für den Biker-Lifestyle interessieren oder Freunde und Familie von Bikern, die gerne eine schöne Zeit in einer freundlichen Umgebung verbringen möchten, finden in der Destination Daytona etwas zu tun. Unser Ziel ist es, das ganze Jahr über was los zu sein, nicht nur im März während der Bike Week und dem BiketoberFest im Oktober."

Mandy wurde in Ormond Beach als Tochter von Bruce und Sandy Rossmeyer geboren und war das älteste von fünf Kindern, darunter die Schwestern Wendy, Randy und Shelly sowie Bruder Will. Obwohl ihr Vater ein begeisterter Motorradfahrer war, war er zum Zeitpunkt ihrer Geburt nicht im Motorradgeschäft tätig, sondern betrieb stattdessen ein Autohaus von Dodge. Bis ihr Bruder Will kam, war Mandy der Sohn, auf den Bruce immer noch wartete. Er teilte seine Liebe zu Motorrädern mit ihr und kaufte Mandy ihr erstes Motorrad, als sie acht Jahre alt war. Er brachte ihr bei, mit dem Fahrrad, einer Yamaha 80, im Dreck zu fahren, und sonntags, an dem einzigen Tag, an dem er nicht arbeitete, gingen sie normalerweise auf die Trails. Mit Papa zu fahren, sei es auf ihrem eigenen Fahrrad oder als Beifahrer auf seinem, war für sie eine feste Routine und hat ihr von Anfang an Spaß gemacht.

„Ich war sofort süchtig nach dem Motorradfahren und war seit der Yamaha 80 nie mehr ohne Fahrrad. Mein zweites Motorrad war eine Yamaha 125, eine weitere Offroad-Maschine. Ich bin bei jeder Gelegenheit im Wald und auf dem Land geritten. Und ich habe immer Ärger bekommen, weil ich unsere Schotterauffahrt aufgerissen habe. Meine Mutter gab mir jedes Mal den Rechen, um das Chaos zu beseitigen. Als ich fünfzehn war, bekam ich meine erste Harley, eine 250er. Ich war wirklich aufgeregt, auf eine Harley aufzusteigen, aber es hat nie angefangen. Mein Vater besaß zu dieser Zeit einen Gebrauchtwagenparkplatz und er hatte das Fahrrad in den Handel gebracht, wahrscheinlich ohne zu versuchen, es zu starten oder es für eine Probefahrt mitzunehmen. Ich kaufte 1995 eine neue Dyna Wide Glide von meinem Vater, ungefähr ein Jahr nachdem er seinen ersten Harley-Händler eröffnet hatte. Im Jahr 2003 kaufte ich einen Big Dog Chopper von meiner Schwester Shelly, als sie den Laden Arlen Ness leitete, der meinem Vater gehörte. Ich fahre jetzt einen 2011er Street Glide. Heutzutage mein Lieblingsrad", erklärte Mandy.

1981, als Mandy noch in der High School war, zogen die Rossmeyers nach New Jersey, wo ihr Vater für einen alten Freund als General Manager eines Chevrolet-Händlers in Toms River arbeitete. Bruce, der ursprünglich aus New Jersey stammte, verkaufte von 1969 bis 1994 Neu- und Gebrauchtwagen, als er beschloss, seiner Liebe zu Motorrädern als Unternehmen nachzugehen und den Harley-Händler in Daytona zu übernehmen. Er wandte die gleiche Formel an, die er beim Verkauf von Motorrädern verwendet hatte, um Motorräder zu verkaufen, und wurde mit seinen Harley-Davidson-Händlern genauso erfolgreich, wenn nicht sogar noch mehr. Als er im Juli 2009 im Alter von 66 Jahren starb, besaß Bruce Rossmeyer dreizehn Harley-Davidson-Händler in den Vereinigten Staaten, von denen Destination Daytona das Kronjuwel war.

Nachdem sie die High School abgeschlossen und zwei Jahre in New Jersey gelebt hatte, kehrte Mandy nach Florida zurück, um Meereswissenschaften zu studieren. An der Küste Floridas geboren, liebte sie das Meer und das Tauchen und wollte eine Karriere in dieser Branche einschlagen. Aber nebenbei interessierte sie sich für das Lehren und machte stattdessen einen Abschluss in Sport/Gesundheit mit Nebenfach Bewegungswissenschaft. Sie heiratete 1988, brachte die Töchter Annie und Hunter sowie den Sohn Trip zur Welt und ließ sich in St. Augustine, Florida, als Lehrerin nieder. Nach ihrer Scheidung im Jahr 1998 zog Mandy zurück nach Ormond Beach und lebt seitdem dort. Sie ist Single geblieben, genießt den Lebensstil einer vielbeschäftigten berufstätigen Mutter und hat keine unmittelbaren Pläne, wieder zu heiraten.

„Ich bin ein sehr unabhängiger Mensch. Meine Eltern haben ihre Kinder so erzogen, dass sie auf uns selbst aufpassen und nicht von anderen abhängig sind. Ich bin sehr diszipliniert und fleißig und zwischen Destination Daytona, den anderen Aktivitäten, an denen ich beteiligt bin, und meinen drei Kindern und Familienmitgliedern habe ich Zeit für wenig anderes. Ich gehe jedoch auf Dates aus, sowohl mit Männern, die Motorrad fahren, als auch mit denen, die nicht fahren. Es ist mir eigentlich egal. Ich bin wirklich sehr zufrieden mit meinem Leben, so wie es jetzt ist. Es gibt nie einen langweiligen Moment. Es sind immer Dinge unterwegs, Dinge, um die man sich kümmern muss", sagte Mandy.

Während ihre Arbeit bei Destination Daytona sie mehr als beschäftigt hält, nimmt sich Mandy Zeit, um gemeinnützige und wohltätige Arbeiten zu erledigen – sie sitzt auch im Vorstand der Handelskammer von Ormond Beach. Eines der Hauptprojekte, an denen sie in den letzten Jahren gearbeitet hat, ist das Ormond Beach Carnevale, eine viertägige Veranstaltung, die 2009 erstmals in der Destination Daytona mit freundlicher Genehmigung der Familie Rossmeyer stattfand. Die vom Carnevale gesammelten Mittel erhalten die Handelskammer von Ormond Beach und ihre Mission, lokale Unternehmen zu unterstützen. Mandy ist auch Co-Vorsitzende des U.S. 1 Task Force Committee, einer Gruppe von

Geschäfts-, Restaurant- und Barbesitzern, die sich am U.S. Highway 1 Korridor befinden. Der Hauptzweck der Task Force besteht darin, alle Beteiligten über die Planung von Veranstaltungen und Aktivitäten auf dem Laufenden zu halten und sich mit den lokalen Behörden und der Politik zu befassen.

Neben der Unterstützung des Ormond Beach Carnevale und Wohltätigkeitsorganisationen wie den Boys & Girls Clubs of Volusia/Flagler Counties und dem Joe DiMaggio Children's Hospital engagieren sich Mandy und ihre Familie sehr stark für Camp Boggy Creek, das von ihrem Vater als Abteilung von Paul Newman's Hole in the Wall Camps im Jahr 1996. Das Camp in Eustis, Florida, empfängt Kinder im Alter von sieben bis sechzehn Jahren, die von lebensbedrohlichen und chronischen Krankheiten betroffen sind, zu einer kostenlosen einwöchigen Sommersitzung.

Die wichtigste Spendenaktion, die Camp Boggy Creek zugutekommt, ist der „Bruce Rossmeyer Ride for Children", der jeden Oktober am Sonntag vor dem BiketoberFest stattfindet. Diese Wohltätigkeits-Motorradtour beginnt in Destination Daytona und führt die Vielzahl der teilnehmenden Fahrer, 2009 etwa 1.200, auf einer malerischen Route zum Camp Boggy Creek, etwa 45 Minuten westlich von Ormond Beach. Das Fahrgeschäft hat seit seiner Einweihung im Jahr 1996 4 Millionen US-Dollar eingenommen. Nicht schlecht, wenn man bedenkt, dass Bruce Rossmeyer ursprünglich gehofft hatte, über einen Zeitraum von zehn Jahren 1 Million US-Dollar zu sammeln.

„Es ist sehr befriedigend, Teil der großen Projekte zu sein, die mein Vater initiiert hat oder an denen er beteiligt war. Es ist sehr wichtig für mich und den Rest meiner Familie, seinen philanthropischen Geist am Leben zu erhalten und seine großen Wohltätigkeitsbemühungen fortzusetzen. Papa hat immer gesagt, es geht nur um die Kinder und wir wollen seine Arbeit auf jeden Fall fortsetzen. Da wir ein großes Motorradunternehmen sind, sind wir in einer einzigartigen Position, um denen zu helfen, die weniger Glück haben. Laut Studien sind Motorradfahrer derzeit die größte Gruppe von Menschen, die Geld für Wohltätigkeitsorganisationen und gemeinnützige Organisationen sammeln. Überall versammeln sich Biker für den guten Zweck und amüsieren sich. Es ist eine Win-Win-Situation. Wir werden alles tun, um Papas Erbe, seine Träume und seine Leidenschaft am Leben zu erhalten. Das wird nicht einfach. Bruce Rossmeyer wird nicht leicht zu folgen sein. Wir werden nicht in der Lage sein, seine Fußstapfen zu füllen oder seiner Energie und Leidenschaft gerecht zu werden, aber wir werden die Räder so weiterbewegen, wie er es von uns gewollt hätte“, sagte Mandy.

Mandy hilft nicht nur bei der Wohltätigkeitsarbeit ihres Vaters, sondern sammelt auch als Marathonläuferin selbst Geld für die Hole in the Wall Camps. Sie hat an so großen Marathons wie dem Jacksonville-Marathon und dem Boston-Marathon teilgenommen. Im November 2009 nahm sie am New York City Marathon teil, für den sie monatelang trainierte. Wenn sie im Training ist, beginnen ihre Tage normalerweise um 4:45 Uhr. zum

Laufen und dann ein Workout im Fitnessstudio oder eine Runde im Pool. Danach ist es ein ganzer Tag im Büro, der sich um ihre Aufgaben in Destination Daytona, die Sitzungen der Handelskammer und des U.S. 1 Task Force Committee und Hunderte anderer Dinge kümmert, die ihre Aufmerksamkeit erfordern.

Aber mit dem Tod ihres Vaters ist es für Mandy die Priorität, sein Erbe am Leben zu erhalten. An der Wand hinter ihrem Schreibtisch in ihrem Büro in Destination Daytona hängt eine Skizze des stämmigen Geschäftsmannes. Es gibt auch ein Foto eines doppelten Regenbogens, der über der Destination Daytona thront und eine flauschige Wolkenformation enthält, die Bruce ähnelt. Während ihre Mutter die Präsidentschaft von Rossmeyer Family Enterprises übernommen hat – die große Beteiligungen an dreizehn Harley-Davidson-Händlern in fünf Bundesstaaten und drei lokalen Daytona Beach-Autohäusern umfasst – arbeitet die Familie als Team mit Shelly, Will und Mandy, die sich die Verantwortung teilen.

Abgesehen von dem Verkauf von Shelly Rossmeyers Motorcycles of Daytona – einem Ducati- und Triumph-Händler – und einem von drei Motorradhändlern in Südflorida war es bei Destination Daytona wie gewohnt. Bruces größtes Vergnügen war es, sein Geschäft zu einem „Familienunternehmen" zu machen, und Mandy, ihre Mutter und ihre Geschwister beabsichtigen, sein Andenken zu ehren, indem sie die Tradition des Verkaufs von Harley-Davidson-Motorrädern im großen Stil in einer großartigen

Umgebung fortführen. Es ist der Rossmeyer-Weg: Wenn Sie etwas tun wollen, tun Sie es groß.

„Wir vermissen ihn einfach sehr. Ich kann immer noch nicht glauben, dass er weg ist. Wir alle haben jetzt ein bisschen mehr Verantwortung, aber alles war ziemlich gut, bevor Dad starb. Wir kennen unsere Rollen und Positionen. Wir tun nichts, was er nicht von uns gewollt hätte. Wir arbeiten nur viel härter daran, seine Fußstapfen zu füllen, was nicht einfach war. Wir haben Partner in den Autohäusern, und auch diese haben sich verstärkt. Papa reiste früher herum und besuchte die Geschäfte, aber das hat sich offensichtlich geändert. Und natürlich haben wir ihn nicht mehr um Rat und Anleitung zu bitten. Aber ich denke, er hat uns nicht nur eine Leidenschaft für Motorräder vermittelt“, sagte Mandy.

Trotz ihres hektischen Terminkalenders stellt Mandy Annie, die die University of North Florida besucht, so viel Zeit wie möglich zur Verfügung; Hunter, der die Florida State University besucht; und Trip, der ein High-School-Junior ist. Sie trifft sich auch gerne mit ihren Geschwistern, was mit Will und Shelly leicht zu tun ist, aber mit Wendy, die in New York City lebt, und Randy, die in Lakeland, Florida, lebt, schwieriger. Obwohl sie völlig in die Motorradwelt versunken ist, hat Mandy heutzutage wenig Zeit zum Fahren; die meisten ihrer Reisen sind nicht weiter als zur und von der Arbeit. Wenn sie eine lustige Fahrt macht, dann normalerweise mit engen Freunden oder Familienmitgliedern.

Lucky Belcamino – Glück Der Auslosung

„Come Take a Ride with Us and Become a Chick for Life" ist das Motto der East Coast Biker Chicks (ECBC), einem Motorradclub nur für Frauen, der im Februar 2003 von Lucky Belcamino gegründet wurde zog mehr als 150 Mitglieder aus Massachusetts, New Hampshire, Connecticut, Maine, Vermont, Rhode Island und Pennsylvania an. Mit anderen Worten, der Club macht seinem Namen alle Ehre und ist einer der bekanntesten und beliebtesten Frauen-Motorradclubs in Neuengland. Mitglieder, die eine vielseitige Mischung von Damen umfassen, von Profis bis hin zu Angestellten und Arbeitern, drücken ihre Zugehörigkeit zum Club durch das Tragen von T-Shirts mit ECBC-Logo-Prägung aus, nicht die üblichen mit Patches verzierten Leder- oder Jeanswesten. Das Tragen von tatsächlichen Vereinsfarben, die bei Herrenclubs so beliebt und für Outlaw-Clubs absolut obligatorisch sind, tauchte ein paar Mal auf, wurde jedoch abgelehnt, weil die Mehrheit ein einfacher, unkomplizierter T-Shirt-Club sein wollte.

„Wir haben die Auszeichnung, der größte und lauteste rein weibliche Motorradclub in Neuengland zu sein. Davon abgesehen gehen wir nicht herum, reißen Bars nieder und werfen Bierflaschen von den Wänden oder betrachten andere Clubs als unsere Feinde. Wir mögen es, eine gute Zeit zu haben, ab und zu mal richtig Dampf abzulassen und den Stress des Alltags abzubauen. Aber letztendlich geht es um die Kameradschaft, das Networking und die Freude am Reiten sowie das Spenden und ehrenamtliche Engagement für viele lokale und national bekannte Wohltätigkeitsorganisationen. Wir engagieren uns sehr dafür, den Kampf um eine Heilung für Brustkrebs zu unterstützen, indem wir an Fahrten in der Umgebung teilnehmen und an die Massachusetts Breast Cancer Coalition spenden, unsere bevorzugte Wohltätigkeitsorganisation seit der Gründung des Clubs ", sagte Lucky.

„Es war ein unglaubliches Abenteuertreffen und das Kennenlernen gleichgesinnter Frauen aus ganz Neuengland. Frauen, denen ich wahrscheinlich nie begegnet wäre und die mein Leben bereichert haben. Unser Wachstum war wirklich überwältigend. Vor sechs Jahren war ECBC nur eine Idee, die von einer Gruppe von Freunden verbreitet wurde. Heute hat es sich zu einer großen Vielfalt von Frauen im Alter von einundzwanzig bis sechsundsechzig entwickelt, die die gleiche Leidenschaft für Motorräder teilen. Für etwas, das mehr oder weniger als Scherz entstanden ist, muss ich sagen, dass ich nie erwartet hätte, dass wir ein großer amerikanischer Motorradclub werden."

Obwohl es in den USA viele Motorradclubs für Frauen gibt, sind die East Coast Biker Chicks einer der entspanntesten und zugänglichsten Clubs mit einer lockeren Agenda, die die Freiheit des Fahrens widerspiegeln soll. Der Club steht allen Frauen über einundzwanzig Jahren offen und hat keine Vorurteile hinsichtlich der Marke oder des Modells von Motorrädern. Um mitzumachen, braucht sie nur ihr eigenes Fahrrad und eine Lizenz, um damit zu fahren. Dies ist die einzige Bedingung, um Mitglied der East Coast Biker Chicks zu werden – im Gegensatz zu vielen Clubs, die verlangen, dass ein neues Mitglied für einen Zeitraum von einem Jahr von einem bestehenden Mitglied gesponsert wird, wobei die Aussicht bis zur Vollmitgliedschaft eingeschränkt ist. Diesen Gedankengang wollte Lucky nicht in ihren Club integrieren.

Es gibt keine Prospektion und keine Initiativ- oder monatlichen Beiträge, die zu zahlen sind, wenn eine Frau eine Mitgliedschaft beantragt. Für eine Jahresgebühr von fünfzig Dollar bekommt jeder, der glaubt, zu ECBC zu passen, eine Mitgliedskarte und ein Club-T-Shirt. Betriebsmittel werden durch verschiedene Mittel aufgebracht, darunter Fifty-Fifty-Verlosungen und Spenden von einigen Sponsoren und Unterstützern des Clubs. Abgesehen von den üblichen Verkehrsregeln und grundlegenden Verhaltensregeln enthält ECBC keine restriktiven und willkürlichen Regeln und Vorschriften. Und obwohl Lucky seit seiner Gründung unumstrittene Präsidentin des Clubs ist, ist ECBC eine demokratische Organisation, deren Aushängeschild und Sprecherin sie ist.

Lucky, der einen lockeren, freundlichen Umgang mit Menschen hat, ist ein charismatischer, von Natur aus geborener Anführer – der Typ Mensch, der andere anzieht und bis ans Ende der Welt verfolgt wird. Aber die Gründerin und Leiterin eines Motorradclubs ist das Letzte, wovon sie je geträumt hat. Lucky und sieben ihrer Freunde waren viele Jahre lang zusammen gefahren – ziemlich oft mit einem bestehenden Club, bei Paraden und Spendenaktionen – und einige von ihnen dachten, es könnte Spaß machen, unter ihrem eigenen Banner ohne all die Vor- und Nachteile zu fahren der Clubs, mit denen sie interagiert hatten.

„Ich dachte, ich wäre nicht wirklich der Club-Typ, aber das änderte sich sehr schnell. Ein paar Jahre vor dem ECBC hatte ich mit ein paar Freundinnen an einem Frauenradclub-Treffen teilgenommen. Nach diesem ersten Treffen hatte ich das Gefühl, in die Armee rekrutiert zu werden. Es gab so viele Regeln und Vorschriften und strenge Fahrkriterien, zu denen auch die üblichen Pflichtläufe gehörten, die in vielen Clubs selbstverständlich sind. Viele grenzwertige militante Sachen, die für die Hardcore-Männerclubs funktionieren, für die ich aber in einem Frauenclub keine Notwendigkeit sehe. Es passte einfach nicht zu meinem freilaufenden Lebensstil auf zwei Rädern. Aber nach diesem Treffen scherzten meine Freunde immer wieder mit mir über die Gründung unserer eigenen „kleinen Gang" und schlugen vor, ich lasse mir ein paar T-Shirts bedrucken, die nur wir tragen könnten", sagte Lucky.

Obwohl sie in ihrem Leben bereits viele Dinge vor sich hatte, brauchte es nicht viel Überzeugungskraft, um Lucky dazu zu bringen, über die Idee nachzudenken. Ihren Freunden als „The Mayor" bekannt – ein Spitzname, den sie ihr aufgrund ihres freundlichen diplomatischen Auftretens liebevoll verliehen hatten, immer die Hände schüttelte und ihnen das Gefühl gab, etwas Besonderes zu sein und jeden überall in Neuengland zu kennen – wollten sie, dass Lucky die Speerspitze bildete die Initiative. Da in ihrer ursprünglichen Gruppe acht Fahrer waren, dachte Lucky, dass diese Zahl mehr als ausreichte, um einen richtigen Club zu gründen, und so wurde der East Coast Biker Chicks Motorcycle Club „ausgebrütet". Sie kam auf den Namen während einer Epiphanie mitten in der Nacht; entwarf ein Logo-Design, das von einer Freundin und Clubmitglied Gina, einer Grafikdesignerin, verfeinert wurde; ließen sich die erforderlichen T-Shirts bedrucken; und kaufte ein Softwareprogramm, um eine Website zusammenzuschustern. Praktisch über Nacht war ECBC ein offizieller Club!

Um ECBC ein wenig Anziehungskraft und Legitimität zu verleihen, wurden gleichzeitig eine Reihe von Wochenendfahrten und Veranstaltungen in Neuengland geplant. Und um den neuen Club bekannt zu machen, kontaktierte ein Promo-versierter Lucky einige lokale Radiosender, Zeitungen und Zeitschriften. Jeder, den sie anrief, war empfänglich dafür, einen Beitrag über ECBC zu schreiben, zweifellos aufgrund der puren Begeisterung und Leidenschaft, die Lucky projizierte. Zu ihrer großen Überraschung und der der anderen ernannten Offiziere, Yosi und Heather, waren im ersten Jahr ihres Bestehens sechsunddreißig weitere Frauen beigetreten.

„Ich fand die Idee meiner Freunde cool und verdiente Verdienst, aber wenn ich überhaupt etwas machen wollte, wollte ich es richtig machen. Ich wollte meine Zeit nicht mit etwas Frivolem verschwenden, das kein klares Ziel hatte, als einer Gruppe von Frauen, die zusammen Motorrad fuhren, einen gemeinsamen Namen zu geben. Ich wollte einen Club, der umarmt und nicht militant ist. Ich wollte es anderen Frauen leicht machen, beizutreten und den Club mit ihren Ideen, Ansichten und ihrem Enthusiasmus bereichern zu lassen. Ich wollte einen Club mit Richtung. Haben Sie Clubamtsträger, die die notwendigen Aufgaben erfüllen, um die Dinge voranzutreiben, ohne sich jedoch in viele Dialoge, endlose Debatten und unermüdliche Diskussionen zu verwickeln. Vor allem wollte ich die Dinge einfach halten, mit dem Schwerpunkt Motorradfahren und Spaß haben. Und ich wollte, dass wir uns in die Gemeinschaft einbringen und der Gesellschaft etwas zurückgeben. ECBC kreuzt Wege mit vielen anderen Motorradclubs, männlich und weiblich, traditionell und geächtet, und wir verstehen uns mit allen. Wir gehen niemandem ins Gesicht. Wir sind ein unabhängiger Klub, der sein eigenes Ding macht und uns einen guten Namen gemacht hat", erklärte Lucky.

Lucky kümmerte sich außerdem um alle rechtlichen Details, die für die Gründung einer gemeinnützigen Organisation erforderlich waren, die Registrierung des Namens, die Erlangung der Satzung usw. Dank Luckys freizügiger Philosophie und Ausstrahlung wuchs ECBC stetig zu einem Club, der Teil des amerikanischen Ostens geworden ist Küste Motorrad Mosaik. Nicht nur Frauen aus der Gegend von Boston, sondern auch aus ganz Massachusetts und den angrenzenden Bundesstaaten Neuengland hatten Interesse, dem Club beizutreten.

Ein ECBC-Chapter im Nordosten von Pennsylvania wurde nach einer zufälligen Begegnung mit Pat Gallacher gegründet, einer anderen begeisterten Bikerin, die Lucky im Sommer 2006 während einer Parade in Boston traf. Lucky lud Pat ein, mit ECBC bei der Parade und dem zehnjährigen Motorrad mitzufahren Veteran war von der Kameradschaft und Freundschaft, die sie als Gastreiterin erlebte, völlig verblüfft. Pat war von dem Club so inspiriert, dass sie ein ECBC-Kapitel in ihrer eigenen Umgebung gründen wollte. Sie und Lucky unterhielten sich über die Wintermonate darüber, in Pennsylvania bekannt zu werden, und Lucky stimmte zu, Pat die Leitung des neuen Kapitels zu übernehmen. Das Chapter befindet sich nun im dritten Jahr seiner Tätigkeit und wächst stetig.

Lucky wird weiterhin von Frauen in anderen Bundesstaaten kontaktiert, die daran interessiert sind, ECBC-Chapter zu gründen, und es laufen Verhandlungen über eine weitere Expansion, einschließlich eines West Coast Biker Chicks-Chapters in Kalifornien. Unterdessen teilt sich das ECBC in Boston den Weg mit zwei anderen Frauenclubs, den 1985 gegründeten Moving Violations und New England Thunder. Letzterer, der als offizieller Schwesterclub gilt, wurde tatsächlich von Mitgliedern des ECBC gegründet, die mit dem Segen und Rat von Lucky in der South Shore-Gegend von Massachusetts leben.

„Natürlich haben wir etwas richtig gemacht und es hat sich sehr gelohnt. Ich bin stolz, ein so tolles Netzwerk von Damen zusammengebracht zu haben, die die Unabhängigkeit spüren wollen, die mit dem Wunsch verbunden ist, „selbst zu fahren". Aber es überrascht mich nicht, dass Frauen mehr denn je Motorrad fahren. Ich habe eine enorme Einstellungsänderung gesehen, seit ich angefangen habe zu fahren. Früher waren Frauen immer auf dem Rücken. Diejenigen, die ritten, waren weit und wenige. Heute ist es für eine Frau keine große Sache mehr Fahrrad zu fahren, wie für sie, ein Auto zu fahren. Ich weiß, dass Frauen seit dem ersten Tag Teil der Motorrad-Community sind und viel Mist ertragen. Sie waren unsere Pionierinnen und wir alle schulden ihnen unsere Dankbarkeit und unseren Respekt dafür, dass sie die Wege für uns geebnet haben", bemerkte Lucky.

Luckys Liebe zu Motorrädern geht auf ihre Kindheit zurück, als die Familie Belcamino in den Sommermonaten regelmäßig Freunde besuchte, die eine Farm in Dracut, Massachusetts, besaßen. Dort erhielt sie ihre erste Einführung in den motorisierten Spaß auf zwei Rädern - das Fahrrad war ein 50-ccm-Honda-Minibike in Candy-Apfel-Rot. Sie würde den ganzen Tag durch das Kuhland und in den Wald reiten, ohne ein einziges Mal zurückzukehren, es sei denn, ihr ging das Benzin aus. Bei vielen Gelegenheiten kehrte sie mit Schnitten, Prellungen und Kratzern zurück, nachdem sie durch die ideale Offroad-Fahrumgebung der Farm gestürmt war. Aber egal, wie sehr sie sich ausgelöscht hatte, sie schluckte den Schmerz herunter und vergoss keine Tränen, bereit und eifrig, wieder reiten zu gehen.

„Als Kind wusste ich immer, dass ich Biker werden, mein eigenes Fahrrad bekommen und Straßenfahrer werden möchte. Aber damit habe ich erst mit achtzehn angefangen. Seitdem besitze ich verschiedene Motorräder, darunter eine Kawasaki 440 LTD, Honda Shadow und Suzuki Marauder. Ich habe 1982 meine erste Harley bekommen und seitdem nichts mehr besessen. 2002 kaufte ich mir mein Traumbike, eine Harley FXDL-Lowrider. Ich habe viel Liebe und Geld in dieses Fahrrad gesteckt, einschließlich der

Verchromung von allem, was sich verchromen lässt, der Hinzufügung von 12-Zoll-Affenaufhängern, der Verlängerung der Frontpartie um drei Grad und dem Anbringen eines 200-PM-Hinterrads , um ein paar zu nennen. Ich habe es komplett nach meinen Wünschen anpassen lassen. Die auffälligste persönliche Note war eine spezielle Flammenlackierung, die ich selbst entworfen habe. Vielleicht bekomme ich eines Tages ein anderes Fahrrad, aber ich werde das FXDL nie los. Ich bin so stolz auf sie. Sie ist ein Torwart. Sie ist mein Baby. Überall, wo ich auf sie gehe, dreht sie sich um", sagte Lucky.

Lucky, die sich selbst für eine temperamentvolle, energische Fünfzigjährige hält, die noch viel zu leben hat, wurde in Cambridge, Massachusetts, in eine große italienisch-amerikanische Familie hineingeboren. Ihr Großvater väterlicherseits, Lorenzo-Salvatore, wanderte Anfang des 20. Jahrhunderts aus Kalabrien, Italien, aus und hat seinen Namen auf der Wall of Immigrants auf Ellis Island eingraviert. Die Familie Belcamino ließ sich in Dobbs Ferry, New York, nieder, wo Luckys Vater aufwuchs, der nach seinem eigenen Vater benannt wurde. Lorenzo-Salvatore Jr. zog schließlich in die Gegend von Boston, wo er Luckys Mutter Virginia Ruth Runge (Shattuck), eine amerikanisch-deutsche Nachfahrin, traf. Als Lucky sechs Monate alt war, zog die Familie Belcamino von Cambridge nach Reading, einem Vorort 24 Kilometer nördlich von Boston. Abgesehen von einem sechsmonatigen Zwischenstopp in Colorado und einigen Jahren in Florida lebte sie bis 2007 in Reading.

Luckys Vater, den sie verehrte, war ein Meisterkoch, spezialisiert auf italienische Küche. Er war viele Jahre Koch am Wellesley College in Wellesley, Massachusetts und leitete mehrere italienische Ristorante. Luckys Mutter war eine liebevolle Hausfrau, die sich um Lucky und ihre beiden Schwestern Rosalie und Jeane-Marie und die fünf Brüder Lorenzo (Larry), Carl, Anthony, Albert-Peter und William kümmerte. Wie alle italienischen Familien waren sie ein großer Clan, der gutes Essen, guten Wein und Lebensfreude genoss. Bei einem Familientreffen, das Lucky 2006 veranstaltete, waren 180 weitere Familienmitglieder anwesend.

„Meine Mutter war das liebevollste, zärtlichste und sanfteste Wesen der Welt, aber mit einem sehr starken Charakter. Sie hat all ihren Kindern ihre Werte vermittelt und ich bin sehr die Tochter meiner Mutter. Sie war die Matriarchin der Familie und schuf eine sehr enge Bindung zwischen uns allen. Sie hat uns stark gemacht. Wir haben immer durchgehalten, egal welche Tragödien uns passierten. Mama sagte immer: „Wenn du so tief unten bist, gibt es keinen anderen Platz als nach oben." Wann immer es Prüfungen und Trübsal in meinem Leben gibt, halte ich das immer fest in meinem Herzen und sage mir einfach, dass es morgen sein wird ein besserer Tag sein. Meine Mutter war immer für uns da und es war ein Trost zu wissen, dass ich zu ihr gehen und über jedes Problem sprechen konnte, das mich schmerzte. Leider sind sowohl sie als auch mein Vater gestorben und ich habe 1987 auch meine Schwester Rosalie an Eierstockkrebs verloren. Sie war erst zweiundvierzig Jahre alt", sagte Lucky.

Obwohl Lucky wusste, dass sie irgendwann wie ihr Vater Köchin werden und ihr eigenes Restaurant eröffnen wollte, war sie nach ihrem Abschluss an der Reading High School 1975 noch nicht ganz bereit, dieses Ziel zu erreichen Semipro Softball-Team in Colorado, ergriff sie die Chance. Im Einklang mit ihrem sportlichen Wildfang-Lebensstil war sie seit der Grundschule eine begeisterte Ballspielerin und in der High School eine preisgekrönte Athletin mit fünf Buchstaben. Lucky bekam ihre Liebe zum Sport von ihren Brüdern, als sie noch ein junges Mädchen war, und galt als der Wildfang der Nachbarschaft. Es war nicht ungewöhnlich für sie, einen Baseball härter und weiter zu werfen als die Jungen und schneller zu laufen und höher zu springen als die meisten anderen.

Die Tatsache, dass zwei Onkel für ein Farmteam der Boston Red Sox spielen, hat ihre Liebe zu diesem Sport nur noch mehr entfacht. Baseball lag ihr im Blut und ist es noch heute; sie bleibt ein treuer Fan der Red Sox. In Colorado spielte sie mit einem Longmont-Team, aber es entwickelte sich nie etwas Konkretes. Für Lucky war das kein Problem. Nach einer Saison voller Spaß und Spiele auf der Baseball-Diamant wusste sie, dass es an der Zeit war, das Leben etwas ernster zu nehmen und die Richtung einzuschlagen, die sie einschlagen würde, um ihren Lebensunterhalt zu Hause in Boston zu verdienen.

„Ich hatte nicht vor, nach der High School aufs College zu gehen und beschloss, ein bisschen zu reisen. Einer der Orte, an denen ich unterwegs war, war Colorado, um meinen Bruder Carl und seine Familie zu besuchen. Er war Ende der siebziger Jahre nach

Longmont gezogen und arbeitete als Fluglotse am Flughafen von Denver. Er war der Trainer des Teams in Longmont und schlug vor, dass ich es für das Team versuchen sollte. Ich hatte keine Probleme damit, den Cut zu machen und am Ende spielte ich Shortstop und Third Base. Es hat mir viel Spaß gemacht, in den Westen zu reisen, mit Carl und seiner Familie abzuhängen und das Spiel zu spielen, aber ich dachte nicht daran, Softball zu einer Art Karrierechance zu machen. Im Hinterkopf hatte ich immer den Wunsch, Koch zu werden, und ich hatte immer vor, meine Ausbildung irgendwann in der Zukunft wieder aufzunehmen genannt.

Mit dem Ziel, Gourmetkoch zu werden, hatte Lucky einen Job bei der Back Bay Restaurant Group in einem ihrer gehobenen Restaurants bekommen. Schließlich absolvierte sie einen zweijährigen Diplomkurs in Newbury, mit einem Teil des Geldes, das sie von ihrem Job bei der Back Bay Restaurant Group gespart hatte.

„Dank meines Vaters war ich schon ziemlich geschickt mit Töpfen, Pfannen und Pfannen. Er war ein phänomenaler Koch und ich habe das Glück, dass ich viel von seinen Kochkünsten lernen konnte. Sonntags mischte ich mich ein, wenn er riesige Familienessen zubereitete. Es war viel Spaß. Sonntage waren bei uns immer ein Ereignis. Zuerst haben wir gekocht, dann haben wir ein langes, gemütliches Essen und danach haben wir Karten gespielt. Mein Vater war ein ziemlich scharfer Pokerspieler und ich habe meine Liebe für das Spiel von ihm und meinem Großvater mütterlicherseits, Carl Otto „Chappy" Runge, bekommen", erklärte Lucky.

Luckys 15-jähriger Ausflug in die Gastronomie fand ein abruptes Ende, nachdem sie sich bei einem Autounfall den Rücken verletzt hatte. Sie konnte den Zwängen der langen Arbeitszeiten nicht standhalten und nahm einen Schreibtischjob bei einer örtlichen Agentur an, die sich um die finanzielle Sanierung kümmerte. Das hatte sie noch nie zuvor getan, aber jemand gab ihr eine Gelegenheit, die auf ihrem ansteckenden Enthusiasmus und ihrem Engagement beruhte. Sie ist jetzt seit zwanzig Jahren im selben Berufsfeld tätig.

„Ein Recovery Agent zu sein bedeutet nicht gerade Kochen, aber es ist eine fabelhaft bezahlte Karriere, die es mir ermöglicht hat, ein eigenes Haus, ein teures Motorrad zu besitzen, zu reisen, Poker zu spielen und einen privilegierten Lebensstil zu genießen, den ich nennen würde. Dennoch ist die Arbeit als Recovery Agent, wie das Kochen, ein kreativer Job und nicht alles geschnitten und getrocknet. Es gibt viel Raum für kreatives Denken und Improvisieren, um Lösungen zu finden, die für alle Beteiligten von Vorteil sind. Ich liebe es wirklich, Menschen zu helfen, und es macht mir Freude, zu wissen, dass ich das Leben anderer in irgendeiner Weise berühre. Wenn ich das Leben einer Person verändern kann, ist das ein Anfang. Ich mag Happy Ends und ich mag es, daran beteiligt zu sein, sie herbeizuführen", sagte Lucky.

Seit 2007 lebt Lucky in Fitchburg, Massachusetts, wo sie ein Haus gekauft hat, das sie mit ihrer fünfzehnjährigen hingebungsvollen Smoking-Katze Basil teilt. Sie arbeitet immer noch Vollzeit, um sich zu erholen, aber ihre Liebe zum Kochen hat sie mit der Absicht, in naher Zukunft endlich ihr eigenes Restaurant zu eröffnen, neu entfacht. Zu diesem Zweck hat sie nebenberuflich ein Catering-Unternehmen namens Cooks' Cookin' Catering gegründet. Sie ist natürlich auf Italienisch spezialisiert und veranstaltet Hochzeiten und kleine Dinnerpartys und organisiert Familientreffen und andere Zusammenkünfte, bei denen der Gastgeber und / oder die Gastgeberin die Bequemlichkeit eines köstlichen Caterings schätzen.

Neben ihren vielen Aktivitäten innerhalb und außerhalb des Motorradclublebens ist Lucky eine feste Größe in Pokerräumen in ganz Neuengland. Sie hat ein versiertes professionelles Poker-Ranking – noch kein Grund zur Prahlerei, bemerkte sie –, aber sie nimmt oft an High-Stakes-Spielen im berühmten Foxwoods Resort Casino in Connecticut teil. Vor einigen Jahren belegte sie beim World Poker Finals Women's No Limit Tournament in Foxwoods den zwölften Platz und verpasste den Finaltisch nur um zwei Plätze. Die einzige andere professionelle Spielerin im Feld, Lily Mizrachi – Ehefrau des WPT-Spielers Michael „The Grinder" Mizrachi und in der Pokerwelt als „Mrs. Grinder" – eliminierte sie. Lucky unternimmt auch jährliche Ausflüge nach Las Vegas, um sich mit den besten Pokerspielerinnen der Welt zu treffen.

Sie hatte den Spitznamen Lucky – den ihr einer ihrer Brüder wegen ihrer natürlichen Fähigkeit gab, einen Nickel in einen Dollar zu verwandeln – auf ihren linken Arm tätowiert, als sie anfing, Poker zu spielen. Lucky, der Tattoos liebt und viele Selbstdarstellungen trägt, hat hier nicht aufgehört. Sie hatte ein Herz-, Karo-, Kreuz- und Pik-Logo auf ihrem rechten Arm tätowiert, als sie zum ersten Mal bei den World Poker Finals spielte. Tatsächlich sind Luckys Arme teilweise mit Flammentattoos bedeckt: einige farbige, einige schwarze Tinte. Ihre Glückszahl 13 ist auch auf ihrem linken Arm prominent tätowiert. Sie sorgt dafür, dass jeder ihre Tattoos sieht, wenn sie am Pokertisch sitzt, alles Teil ihrer psychologischen Herangehensweise an das Spiel. Aber ob es Glück oder Geschick ist, das sie durch Schnellkochtopf-Pokerspiele und das Spiel des Lebens bringt, Lucky Belcamino ist ein Gewinner! Doch ungeachtet all der Gaben, mit denen sie sich im Leben gesegnet fühlt, ist es für Lucky ein Biker zu sein.

„Ich kann mir mein Leben ohne Motorrad und die Fähigkeit zum Fahren nicht vorstellen. Diese Dame wird so lange reiten, bis es ihr absolut unmöglich ist. Ich liebe es, von älteren Frauen zu hören, die immer noch ein Bein über ein Motorrad werfen und es für eine Spritztour nehmen und von Ohr zu Ohr grinsen. Ich hoffe, dass ich das als kleine alte Dame noch tun kann. Ich weiß, es ist ein Klischee, aber ich lebe um zu reiten und fahre um zu leben. Als ich bei diesem Autounfall verletzt wurde, war meine erste Angst, dass es meine Fahrtüchtigkeit beeinträchtigen würde. Aber zum Glück stören meine Rückenprobleme das Reiten nicht wirklich. Nur langes Aufstehen oder Heben sind ein No-Go. Wenn ich im Sattel meiner Harley sitze, weiß ich nicht einmal, dass ich ein Rückenproblem habe. Das leben ist gut. Sie nennen mich nicht umsonst Lucky“, sagte Lucky.

Gevin Fax – Das Spiel Überleben

Gevin Fax liebt es, die Leidenschaften, Frustrationen und Emotionen des Lebens durch ihre Musik zu vermitteln, etwas, das in ihr im Alter von dreizehn Jahren gut definiert war. Aber Musik ist nur eines von vielen Puzzleteilen von Gevin Fax. Gevin, ein gebürtiger Kalifornier, entzieht sich jeder Kategorisierung. Während Musik der Eckpfeiler ihres Lebens sein mag, gehören zu den Bausteinen, aus denen diese komplexe Frau besteht, Athletin, Model, Schauspieler, Stuntperson, Künstler, Lehrer, Unternehmer und Akolyth der indianischen Spiritualität. In der High School und auf dem College umfasste ihre Aktivitäten Leichtathletik, Basketball, Softball, Volleyball und Tischtennis, in denen sie sich alle auszeichnete. Auf dem Weg wurde Gevin auch ein erfahrener Billardspieler, Bogenschütze, Schneeskifahrer, Skater/Rollerblader, Ozeankajakfahrer und Reiter. Nicht zuletzt ist sie seit ihrem zehnten Lebensjahr begeisterte Motorradfahrerin. Abgerundet wird das Ganze durch einen Master in Pädagogik und Psychologie. Gevin Fax hat nicht nur das Aussehen und die Muskulatur, sie hat auch den Verstand.

„Ich frage mich oft, wie ich auf andere Menschen erscheine, denn wie andere Menschen uns wahrnehmen, trägt dazu bei, wie wir uns selbst wahrnehmen. Es ist eine Sache, schwarz zu sein, eine andere, eine Bikerin zu sein, vor allem eine, die irgendwie nicht von dieser Welt ist wie ich. Ich trage viele verschiedene Hüte, aber ich betrachte mich als Profi-Biker. Alles andere ist, obwohl alles andere als trivial, mehr oder weniger beiläufig. Ich bin Biker mit Herz und Seele. Es hat viel dazu beigetragen, wer ich bin, und hat dazu beigetragen, meine Welt zu definieren", sagte Gevin.

Gevin wuchs bei ihrem Baptistenvater Allen Wallace in einem Viertel der unteren Mittelschicht in Hollywood auf; Katholische Mutter, Ophelia; älterer Bruder, Allen Jr.; und jüngerer Bruder David. Als Gevin zehn Jahre alt war, hatte Allen Jr., der einundzwanzig Jahre alt war, sein Zuhause verlassen. Wie schon sein Vater verdient er seinen Lebensunterhalt als Maler. Schließlich stieg David auch in das Malergeschäft ein. Während Gevin ein echtes Kind von Los Angeles ist, stammen ihre Eltern aus anderen Teilen des Landes. Allen, dessen afroamerikanische Blutlinie mit dem indianischen Cherokee vermischt ist, wuchs auf einer familieneigenen Mais- und Gemüsefarm in Ohio auf. Gevins Mutter, die aus Minnesota stammt, verfolgt ihre Vorfahren sowohl nach Afrika als auch zu den indianischen Lakota Sioux.

Gevins Vater bebaute das Land während der Pflanz-, Anbau- und Erntezeit zusammen mit seinem Vater und seinem Großvater. Den Rest des Jahres arbeitete er in der Wohn- und Gewerbemalerei. Als die Vereinigten Staaten in den Zweiten Weltkrieg eintraten, trat Allen der Marine bei. Nachdem er seinem Land gedient hatte, entschied er sich, kein Landwirt zu werden, sondern entschied sich stattdessen für eine Karriere als Maler. 1955 beschloss Allen, nach Los Angeles zu ziehen, wo ihm mehr Möglichkeiten im Malergeschäft zur Verfügung standen. Ein Jahr später lernte er Gevins Mutter kennen, die Frau, die er heiraten und mit der er den

Rest seiner Tage verbringen würde. Ophelia, eine College-Absolventin, war die meiste Zeit ihres Berufslebens als medizinische Sekretärin an der UCLA beschäftigt. Allen und Ophelia sind heute in den Achtzigern und genießen das Leben immer noch. Sie sind stolz auf ihre Kinder, besonders auf Gevin, die selbst die größten Hoffnungen und fantasievollsten Träume, die sie je für sie hegten, übertroffen hat.

„Meine Eltern waren beide fleißige Leute und ich habe meine Arbeitsmoral von ihnen bekommen. Sie waren auch hartnäckig in Bezug auf meine Ausbildung. Sie waren fest davon überzeugt, dass ich der Welt ausgesetzt war, die sie für die reale Welt hielten, und nicht einer in Schubladen gesteckten Vorstellung davon, wie ein schwarzes Kind aufwachsen sollte, und all den Stereotypen, die mit dem Schwarzsein verbunden sind. Es war nicht so, dass sie mich aus der schwarzen Gesellschaft entfernten; Sie haben mich dazu erzogen, mich nicht als schwarz oder so oder so zu betrachten, sondern als eine Person, die Teil der amerikanischen Gesellschaft war und zu Recht dazu gehörte. Gleichzeitig haben sie mir beigebracht, stolz auf mein afrikanisches und indianisches Erbe zu sein und an mich selbst zu glauben", sagte Gevin.

Schon früh im Leben schickten Gevins Eltern sie auf eine private katholische Grundschule, die sie bis zur siebten Klasse besuchte. Als sie zehn Jahre alt war, vom Motorradfieber geplagt, fuhr sie auf einem in Italien hergestellten Mobylette durch die Nachbarschaft, während ihre Freunde noch Fahrrad fuhren. Sie besuchte ihre erste öffentliche Schule, die John Burroughs Junior

High, als sie in die achte Klasse eintrat. Der Übergang erwies sich als Kulturschock. Der Übergang von Uniformen und einer sehr starren, religiösen und konservativen Gesellschaft zu einer sehr drogendurchdrungenen Gesellschaft, die alles erlaubt, war ein Augenöffner.

Obwohl sie eine Schülerin mit Auszeichnung war und sich selbst für eine gute Zwei-Schuhe hielt, ließ sich Gevin weder von der harten Menschenmenge einschüchtern, noch hatte sie Angst, mit der harten Menge zu laufen, in der sie sich plötzlich befand. Sie schreibt die Beziehung zu ihren Eltern und ihre eigene Sensibilität zu, die sie nicht bekam in einem Lebensstil gefangen, von dem sie wusste, dass er sehr kontraproduktiv werden könnte. Sie hing rum, erledigte ihre Schulaufgaben und schaffte es, sich in einer schwierigen Umgebung aus Ärger herauszuhalten. Ihre Freunde konsumierten Drogen, tranken und gerieten oft mit dem Gesetz in Konflikt – und einige von ihnen landeten im Gefängnis.

„Für mich war die Szene bei John Burroughs eine neue und etwas dramatische Erfahrung. Es war ziemlich wild, eine Seite des Lebens, der ich nicht ausgesetzt war. Es gab viele Versuchungen, aber ich hatte nicht das Bedürfnis, meinen Geisteszustand zu ändern. Ich weiß, das klingt banal, aber ich war hoch im Leben. Und ich hatte auch ein schönes Zuhause. Ich habe mich wirklich mit meinen Eltern verbunden. Sie waren so wundervolle aufgeschlossene Menschen und sind es immer noch. Ich war ein sehr glückliches Kind. Aber ich konnte mich bei Burroughs einfügen, weil ich so aussah und wusste, wie man das Spiel spielt, ohne dass es mein

Leben bestimmt. Es scheint, als hätte ich einen gewissen Respekt von den bösen Jungs und Mädchen sowie von denen, die sich an die Linie hielten. Ich wurde von meinen Kollegen zu nichts gedrängt, was ich nicht tun wollte", bemerkte Gevin.

Im Alter von vierzehn Jahren zog Gevins Familie aus der hektischen Megalopolis von Los Angeles in das verschlafene, rustikale Städtchen West Mansfield, Ohio. Zu dieser Zeit zählte die Bevölkerung fünfhundert Einwohner, Katzen und Hunde nicht eingerechnet. Während die meisten Bewohner einer großen, geschäftigen Stadt es beunruhigend finden würden, sich in einem kleinen Hinterland niederzulassen, das mit einem Kulturschock und einer langwierigen Anpassungsphase gespickt ist, ging Gevin nach West Mansfield wie der sprichwörtliche Fisch zum Wasser. Wie schon in der katholischen Grundschule und der John Burroughs Junior High passte sie sich schnell an ihre neue Umgebung an und fand schnell Freunde. Die meisten davon waren das Gegenteil der Menge, die sie in Los Angeles kannte. An der Benjamin Logan High School im nahe gelegenen Zanesfield setzte sie ihre Wege als Spitzenschülerin und führende Basketball-, Volleyball-, Softball- und Leichtathletin fort. Und sie bombardierte fröhlich auf ihrem Motorrad herum und erkundete ihre neue Umgebung.

„Obwohl ich ein Großstadtmädchen bin, habe ich das Land immer geliebt. Ich habe mich sehr auf den Umzug nach Ohio gefreut. Eigentlich war ich im siebten Himmel. Ich hatte damals eine 175er Honda, die ich an der Küste nicht legal fahren durfte, weil ich zu jung war. Aber das galt nicht für die Boonies. Das Landleben war gut, das Familienleben war gut, das Schulleben war gut. Ich war sehr aktiv. Ich hatte keine Zeit, Los Angeles zu verpassen", sagte Gevin. Ungefähr zu dieser Zeit begann Gevin Billard zu spielen. Ihr Vater, der ein ausgezeichneter Spieler war, hatte sich 1940 einen zwei Zoll großen Brunswick Pro-Tisch von acht mal zehn und zwei Zoll Schieferplatte gekauft, und sie spielte so oft sie konnte mit ihm. Weil sie ihm nicht gewachsen war und nicht gerne verlor, begann sie bis zu zwei Stunden täglich zu üben. Sie hatte immer noch Probleme, Dad zu schlagen, aber an einem guten Tag würde sie es tun. Bald fing sie an, ihre männlichen Freunde zu spielen, die sich für Poolhaie hielten, und zerstörte sie. Sie gewann vier Jahre in Folge ihr High-School-Billardturnier und gewann dann eine Reihe von College-Turnieren.

Gevin wurde im winzigen West Mansfield sofort zu einer internen Berühmtheit. Nicht nur, weil sie ihr eigenes Fahrrad fuhr und eine Killer-Pool-Spielerin und angehende Gitarristin/Sängerin war, sondern weil sie zufällig aus dem mythischen Kalifornien stammte: dem Staat, in dem warmes Wetter, Strandgänger, Surfer und Filmstars ausgehalten werden. Der Stoff, aus dem die Träume vieler amerikanischer Teenager sind. Als sie nach Ohio zog, war Gevin bereits ein erfahrener Gitarrist. Ergänzt durch eine Stimme, die über einen Drei- und Dreivierteloktavbereich verfügt, landete sie fast sofort ihren ersten professionellen Auftritt.

Bald wurde bekannt, dass das talentierte schwarze Mädchen auf ihrem eigenen Motorrad herumfuhr. In kürzester Zeit sang sie an verschiedenen Veranstaltungsorten in ihrer Umgebung und sogar bis Mansfield, einer mittelgroßen Stadt, die achtzig Meilen östlich von West Mansfield liegt, für nur Stehplätze. Gevins explosive Gesangsqualität, ihr einzigartiger Stil und ihre charismatische Präsenz fesselten das Publikum, wo immer sie auftrat. Beflügelt von ihrem Erfolg brachte Gevin ihre Musik auf ein neues Niveau, als sie die High School beendete. Sie gründete ihre eigene Band namens Galadriel, die in ganz Ohio auftrat. Sie hatte nicht nur die Zeit ihres Lebens, das Geld, das sie als Performerin verdiente, half ihr auch, ihr Studium zu finanzieren.

„Als ich anfing, spielte ich eine vielseitige Mischung aus Musik, die von Rock über Blues bis hin zu Bluegrass und Folk-Rock reichte. Obwohl ich Akustikgitarre spielte, war ich sehr Rock'n'Roll-orientiert. Ich habe Songs von Led Zeppelin, Jimi Hendrix, Heart, Crosby, Stills, Nash and Young, James Taylor, Carly Simon und Carole King gecovert, aber mit einer harten Kante. Damals taten das nicht viele Frauen, also stach es mich ein bisschen heraus. Obwohl ich Songs machte, die die Leute kannten und hören wollten, wollte ich in meiner Darbietung dieser Songs anders sein. Ich wollte kategorisch einzigartig sein", erklärte Gevin.

Gevin gibt zu, dass sie, wenn sie keine Starsportlerin gewesen wäre, wahrscheinlich nicht zur Universität gegangen wäre und stattdessen komplett in eine Musikkarriere eingetaucht wäre. Obwohl sie ihrer Musik Vollzeit nachgehen wollte, um zu sehen, wohin sie sie führen würde, beschloss sie, sie auf einen niedrigen Gang zu schalten und später wieder zu drosseln. Nach der High School wusste sie, dass sie ihr sportliches Leben um weitere vier

Jahre verlängern wollte; der einzige Weg, dies zu tun, bestand darin, sich weiterzubilden.

Als die Ohio State University winkte, folgte sie dem Ruf und nahm ein akademisches und ein Basketball-Stipendium an. Sie studierte Sport mit Nebenfach Psychologie. Sie machte dort weiter, wo sie in der High School aufgehört hatte, meisterte ihr Studium und glänzte als Athletin. Als sie in die Zukunft blickte, hatte Gevin drei Hauptziele: Auf der "richtigen" Seite der Dinge wollte sie Sportunterricht unterrichten; künstlerisch wollte sie Rockstar werden; auf der abenteuerlichen Seite wollte sie Bikerin werden. Sie würde diese Träume und mehr erfüllen, wenn auch auf Umwegen.

1979, nach ihrem Abschluss mit Auszeichnung an der Ohio State und dem Otterbein College mit einem BA in Sportunterricht, machte Gevin eine völlige Kehrtwende in ihrem Leben. Als United Telecom in Mansfield ihr ein Einstiegspraktikum als Supervisor anbot, entschied sie sich dafür. Die Stelle zahlte fünftausend Dollar pro Jahr mehr als jede verfügbare Lehrstelle; Es gab einen weiteren Anreiz, später in die obere Führungsebene zu gelangen. Ihre Musik, die ihr lieb geblieben war, trat immer noch in den Hintergrund. Aber sie spielte weiterhin mit Galadriel am Wochenende und in der Woche, wenn es keine Konflikte im Schichtplan gab. Aber für Gevin war es eine Selbstverständlichkeit, sich für etwas zu entscheiden, das eine aufsteigende Karriere und einen festen Gehaltsscheck zu werden versprach. Die Entscheidung erwies sich jedoch als ihr erster großer Realitätscheck. Es stellte sich auch als eine präzedenzbildende Erfahrung heraus, die das Leben vieler weißer und schwarzer Frauen für die kommenden Jahre verändern sollte.

Trotz ihres Engagements für den Job und der Leistung ihrer Kollegen bei United Telecom wurde Gevin ständig für eine Beförderung übergangen. Als sie den Status als Erstbetreuerin erreicht hatte, geriet ihre Karriere ins Stocken. Sie hatte zwei Jahre sowohl im Außendienst als auch im Werk gearbeitet, um alle praktischen Aspekte des Telekommunikationsgeschäfts kennenzulernen. Der Grund, warum sie keine weiteren Beförderungen erhielt, erfuhr sie bald von ihrem Vorgesetzten, war zweierlei: Sie war schwarz und sie war weiblich. Sie entdeckte auch, dass die Unternehmenskultur wie im Alltag auf der Straße sehr wettbewerbsintensiv war, voller Machenschaften hinter den Kulissen, Old-Boy-Netzwerken, Innenpolitik und Verrat.

„Davon war ich tatsächlich schockiert. Ich meine, ich war die erste schwarze Frau, die sie eingestellt hatten, um für den Aufstieg auf der Karriereleiter vorbereitet zu werden. Ich konnte nicht glauben, was geschah. So etwas war mir noch nie begegnet. Zuerst dachte ich, mit mir stimmt was nicht. Aber nachdem mein Vorgesetzter es für mich buchstabiert hatte, wurde mir klar, dass ich verarscht wurde. Ich hatte meine Kämpfe mit Vorurteilen gehabt, aber nichts in dieser Größenordnung. Ich hatte den Eindruck, dass Sie zu diesem Zeitpunkt in der Geschichte unserer Nation nach Ihren Fähigkeiten beurteilt und für Ihre Leistungen belohnt wurden, egal wer oder was Sie waren. Aber ich war erst dreiundzwanzig Jahre alt, und ich denke, man könnte immer noch ein bisschen naiv sagen", sagte Gevin.

Sie würde sich jedoch nicht umdrehen und sterben. Sie nahm die Gelegenheit wahr, um für ihre Rechte zu kämpfen. Gevin durchlief die Befehlskette vom unteren zum mittleren Management bis hin zur Spitze, wo sie sich mit dem Präsidenten der Firma absetzte. Trotz der Vorteile, die Farbe und Ethnizität in diesem speziellen Szenario boten, spielte Gevin nicht die Rassenkarte, als sie mit den Mächtigen die Hörner verband. Ihre Eltern hatten ihr beigebracht, niemals diesen Weg zu gehen, selbst wenn es sich als nützlich erwies, sich im Leben weiterzuentwickeln. Sie sagten ihr, dass alles, was sie tue, selbst wenn es eine Müllsammlerin sei, die beste Müllsammlerin sei, die sie sein kann.

Bei United Telecom erwies sich Gevin, wie sie es bei all ihren früheren Bemühungen getan hatte, als Überflieger. Sie glaubte, auf dem Weg zum Goldschatz am Ende des Regenbogens zu sein; In diesem Fall erhält sie die ihr fälligen Beförderungen und die geltenden Gehaltstabellen und Vergünstigungen. Da sie bei United Telecom niemanden finden konnte, mit dem sie argumentieren konnte, geschweige denn eine direkte Antwort erhielt, brachte sie ihre Sache zur Ohio Civil Rights Commission. Sie stimmten mit Gevin überein, dass sie ungerecht behandelt wurde und unterstützten ihre Bemühungen um Gerechtigkeit. Aber das Problem war noch lange nicht über Nacht gelöst. Nach einem langen zweijährigen Kampf, in dem sie im Job blieb, gab das Unternehmen schließlich widerwillig nach. Sie wurde nicht nur zur Vorgesetzten der zweiten Ebene hochgestuft, sondern für diese Stelle rückwirkend auf den Zeitraum, in dem sie ursprünglich Anspruch auf die Beförderung hatte, bezahlt.

„Mein Anwalt hat mich von Anfang an gewarnt, dass ich besser auf einen langen Kampf vorbereitet sein sollte, dass es hässlich werden würde. Und hässlich wurde es. Die Firma hat alles getan, um mich zu zermürben und zum Scheitern zu bringen. Sie haben mir die schlimmsten Jobs gegeben, meine Schichtpläne durcheinander gebracht, mich provoziert, was auch immer, sie haben es geschafft. Aber ich habe nie den Köder geschluckt, bin immer pünktlich zur Arbeit erschienen und habe mich nie gegen meine Aufgaben gewehrt", sagte Gevin.

Nachdem sie United Telecom auf den Kopf gestellt hatte, blieb Gevin noch zwei Jahre im Unternehmen. Obwohl der Job sie nicht mehr interessierte, wollte sie ihren hart erkämpften Sieg noch eine Weile auskosten. Ihr Erfolg bei der Übernahme von United Telecom erwies sich als Vorteil für viele andere Frauen, die sich in ähnlichen Positionen befanden. Ein Präzedenzfall war geschaffen worden… sie hatte die Türen geöffnet. Für Gevin war dies das erfreulichste Ergebnis von allem. 1989, nachdem sie fast ein Jahrzehnt bei United Telecom gearbeitet hatte, entschied sie, dass es an der Zeit war, weiterzuziehen – zurück nach Los Angeles. Sie wollte neue Horizonte erkunden und ihrer kreativen Seite freien Lauf lassen.

Nach ihrer Rückkehr wurde Gevin Sheryl Coolye von der rein weiblichen R&B/Funk-Band Klymaxx vorgestellt. Die Gruppe, die fünf Alben für MCA aufgenommen hatte, von denen eines Goldstatus erreichte, war acht Jahre zuvor von Bernadette Cooper gegründet worden und befand sich in einer Übergangsphase. Die Band suchte einen Bassisten, der singen und tanzen konnte; Gevin passte die Rechnung und wurde zu einem Vertrag unterschrieben. Sie konnte ihr Glück nicht fassen. Ein weiterer Traum ging in Erfüllung. Naja, so ungefähr. Acht Monate mit Klymaxx zu spielen und ihr Comeback-Album *The Maxx Is Back* aufzunehmen und zu produzieren, fand für Gevin eines Tages im Jahr 1990 ein abruptes und unvorhergesehenes Ende. Obwohl das Album sofort in die Billboard Top 100 schoss und ein Single-Hit Nr 13 in den Charts verpuffte der Schwung und jeder bewertete die Situation neu. Eine lange internationale Tour wurde abgesagt und die Gruppe fiel ins neutrale.

„Das waren aufregende Tage. Es war übertrieben. Ich wurde getrunken und gegessen und in Limousinen chauffiert. Das war total unglaublich. Ich dachte wirklich, ich wäre auf dem Weg zu einer großen Musikkarriere. Ich meine, das war die große Zeit! Sie spielen in legendären Clubs, sehen sich im Fernsehen und in Videos auftreten, hören die Musik, die Sie im Radio aufgenommen haben. Geht es noch besser? Und dann puff...es ist alles verdampft. Uns wurde der Teppich unter uns weggezogen. Für mich war es wie heute hier, später am selben Tag weg, egal morgen", sagte Gevin.

So verheerend es auch war, Gevin hatte sich in all den Jahren, die sie mit ihrer eigenen Band in Ohio spielte, bereits eine dicke Showbusiness-Haut entwickelt. Das Versprechen von Top-

Agenturvertretungen, Plattenverträgen und landesweiten Tourneen hatte ihr bei vielen Gelegenheiten die Ohren gestopft. Sie wusste, wie launisch die Branche war und wusste, dass es am besten war, auf dem Boden zu bleiben. Trotz des Ergebnisses betrachtete sie ihre Erfahrung mit Klymaxx als positiv und als wachstumsstark.

„Es war nur ein weiteres Abenteuer. Ich hatte Spaß. Ich hatte Geld. Ich hatte dies und ich hatte das. Ich hatte meine fünfzehn Minuten Ruhm. Die Leute haben mich umgehauen. Ich war einem Lebensstil ausgesetzt, von dem ich bis dahin nur geträumt hatte. An einem Tag hing ich mit Leuten wie LL Cool J und Quincy Jones ab und am nächsten war ich wie mit meiner Katze. Sicher, es war ein Tritt in den Kopf, als der ganze Deal schief ging, aber es hat mir nicht wirklich eine große Delle hinterlassen. Wie alles im Leben ist es am Ende des Tages, was es ist. Sie spielen die Karten, die Ihnen ausgeteilt werden. Manchmal ist das Deck gegen Sie gestapelt, manchmal ist es zu Ihren Gunsten ", bemerkte Gevin.

Obwohl sie nicht die Absicht hatte, die Musik aufzugeben, beschloss Gevin, eine Zeit lang eine Schauspielkarriere zu verfolgen. Stuntarbeit in Film und Fernsehen war ihr Einstieg in die Hollywood-Traumfabrik. Aufgrund ihrer Motorraderfahrung und ihrer athletischen Fähigkeiten hatte sie keine Probleme, bei Motorrad-Stunts zu landen. klettern, von Gebäuden fallen oder von ihnen springen; und choreografierte Kampfsequenzen. Präzises Autofahren und das Werfen von Messern, Speeren und Tomahawks waren weitere Fähigkeiten, die sie sich auf ihrem Weg angeeignet hatte, und sie passten perfekt zu ihrem Job.

Tatsächlich hatte Gevin etwa zwölf Jahre zuvor entdeckt, dass das Biken sowohl eine Einnahmequelle als auch ein Fortbewegungsmittel und eine Freizeitbeschäftigung sein kann. 1979, während sie das College besuchte, verdiente sie sich zusätzliches Geld als Motorrad-Testfahrerin/Mechanikerin für das Transportation Research Center of Ohio. Unter anderem testete sie die wieder eingeführte Harley-Davidson mit Riemenantrieb, die Sechszylinder-Kawasaki KZ 1300 und den Prototypen der Sechszylinder-Honda CBX 1100. Bei einer Gelegenheit entkam sie auf wundersame Weise dem Tod, nachdem sie von einem Bus überfahren worden war, der auf die Teststrecke ohne Freigabe. Bei dem Unfall erlitt sie einen massiven Nerven-, Sehnen- und Bänderschaden am linken Arm. Glücklicherweise erholte sie sich nach vielen Monaten Physiotherapie zu fast 100 Prozent. Ein verlagerter Muskel und Narben sind die einzigen Überbleibsel des Unfalls.

Als ihre neue, unerwartete Karriere begann, machte sich Gevin ernsthaft an die Arbeit und unterschrieb bei einem Agenten. Schon bald fand sie ihre Dienste sehr gefragt. Mit Blick auf eine Schauspielkarriere vernetzte sie sich und besuchte verschiedene Workshops, um ihre Fähigkeiten zu verbessern. Obwohl ihr bisher eine herausragende Filmkarriere entgangen ist, hat Gevin im Laufe der Jahre in einer Reihe von Filmen mitgewirkt, darunter *The Doors, Rat Race* und *The Independent*. Und sie hat an Bühnenproduktionen von *The Crucible* und *A Raisin in the Sun* mitgewirkt. Sie fand sich sogar in Fernsehnachrichtensendungen wie *Inside Edition* wieder.

„Ich habe mir immer Ziele gesetzt und tue dies auch weiterhin. Zu diesen Zwecken plane ich Dinge in meinem Leben. Aber ich lasse mich trotzdem wie eine Feder herumpusten und sehe, wo ich aufsetze. Wenn sich etwas anderes Interessantes auftun sollte, ob es nun in meine unmittelbaren Pläne passt oder nicht, werde ich natürlich in diese Richtung gehen. Wenn es mir nicht gefällt oder keinen Spaß daran hat, fliege ich einfach wieder in der Luft. Nach Klymaxx wurde ich in das Stunt-Geschäft hineingezogen. Obwohl es nicht unbedingt meine musikalischen Ziele ergänzte, ist die Musikindustrie ein enger Verwandter der Filmindustrie, sodass Verbindungen immer möglich sind. Die Stunts waren jedoch förderlich, um Schauspieler zu werden, ein Gedanke, den ich auch lange Zeit im Kopf hatte ", sagte Gevin.

Gevins anhaltende Liebe zu Motorrädern half ihr nicht nur beim Einstieg in das Stunt-Geschäft, sondern brachte ihr auch eine Hauptrolle in der Turner Broadcasting-Dokumentation *Biker Women* von 1996 ein. Im Mittelpunkt der überaus erfolgreichen Dokumentation, die weltweit im Fernsehen ausgestrahlt wurde, stehen vier Frauen, die von der jährlichen Rallye in Sturgis, South Dakota, mit ihren Harleys nach Kalifornien zurück nach Hause fahren. Mit dabei war Cris Sommer Simmons, der auch in diesem Buch zu sehen ist.

An der Musikfront war Gevin einer Band namens Boetto beigetreten, tourte durch ganz Kalifornien und spielte Hollywood-Wahrzeichen wie The Whiskey A Go Go und The Troubadour. Wie bei ihrer Band in Ohio war auch hier wieder die Rede von großen

Agenturvertretungen, Plattenverträgen und dem Ausbau auf die nächste Stufe. Aber Enttäuschung war die einzige Belohnung für ihre harte Arbeit. Sie spielte auch mit anderen Bands, einschließlich der Gevin Fax Band, aber nichts kam an den Erfolg heran, den sie mit Klymaxx genossen hatte.

Gevins einzigartiger Charakter, Aussehen, Charme und vielfältige Fähigkeiten brechen die Stereotypen der weiblichen Biker, die noch immer in den Köpfen vieler Menschen leben, vollständig auf. Diese Tatsache ist der Medienwelt nicht entgangen. Sie wurde in der *Los Angeles Times* und anderen Zeitungen vorgestellt. Sie ist viermaliges Covergirl und wurde in zahlreichen Magazinen wie *Rolling Stone, People, Time, American Woman Motorsports, Asphalt Angels, Long Rider* und *Black Rider Magazine* sowie in verschiedenen Magazinen in Europa interviewt und/oder porträtiert.

Aber wo viele Frauen wie auch Männer in die Fallstricke von aufgeblasenem Ego und Exzess stolpern, die den Erfolg in der glamourösen Welt der Musik-, Film- und Fernsehindustrie widerspiegeln, hat Gevin fest auf beiden Beinen gestanden auf dem Boden. Sie kehrte nie ihren Wurzeln oder der Reise, die sie als junge Sportlerin begann, den Rücken, mit dem Gedanken, Sportlehrerin zu werden. Während sie als Stuntperson, Schauspielerin und Musikerin arbeitete, nahm sie sich die Zeit für einen Master in Sportunterricht. Sie schloss ihr Studium 2008 ab und unterrichtet seitdem Sport auf der Mittelschulebene für den Los Angeles Unified School District.

„Ich wusste, dass ich irgendwann eine Lehrtätigkeit aufnehmen musste. Ich habe in meinem Leben viel bekommen und es war an der Zeit, etwas zurückzugeben. In einer Band und im Film zu sein ist großartig, aber nichts ersetzt die Befriedigung, die daraus entsteht, Kinder zu unterrichten und einen positiven Unterschied in ihrem Leben zu machen. Ich weiß nicht, wie lange ich mich dem Unterrichten widmen werde, aber im Moment steht er im Mittelpunkt meines Lebens. Und es ist nicht so, dass ich ein großes Opfer bringe. Mir macht die Arbeit richtig Spaß. Ich unterrichte nicht nur, ich lerne auch weiter", sagte Gevin.

Die Spiritualität der Ureinwohner, die sie von ihren Eltern geerbt hat, hat sich auch jenseits der Verbindung manifestiert, die sie immer mit der Kultur der amerikanischen Ureinwohner gespürt hat. In den letzten zehn Jahren hat Gevin vier der sieben heiligen Riten der Lakota abgeschlossen, was ihr den Status eines „Pfeifenträgers" verliehen hat. Diese Position ermöglicht es ihr, für andere zu beten und ihnen Segen zu erteilen. Sie nimmt auch regelmäßig an *Hamblecha* (Vision Questing) und *Inipi* (Schwitzhütte) Zeremonien teil, bei denen sie nach Abschluss der verbleibenden Riten entweder Schamanin oder Medizinfrau wird.

Trotz all der Abenteuer, die sie erlebt hat, der Berufe, die sie übernommen hat und der Aufmerksamkeit, die sie im Laufe der Jahre erhalten hat, dreht sich Gevins Welt weiterhin um ihr Motorrad und die Biker-Kultur. Motorräder haben sie seit ihrer Kindheit gefesselt. Als sie zehn Jahre alt war, hatte sie eine Reihe von Motorradbüchern und -magazinen gesammelt, die sich hauptsächlich auf Harley-Davidsons konzentrierten. Die bösen Jungs, die damals Harleys fuhren und wie cool sie auf ihnen herumfuhren, faszinierten sie auch.

Obwohl Gevin ein zurückhaltendes Wesen hat, gibt sie gerne zu, dass sie sich schon immer zu Radikalen hingezogen fühlte. Männer und Frauen, die Konventionen zur Schau stellen, es wagen, anders zu sein und keine Angst haben, loszulassen, sind diejenigen, zu denen sie hingezogen wird. Die Art von Person, die manche Leute ansehen und fürchten, während andere sich wünschen, diese Person zu sein. Obwohl sie nie gedacht hätte, dass sie einmal eine echte Bikerin werden würde, erinnert sie sich, dass sie im Alter von dreizehn Jahren an der Ecke La Brea und Sycamore in Los Angeles stand, als eine junge Schwarze auf einer 750 Ducati vorbeifuhr. Es war das erste Mal, dass sie eine afroamerikanische Frau auf der Straße, im Fernsehen oder im Film Motorrad fahren sah.

„Der Anblick dieser Frau, die meine Farbe hatte, auf einem Fahrrad zu fahren, bestätigte meinen Traum, Biker zu werden. Da wusste ich, dass es machbar ist. Ich habe mich sofort entschieden, dass ich eines Tages eine Harley fahren würde. Ich habe Harleys nicht nur mit bösen Jungs in Verbindung gebracht, sondern auch mit Rebellion, Unabhängigkeit, Stärke und Macht. Für mich repräsentiert eine Harley-Davidson das Leben, wie auch immer Sie es leben möchten. Es gibt auch diese Aura von Romantik und Abenteuer, die Sie bei anderen Marken nicht bekommen. Seit der Junior High und bis zu einem gewissen Grad davor basiert mein ganzes Leben auf Abenteuern, jeden Tag in vollen Zügen zu leben.

Ein Motorrad zu fahren, insbesondere eine Harley, passt genau in diese Gleichung", sagte Gevin.

Ironischerweise dauerte es fast zwanzig Jahre, bis Gevin die Mobylette fuhr, bis sie ihre erste Harley besaß. Zwischendurch fuhr sie eine Dual Sport 175 Honda, das Motorrad, das mit ihr nach Ohio ging. Dann in schneller Folge besaß sie eine 90cc Bridgestone, eine 350cc Honda Twin und eine Vierzylinder 750cc Honda. Im Gegensatz zu vielen Hardcore-Harley-Davidson-Fahrern hat sich Gevin bei Importen nie die Nase rümpft. Sie besaß die 750 insgesamt siebzehn Jahre lang und behielt sie lange, nachdem sie 1987 ihre erste Harley erworben hatte.

„Ich habe den Kauf einer Harley nie aufgegeben, aber ich liebte die 750 Honda. Es war eine lustige Fahrt und sie führte mich durch das ganze Land und nach Kanada. Freunde erzählten mir immer wieder, wie sich mein Leben verändern würde, wenn ich eine Harley bekam. Ich sagte nur ‚ja, was auch immer', weil ich mich für einen ernsthaften Biker hielt und die Honda die ganze Zeit über meine Bedürfnisse erfüllt hatte. 1987 ging ich nach Hazard County, Kentucky, um in einem Privatverkauf eine 1982er FXWG Wide Glide zu kaufen. Und ich muss zugeben, dass meine Freunde recht hatten. Und wie! Ich habe sofort festgestellt, dass die Leute einen ganz anders sehen, wenn man eine Harley fährt. Damals fuhren noch nicht viele Frauen damit und das Bad-Boy-Stigma, das mit den Fahrrädern verbunden war, war noch immer sehr lebendig. Wenn man eine Harley fuhr, musste man in den Köpfen der Leute einfach knallhart sein. Und obwohl ich mich nie für knallhart halte, sah ich die Rolle aus und spielte sie", sagte Gevin.

Gevin bemerkte auch, dass sich ihr plötzlich alle möglichen Türen öffneten, darunter auch Biker-Rallyes, an denen sie sich zuvor nicht getraut hatte, denn wenn man ein japanisches Fahrrad fuhr, war man nicht willkommen. Sie stürzte sich mit ganzem Herzen in die Biker-Kultur, die ihre Plätze einnahm, buchstäblich und im übertragenen Sinne, sie hätte es sich nie vorstellen können. Gevin reichte von Wohltätigkeitsfahrten bis hin zu wilden Biker-Partys, den dekadentesten und barbarischsten, die sie im sogenannten Bibelgürtel des amerikanischen Mittleren Westens erlebte. Als sie auf der Junior High in Los Angeles auf das harte Publikum traf, wurde Gevin willkommen geheißen und passte in die harte Biker-Crowd, einschließlich der Outlaw-Motorradclubs. Und obwohl sie mit achtundzwanzig Jahren endlich ihren ersten Joint rauchte, schaffte sie es, Ärger zu vermeiden. Im Laufe der Jahre freundete sie sich mit Bikern aller Couleur an, Männern und Frauen, aber die Outlaw-Subkultur hat sie immer am meisten fasziniert.

„Outlaw-Biker haben einen schlechten Ruf, an allen möglichen kriminellen Aktivitäten beteiligt zu sein, aber dieses Bild ist eine Medienkreation. Ich werde der Letzte sein, der argumentiert, dass es in den Clubs kein kriminelles Element gibt, sondern eine Minderheit. Die meisten Menschen finden das schwer zu glauben, weil sie glauben, was sie glauben wollen, was sie hören und lesen. Ich spreche aus direkter Erfahrung und nichts ersetzt das. Ich hatte nie Probleme mit der Outlaw-Biker-Community, fühlte mich nie bedroht. Es geht darum, Ihren Platz zu kennen. Du zeigst Respekt und das bekommst du wiederum", sagte Gevin.

Heute lebt Gevin das Leben in vollen Zügen, sucht nach neuen Abenteuern und fordert sich selbst heraus. Das Motorradfahren bleibt eine ihrer größten Freuden. Sie freut sich immer darauf, sich mit der ausgewählten Gruppe gleichgesinnter Freunde zu treffen, die sie während ihrer Bilderbuchreise gefunden hat. Neben dem Unterrichten, dem Offenhalten der Türen zur Musik-, Film- und Fernsehindustrie mit verschiedenen laufenden Projekten und dem Eintauchen in die Spiritualität der Ureinwohner bleibt Gevin bereit, neue, unbekannte Gewässer zu erkunden. Sie kreiert und entwirft Lederwaren, die von ihrem Leben als Bikerin sowie ihrem schwarzen und einheimischen Erbe inspiriert sind. Derzeit führen drei Geschäfte in der Gegend von Los Angeles ihre Produkte; Sie hat auch einen Fuß in der Tür in der Requisiten- und Kostümabteilung eines Hollywood-Studios. Ihr Ziel ist es, schließlich ihr eigenes Vintage-Einzelhandelsgeschäft für Native American/Western Americana in Los Angeles zu eröffnen.

Und obwohl Gevin die Big Five erreicht hat, lebt sie immer noch das Leben einer Athletin, die ihren Tag mit zweihundert Crunches plus fünfunddreißig militärischen Liegestützen und Klimmzügen beginnt. In Kombination mit den täglichen Aktivitäten, die mit dem Sportunterricht und einem sauberen Lebensstil verbunden sind, bleibt sie trotz ihrer fünf Jahrzehnte fit und jugendlich. Gevin gibt zu, dass Modelaufträge immer seltener werden, aber ihr Pragmatismus hält sie voran, anstatt in der Vergangenheit zu verweilen.

„Ich hatte ein tolles Leben und sitze nicht herum und mache mir Sorgen, älter zu werden. Ich erfülle immer noch meine Träume und stelle mir neue Herausforderungen. Ich arbeite wirklich hart, um meinen Körper und meine Gesundheit in Topform zu halten. Ich würde gerne sagen, dass ich in Würde altere. Ich tue mein Bestes, mein Leben nach einem guten moralischen Kompass zu leben und immer mit meinem Herzen zu führen. Das ist manchmal echt hart. Menschen können dich wütend machen. Das Leben kann dich wütend machen. Letztendlich geht es darum, das Spiel zu überleben, ohne andere Menschen und sich selbst zu verletzen", sagte Gevin.

Gevin, eine bekennende Lesbe, ist seit 14 Jahren mit demselben Partner verheiratet. In ihrer früheren Beziehung, die zwölf Jahre dauerte, adoptierte sie Mädchen, die jetzt erwachsen sind und die sie zu einer stolzen Großmutter gemacht haben. Gevins Gefühl der Loyalität und des Engagements überträgt sich auf alle Bereiche ihres Lebens, emotional, intellektuell und physisch. Gevin Fax redet ständig und geht den Weg: Sie hat das Spiel nicht nur überlebt, sie hat es mit Elan, Würde und Ehre getan.

Sasha Mullins – Zwei Räder Bewegen Die Seele

„Es ist Mittag in Midtown Manhattan und ich habe Lust auf eine Herausforderung. Also rase ich fünfzehn Blocks weiter zum Parkhaus, wo mich meine geliebte Sportster „Tigerlily" erwartet. Geboren, um wild zu sein, lieben wir einfach den Nervenkitzel. Wie zwei gute Mädchen, die sich dreckig machen, steige ich auf sie, gebe Gas und starte meinen Evo-Twin. Sie erwacht zum Leben. Ekstase für uns beide! Neugierige können nicht anders, als an unserer Begeisterung teilzuhaben. Auf meinen patriotischen Nummernschildern mit Miss Liberty stand „Soulo", daher meine Vorliebe für das Fahren. Ich reiße aus der Garage und winke dem grinsenden Wärter zu. Ich feuere die Rohre ab und erzeuge ein Echo, das durch die Garage und auf den Mercedes hinter mir dringt. Dynamit!"

So beginnt ein Artikel von Sasha Mullins mit dem Titel „Riding Soulo in New York City", der in der November-2000-Ausgabe des *Easyriders Magazine* veröffentlicht wurde. Wie viele andere engagierte Bikerinnen teilt Sasha gerne den Nervenkitzel und die Freuden des Bikens durch Journalismus. Ihr Schreibstil – immer dazu gedacht, zu informieren, zu inspirieren und zu stärken – ist fließend, poetisch, humorvoll und philosophisch. Ihre Einsichten und wie sie sie ausdrückt, spricht nicht nur Frauen an, sondern auch Männer… Reiter und Nicht-Reiter gleichermaßen. Wenn man etwas von Sasha liest, weiß man sofort, dass sie für das lebt, was sie tut. Wenn das Paradoxon des Kommunikationsguru Marshall McLuhan

„Das Medium ist die Botschaft" auf eine Person angewendet werden kann, dann ist diese Person Sasha!

Sasha ist ein multidimensionales Energiebündel, das ihren Träumen gefolgt ist, um so vielfältige Karrieren als Autorin, Journalistin, Fotografin, Schauspielerin, Musikerin, Printmodel, Spokes Model, Moderatorin, professionelle Sprecherin, Radioshow-Produzentin/Interviewerin, Drehbuchautorin und Geschäftsfrau zu verfolgen. Sasha nimmt gerne große Bissen aus dem Leben und erlebt alles maximal. Obwohl sie kleinwüchsig ist, ist sie ein Riese in ihrer Herangehensweise an alles, was sie tut. Und alles, was sie tut, hat einen gemeinsamen Nenner: Motorradfahren! Obwohl sie eine weiche Kante und eine gewisse Verletzlichkeit aufweisen mag, ist sie eine knallharte Hardcore-Bikerin, die ihre Gebühren bezahlt und ihre Streifen verdient hat.

„Ich fahre gerne schnelle Autos, Custom Cars und Hot Rods, aber ich gehöre zu den Menschen, die zum Motorradfahren geboren wurden. Motorräder haben meinem Leben nicht nur Sinn und Zweck gegeben, sondern sind auch der Klebstoff, der die verschiedenen Dinge, die ich tue, zusammenhält. Ich mag nichts lieber, als mit meinem Fahrrad herumzufahren, weil es eine nie versiegende Quelle der Inspiration ist. Ich habe gelernt, in den Stahl-, Beton- und Glasschluchten von New York City zu fahren und genieße immer den Nervenkitzel und die Intensität, durch die fabelhaften Straßen und Boulevards zu fahren. Aber es gibt nichts Schöneres, als in die weiten Weiten Amerikas zu reisen und die Autobahnen und Nebenstraßen unseres großartigen Landes zu bereisen, insbesondere

Straßen, die mitten im Nirgendwo liegen. Darum geht es bei der Freiheit", sagte Sasha.

„Mit meinem Motorrad durchs Land zu fahren und zu campen ist meine Lieblingsbeschäftigung, denn da draußen passiert Magie. Ich mag im Herzen ein Großstadtmädchen sein, aber ich kann genauso gut in eine ländliche Umgebung passen. Auf Reisen schlage ich eigentlich lieber ein Zelt auf, als in einem schicken Hotel zu übernachten, obwohl es auch dafür einen Ort und eine Zeit gibt. Aber es gibt nichts Besseres als unter den Sternen zu schlafen. Spirituelle Momente, wilde Kinderkapitel werden lebendig und die Geschichten, die sich entfalten, spiegeln die Kunst wider, absolut im Moment zu leben. Sie wissen nie, wohin die Straßen, die Sie fahren, führen, wenn Sie auf einem Motorrad durch das Leben rauschen. Es ist der Höhepunkt der Sinnlichkeit. Es ist meine Wahrheit."

Obwohl Sasha es ernst meint mit dem, was sie tut, tut sie alles, ohne sich selbst zu ernst zu nehmen. Wichtig zu sein würde ihr den Spaß und die Gültigkeit nehmen. Sie würde nicht länger Sasha Mullins sein. Geboren in West Islip, Long Island, New York, hat Sasha schon immer alles Göttliche, Engelhafte oder Motorisierte geliebt. Ihre Eltern, Ann und John Mullins, waren hart arbeitende Menschen, deren Wurzeln auf eine Mischung von Nationalitäten zurückgeführt wurden, wobei die Mehrheit der Iren das Erbe war.

Ihr Vater war ein mechanisch veranlagter Blechbauer und Schweißer, der auch ein Gespür für das Skizzieren und Zeichnen hatte. Ihre Mutter kümmerte sich um Sasha und ihre drei Geschwister, die Schwestern Laura und Linda und Bruder Brian.

Sasha hat auch eine Halbschwester väterlicherseits, Donna Marie, die sie wie eine Vollblutschwester verehrt. Um über die Runden zu kommen, hatte Ann verschiedene Teilzeit- oder Vollzeitjobs. Der Mullins-Clan hatte es nicht leicht, aber sie waren eine eng verbundene Familie, die nie das Handtuch warf. Auf der Suche nach einem besseren Leben zog die Familie oft um und ließ sich an verschiedenen Orten nieder, darunter Long Island, Upstate New York und schließlich Westchester County.

„Als ich klein war, war alles eine Freude für mich und das Entdecken außerhalb des Offensichtlichen war selbstverständlich. Meine bunte Fantasie als Kinderdramatiker hinterließ bei Familienmitgliedern und Lehrern riesige Fragezeichen über den Köpfen. Sie hatten Mühe, mich herauszufinden und meine Persönlichkeit in eine Schublade zu stecken, um sie in ein feines Stereotyp einzuordnen. Als ich aufwuchs, war ich ein winziger Hippie-Geeky-Kind. Mein persönlicher Stil bestand darin, Kleidung zu durchstöbern… gefälschte Nerz-Schulterwickel und zugeklebte Brillen. Als Highschool-Absolvent wurde ich ein Punkrocker mit rabenschwarzem, hüftlangem Stachelhaar und Gothic-Kleidung, bestehend aus alten schwarzen Spitzenbestattungskleidern der Heilsarmee. Ich liebte alle ungewöhnlichen und charaktervollen Dinge und tue es immer noch", erklärte Sasha.

Sasha wusste schon früh, dass sie nicht gerade der Typ für Mädchen von nebenan war. Im Herzen eine Getriebein, verliebte sie sich schon früh in Autos und Motorräder. Als kleines Mädchen saß sie auf den Knien ihres Vaters und reichte ihm Werkzeuge oder blätterte in seinen Mechanikerhandbüchern, während er an seinen eigenen Autos schraubte. Sie war auch für die Zubereitung von Instantkaffee für ihn verantwortlich und war sehr stolz auf ihre Verantwortung. Sie hat nicht nur das künstlerische Talent ihres Vaters geerbt, sondern auch sein Händchen für mechanische Dinge. In den vielen Stunden, die sie mit ihm beim Basteln an Autos verbrachte, lernte sie die Grundlagen der Wartung motorbetriebener Fahrzeuge. Dieses Wissen hat sie über die Jahre hinweg bewährt und nur die größten Fahrrad- und Autoprobleme werden in eine lizenzierte Werkstatt gebracht.

Mechanikerin zu werden wäre für Sasha eine offensichtliche Berufswahl gewesen, aber im Laufe ihres Lebens nur eine Sache zu machen, hat sie nie wirklich gereizt. Sie hat so viel kreative Energie und Talent in sich; sie hat das ständige Bedürfnis, sich künstlerisch auszudrücken. Es überrascht nicht, dass ihr Leben von allen künstlerischen Dingen ausgefüllt wurde, einschließlich Musik, Fotografie, Zeichnen, Malen, Schreiben, Theater und Film. All diese Bemühungen gehen von ihrem Motorradlebensstil aus. Motorradfahren und Gott ist das Zentrum ihres Universums – nicht unbedingt in dieser Reihenfolge. Für Sasha ist es ein Teil des „göttlichen Plans", Biker zu sein. Es ist der Katalysator, der es ihr ermöglicht, sich auszudrücken. Ob mit ihrer Musik, ihrem Skizzenblock oder dem geschriebenen Wort, sie erregt sofort Ihre Aufmerksamkeit. Selbst wenn Sie Atheist sind, sind die häufigen Hinweise von Sasha auf ein höheres Wesen schmackhaft. Sie predigt nie und was sie sagt, kommt aus ihrem Herzen und ihrer Seele.

„Ich bin ein freigeistiges, gottesfürchtiges, menschenliebendes, Mutter Erde-liebendes Mädchen. Ich bin jemand, der es liebt, das Leben mit Vollgas zu leben. Ich lebe mein Leben in vollen Zügen, damit ich Gottes Willen ausführen kann. Ich werde nicht sagen, dass ich dies oder das fromm bin, weil ich nicht auf die ganze Religion stehe. Ich bin eher ein spiritueller als ein religiöser Mensch. Ich respektiere alle Religionen und glaube, dass sie alle Vorteile haben, aber ich lasse mich nicht auf das tiefe Dogma der Religion ein. Ich glaube, es führt die Leute in die Irre. Der Griff der Spiritualität hat mich seit meiner Kindheit im Griff. Meine Eltern waren nicht religiös, obwohl sie die obligatorische Aktivität machten, die Kinder in der Sonntagsschule abzusetzen und dann Kaffee und Donuts zu trinken, während sie darauf warteten, dass wir fertig waren. Gelegentlich konnten sie teilnehmen, wenn es ein Feiertag war oder eines der Kinder Kerzen anzündete oder so“, sagte Sasha.

Im Alter von siebzehn Jahren verließ Sasha ihr Zuhause, um ihren eigenen Weg im Leben zu finden. Sie zog zuerst nach Manhattan, dann nach Westchester, Queens, Brooklyn und schließlich zurück nach Manhattan. Als sie das Abitur machte, war sie sich nicht ganz sicher, was sie mit ihrem Leben anfangen wollte. Aber einen Beitrag zur Gesellschaft zu leisten – zu glauben, dass sie genau dazu auf die Erde geschickt worden war – stand immer im Mittelpunkt ihres Denkens. Einmal überlegte sie, Dominikanerin zu werden, damit sie an vorderster Front des Lebens operieren konnte, um den weniger Glücklichen zu helfen und sie zu verwalten. Aber eine der Schwestern, die sie in einem örtlichen Kloster kannte, Schwester Madeline, erzählte Sasha, ihre Berufung sei in der Zivilwelt. Die gute Schwester versicherte Sasha, dass sie Gottes Absicht dienen würde, indem sie einfach so war, wie sie geboren wurde. Er würde ihr den Weg zeigen!

Für den spirituell veranlagten Sasha war es eine schwere Entscheidung. Die Tatsache, dass sie weder Motorrad fahren noch Haustiere besitzen konnte, half ihr jedoch bei der Entscheidung: Die zivile Welt war der Weg, den sie wählte. Aber während sie sich weiterentwickelte und auf die Ziele zusteuerte, die sie sich selbst gesetzt hatte, schien es Sasha, dass ihre Ziele nur Zentimeter von ihrer Reichweite entfernt waren.

„Wenn ich zurückblicke, merke ich, dass ich einfach nicht die richtigen Ziele oder Prioritäten hatte. Aber diese Lektionen und Erfahrungen haben sicherlich den Weg für eine interessante Reise geebnet. Aufgrund meiner Erziehung und meiner Umstände gab es viele Situationen, die meine ursprünglichen Herzenswünsche ablenkten. Ich wollte aufs College gehen und Kunst studieren, aber am Ende habe ich einen Abschluss an der Schule für harte Schläge und Straßenschlau gemacht. Ich verspürte den Drang, mich künstlerisch auszudrücken, aber meine Familie hatte meine künstlerische Seite nie gefördert. Es ging darum, einen „richtigen" Job zu bekommen, und das habe ich getan. Ich unterdrückte meine künstlerische Seite und versuchte, jemand zu sein, der nicht ich war.

Aber ich glaube, dass die Opfer, Enttäuschungen und Frustrationen, die bei der Verfolgung von Träumen und einem wünschenswerten, leidenschaftlichen Lebensstil auftreten, es wert sind, und man sollte niemals aufgeben oder sich niederlassen, egal wie weit deine Fingernägel wie du bis auf die Noppen gekürzt sind klammere dich an dein Schicksal. Prioritäten sind wichtig. Glück zählt. Es ist wichtig, in diesem Leben Ihren Herzenszweck zu leben. Dafür sind wir hier", sagte Sasha.

Als sie 1998 ihr erstes Fahrrad bekam, hatte Sasha verschiedene Jobs gehabt, darunter als Arbeiterin auf einer Baustelle, als leitende/persönliche Assistentin von hochkarätigen Prominenten und Prominenten, als Associate Producer für eine Radiosendung und als Empfangsdame in einem großen Tonstudio, aber währenddessen ging sie still ihrer Kunst nach. Zu den renommierteren Orten, an denen sie arbeitete, war eine Station bei GRP/Impulse/Decca Records – Heimatlabel von Künstlern wie Ella Fitzgerald, John Coltrane, Spyro Gyra, den Yellow Jackets, George Benson und Diana Krall – in den Bereichen Öffentlichkeitsarbeit und Marketing, und für Kemper Versicherungen als Sekretärin. Zu dieser Zeit befand sich Kemper im sechsunddreißigsten Stock des Nordturms des World Trade Centers und Sasha verlor schließlich eine Reihe von Bekannten durch den Anschlag vom 11. September.

„Meine Kemper-Chefin Mary Ann war unglaublich und hat mein Zigeunerleben total ermutigt. Zum Glück gelang es ihr, der Katastrophe zu entkommen. Für GRP Records zu arbeiten war großartig, denn es war damals, als das Musikgeschäft Spaß machte und kreativ war und wirklich von genialen musikalischen Führungskräften geleitet wurde. Ich habe Jazzmusik so tiefgehend erlebt, dass sie an Fantasie grenzt, überirdisch. Ich sage, Motorradfahren in Manhattan ist wie das Hören von John Coltranes Interstellar Space-Album, wunderschön und chaotisch. Die Arbeit als Executive/Personal Assistant ist ein extrem einzigartiger Job und meine Kunden haben sich auf mich verlassen, weil ich den Job so angegangen bin, als würde ich mich um meine Freunde im Motorradlebensstil kümmern", erklärte Sasha.

„Es gibt einen unzerbrechlichen Code der Motorenseele. Wenn Sie auf Wahrheit und Liebe basieren, passen Sie sich gegenseitig den Rücken auf und gehen für Ihre Freunde, die wie eine Familie sind, an die Wand. Öl ist manchmal dicker als Blut und dieses Motoröl in unseren Motorrädern verbindet uns auf unbeschreibliche Weise. Die Familien und Einzelpersonen, für die ich arbeitete, erhielten diese Behandlung, weil ich nur für echte, anständige und mitfühlende Menschen arbeiten würde. Jeder Arbeitgeber, der versuchte, mich zu schikanieren, musste einige laute Pfeifen klopfen und sehen, wie sich die letzten meiner Rücklichter weit von ihnen entfernten."

Obwohl Sasha einige großartige Vorgesetzte hatte, die sie so akzeptierten, wie sie war, ist es nicht verwunderlich, dass sie sich nie an den Unternehmenslebensstil angepasst hat. Die tägliche Fahrt mit der U-Bahn zur Arbeit unterstrich ihren Wunsch, ihre Flügel auszubreiten und im Leben weiterzumachen, buchstäblich und im übertragenen Sinne. Genau dafür studierte sie Methodik und andere

Schauspieldisziplinen, nahm klassischen und Pop-Gesangsunterricht und erhielt eine Tanzausbildung in Ballett, Jazz, Modern und Hip-Hop.

„Als ich die U-Bahn-Schienen tief unter der Erde in NYC abgeschossen habe, wollte meine Seele meinem Körper entkommen, meine eigene Hand ergreifen und mich hoch und weit weg von dieser Gefangenschaft erheben. Das ist es, was das Motorradfahren die ganze Zeit für mich tut: Sie lässt mich weit in die große Weite der Möglichkeiten gleiten und ermutigt meine Träume, ohne "Ausfallzeiten" lebendig und lebendig zu sein. Keine Zeit für Traurigkeit oder Niedergeschlagenheit! Du musst in Bewegung bleiben. Mach weiter so“, sagte Sasha.

Sashas Leidenschaft für Motorräder begann im Alter von neun Jahren, als ihr Vater ihr auf einem Flohmarkt ein Fahrrad kaufte. Das Fahrradfahren war eine Möglichkeit, ihre Träume klar zu visualisieren und alles zu sein, was ihr Herz begehrte. Während sie durch die Gegend radelte, stellte sie sich oft vor, sie würde auf einem Motorrad herumfahren. Sie überzeugte sich, dass sie eines Tages das echte Ding reiten würde. Jahrelang saß sie auf dem Rücken rebellischer Typenräder und sehnte sich immer nach ihrem eigenen Motorrad. Und dieser Tag würde irgendwann kommen, aber auf unkonventionelle Weise.

„Erst als ich meinen Verlobungsring aus einer gescheiterten Beziehung verkaufte, bekam ich mein erstes Motorrad. Der Ring war eine atemberaubende antike Fassung, aber ich musste mich davon verabschieden. Ich wusste, dass mein Verlobter nicht zurückkommen würde und es war Zeit für mich, vorwärts zu gehen. So traurig das auch war, irgendwie sollte es doch alles sein. Ich stand an einer dieser großen Kreuzungen im Leben und die Anschaffung eines Motorrads hat mich auf den richtigen Weg gebracht. Das Geld aus dem Ring lieferte mir eine Anzahlung für eine Harley Sportster. Es war ein Fahrrad, das ich mir sonst nicht hätte leisten können. Ich sollte mir dieses Fahrrad zulegen, da es mich dorthin bringen würde, wo ich hin wollte. Gott wählt immer einen Kanal, um das eigene Herz zu erobern. Für mich war es ein Motorrad und der Biker-Lifestyle. Gott stellt immer inspirierende Seelen zur Verfügung, um verschiedene spirituelle Werke hier auf Erden auszuführen. Ich nutze mich gerne als inspirierende Seele", sagte Sasha.

„Ich weiß, dass das für viele Leute seltsam klingen mag, besonders für Nicht-Biker, aber sobald ich anfing zu fahren, war es, als hätte Gott mir offenbart, wo mein wahres Ziel lag. Bei meiner Harley war es Liebe auf den ersten Gebrüll…totale Glückseligkeit! Und dann erwachten meine Träume zum Leben, alles begann für mich einfach zu passieren. Diese zweirädrige kleine Maschine war und ist mein Sonnenlicht. Es ermutigt mich immer wieder, aufzublühen. Ich weiß nicht, wie ich das erklären soll, außer dass es so ist, als würde Gott auf meinem Motorrad zu mir sprechen. Das ist der einzige Ort, an dem ich mich völlig auf Ihn konzentriere und auf nichts anderes. Es gibt nichts Besseres als Fahrradfahren, um dich mit deiner höheren Kraft zu verbinden. Zwei Räder bewegen die Seele."

Sasha verspürte ein starkes Bedürfnis, ihre neue Harley-Davidson hautnah zu erleben und der Maschine einen Namen zu geben, damit sie nicht mehr nur ein Objekt sein würde. Der Name erwies sich als ein Kinderspiel. St. Therese von Liseux, eine der großen Inspirationen in Saschas Leben, gab ihr den Anstoß. St. Therese, liebevoll „The Little Flower" genannt, inspirierte Sasha dazu, die Sportster nach einer Blume zu benennen. Sie taufte ihr Fahrrad „Tigerlily". Bis heute ist es das einzige Fahrrad, das sie besessen hat.

„Ein Mädchen muss sowohl ein Tiger als auch eine Lilie sein. Sie muss durchs Leben rauschen und ihr Traumrevier abstecken, während sie eine Wildblume im Wind bleibt, sanft und sanft schwingt und Nahrung von den einfachen Dingen sucht. Als ich auf Tigerlily durch die Canyons von NYC fuhr, fing ich plötzlich an zu funken, emotional, intellektuell und kreativ. Ich habe mich wiederentdeckt. Die Kreativität, die ich so lange aufgestaut hatte, begann aus mir herauszufließen wie ein Fluss ins Meer. Danach stand mir nichts mehr im Weg. Ich denke, es liegt daran, dass ich auf dieser Erde viel mit inspirierenden Menschen durch meine Kunst zu tun habe. Das tut mir einfach gut. Menschen zu helfen und sie zu ermutigen, ist ein guter Grund, mit seiner Kunst einen starken Zweck zu verfolgen", sagte Sasha.

Bald begann Sasha über das Leben an Bord ihrer Freiheitsmaschine zu schreiben; Seit zehn Jahren dokumentiert sie mit Begeisterung den Biker-Lifestyle. Neben *Easyriders* wurde sie in vielen der führenden amerikanischen Biker-Magazine veröffentlicht, darunter *Iron Biker News, Harley-Davidson's Hog Tales, American Iron, American Rider, Backroads* und *Cycle World*. Sasha hat auch zwei von der Kritik gefeierte Motorradbücher verfasst, *Bikerlady: Living & Riding Free* (Citadel Press, 2003) und *The Chrome Cowgirl: Guide to the Motorcycle Life* (MBI/Quayside, 2008). *Chrome Cowgirl* ermutigt Frauen, auf ein Motorrad zu steigen und zu fahren, alle Zweifel und Probleme zu vergessen und ihren Geist und ihre Seele zu reinigen. Ein Rezensent stellte fest, dass *Chrome Cowgirl* im Geiste von *Bad Girl's Guide to the Open Road meets Zen and the Art of Motorcycle Maintenance* geschrieben wurde. „Das Buch macht Spaß, ist temperamentvoll und macht Lust, dem Leben, wie man es kennt, zu entfliehen und sich auf die offene Straße zu begeben, egal ob man fährt oder nicht."

Ihr erstes Buch, *Bikerlady*, befasst sich mit Frauen und Motorrädern aus der Perspektive der Ermächtigung, des weiblichen Könnens und der Frau, die ihr Schicksal auf der Straße und im Leben bestimmt. Sasha nennt es „Machisma". Niemand geringerer als der legendäre Ralph „Sonny" Barger von den Hells Angels befürwortete das Buch. Nicht gerade der Typ, den man aus heiterem Himmel anruft und fragt: „Hey Sonny, wie würdest du gerne etwas Nettes über mein neues Buch schreiben?" Bargers Kommentar, so stoisch er auch ist, hat dennoch Spuren hinterlassen: „*Bikerlady* ist wie Sasha – stark, gutaussehend und klug." Derzeit arbeitet Sasha an zwei weiteren Büchern: einer Motorradgeschichte für Kinder und einem fiktiven Motorradroman.

Den Motorrad-Lifestyle durch ihre Schreibbegabung zu verbreiten, hat Sasha zu einer der führenden Persönlichkeiten der Frauen-Biker-Szene gemacht. Für einen ihrer Artikel, „Motorcycle Mystique", der Teil einer im The Journal (Gannett Newspapers) veröffentlichten Kolumnenreihe war, wurde Sasha von der American Motorcyclist Association mit einem MVP Award (höchst geschätzte Personen, Personen, Orte, Publikationen, Programme und Mäzene). Sasha kommuniziert nicht nur ihre Gedanken, Ideen, Spiritualität und Philosophie in den Printmedien, sondern verbindet sich auch über ihre verschiedenen Websites mit Motorradfahrerinnen weltweit, darunter die sehr beliebte myspace.com/chromecowgirls, myspace.com/motoroadeo und bikerlady.com.

Obwohl sie im Herzen eine New Yorkerin ist, beschloss Sasha 2005 aus einer Laune (oder göttlichen Inspiration), nach Nashville, Tennessee, umzuziehen. In Sturgis, South Dakota, verspürte sie für die jährliche Fahrrad-Rallye einen plötzlichen und unerklärlichen Drang, das Epizentrum der amerikanischen Country-Musikszene zu besuchen. Nachdem Sasha während der Sturgis-Rallye auf dem Gipfel von Bear Butte gebetet hatte, wurde Sasha durch Gebete bewegt, um nach Music City zu gehen. Sie konnte es nicht genau sagen; sie wusste nur, dass sie gehen musste. Im Nachhinein stellte sich heraus, dass der Umzug nach Nashville einer der besten Schritte war, die Sasha gemacht hat.

„Ich war an einem Punkt, an dem ich wusste, dass ich für eine Weile woanders als in New York leben musste, ohne die Stadt wirklich verlassen zu müssen. Ich dachte daran, meine Wohnung unterzuvermieten und dann zurückzuziehen, nachdem ich eine Zeit lang eine andere Stadt erlebt hatte. Nashville ist die letzte Stadt in den USA, in die ich überlegt hätte, dorthin zu ziehen. Ich war schon einmal dort und vermisste sofort die hohe Energie von New York und die Art und Weise, wie die Stadt Veränderungen und Experimente angeht, sei es in Musik, Kunst, Theater, was auch immer. Nashville, so großartig sie auch ist, fehlt es an diesen Dingen, weil es ein sehr zurückhaltender und konventioneller Ort ist. Aber ich wurde aus einem bestimmten Grund dorthin geführt", sagte Sasha.

„Vielleicht lag es an meinen brodelnden musikalischen Bestrebungen. Ich habe mich etwa zehn Jahre lang mit Musik beschäftigt, aber ohne einen klaren Fokus. Vielleicht lag es daran, dass ich dort den Mann meines Lebens treffen sollte … nicht, dass ich gesucht hätte. Ich war vollkommen zufrieden damit, ein freier Vogel zu sein und mein eigenes Ding zu machen. Aber wie sich herausstellte, traf ich innerhalb weniger Monate, nachdem ich dort lebte, Patrick, einen wunderbaren Jungen aus dem Süden, der jetzt mein Verlobter ist. Er hat sich nicht nur als der Rock meines Lebens herausgestellt, er ist ein talentierter Musiker, der mich inspiriert und mir geholfen hat, ernsthaft meine eigene Musikkarriere zu entwickeln und zu verfolgen. So stellte sich heraus, dass Nashville genau der Ort war, an dem ich sein sollte. Es ist die Stadt, die mich auf eine andere Ebene gebracht hat."

Obwohl sich Nashville als freundlich zu Sasha herausstellte, war dies mit einem Preis verbunden. Die Freundin, an die sie ihre Wohnung in NYC untervermietet hatte, sprang für sie auf und sie fand plötzlich zwei Mietverträge. Da sie es sich nicht leisten konnte, zwei Wohnungen zu bezahlen, und ihr Vermieter in NYC ihr eine weitere Untervermietung nicht erlaubte und ihm vorschlug, die kleine Wohnung zum doppelten Preis zu mieten, entschied Sasha, dass sie es besser in Nashville durchhalten sollte. Die guten Dinge, die ihr in Nashville widerfuhren, linderten schnell die Trauer über den Verlust ihres Wohnsitzes in New York, den sie vierzehn Jahre lang bewohnt hatte. Patrick Lassiter – Bassist von Country-Star Tracy Lawrence – trat in ihr Leben und war der Anstoß, ihre musikalische Seite tiefer zu erforschen. Und schließlich, nachdem er so viele Jahre in Briefmarkenwohnungen gelebt hatte, vervollständigte ein großes Haus am Cumberland River das Paket.

„Der Plattenproduzent Mike Holmes, ebenfalls Motorradfahrer, stellte uns vor. Pat war der angeheuerte Bassist bei der Aufnahmesession für meine Demomusik. Mike engagierte Pat, weil er nicht nur ein außergewöhnlicher Bassist war, sondern auch „albern" beim Motorradfahren. Ich hatte einen Fuß außerhalb von Nashville, weil ich dachte, dass ich nicht zu meiner Stadtfrau passen könnte, und da lernte ich meinen Chrome Charming Patrick kennen. Norden traf auf Süden und wir rasten die Straße der Liebe entlang", sagte Sasha.

Da ihre Karriere als Schriftstellerin fest auf dem richtigen Weg war, tauchte Sasha tiefer in die Gewässer ihres kreativen

Talentpools ein. Während Nashville vielleicht die international befeuerte und progressive Musikszene in New York fehlt, erwies sich dies als der Katalysator, den sie brauchte, um den Musiker in ihr freizusetzen. Das Musikgen, ein Geschenk ihrer Großmutter väterlicherseits, Eva Mullins, die Multiinstrumentalistin und Inhaberin einer Musikakademie war, begann plötzlich um Sashas kreative Aufmerksamkeit zu wetteifern.

Obwohl sie an dem *Chrome Cowgirl*-Buch arbeitete und einen Vollzeitjob als Barkeeperin bei einem Hardcore-Honky-Tonk innehatte, begann Sasha, Songs für ein Debütalbum zu schreiben, von dem sie hofft, dass es im Frühjahr 2010 veröffentlicht wird Songs, die sie für das Album geschrieben oder mitgeschrieben hat, beziehen sich auf den Biker-Lifestyle. Ihre Lieblingsthemen, über die sie schreibt, sind die Straße, Lebensthemen, Romantik und andere Themen, die den Leuten ein gutes Gefühl geben oder ihnen helfen, die Autobahn des Lebens zu bereisen.

Mit Patrick – ihrem leidenschaftlichsten Fan und endlosen Quelle der Ermutigung und Inspiration – und einer Reihe von Musikern aus Nashville und NYC ging Sasha in die Studios in Music City, um mit den Aufnahmen zu beginnen. Zusammen bekannt als Motorodeo MMC (Motormusic Club), sind die Bandmitglieder alle Getriebe, Biker, Kar Kulture Krafter und Straßenzigeuner, die voll und ganz mit Sashas musikalischer Vision mitschwingen. Mit der Veröffentlichung der Singles „Ridelicious" und „2 Wheels Move the Soul" im Jahr 2009 machte Sasha der Musikwelt deutlich, dass sie etwas zu bieten hat. Obwohl sie ein

Genre-Bändiger ist, hat ihre Musik, nicht überraschend, einen ausgeprägten Country-Flair. Sasha beschreibt ihren Sound als das Wiegenlied eines S&S-Motors, ein Ausbrennen der Reifen, das Summen des Asphalts und das Gebrüll von Vance & Hines Pipes trifft auf Rock'n'Roll-Motorrad-Country-Soul mit Ghetto-Flair.

„Es ist wie das Gebrüll der weiten Straße, Waylons und Willies Outlaw-Stil, Linda Perrys raue Kante und perfekte Unvollkommenheit, die Ehrlichkeit und Poesie von Patti Smith, Grace Slicks heulende Autorität und Loretta Lynns lyrisches und musikalisches Miauen. Viele verschiedene Künstler und Musikstile haben mich beeinflusst. Ich habe mich nie auf ein bestimmtes Genre beschränkt. Wenn es um Musik geht, widmen sich viele Leute diesem oder jenem, aber es gibt so viel zu genießen. Es geht nur darum, offen für das zu sein, was man hört, sich anzustrengen und zu graben und zu hören, was der Künstler sagt. Es spielt keine Rolle, welches Etikett es trägt; Musik ist die Sprache des Universums", sagte Sasha.

„Aber im Moment bin ich tief in der Country-Musik-Community von Nashville, weil es für das, was ich gerade tue, am förderlichsten ist. Nashville war ein inspirierender Ort. Ich habe viel Platz zum Leben, viel Platz zum Durchstreifen zu jeder Zeit. Es gibt starke, feine Leute in Nashville, die ein großes Herz haben, enorm talentiert und das Salz der Erde sind, echte, ehrliche, fleißige Leute. Ich schätze die Kultur hier. Die Gentlemen des Südens waren die aufregendsten, die es zu entdecken gab. Es gibt eine Wahrheit im südlichen Gentleman-Stil. Und ich habe mir einen feinen Südstaaten-Genie geschnappt, lass es mich dir sagen."

Während Sasha Nashville als ihr Zuhause betrachtet, bleibt sie die vollendete Straßenzigeunerin, die auf Tigerlily durch die Gegend reist. New York ist natürlich weiterhin eines ihrer wichtigsten Reiseziele; Sie kehrt oft in ihre geliebte Stadt zurück, um ihre frenetische und dynamische Energie wieder aufzunehmen. Wenn es die Zeit erlaubt, fährt sie gerne mit Patrick, der ihre Leidenschaft für Fahrräder teilt, und ein paar engen Freunden, aber im Herzen bleibt sie eine Einzelgängerin. Im Gegensatz zu vielen Frauen, die den Motorrad-Lifestyle übernehmen, ist Sasha nie einem Club nur für Frauen beigetreten. Und obwohl sie einige enge Biker-Freundinnen hat, hat sie sich seit dem ersten Tag zu männlichen Bikern hingezogen, einschließlich der sprichwörtlichen Bad-Boy-Typen, die die Regeln und archaischen Strukturen der Gesellschaft zur Schau stellen.

„Ich hatte zwei liebe Freunde, die Ein-Prozent waren, mit denen ich gerne gefahren bin. Einer von ihnen, Tux, war eine Ikone in der NYC-Motorradwelt und ein ehemaliger großer Club-Patch-Inhaber. Er war wie ein Mentor für mich. Er hat mir viel über das Reiten beigebracht und wie ich für mich selbst einstehen kann und nicht wie Fußmatten, die überall herumlaufen. Ich hatte diese Tendenz, sehr offen und fürsorglich für die Menschen zu sein, und viele von ihnen nutzten meine Freundlichkeit aus. Tux hätte auch leicht meine mitfühlende Natur ausnutzen können, aber er tat es nie. Man hört nur von den Outlaw-Bikern, die ihre Frauen wie Dreck behandeln, nicht von denen, die Respekt zeigen. Ich bin im Herzen immer noch ein Weichling, aber dank Tux habe ich jetzt eine viel dickere Haut", sagte Sasha.

„Tux hat mir auch geholfen, meine Liebe zur Kunst und zur Motorik zu etwas Wesentlichem zu vereinen. Leider starb er 2008 an Leukämie, ein Jahr, das für mich wirklich eine Bewährungsprobe war. Am 5. April, zwei Monate vor dem Tod von Tux, ging meine geliebte Poppi nach Hause in den Himmel. Niemals in einer Million Jahren hätte ich jemals gedacht, wie diese Erfahrung ein Loch in mein Herz sprengen und meine Seele erschüttern würde. Plötzlich, puh, verschwand mein Poppi im Geiste, weil sein zerbrechlicher Körper, wie Tux, an Leukämie litt. Mit Poppis Tod habe ich meine Hochzeitspläne abgesagt, weil die Vorstellung, mich ohne Poppi verkleidet zu haben, der mich zu meinem geliebten Patrick zum Altar tanzen lässt, einfach zerrissen hat."

Weniger als drei Wochen nach dem Tod ihres Vaters verlor Sasha eine weitere enge Freundin, die Wall of Death-Fahrerin Samantha Morgan. Morgan starb an den Folgen der zahlreichen Rückenverletzungen und Knochenbrüche, die sie sich in ihrer langen, illustren Karriere auf der Motodrommauer zugezogen hatte. Dann, im August, wurde Sashas Freund Mark „Papa" Guardado in den Straßen von San Francisco erschossen. Papa, der Präsident des Frisco Angels Chapters gewesen war, war eine ständige Inspiration für ihre Kunst und ihr Reiten. Papa war selbst eine sehr talentierte und kreative Person und schaute regelmäßig vorbei, um zu sehen, wie Sashas Musik und das Schreiben von Büchern liefen.

Neben ihren vom Motorrad inspirierten Schreib- und Musikprojekten ist Sasha auch in den Bann der Film- und Fernsehproduktion geraten. Eines ihrer laufenden Pilotprojekte ist eine Doku-Serie über Motorradfahrerinnen, die „wahnsinnig inspirierend und unbestreitbar im Fernsehen gesehen werden muss". Sie ist auch auf der Suche nach einer Spielfilmdokumentation, die ihrer Meinung nach zu einem Kultklassiker wird. Während sie sich selbst als Neuling betrachtet, die noch viel über das Filmemachen zu lernen hat, hat Sasha in acht Fernsehproduktionen mit Biker-Thema ihre Zähne gebissen. Diese wurden auf dem Travel Channel, Discovery, BBC, The Learning Channel und Outdoor Life ausgestrahlt. Zu Sashas weiteren Filmen zählen Auftritte in zwei nationalen Werbespots für Pepsi-Cola und ein Imagefilm für die Ace Insurance Company. Sie trat auch im Regionaltheater in Westchester County, New York, in Bühnenproduktionen von *Grease* (Rizzo), *The Glass Menagerie* (Laura) und *King Lear* (Cordelia) auf.

Heute verfolgt Sasha weiterhin ihre Träume und erweitert ihren künstlerischen Horizont. Wie ihr verstorbener Vater liebt sie das Zeichnen und Skizzieren. Sie beschäftigt sich auch gerne mit Mixed Media. Ihre Kunst ist so ziemlich alles, was sie auf einer Reise sammeln und dann zusammen mit Acrylfarbe, Kohle, Sharpie usw. auf die Leinwand bringen kann. Nie verlegen um Worte oder das Prägen neuer Phrasen, beschreibt sie ihre bildende Kunst als „Sashart". im Grunde ist alles und alles zu einer „lächerlichen Präsentation" vermischt. Einer ihrer Songs, „Love Ride", wurde vom Love Ride Committee als Fundraiser-Song für ihre Veranstaltung im November 2010 angenommen. Zuletzt wurde sie von Melissa Penland angeheuert, um bei der LoneStar Rally und Easyrider Bike Shows als zu arbeiten ein Produktionsleiter. Wie Sasha sagen würde: "Ist cool!"

Obwohl Sasha im Herzen ein Freigeist ist, steht er sehr auf die Idee von Zuhause und Nistplatz. Wann immer es die Zeit erlaubt, entspannt sie sich mit Patrick und ihren beiden Katzen und Hunden, entwirft und näht ihre eigenen Kleider, bastelt in ihrem Garten herum, veranstaltet Partys und versammelt alle als eine große Familie. Das Brotbrechen mit Freunden und Familie ist eine ihrer liebsten und wertvollsten Aktivitäten. Sie liebt das Kochen, was für Sasha eine andere Kunst- und Ausdrucksform ist. Es geht um die Kunst der Zubereitung, die Kunst des Servierens, die Kunst des Essens und der Unterhaltung, sagte sie. Und jetzt, da sie die Trauer über den Tod ihres Vaters und ihrer Freunde auf ein friedlicheres Plateau getragen hat, haben sie und Patrick ihre Hochzeit auf 2011 verschoben.

„Patrick und mein Vater haben sich hervorragend verstanden und Poppi war begeistert, dass er bald ein neues Familienmitglied haben würde. Patrick, der Gentleman aus dem Süden, der er ist, hat Poppi sogar um meine Hand gebeten. Ich meine, welcher Mann macht das heutzutage? Es ist so romantisch und ritterlich. Poppi war davon ziemlich gerührt. Bevor wir unsere Hochzeit ernsthaft planen konnten, wurde Poppi krank und starb. Wir beide brauchten einige Zeit, um uns mit seinem Tod abzufinden und ihn zu akzeptieren.

Aber das Leben geht für die Lebenden weiter und ich liebe das Leben zu sehr, um es mich in schweren Zeiten runterziehen zu lassen. Dieses kleine Biker-Küken, auch bekannt als Chrome Cowgirl, möchte Menschen inspirieren, an sich selbst zu glauben und weiterhin ihre Herzenswünsche zu leben und ihre Träume auch auf kleinste Weise zu verwirklichen. Denken Sie an St. Therese, die kleine Blume, die den kleinen Weg liebte. Wie der kleine Weg doch so ein großer Weg sein kann", sagte Sasha.

Becky Brown – Eine Frau Im Wind

Wie bei vielen Frauen war Becky Browns Einstieg in den Biker-Lifestyle als Beifahrerin auf einem Motorrad. Begeistert von der berauschenden Erfahrung der Freiheit und dem Gefühl des Windes in ihren Haaren, reizte es sie schnell, die Aussicht von vorne zu sehen und das Fahrrad zu steuern und nicht der Beifahrer zu sein. Mitte der 1970er-Jahre fuhr ein Kollege auf einer Harley 125 SX Dirtbike zur Arbeit und Becky bat ihn, ihr das Fahren beizubringen. Zuerst etwas überrascht von der Bitte, kam er gerne nach und zeigte ihr auf einem Parkplatz eines Einkaufszentrums die Seile. Beckys Selbstvertrauen beim Fahren wuchs schnell nach den ersten Runden auf dem Gelände und auf der Straße. Nicht lange danach kaufte sie ihr erstes Motorrad, eine 1973er Vierzylinder Honda 350.

„Niemand in meiner Familie ist gefahren, also bin ich nicht mit Fahrrädern aufgewachsen. Ich bin mir nicht sicher, warum das Motorradfahren eine Idee war, nach der ich handeln musste, außer dass ich immer ein Wildfang war und das Gefühl hatte, dass die Jungs mehr Spaß hatten als die Mädchen. Ich hatte die üblichen Barbiepuppen und Mädchensachen, aber das langweilte mich einfach. Ich spiele viel lieber Baseball mit den Jungs und klettere auf Bäume und so. In meiner Kindheit habe ich auch Turnierpferde geritten. Pferde zu reiten gab mir ein Gefühl von Freiheit… Motorradfahren fühlte sich wie eine Erweiterung dieses Gefühls an. Aber ich bin nicht das, was man als Hardcore bezeichnen würde. Ich bin nur ein flauschiger Biker. Ich habe alle Zähne, bin nicht tätowiert und fluche nicht wie ein LKW-Fahrer. Wenn ich nicht mit dem Motorrad unterwegs bin, werde ich so viel wie möglich im Garten arbeiten oder reisen. Ich liebe es zu reisen, sei es mit dem Fahrrad, Auto, Bus, Flugzeug, Zug oder Schiff", sagte Becky.

Die Honda erwies sich für Becky als großartiges Einsteigermotorrad und sie verfeinerte ihre Fahrkünste auf der zuverlässigen kleinen Maschine. Kurze Zeit später unternahm sie ihre erste Solofahrt auf einem Harley-Davidson Streetbike und verliebte sich sofort in den großen amerikanischen V-Twin. 1978 verwirklichte sie einen Traum, als sie eine Sportster mit 1000 ccm XLCH-Kickstarter aus dem Jahr 1973 kaufte. Nachdem Becky einmal eine Harley gefahren war, war kein anderes Fahrrad mehr geeignet und sie hat im Laufe der Jahre einige davon besessen. Sie baute ihre Sportster nach und nach in einen Chopper um und fuhr später eine H-D Superglide, dann eine Heritage Softail, und heute besitzt sie eine 2000er Heritage Springer und eine 1998er Fatboy.

Vier Jahre nachdem sie das Fahren gelernt hatte, war Becky eine erfahrene Bikerin mit der Idee, einen kleinen Motorradclub für Frauen zu gründen. Sie hatte eine Zeitlang als Bardame in einer Biker-Bar in Toledo namens Seaport gearbeitet und bewunderte die Brüderlichkeit, die sie in den von Männern dominierten Clubs sah. Sie beschloss, Mitfahrerinnen zu finden, die ihre Liebe zum Motorradlebensstil teilten, und schaltete im Frühjahr 1979 eine Anzeige in ihrer Lokalzeitung. Zu ihrer angenehmen Überraschung erhielt sie begeisterte Antworten von zehn Frauen aus der Region, die bereit und bereit waren, mitzumachen Becky in ihrem vorgeschlagenen Club.

„Da ich keine anderen Fahrerinnen in meiner Gegend kenne, dachte ich, ich hätte Glück gehabt, wenn nur wenige auf meine Anzeige geantwortet haben. Ich dachte, ich wäre die einzige Frau in Toledo, die Fahrrad fährt. Als ich innerhalb von Tagen nach der Schaltung der Anzeige zehn Antworten erhielt, wusste ich, dass ich auf etwas mit Möglichkeiten gestoßen war. Unsere erste offizielle Fahrt war auf den malerischen Straßen entlang des Maumee River. Es war wie im Himmel. Es hat den Fahrspaß für mich auf eine andere Ebene gehoben. Wir hatten alle eine tolle Zeit. Jeder wollte mit dem fortfahren, was wir taten, aber es war sehr informell. Wir hatten keine regelmäßigen Treffen, wir hatten keine Regeln oder Satzungen und dergleichen", erklärte Becky.

„Eigentlich hatten wir zum Zeitpunkt unseres zweiten jährlichen River Run noch keinen Namen für unsere kleine Gruppe. Der Name Women in the Wind entstand in einer spontanen Brainstorming-Sitzung. Es ging ziemlich schnell. Ein lokaler Reporter kam zu unserem zweiten Lauf und fragte während des Interviews: „Wie nenne ich euch Mädchen?" Nun, wir waren irgendwie ratlos, weil wir uns einfach als Haufen Mädchen betrachteten, die zusammen ritten. Es war ein Club ohne Namen, also waren wir in jeder Hinsicht inoffiziell. Wir trafen uns in einem nahegelegenen Denny's Restaurant und überlegten uns beim Mittagessen den Namen. Nachdem wir einige Namen diskutiert hatten, schien es, als ob alle „Women in the Wind" mochten. Von da an waren wir ein „offizieller" Club. Ich hatte keine Ahnung, dass daraus irgendwann eine internationale Organisation mit über tausend Mitgliedern werden würde."

1983 wurde das zweite Chapter von WITW in Chicago von Cris Sommer Simmons und Linda „Jo" Giovannoni gegründet. In den 1980er Jahren entstanden Chapter in Illinois, Indiana, Ohio und Wisconsin. Bis zu seinem dreißigjährigen Bestehen war WITW auf über achtzig Chapter angewachsen – zweiundsiebzig in den Vereinigten Staaten und zehn in Kanada, mit assoziierten Mitgliedern bis nach England und Australien. Heute wird die Mitgliederzahl der Organisation auf fast 1.700 geschätzt.

Becky ist eine geschiedene Mutter mit einer Tochter und zwei Enkeln. Sie ist in der Gegend von Toledo, Ohio, geboren und aufgewachsen, wo sie ihr ganzes Leben verbracht hat. Sie wuchs in einer Familie auf, zu der auch ihr Vater Norm gehörte; Mutter, Patricia; und älterer Bruder Stephen. Ihre Eltern arbeiteten beide Vollzeitjobs. Ihr Vater war in einem Automobilwerk beschäftigt, wo er viele Jahre Gewerkschaftsvorsitzender seines Betriebs war. Ihre Mutter arbeitete als Sekretärin. Beckys Eltern ließen sich scheiden, als sie in der Junior High School war, und um das Trauma zu lindern, verbrachte sie ihre Sommer bei ihren Großeltern mütterlicherseits in der kleinen Stadt Tiffin, Ohio. Dort konnte sie ihre Liebe zu Pferden dank der Freundlichkeit und Großzügigkeit ihrer Großeltern stillen, die ihr im Alter von acht Jahren ein Pony geschenkt hatten. Einige Jahre lang nahmen Großvater und Großmutter Becky und ihr Pony Dicky zu verschiedenen Jahrmärkten und Pferdeshows mit. Sie wuchs schließlich aus dem Pony heraus und wechselte zu Quarter Horses. Sie gewann ihren Preisanteil an Auszeichnungen, darunter die Krönung zur Seneca County Saddle Club Queen.

Wie viele kleine Mädchen, die Tiere lieben, träumte Becky davon, Tierärztin zu werden. Doch eine frühe Heirat und die Geburt ihrer Tochter Nicole im Jahr 1972 brachten sie auf einen anderen Lebensweg. Aufgrund der Umstände, in denen sie sich befand, musste sie auf eine Hochschulausbildung verzichten und fand stattdessen einen Job bei der Textileather Corporation in Toledo. Sie war eine der ersten Frauen, die in der Produktionsabteilung des Werks tätig war, die vinylbeschichtete Stoffe vor allem für die Automobilindustrie herstellte.

Ganz im Sinne ihres ursprünglichen Wildfang-Stils, zu dem auch das Basteln mit Werkzeugen gehörte, bewarb sich Becky und qualifizierte sich für eine Industrieelektriker-Lehre bei Textileather, wo sie bereits seit rund fünfzehn Jahren beschäftigt war. In einem Beruf, der noch immer eine Männerdomäne war, war es für Becky eine Herausforderung, aber auch ein viel besser bezahlter Job als Industrieelektrikerin. Während ihrer Ausbildung, die achttausend Stunden Berufsausbildung und vier Jahre Berufsschule umfasste, konnte sie sich problemlos behaupten. Alles in allem war sie stolze Gesellenführerin und verdiente sich den Respekt ihrer männlichen Kollegen. Aber wie so viele Amerikaner war Becky das Opfer des Wirtschaftsabschwungs von 2008 bis 2009 und der Mutterunternehmen, die sich in anderen Ländern mit billigeren Arbeitsmärkten niederließen. Nach fast 33 Jahren treuer Dienste wurden sie und ihre Kollegen bei der Schließung des Werks im März 2009 ausgesperrt.

„Das war ein echter Schlag. Es ist, als ob Ihre schlimmste Angst Wirklichkeit wird. Sie arbeiten jahrelang an einem Ort und glauben, dass Sie eine Art von Sicherheit haben, und als nächstes wissen Sie, dass Sie auf der Straße sind. Zum Glück habe ich eine Abfindung bekommen, aber es kommt keine Rente. Obwohl ich es in gewisser Weise genossen habe, nach der Arbeit mein ganzes Leben lang Zeit für mich zu haben, muss ich wieder arbeiten, weil es zu lange dauert, bis ich das Rentenalter erreiche. Obwohl ich Industrieelektriker-Geselle bin, habe ich mich entschieden, während der Wirtschaftsflaute wieder zur Schule zu gehen. Ich werde einen zweijährigen Abschluss in Computernetzwerken machen. Da ich meinen Job an ausländische Unternehmen verlor, stellte die Regierung den Leuten, die mit mir im Boot waren, kostenlose Bildung zur Verfügung. Wenn ich wieder arbeiten gehe, habe ich ein weiteres Plus, das ich zukünftigen Arbeitgebern präsentieren kann. In der Zwischenzeit habe ich endlich etwas gemacht, was ich schon immer machen wollte, nämlich eigene T-Shirts mit Engelmotiven zu entwerfen und online unter witw1.com/Angels zu verkaufen", so Becky.

Wie viele Teenagerehen verschlechterte sich Beckys Beziehung fast so schnell, wie sie begann, und sie ließ sich 1978 von ihrem Ehemann scheiden. Sie heiratete 1981 wieder, aber diese Ehe wurde 1995 geschieden. Seitdem hat sie sich mit Männern verabredet, die reiten und andere, die es nicht tun. Für sie ist das kein Thema, aber einige ihrer männlichen Freunde haben sich tatsächlich ein eigenes Fahrrad gekauft, entweder weil sie von Beckys Leidenschaft für das Fahren umgebaut wurden oder die pure Freude am Motorradfahren für sich entdeckt haben.

„Es ist immer schön, einen Partner zu haben, der fährt, und ungefähr die Hälfte der Männer, mit denen ich ausgegangen bin, hatten ein eigenes Fahrrad. Mein erster Mann ist nicht gefahren, aber mein zweiter. Das zeigt also, dass das Paar, das zusammen fährt, nicht unbedingt zusammen bleibt. Ich denke, dass es wichtigere Dinge gibt, als alles gemeinsam zu haben. Wenn ein Mann nicht reiten möchte, erwarte ich nicht, dass er es für mich aufnimmt, aber ich möchte nicht, dass ich aufgeben muss, um eine Beziehung zusammenzuhalten. Ich bin fest davon überzeugt, dass Liebe bedingungslos sein sollte, und wenn das Nichtreiten eine Bedingung für die Liebe eines Menschen ist, dann hat diese Beziehung keine Chance", sagte Becky.

„Motorradfahren ist ein sehr wichtiger Teil meines Lebens und das schon seit zu vielen Jahren, um es einfach aufzugeben. Ich habe viele Freundinnen, die reiten und mit Women in the Wind einen so großen Teil meines sozialen Lebens spielen, sowie eine Plattform sein, um zum Leben anderer beizutragen und der Gemeinschaft durch Wohltätigkeitsläufe und ähnliches etwas zurückzugeben Es ist unfair, aufgefordert zu werden, alles aufzugeben. Es ist wirklich ein Lebensstil und wenn Sie ihn einmal entdeckt haben, ist es keine Option, ihn aufzugeben, es sei denn, es sind gesundheitliche Gründe oder Sie sind zu alt, um in den Sattel zu steigen. Ich hoffe, dass ich bis in meine Siebziger oder Achtziger fahren kann, wenn ich das Glück habe, so lange zu leben."

Seit Becky 1979 WITW gründete, ist die Straße für Motorradfahrerinnen viel glatter geworden. Ihre Zahl ist dramatisch gestiegen, sie haben ihre eigenen Clubs und Publikationen, die Hersteller bauen Fahrräder für kleinere Damenrahmen und die Bekleidungslinien für Motorradfahrerinnen wurden erweitert. Und wenn sie keine Oldtimer-Motorräder besitzen, kann man mit Sicherheit sagen, dass die Motorräder, die sie heute fahren, nicht die sind, die ihre Mütter gefahren sind.

Obwohl Becky seit dem ersten Tag die treibende Kraft hinter Women in the Wind ist, schreibt sie ihr Wachstum der starken Führung zu, die sie im Laufe ihrer Geschichte genossen hat, und dem Engagement der verschiedenen Amtsträger der Chapter. Sie ist immer noch überrascht von dem Erfolg und dem erstaunlichen Wachstum, vor allem wenn man bedenkt, dass es ihre Absicht war, eine Gruppe von Fahrerinnen allein in ihrer eigenen Stadt zusammenzubringen. Ironischerweise hat sie nie das Amt des internationalen Präsidenten innegehabt, da sie nie wollte, dass andere die Organisation als etwas ansehen, das sie aus eigener Eitelkeit gegründet hat. Sie bekleidet jedoch die Position der Internationalen Schatzmeisterin mit allen damit verbundenen Tätigkeiten.

„Als ich den Club gegründet habe, habe ich buchstäblich aus einem Schrank mit einem Stuhl darin herausgearbeitet. Jetzt habe ich eines meiner Schlafzimmer in ein Büro umgewandelt, um die gesamte Logistik zu erledigen. Ich lache und nenne es WITW World Headquarters. Wenn ich die ganze Zeit, die ich bei Women in the Wind habe, mit irgendwelchen Heimangelegenheiten verbracht hätte, wäre ich jetzt wahrscheinlich reich. Aber es ist eine Herzensangelegenheit und die Stärke der Organisation und das Engagement ihrer Mitglieder ist die Belohnung, auf die ich jemals hoffen konnte. Es ist sehr zufriedenstellend. Viele Frauen haben im Laufe der Jahre eine wichtige Rolle beim Wachstum von Women in the Wind gespielt, insbesondere Cris und Jo, die als erste an mich herantraten, um ihr eigenes Kapitel zu gründen. Ich meine, sie hätten einen eigenen Club gründen und ihn nennen können, wie sie wollten, aber sie wollten Women in the Wind sein. Also fand ich das irgendwie ordentlich, es war eine echte Ehre", sagte Becky.

„Als sie ihr Chapter in Chicago eröffnet hatten, dauerte es nicht lange, bis Frauen in Peoria, Illinois, die Führung übernahmen, und dann wurde ein viertes Chapter in Milwaukee gegründet. Nachdem wir drei oder vier Kapitel in Arbeit hatten, traf ich mich mit Cris und Jo, um sie zu fragen, ob sie daran interessiert wären, mir bei der Erstellung eines Newsletters zu helfen, der das Bindeglied zwischen den Kapiteln sein würde. Sie waren sofort an Bord und der Newsletter verband nicht nur die Kapitel, verlieh der gesamten Organisation zusätzliche Gültigkeit, sondern half auch, die Räder für andere Startup-Kapitel zu schmieren. Der Newsletter gelangte in die Hände anderer Fahrerinnen in verschiedenen Teilen des Landes, die dachten: Nun, sie haben es in dieser und jener Stadt gemacht, lass es uns versuchen und ein eigenes Kapitel aufschlagen."

Becky fügt schnell hinzu, dass jedes Kapitel, obwohl es sich um Schwesternschaft und die Liebe zu Motorrädern dreht, auf seine Weise einzigartig ist. Es gibt verschiedene Persönlichkeiten und verschiedene Kombinationen von Mitgliedern. Einige Kapitel haben nur drei Mitglieder – das erforderliche Minimum – und andere sogar fünfundneunzig. Obwohl es eine allgemeine Infrastruktur für Women in the Wind gibt, liegt die Art und Weise, wie jedes Kapitel geleitet wird, bei den Frauen selbst: Einige haben einen Präsidenten; einige haben Co-Direktoren und andere Offiziere. Einige Kapitel haben keine Offiziere und basieren auf der ursprünglichen informellen Struktur, die Becky zu Beginn bevorzugt hatte.

Im Gegensatz zu einigen Clubs ermöglicht Women in the Wind seinen Mitgliedern, anderen Clubs und Organisationen beizutreten, wenn sie dies wünschen. Die WITW-Mitgliedschaft besteht aus Frauen aus allen Gesellschaftsschichten, darunter Polizisten, Immobilienmakler und Fabrikarbeiter; die meisten von ihnen haben Familien und gelten in ihrer Lebensauffassung als relativ konventionell. Auf nationaler Ebene hat die Organisation zwei Treffen im Jahr, eine im Sommer und eine im Winter. Diese finden jedes Jahr in einer anderen Stadt statt. Zweihundertfünfundachtzig Frauen nahmen am Sommertreffen 2009 in Kansas City, Missouri, teil.

„Women in the Wind unterscheidet sich nicht von anderen Frauenorganisationen, außer dass wir gerne Motorrad fahren. Wir haben alles von Babypartys bis hin zu Spendenaktionen. Unsere Chapter sammeln Geld für ihre Lieblingszwecke wie bedürftige Familien oder lokale Unterkünfte. Wir tragen immer zur Susan G. Komen Breast Cancer Research Foundation bei, da diese traditionell die Wohltätigkeitsorganisation von Reiterinnen im ganzen Land ist", sagte Becky.

Als Gründerin einer florierenden internationalen Organisation wurde Becky in dem Dokumentarfilm *She Lives to Ride* der Filmemacherin Alice Stone dargestellt. Anhand von Wochenschau-Aufnahmen und Interviews präsentierte der Film eine positive Sicht auf Bikerinnen, die sich als Kontrapunkt zu der ungenauen und oft schmuddeligen Darstellung vieler Filme herausstellte, die bis dahin gezeigt hatten. Während der Blütezeit der *Geraldo Rivera Show* wurde Becky von einem der Produzenten der Show mit dem Angebot kontaktiert, sie und den Club zu profilieren. Als sie die Kriterien hörte, nach denen sie suchten – was auf das stereotype Hardcore-Biker-Küken mit einer schlechten Einstellung hinauslief – lehnte Becky höflich ab und schlug vor, woanders zu suchen, weil WITW ihnen nicht die Sensation liefern konnte, die sie für ihre Zuschauer wollten.

Becky wurde auch in zahlreichen Zeitschriften- und Zeitungsartikeln sowie in einem Buch über Frauen im Motorradfahren von Ann Ferrar, *Hear Me Roar: Women, Motorcycles and the Rapture of the Road,* vorgestellt. Ihr Status in der Welt der Motorradfahrerinnen führte auch dazu, dass die renommierte Fotografin Annie Leibovitz 1997 nach Toledo reiste, um Becky und einige der Mitglieder des ursprünglichen Chapters mit ihrer Kamera zu verewigen. Becky war nicht nur Gegenstand von Artikeln und Kameraobjektiven anderer Leute, sondern sie selbst hat über den Lebensstil geschrieben und als Fotografin für Motorradmagazine wie *Ironworks, Harley Women* und *Biker Ally* mitgewirkt.

Das Wachstum von Women in the Wind gab Becky 1996 die Möglichkeit, ins Ausland zu reisen, als sie das Chapter in England besuchte und zusammen mit anderen WITW-Fahrern das Land bereiste. Diese Erfahrung veranlasste sie 2004, nach Griechenland zu reisen, wo sie mit Elmec Sport Harley im Athener Vorort Glyfada eine Mitfahrgelegenheit vereinbart hatte. Becky wollte ein Fahrrad, mit dem sie vertraut war und sich beim Fahren wohl fühlte. Dank Dina Branis, einer Griechisch-Amerikanerin, die für HOG für ganz Griechenland verantwortlich war und eine Mitarbeiterin bei Elmec, wurde Becky eine neue Heritage Softail zur Verfügung gestellt. Becky verliebte sich sofort in Land und Leute. Sie hatte keine feste Reiseroute und plante jeden Tag der Fahrt am Vorabend.

Doch in Petra, der größten Stadt westlich von Athen, hat das Schicksal Becky noch nicht einmal zur Hälfte ihrer Reise eingeholt. Sie war von der Schnellstraße abgekommen und bremste gerade für ein paar Bahngleise ab, als ein Fahrer mit Fahrerflucht sie an ihrer linken Seite stieß. Der scheinbar leichte Crash bei niedriger Geschwindigkeit führte jedoch zu einem Beinbruch und innerhalb weniger Tage flog sie nach Hause. Aber anstatt sich von der Erfahrung abschrecken zu lassen, kehrte Becky im folgenden Jahr zurück, um die Reise zu vollenden, die sie begonnen hatte. Diesmal fuhr sie sogar mit Dina und dem Athens HOG Chapter in ein paar verschiedene Städte. Dann, im Jahr 2008, wagte Becky, wieder einen Teil der alten Welt zu sehen, nach Italien, um die Überreste der antiken römischen Zivilisation zu erkunden.

„Nach meinem Besuch in England wusste ich, dass ich wieder nach Übersee gehen wollte, aber ich wollte nicht das europäische Touristen-Ding machen. Ich liebte England, vor allem wegen der Kameradschaft mit anderen Women in the Wind-Fahrern, die mich herumführten. Ich war noch nie zuvor in Europa gewesen, daher klang es wirklich aufregend, so weit weg von zu Hause zu reisen und es alleine zu machen. Ich wollte schon immer die alte Welt sehen und Griechenland hat mich fasziniert. Viele meiner Freunde dachten, ich wäre verrückt, alleine dorthin zu gehen, aber all die Gründe, aus denen sie sagten, ich sollte nicht gehen, haben mich dazu gebracht, noch mehr dorthin zu gehen ", sagte Becky.

„Leider hat mein kleiner Unfall meinem ersten Besuch einen Dämpfer verpasst. Aber es war mein erster Sturz und ich zähle meinen Segen, dass ich nicht schlimmer verletzt wurde. Natürlich, als ich mit einem Gipsbein nach Hause kam, sagten die Neinsager nur: „Siehst du, ich habe es dir gesagt." Aber ich fahre seit 28 Jahren und wusste immer, dass diese Dinge passieren können und sie überall passieren können . Es hätte genauso gut auf der Straße passieren können, in der ich wohne. Manchmal reicht Erfahrung einfach nicht. Als ich allen erzählte, dass ich zurückgehen würde, um meine Reise zu beenden, dachten sie wirklich, ich hätte sie verloren. Aber Griechenland war einfach der schönste Ort. Meiner bescheidenen Meinung nach ist es ein Paradies für Biker und ich würde es jedem empfehlen, der ein tolles Bike-Land außerhalb der USA sucht."

Beckys Beitrag zur Welt der Motorräder ist von ihren Kollegen nicht unbemerkt geblieben. Sie ist eine von nur zwei Frauen – die andere ist Cris Sommer Simmons –, die in alle drei großen US-amerikanischen Motorrad-Ruhmeshallen aufgenommen wurden. Die erste Aufnahme erfolgte in Anamosa, Iowa, in das National Motorcycle Museum; dann die AMA Hall of Fame in Pickerington, Ohio; und schließlich die Sturgis Hall of Fame. Ironischerweise gelang es Becky auf ihrem Weg nach Sturgis, um an der Einführungszeremonie im August 2009 teilzunehmen, ihr erstes Ticket wegen Geschwindigkeitsübertretung auf ihrem Fahrrad zu sammeln. Zu ihrer Verteidigung bemerkte sie, dass sie in einer Gruppe fuhr, die von einem Polizeihubschrauber markiert wurde. Unter anderen Ehrungen, die Becky zuerkannt wurden, war die Einladung, gemeinsam mit Country-Star Wynonna Judd beim 100-jährigen Jubiläum von Harley-Davidson 2003 die Women's Parade zu leiten.

Heute ist Becky damit beschäftigt, sich neu zu erfinden, nachdem sie ein Leben lang in einer Fabrik gearbeitet hat. Neben ihrer Rückkehr zur Schule, um Computernetzwerke zu studieren, hofft sie, ihre Karriere als Autorin und Fotografin über den Biker-Lifestyle voranzutreiben. Ihre Berichte und Bilder von ihren Reisen in Griechenland, die im *Biker Ally Magazine* veröffentlicht wurden, fanden großen Anklang. Da sie eine begeisterte Reisende und Bikerin ist, sind die Möglichkeiten endlos. Und da ist ihr neues Unternehmen, das T-Shirts entwirft. Unabhängig davon, was sie sich vorgenommen hat, Becky Brown ist eine Leistungsträgerin … ihre Erfolgsbilanz spricht für sich.

Und wie alle Großmütter liebt Becky ihre beiden Enkel, den elfjährigen TJ (Terry Jr.) und den achtjährigen Tyler. Beide Jungs lieben Omas Motorräder und obwohl ihre Tochter nicht fährt, sieht es so aus, als würden ihre Enkel in ihre Reifenspuren folgen. Der junge TJ erhielt im Alter von nur zwei Jahren ein elektrisches Harley-Nachbildungsmotorrad für Kinder, und seitdem sagt er, dass er es kaum erwarten kann, alt genug für den echten Deal zu werden. Er denkt sogar, der einzige Grund, warum seine Oma den Fatboy nicht in der Garage verkauft hat, ist, dass sie ihn für ihn aufhebt!

Betsy Huelskamp – Es Ist Alles In Der Herausforderung

Für Betsy Huelskamp, die in Minneapolis, Minnesota, geboren wurde, dreht sich das Leben um Fitness, Fotografie, Motojournalismus, Kunsthandwerk und ihren Harley-Chopper. Betsy ist im Herzen eine Abenteurerin, von Beruf zertifizierte Personal Trainerin und ein multidimensionaler Freigeist, der sich gerne selbst herausfordert. Ihr unerschöpfliches Streben nach Freiheit, Stärke und Unabhängigkeit führte sie zum Bergsteigen im Himalaya, zum Tauchen in allen Weltmeeren, zum Skifahren in den Alpen, zu Trekking in den Anden, auf Safari in ganz Afrika und auf der Suche nach Nirvana in Tibet, Indien, China und Vietnam. Und mit einem schwarzen Gürtel in Kung Fu San Su kann sie überall hinreisen und weiß, dass sie auf sich selbst aufpassen kann. Als Motorradfahrerin wurde Betsy, die mehr als 5000 Meilen pro Jahr zurücklegt, in Discovery Channels Motorcycle Women, National Geographics Hell on Wheels und TLCs Faking It vorgestellt, wo sie dreißig Tage Zeit hatte, um eine Bibliothekarin in ein Biker-Küken zu verwandeln.

In jüngerer Zeit war sie das einzige weibliche Mitglied eines Teams von zehn Kletterern in der Extremabenteuerserie *Everest: Beyond the Limit* von Discovery Channel. Sie erreichte 25.000 Fuß (7.620 Meter), obwohl sie nur begrenzte Erfahrung im Klettern im Himalaya hatte. Diese Fernsehauftritte haben Betsy viel Aufmerksamkeit verschafft, was gut für ihr Geschäftsprofil als

Personal Trainerin und was auch immer sie sonst tut, war. Aber für Betsy geht es beim Leben bis ans Limit mehr um persönliches Wachstum, Selbstfindung und den Nervenkitzel des Augenblicks. Betsy lebt im Hier und Jetzt. Sie ist immer auf der Suche nach neuen Wegen, sich ständig selbst herauszufordern und das Leben voll und ganz zu erleben.

„Ich versuche nicht, das böseste Biker-Girl auf dem Block zu sein. Ich versuche nicht, etwas zu sein oder jemand anderem als mir selbst etwas zu beweisen. Ich tue die Dinge, die ich tue, weil ich gerne an meine persönlichen Grenzen gehe. Ich lebe jeden Tag, als wäre es mein letzter Tag auf Erden. Ich probiere gerne Neues aus, aber eines werde ich nie müde, mein Motorrad zu fahren. Wenn ich durch die Canyons fahre, lehne ich mich gerne so weit, dass ich das Pflaster riechen kann. Und vielleicht wird eine meiner verrückten Aktivitäten mein letzter Tag auf Erden sein. Aber ich habe keine Angst zu leben oder zu lieben. Was ich fürchte, sind Langeweile und unerfüllte Träume. Wenn ich Frauen oder Männer dazu inspirieren könnte, etwas zu tun, wäre es, ihre Träume nicht schlafen zu lassen“, sagte Betsy.

Betsy breitet gerne ihre Flügel aus und fliegt und ist ständig unterwegs – es geht um Mobilität und um herauszufinden, was hinter der nächsten Kurve und der nächsten und der nächsten liegt. Sie mag nichts, was sie einschränkt: wie vier Wände, Sicherheitsgurte, BHs oder Helme. Betsy hat die überwiegende Mehrheit ihrer fast fünfzig Jahre mit Laufen, Radfahren, Klettern, Tauchen, Skaten und Fliegen verbracht, um Verpflichtungen,

Beschränkungen, Regeln, Vorschriften und Autoritäten zu entfliehen. Sie ist die Erste, die anerkennt, dass ihr unbeschwerter Lebensstil und ihr Leben als letzter Tag ihren Preis haben: Sie hat keinen Ehemann, keine Kinder, keine Ersparnisse und keine Altersvorsorge. Das soll nicht heißen, dass Betsy nicht ihren Lebensunterhalt verdient. Kein Treuhandfonds oder bequeme Erbschaft für diese Dame, auf die sie sich verlassen kann. Um zwischen ihren Reisen über die Runden zu kommen, arbeitet Betsy als freiberufliche Fotografin, Autorin und Personal Trainerin. Aber was auch immer sie zu einem bestimmten Zeitpunkt in Angriff nimmt, sie tut es mit Stil und Überzeugung.

„Ich muss zugeben, dass es in meinem Leben mehr um Abenteuer und Reisen geht als um alles andere. Ich habe mir nicht viel Zeit genommen, um langsamer zu werden. Ich habe einen sehr neugierigen Geist. Ich habe nicht entschieden, ob das ein Segen oder ein Fluch ist, aber ich weiß, dass es mich für immer auf der Suche nach Wissen, Vernunft und Antworten hält. Ich bin eine Frau, die viele schlechte Entscheidungen und Fehler gemacht hat. Du wirst auf keine andere Weise stark, unabhängig oder furchtlos. Ich bin stark, weil ich keine Angst habe zu scheitern. Ich habe keine Angst zu versagen, weil ich Vertrauen habe. Ich glaube an Gott, dass er mich dorthin bringt, wo er mich will, auch wenn ich es nicht verstehe oder es besonders mag", sagte Betsy.

„Jeder, der mich schon einmal reiten gesehen hat, weiß, dass ich das Leben gerne am Rande lebe. Wenn Sie nicht am Rand leben, fehlt Ihnen die Aussicht. Jede Art von Reisen interessiert mich.

Jeder Ort, an dem ich noch nie war, ist ein Rätsel. Jede Person, die ich noch nicht getroffen habe, hat eine Geschichte und jede Reise eine Lektion. Jeden Tag lerne ich mehr darüber, wie wenig ich wirklich weiß. Es gibt viele Dinge, die wir in diesem Leben nicht kontrollieren können. Aber eine Sache, die wir absolut kontrollieren können, ist, was wir mit unserem eigenen Körper, Geist und Seele tun. Darauf hat sonst niemand Einfluss. Es ist das eine Geschenk, das uns niemand nehmen kann...die Entscheidungsfreiheit. Sie müssen Ihre eigenen gesündesten und besten Entscheidungen treffen."

Als Kind wollte Betsy, die Pferde liebt, Jockey werden, aber sie ist diesem Ziel sowohl im wörtlichen als auch im übertragenen Sinne entwachsen. Ihre Tierliebe brachte sie dazu, Tierärztin zu werden, bis sie ihren ersten Frosch in der allgemeinen Biologie zerlegen musste. Damals wechselte sie ihr Hauptfach auf Fotografie. Betsy ist Absolventin der Bildenden Künste an der University of Minnesota in Duluth und hat von prominenten Bikern bis hin zu tibetischen Lamas und von hoch aufragenden Bergen bis hin zu Wüstenebenen Fotos von allen gemacht.

Betsys erster richtiger Job war als Fotograf für Gannett Outdoor, der werbebezogene Bilder drehte. Außerdem arbeitete sie zehn Jahre lang als Mitglied einer Skipatrouille am Mount High in den San Gabriel Mountains in Kalifornien und als Freiwillige im Marine Mammal Center in Laguna Beach. Sie erweiterte bald ihren Horizont als freiberufliche Fotografin, die alles von Hochzeiten über Wildtiere bis hin zum farbenfrohen Biker-Lifestyle fotografierte, als sie selbst immer mehr in diesen eintauchte. Mit einem Gespür für das Schreiben begann sie eine journalistische Karriere, um ihren Fotojournalismus zu erweitern. Ihre Artikel und Fotos zum Thema Biker wurden in *Easy Riders, V-Twin, In the Wind* und *Iron Horse* veröffentlicht, um nur einige zu nennen. Neben der monatlichen Kolumne „Backroads with Betsy" für www.womenridersnow.com schreibt sie derzeit unter dem Namen „Bikernet Betsy" für www.bikernet.com.

Als Personal Trainerin – ein Beruf, den sie seit über zwanzig Jahren ausübt – ist Betsy in ihrer Wahlheimat Los Angeles sehr gefragt und spezialisiert auf Ernährung, Isometrie, Krafttraining und Herz-Kreislauf-Training. Sie entwirft Programme exklusiv für jeden Kunden, damit er oder sie optimalen Gewichtsverlust, fettfreie Masse, Erhaltung und Leistung erreicht. Menschen dabei zu helfen, ihre Ziele durch Fitness und Ernährung zu erreichen, gibt Betsy ein Gefühl der Zufriedenheit, da es sie inspiriert, die Kraft zu finden, dem zu folgen, was in ihrem Herzen ist.

Betsy wuchs in Brooklyn Park, einem Vorort von Minneapolis, als ältestes von vier Kindern auf, darunter ihre Schwester Kathy und die Brüder Joe und Jon. Ihre Mutter Tommy, eine Krankenschwester, blieb zu Hause, um ihre Familie zu ernähren, arbeitete aber schließlich als Verwalterin von mehreren Dutzend Alterseinrichtungen. Ihr Vater, Frank, war ein olympischer Teilnehmer im Ringen und ein Leichtathletikdirektor und -trainer an der High School. Er hat Betsy die Liebe zu Sport und Fitness eingeflößt, seit sie laufen und laufen konnte. Bis heute besteht er darauf, dass sie immer noch in der Lage sein sollte, in nur sechs Minuten eine Meile zu laufen.

„Mein Vater war ein sehr wettbewerbsfähiger Mann und da ich sein Ältester war, war ich sein erster Schützling. Ich war ein sehr sportliches Kind und fing mit fünf Jahren an, organisierten Sport zu treiben. Ich war auch Cheerleaderin und Studentin. Alles in allem würde ich sagen, dass ich eine ziemlich typische, durchschnittliche amerikanische Mittelklasse-Erziehung hatte. Ich hatte eine glückliche Kindheit und meine Eltern haben mich immer unterstützt und ermutigt, meinen Träumen zu folgen. Ich hatte das große Glück, absolute bedingungslose Liebe für und von jedem meiner Familienmitglieder zu haben und zu fühlen“, sagte Betsy.

„Meine Eltern haben uns nie beigebracht, dass Geld so wichtig ist. Es war mehr die Qualität Ihres Lebens und die Liebe zu dem, was Sie tun, das ist wichtig. Geld war etwas, das man brauchte, um weiterzukommen und sich seine Träume zu erfüllen. Und in dieser Hinsicht hatte ich Glück und habe mir viele meiner Träume erfüllt. Und natürlich habe ich viel Geld dafür ausgegeben. Auf die Prioritäten kommt es an. Als ich im Kindergarten war, schrieb die Lehrerin auf mein Zeugnis, dass ich den ganzen Tag nur träumerisch aus dem Fenster geblickt habe. Ich war vom ersten Tag an ein Träumer. Ich wollte den Wald außerhalb dieses Fensters erkunden, nicht drinnen bleiben und der Lektion des Tages lauschen!“

Betsys Eltern trennten sich, als sie das College besuchte. Obwohl die Scheidung ihr das Herz gebrochen hat, war sie davon weniger betroffen als ihre Geschwister, da sie nicht mehr wie sie zu

Hause lebte. „Letztendlich wollte ich meine Eltern nur glücklich sehen, mit oder ohne einander. Ich habe eine liebevolle Beziehung zu meiner Mutter und meinem Vater gepflegt und bin sehr eng mit meiner Schwester und meinen Brüdern verbunden. Meine Mutter ist sogar nach Kalifornien gezogen, was sie mir noch näher gebracht hat", bemerkte sie.

Betsy, die katholisch erzogen wurde, war schon immer von Religion und dem Bild von Jesus Christus und Maria Magdalena fasziniert. Ihr Zuhause ist voller Rosenkränze, Statuen und Bilder, die religiöse Themen darstellen. Sie glaubt, dass Christus, wenn er in unserer Zeit gelebt hätte, leicht ein Motorradfahrer hätte werden können, weil die Regierung ihn als Rebell betrachtete; religiöse Beamte hielten ihn für einen Bilderstürmer und mochten ihn nicht; seine Freunde waren wenige, und welche Freunde er ihm verweigert hatte. Er hing mit anerkannten Sündern herum und wurde schließlich von Heuchlern verfolgt und für schuldig befunden. Und mit den langen Haaren und dem Bart würde er sicherlich gut aussehen, wenn er mit seinem Chopper jede Nebenstraße hinuntergeht!

Obwohl sie Christin ist, ist sie offen für die Glaubenssysteme anderer Menschen und hat viel über buddhistische, hinduistische und andere nichtchristliche Religionen gelernt. Nicht nur bequem zu Hause, sondern auch auf ihren Reisen in Indien, Nepal, Tibet und an anderen exotischen Orten. Betsy nähert sich ihrem Glauben weniger dogmatisch als philosophisch. Diejenigen, die nicht praktizieren, was sie predigen, oder diejenigen, die denken, dass ihre Denkweise der richtige und einzige Weg ist, verwirren sie.

„Für jeden, der so selbstgerecht ist, der glaubt, Gott näher zu sein, weil er weniger sündigt, würde ich nur sagen, dass ich keinem Mann oder einer Frau auf unserer Erde Rechenschaft ablegen muss. Keiner von uns hat ein Leben ohne Sünde gehabt. Wir sind alle Sünder, und wir sind alle auf unseren eigenen Reisen. Von Anfang bis Ende durchlaufen wir alle einen Prozess von Gut und Böse. Wir beginnen spirituell nicht alle am selben Ort, also haben wir vielleicht nicht alle die gleiche Ziellinie zu überqueren. Sünde in anderen Menschen zu erkennen ist so viel einfacher, als sie in uns selbst zu sehen, nicht wahr? Aber wir alle kämpfen damit bis zu dem Tag, an dem wir hier abreisen. Das Beste, was wir tun können, ist, jeden Tag, den wir bekommen, ein besserer Mensch zu sein. Was „besser" für mich oder „besser" für jeden ist, liegt wirklich nur zwischen dieser Person und Gott. Ich kann nicht anders, als zu glauben, dass wir alle eine Welt und einen Schöpfer teilen. Wie auch immer Sie es nennen möchten", fügte Betsy hinzu.

Obwohl Betsy seit ihrer Kindheit in der weiten Landschaft von Minnesota Dirtbikes, ATVs und Schneemobile fuhr, wurde sie erst nach ihrem Abschluss an der UMD in den Biker-Lifestyle eingeführt. Ihre Mitbewohnerin und beste Freundin Mary Tomczak, die sie in ihrem Jugendjahr in der Kunstabteilung kennengelernt hatte, kaufte einige Jahre nach ihrem Abschluss eine Honda 400. Betsy war noch nicht einmal an einem Fahrrad interessiert und fuhr mit Mary als Beifahrerin. Später, als Betsy Marys Original-Honda kaufte, fuhren sie fast 25 Jahre lang Kumpel, bis Marys tragischer Tod im Juli 2009 geschah.

Direkt nach ihrem College-Abschluss verbrachten die beiden ungewöhnlichen Kumpels – die Punkrockerin Mary und die Hippie-Küken Betsy – jedoch zwei Jahre lang das Land, bevor Betsy sich in Santa Cruz, Kalifornien, niederließ und Mary an der Küste in San Francisco Pfähle niederlegte. Sie hatten ein letztes Studentendarlehen in Höhe von 2.500 US-Dollar aufgenommen und beschlossen, sich auf den Weg zu machen, ohne einen anderen Plan zu haben, als Minnesota so lange wie möglich fernzuhalten. Ähnlich wie Thelma und Louise bettelten, liehen sie sich und stahlen sich in Betsys kastanienbraunem Mercury Zephyr mit ihrem Samojeden-Husky Ryan durch den Westen, der den ganzen Weg mit einer Schrotflinte ritt.

Sie fuhren im Zickzack durch alle Bundesstaaten westlich des Mississippi, aßen frische Produkte, während sie durch die Märkte gingen, schlichen sich in Obstgärten, um sich mit Obst zu verschlingen, und tranken zu Happy Hours, die ein kostenloses Buffet boten, jede Menge Diet Cokes. Es war ein Abenteuer, das so frech und lächerlich war, dass sie einen Pakt schlossen, die Details nie mit anderen zu besprechen. Aber die beiden wurden nicht müde, sich an diese Tage zu erinnern und es verband sie ein Leben lang wie Schwestern

Mitte der 1980er Jahre durchlebte Mary eine gescheiterte Ehe und hielt einen Flohmarkt ab, um genug Geld zu sammeln, um wieder in Gang zu kommen. Betsy, die zu diesem Zeitpunkt nach

Los Angeles gezogen war, nahm an dem Flohmarkt mit Geld in der Hand teil, um für die Sache ihrer Freundin zu spenden. Fünfhundert Dollar später besaß sie die Honda 400, die Mary bei ihrer Ankunft in San Francisco gekauft hatte und auf der die beiden viele unbeschwerte Stunden damit verbracht hatten, durch die Stadt zu rasen, als gäbe es kein Morgen.

„Mary könnte wie eine Fledermaus aus der Hölle reiten. Sie war eine natürliche Person, die ein Motorrad dazu bringen konnte, das zu tun, was die meisten Menschen nicht einmal zu denken wagten. Ich war immer beeindruckt von ihrer furchtlosen Denkweise. San Francisco ist ein ziemlich schwieriger Ort zum Fahren; mit seinen steilen Straßen und dem dichten Verkehr ist es eine echte Herausforderung. Bis heute habe ich noch nie eine andere Person so reiten sehen, wie sie es könnte. Mary hatte keinerlei sportliche Fähigkeiten, aber aus irgendeinem Grund setzte sie sie auf ein Motorrad und sie zerriss es einfach. Sie fuhr im Moment die Höllenglocke und konnte sich ein Fahrrad lehnen, bis sie parallel zum Bürgersteig stand", sagte Betsy.

„Mary war die beste Mentorin, die ich mir jemals hätte wünschen können, aber es war schon eine Herausforderung, mit ihr Schritt zu halten. Ich bin, wer ich bin, wegen ihr. Ich reite wie ich reite aufgrund ihres schönen Wahnsinns. Als ich die Honda von ihr kaufte, sagte sie: „Es ist ganz einfach … eins runter, drei rauf. Hier ist deine Kupplung, hier ist deine Bremse." Ich fuhr direkt aus dem Parkplatz, den Block hinunter und zu den Malibu Hills und schließlich nach Sturgis. Dieser Moment, in dem ich auf der kleinen

Honda davongefahren bin, hat mein Leben verändert. Maria hat mein Leben verändert. Ihr Tod hat ein riesiges Loch in meinem Herzen hinterlassen. Die Leere, die sie in meinem Leben hinterlässt, kennt keine Grenzen."

Es dauerte nicht lange, bis Mary ein weiteres Motorrad kaufte – ein größeres Motorrad – und mit Betsy auf der Honda 400 würden sie durch die Malibu Hills und die Straßen von Los Angeles fliegen, wohin Mary auch gezogen war. Schließlich kaufte Mary Betsys zweites Motorrad, eine Honda Shadow 1100, das Motorrad, das Mary bis zum Ende hatte. Betsy fährt seit über einem Jahrzehnt ein Motorrad, das 1991 als Harley Softail begann; heute ist das einzige original erhaltene Teil der 1340 Evolution-Motor. Betsy hat jedes Teil des Fahrrads von Grund auf verändert; alle kosmetischen Arbeiten hat sie selbst gemacht. Sie änderte den ursprünglichen Rahmen in einen Paucho-Rahmen, harkte ihn, harkte ihn erneut und harkte ihn dann erneut. Sie entfernte die Sonderlackierung und rostete sie mit Morton-Salz und Wasser ein. Der Rest der glänzenden Teile wurde mit professioneller Pulverbeschichtung und teilweise BBQ-Flat-Black-Sprühlack aus dem 99-Cent-Laden gedämpft. Die Affenbügel und die Kaktus-Sissy-Bar begleiten sie seit den Honda-Tagen, und Le Pera spannte das Hirschleder über ihren Sitz. Den Rest des Leders entwarf sie selbst mit einem Holzofen und Lederfarbe.

„Die Entwicklung meines Fahrrads hat die Entwicklung meines Lebens widergespiegelt. Es ist ein Projekt ohne Ende. Das Fahrrad scheint ein Eigenleben zu führen, fast wie ein lebendiges, atmendes Pferd im Stall. Motorradfahren ist eines der Dinge, die ich tue, um meinen Kopf freizubekommen und gesund zu bleiben. Ich gehe einen langen, einsamen Weg und es ist meine Zeit, mit Gott zu sprechen. Unabhängig von Ihrem Glauben ist es unmöglich, durch Amerika zu reiten und sich nicht mit Gott, dem Großen Geist, Mutter Natur und dem Buddha zu verbinden. Wie auch immer Sie es nennen wollen, er oder sie, etwas oder jemand hat unser Land geschaffen, das Land der Freien und die Heimat der Tapferen. Und Biker stehen mehr als jede andere Gruppe von Menschen, die ich kenne, für diese Freiheit", bemerkte Betsy.

„So sehr ich es liebe, mit anderen zu fahren, ich bin genauso glücklich, alleine zu fahren. Ich war schon immer ein wenig außer Kontrolle, aber eine Sache, die mich von dem Bild unterscheidet, das viele Leute von "Bikerfrauen" haben, ist, dass ich nicht trinke, ich rauche nicht und ich tue es nicht Drogen, und ich habe nie. Ich bin ein Gesundheitsfreak und schätze Fitness über alles. Die Leute sehen mich als dieses wilde Kind und denken, ich muss die ganze Nacht durch die Sparren schwingen, nur weil ich allein mit einer großen, alten, zerhackten Harley quer durchs Land fahre. Die Wahrheit ist, dass ich normalerweise um neun im Bett bin. Ich brauche einen guten Schlaf. An meinen freien Tagen gärtnere ich, spiele Klavier und mache Kunsthandwerk der amerikanischen Ureinwohner."

Eines der beliebtesten Reiseziele von Betsys ist die jährliche Sturgis Motorcycle Rally, die sie seit fünfundzwanzig Jahren nicht verpasst hat. Ob allein oder in der Gruppe, Sturgis ist der Ort, an dem sie während der Rallye-Woche gerne mit alten Freunden und Bekannten zusammenkommt. Sie kehrt nach der Kundgebung immer wieder nach Minnesota zurück, um sich mit ihrer ganzen Familie zu treffen. Dann nimmt sie ihren Papa mit auf einen Roadtrip im Pickup, obwohl er sich nicht scheut, auf Betsys Fahrrad zu fahren. Eine ihrer üblichen Stationen ist die Pferderanch ihres jüngeren Bruders Joe in Lander, Wyoming, wo er als stellvertretender Sheriff arbeitet. Unterwegs nimmt Betsy ihren Vater gerne mit, um viele der Orte zu besuchen, die sie mit dem Fahrrad entdeckt hat, insbesondere in den Black Hills, wo die Naturschutzgebiete für sie immer eine große Attraktion waren.

„Ich habe so ziemlich jede Straße zwischen der Westküste und dem Mississippi gesehen. Oft allein war mein Motorrad eine große Quelle der Einsamkeit für mich. Ich bin unzählige Male Cross-Country gefahren, um Familie und Freunde zu besuchen und an verschiedenen Rallyes teilzunehmen. Sturgis ist genauso eine Lebenseinstellung wie das Bewässern des Gartens. Es ist einfach etwas, was ich tue. Ich habe die meiste Zeit meiner Jahre damit verbracht, die Welt zu bereisen und habe daher weder einen Ehemann noch irgendeine Art von Normalität für eine Frau in meinem Alter gefunden. Aber ich denke, dafür ist noch Zeit, oder? Ich war mit Oscar-prämierten Produzenten, Chirurgen und so ziemlich allem dazwischen zusammen, einschließlich Mitgliedern der Hells Angels und Mongols. Als ich anfing zu reiten, haben mich diese Männer fasziniert, weil sie als Ein-Prozent das Leben am Rande auf eine ganz andere Ebene heben. Aber dann kam das Jahr der Schießerei bei Harrah's [in Laughlin, Nevada, 2002] zwischen den beiden rivalisierenden Klubs", sagte Betsy.

„Ich war zufällig bei Harrah's, wo sich zufällig die Mongolen aufhielten. Die Schießerei ging gegen halb zwei Uhr morgens nieder. Ich war gerade in mein Zimmer gestiegen und saß in einem Aufzug mit drei Mongolen, die freundliche und lustige Typen waren. Als der Morgen kam, erfuhr ich, dass das Hotel gesperrt war und dass mehrere Biker auf dem Casinoboden gestorben waren. Niemand konnte an diesem Tag das Casino bis Mittag verlassen oder erst zwei Tage später auf seine Fahrräder zugreifen. Ich glaube, ich wusste schon immer, dass böse Jungs manchmal böse Dinge tun, aber ich war noch nie einer so gewalttätigen Konfrontation so nahe gewesen. Der Anblick des abgeklebten blutigen Bodens und der Einschusslöcher war gelinde gesagt ein Augenöffner. Dennoch schätze ich die respektvollen Freundschaften, die ich mit diesen Männern habe, und bin von keinem von ihnen auch nur im Entferntesten misshandelt worden."

Obwohl Betsy keine unmittelbaren Pläne hat, langsamer zu werden, und ihr Leben weiterhin so leben wird, wie sie es seit ihrer ersten Fahrt mit der Honda 400, die sie von Mary gekauft hat, gelebt hat, erkennt sie, dass unweigerlich einige Veränderungen auf sie zukommen werden. Sie hat begonnen, darüber nachzudenken, was sie mit sich selbst anfangen soll, während sie langsam auf ihre älteren Jahre zusteuert. Und zweifellos wird sie irgendwann auf der Straße auf einen Seelenverwandten stoßen, der die Liebe ihres

Lebens ersetzen wird – einen Mann, der nur zu kurz auf der Erde war.

„Ich habe viele Arten von Beziehungen erlebt, aber ich habe mich nur einmal wirklich verliebt, in eine erstaunliche Seele der amerikanischen Ureinwohner, die ich in Sturgis kennengelernt habe. Er war der einzige Mann im Umkreis von zweihundert Meilen, der nicht auf einer Harley saß. Er ist auf einem bemalten Pony angeritten und hat mein Herz gestohlen. Die ersten Worte aus meinem Mund waren „Willst du mich heiraten?“ Er antwortete: „Ja, ja, das werde ich.“ Er starb im Alter von 46 Jahren an einem Herzinfarkt und nahm mein Herz so ziemlich mit sich. Ich war drei Jahre nach seinem Tod mit niemandem zusammen, aber das Leben geht weiter für die Lebenden. Ich habe immer noch die Hoffnung, dass ein anderer Mann kommt, der mich dazu bringt, seine Hand zu nehmen, um zusammen alt zu werden“, sagte Betsy.

„Aber im Moment setze ich meine Reise wie immer fort. Eine der größten Herausforderungen, denen ich im Laufe meiner Reife gegenüberstehe, besteht darin, zu lernen, wie ich die vielen verschiedenen Aspekte meines Lebens frisch und aufregend halten kann. Ich bin ein Mensch, der ständig nach neuen Ideen und Erfahrungen hungert. Aber ich bin ein solches Gewohnheitstier, dass ich oft feststellen muss, dass ein Bereich meines Lebens stagniert oder in einem Trott stecken bleibt, wenn ich nicht bewusst bemühe, bestimmte Bereiche meiner Existenz wiederzubeleben. Dann ist es an der Zeit, auf den Teller zu treten und Veränderungen anzunehmen. Und der beste Weg, den ich kenne, um nachzudenken, neue Energie zu tanken, zu reflektieren und umzuleiten, ist auf einer einsamen Nebenstraße auf zwei Rädern. Nur ich und mein Fahrrad. Auf der Suche nach Abenteuer und was auch immer auf mich zukommt. Geboren um Wild zu sein!"

Gina Woods – Lass Die Ätherwellen Fließen

Gina Woods redet gerne. Und sie redet viel. Aber von den Lippen dieses gebürtigen Chicagoers fließt kein müßiger Klatsch. Gina, die gesellig, skurril, lebenslustig und charismatisch ist, ist Co-Schöpferin und Co-Produzentin von Open Road Radio (ORR), der ersten und erfolgreichsten Talk-Radio-Show, die sich ausschließlich auf die Geschichte, Leidenschaft und Entwicklung konzentriert und Kultur des Motorradfahrens. ORR, die Idee von Gina, debütierte am 2. Januar 1997 und läuft seitdem stark. Im Laufe der Jahre hat es eine Wagenladung von Auszeichnungen von führenden Wohltätigkeitsorganisationen und anderen Organisationen erhalten, darunter Toys for Tots/Marine Corps, Pediatric Brain Tumor Foundation, Muscular Dystrophy Association, March of Dimes, American Cancer Society und den prestigeträchtigen MVP Award des American Motorcyclist Verband (AMA).

„Ich könnte mir keinen besseren Job wünschen. Ich rede gerne mit Leuten und liebe das Motorradfahren. Es war schon immer mein Traum, eine Karriere im Rundfunk zu machen, aber ich hätte mir nie träumen lassen, dass meine Leidenschaft für Fahrräder in die Gleichung einfließen würde. Die erste Radiosendung, die ich je moderierte, war eine Country-and-Western-Sendung bei US 99 in Chicago. Vielleicht war es also gar nicht so weit, von Musik zu spielen, die eine Gemeinsamkeit mit Pferden hat, zu ihrem modernen Äquivalent. Ich bin gesegnet, meinen Enthusiasmus, meine Leidenschaft und mein Wissen über die Motorradwelt, das ich im Laufe der Jahre durch die Organisation von ORR gelernt habe, weitergeben zu können. Das einzige, was mir mehr Spaß macht als Open Road Radio, ist, den Wind in meinen Haaren zu haben, wenn ich mit meiner 48er Harley den Highway hinunterfahre", sagte Gina.

Die sehr beliebte einstündige Show wird im Sports Byline USA Radio Network ausgestrahlt und wird demnächst am Samstagmorgen von 10:00 bis 11:00 Uhr auf XM Satellite Radio übertragen. PST. Das Programm wird auch weltweit über die Website www.openroadradio.com gestreamt. Die Segmente umfassen Informationen und Tipps zu Reisezielen, neuen Produkten, Motorradwartung, Gesetzgebung, Versicherungen, Rallyes und Wohltätigkeitsveranstaltungen. ORR berichtet auch über aktuelle branchenbezogene Nachrichten von AMA, Motorcycle Industry Council und ABATE, einer Organisation, die sich für Motorradrechte einsetzt.

Und da sind die allseits beliebten Gewinnspiele und die unvermeidlichen Interviews mit prominenten Gästen aus der Motorradwelt. Unter denen, mit denen Gina Scherze ausgetauscht hat, sind Jay Leno, Peter Fonda, Willie G. Davidson, Biker Billy, Brancombe Richmond, Sandra Bernhard, Lorenzo Lamas, Evel und Robbie Knievel, Jeremy McGrath, Ricky Carmichael, Ben Bostrom, Nicky Hayden , Angelle Savoie und die gesamte Crew von Sons of Anarchy. Darüber hinaus hat ORR eine bedeutende Präsenz bei den wichtigsten Motorradveranstaltungen in Amerika aufgebaut, darunter Live-Übertragungen von der Sturgis Motorcycle Rally, der

Laconia Rally, der Daytona Bike Week, der kalifornischen Love Ride und der AMA Women in Motorcycling Conference.

Nach ihrem Aufenthalt bei US 99 arbeitete Gina als Programmingenieurin für Chicagos WVVX, einen ethnischen Sender, der verschiedene fremdsprachige Talkshows ausstrahlte, die neue Einwanderer und eingebürgerte Bürger ansprachen, die gerne Radiosendungen in ihrer Muttersprache hörten. Ginas Aufgabe war es, diese Programme zu entwickeln, die von der Hauswirtschaft bis hin zu Gesundheits- und Wellnessthemen reichten. Dieser Job führte schließlich dazu, dass sie ihre eigene englischsprachige Public-Affairs-Show moderierte; Es war nur eine Frage der Zeit, bis die Idee entstand, eine Motorrad-Lifestyle-Talk-Radiosendung zu machen.

Kurz nachdem sie mit der Public-Affairs-Show begonnen hatte, wurde Gina der Motorradjournalistin Kris TigerLady vorgestellt. Als Gina die Motorrad-Lifestyle-Show erwähnte, die sie im Sinn hatte, gefiel Kris die Idee und sie schlug vor, sich zusammenzuschließen, um zu sehen, was sie entwickeln könnten. Die neuen Freunde begannen bald, einen Kurs auszuarbeiten, um die Show Wirklichkeit werden zu lassen. Zu diesem Zweck kontaktierten sie zahlreiche Motorradclubs im Raum Chicago. Ausgestattet mit Umfragekarten, um die Köpfe der Clubmitglieder auszulesen, sprachen die beiden bei verschiedenen Treffen mit rund 2.500 Motorradfahrern. Gina und Kris erhielten viel begeistertes Feedback und als Gina sich an ihren Programmdirektor wandte, um die Show zu präsentieren, fragte er, ob sie bereit sein könnte, Anfang des neuen Jahres auf Sendung zu gehen. Es waren nur noch zwei Wochen!

„Es war wirklich eine Frage des perfekten Timings. Es kam ein freier Platz und die Station musste ihn füllen. Die kurze Deadline für den Start der Show war etwas entmutigend und nervenaufreibend, aber Kris und ich hatten ziemlich gut im Griff, was wir machen wollten. Wir hatten wirklich unsere Hausaufgaben gemacht, einschließlich Marktumfragen, und alles deutete darauf hin, dass wir auf dem richtigen Weg waren. Ich war überzeugt, dass die Show ein Erfolg werden würde. Der geplante Starttermin war der zweite Januar, mein Geburtstag. Obwohl es wirklich mühsam war, bis zu diesem Zeitpunkt fertig zu sein, gab es mir einen zusätzlichen Anreiz, unsere Frist einzuhalten. Wir gingen gerade noch rechtzeitig auf Sendung und es war ein vielversprechender Anfang. Ganz zu schweigen von einem tollen Geburtstagsgeschenk, falls es jemals eines gab“, sagte Gina.

Die von Gina und Kris entwickelte Formel für ORR hatte alle Zutaten für einen Gewinner. Die Gastgeber, Gäste und Zuhörer interagieren durch lebhafte Diskussionen über Themen rund um den Motorrad-Lifestyle; alles Interessante für den durchschnittlichen Jane und Joe sowie für wohlhabende New-Age-Motorradfahrer. Durch Live-Einwahlen ist ORR spontan, unvorhersehbar und unterhaltsam. Und indem es Motorradenthusiasten und die begleitende Motorradindustrie anspricht, zieht es Werbeveranstaltungsplaner, Hersteller, Branchenführer, Fachpublikationen und Messevermarkter an. Folglich hat sich ORR als erfolgreicher Weg für Unternehmen und Unternehmen erwiesen, ihre Produkte und Dienstleistungen zu bewerben. Obwohl Kris bald wieder ihren eigenen Interessen im Verlagsbereich nachging, stellte Gina ein Team von Motorrad-Stars zusammen, deren kombinierte Biker-Lifestyle-Erfahrung mehr als 175 Jahre umfasst.

Seit der Einführung von ORR hat sich Gina zu einer angesehenen Botschafterin der überaus karitativen Motorradkultur entwickelt. Durch ORR haben sie und ihre Kollegen Linda „Jo" Giovannoni, Dozer, Ideal Dave, Chris „Wildman" Callen, Wade Ramsey vom *Iron Works Magazine* und „Panhead" Bobby Grand dabei geholfen, Hunderttausende von Dollar für viele sinnvolle Zwecke zu sammeln. Allein die Pediatric Brain Tumor Foundation hat von der Initiative des ORR mit 237.000 US-Dollar profitiert. In den ersten fünf Jahren, in denen das Programm ausgestrahlt wurde, nahm Gina persönlich an unzähligen Treffen und Spendenaktionen teil, um so vielen Wohltätigkeitsorganisationen wie möglich zu helfen.

Heute macht sie aufgrund ihres engen Zeitplans nicht mehr alle Runden, sondern besucht ausgewählte Veranstaltungen als Keynote Speaker. Und ORR bietet verschiedenen Wohltätigkeitsorganisationen weiterhin kostenlose Sendezeit an, um ihre Funktionen durch kommerzielle Ankündigungen und Interviews zu bewerben. Gina betrachtet diesen Service nicht nur als integralen Bestandteil ihrer Radiosendung, sondern auch als Ehre und Freude, sich daran zu beteiligen, ganz im Sinne des Geists, der

Gemeinschaft etwas zurückzugeben, ein Markenzeichen vieler Motorradfahrer.

„Ich kenne keine andere Gruppe von Menschen, die so gemeinnützig ist wie Motorradfahrer. Eigentlich kann ich mir keinen schöneren Weg vorstellen, um Geld zu sammeln. Wir reiten gerne und wenn es einen Benefizlauf gibt, wollen wir dabei sein. Dazu wollen wir beitragen. Wir tun nicht nur das, was wir am besten lieben, sondern der Spaßfaktor, der damit einhergeht, schlägt sich in wertvolle Dollar nieder. Motorradfahren und Spenden für wohltätige Zwecke gehören zusammen wie Pfirsiche und Sahne“, bemerkte Gina.

Als beliebte Radiopersönlichkeit wurde Gina eingeladen, bei wichtigen Branchenveranstaltungen wie der AMA's Women's Conference, verschiedenen Harley-Davidson Garage Parties und der Biker Betterment Conference zu sprechen, um nur einige zu nennen. Sie hat sogar als Grand Marshal für eine antike Fahrradparade in Daytona für die Bike Week und das Chopper Fest of Michigan gedient.

Gina wuchs als mittleres Kind von drei Töchtern im Chicagoer Vorort Elmhurst, Illinois, auf. Ihr Vater Greg verdiente seinen Lebensunterhalt als Lkw-Fahrer, während ihre Mutter Kathy zu Hause blieb, um die Kinder großzuziehen. Als Gina und ihre ältere Schwester Laura und ihre jüngere Schwester Tiffany im Teenageralter waren, arbeitete Mama für den legendären Rennfahrer und Designer Andy Granatelli. Sie war in der Marketingabteilung des millionenschweren Rennimperiums von Granatelli sowie als Streckenassistentin vor Ort beschäftigt.

Es überrascht nicht, dass Gina der Wildfang der Familie war und alles tat, was ihre Schwestern dachten, wäre ausschließlich die Domäne von Jungen. Und während Laura und Tiffany einem traditionellen Beruf in der Buchhaltung nachgingen, lernte Gina Gitarre spielen und entschied sich für eine kreativere Karriere im Rundfunk. Sie besuchte die High School in Wheaton, zwölf Meilen westlich von Elmhurst, wo sie zu ihren Klassenkameraden die Belushi-Brüder John und Jim zählte. Als sie siebzehn Jahre alt war, packte sie ein paar ihrer Habseligkeiten – einschließlich ihrer Gitarre und Cowboystiefel – und machte sich auf der Suche nach Abenteuern auf den Weg. Begleitet wurde sie von ihrer besten Freundin Dee Dee. Ihr Fortbewegungsmittel: Trampen. Ihr Ziel: Texas. Dee Dee hatte Verwandte, die in Houston lebten, und die beiden Teenager wollten ein paar Monate im Lone Star State rumhängen. Für Gina wurden aus diesen wenigen Monaten acht Jahre. Von Houston aus trieben Gina und Dee Dee nach Austin, der Hauptstadt und dem Kulturzentrum des Staates. Gina liebte Austin so sehr, dass sie beschloss, sich dort niederzulassen und die High School zu beenden. Um ihren Lebensunterhalt zu bestreiten, hatte sie verschiedene Teilzeit- und Vollzeitjobs inne, was sie auch während ihres Studiums an der University of Texas, wo sie Kommunikationswissenschaften studierte, fortsetzte.

„Austin war ein lustiger, angesagter Ort. Eines Abends durfte ich sogar mit Jimmy Vaughan feiern. Das war, bevor er und

Stevie Ray berühmt wurden. Und jede Woche gab es ein kostenloses Konzert am Fluss, wo ich viele großartige Bands sah, darunter die Fabulous Thunderbirds, Stevie Ray und Willie Nelson. Viele der aufstrebenden Stars aus dieser Zeit kamen heraus und spielten. Ich habe auch eine Weile in einem Biergarten gearbeitet, in dem Live-Musik gespielt wurde, und ich habe meine Gitarre immer griffbereit. Ich konnte mit ein paar Musikern jammen, die zu größeren und besseren Dingen übergingen. Aber Spaß beiseite, für mich war es meistens ununterbrochenes Arbeiten. Meine Eltern haben meine Studiengebühren bezahlt, aber ich musste mich um den Rest kümmern", erklärte Gina.

„Rückblickend weiß ich nicht, wie ich das alles geschafft habe. Ich habe zwei Jobs gemacht, einen direkt nach der Schule und dann an einem anderen Ort eine Friedhofsschicht. Ich ging total erschöpft nach Hause, schlief ein paar Stunden und schleppte mich dann aus dem Bett, um meinen Unterricht zu besuchen. Außerdem habe ich beim Campusradio KUT gearbeitet, das war mein Einstieg in den Rundfunk. Nach zwei Jahren an der Texas University wechselte ich zum Columbia College in Chicago, wo ich meinen Abschluss in Kommunikationswissenschaften machte. Zu diesem Zeitpunkt hatte ich geheiratet und meine Tochter Jade-Davita zur Welt gebracht."

Nachdem ihre erste Ehe 1988 geschieden wurde, genoss Gina das Singleleben wieder, bis sie den Mann traf und sich in ihn verliebte, der ihren Sohn Jake zeugen würde. Während Jake, der vierzehn Jahre jünger ist als seine Schwester, es seiner Mutter nachjagt und Motorräder liebt, hat sich Jade-Davita noch nicht ganz mit der Idee, Biker zu sein, vertraut gemacht. Tatsächlich fand sie es peinlich, als Mama sie nach der Schule mit ihrem Motorrad abholte. Jade-Davitas Freunde fanden es jedoch super cool, dass sie eine in Leder gekleidete, Motorrad fahrende Mutter hatte. Jake hingegen liebt es, auf Ginas Harley zu sitzen und in ihrem Beiwagen zu fahren. Er fährt auch sein eigenes 80cc-Minibike und freut sich auf den Tag, an dem er auf einer großen Harley über die Autobahn brausen kann.

„Wenn es um Fahrräder geht, stehen meine Kinder am entgegengesetzten Ende des Spektrums. Ich habe keine Idee warum. Im Gegensatz zu mir war Jade-Davita nicht der Wildfang-Typ und reist lieber im Komfort eines Autos. Es wäre schön, wenn wir beide zusammen fahren könnten, klar, aber ich habe nie versucht, sie auf den Motorrad-Lifestyle umzustellen. Wenn sie sich jemals dazu entschließt, Rad zu fahren, wird sie dies zu ihren eigenen Bedingungen tun und selbst sehen, warum ihre Mutter so in den Biker-Lifestyle eingetaucht ist. Aber ich bin überhaupt nicht überrascht, dass Jake Fahrräder mag. Ich denke, die meisten Jungen, die in eine Motorradfahrerfamilie hineingeboren werden, nehmen es selbst auf. Einen motorradbegeisterten Sohn zu haben, der erst elf Jahre alt ist, ist für mich einfach das Größte. Er hilft mir, in meiner Lebenseinstellung jung zu bleiben. Ich freue mich auf den Tag, an dem wir zusammen reiten können. Wer weiß, vielleicht möchte Jade-Davita am Familienspaß teilhaben und nicht außen vor gelassen werden", sagte Gina.

Gina wurde zum ersten Mal von Motorrädern süchtig, als sie zehn Jahre alt war. Einer ihrer Onkel besaß eine Ironhead Sportster und sie bedrängte ihre Eltern, sie auf seinem Fahrrad mitnehmen zu lassen. Mama hielt das für keine gute Idee, aber schließlich, als Gina zwölf wurde, durfte sie diesen Antrittsritt machen. Gina war total süchtig nach dieser Erfahrung und ging so oft sie konnte mit ihrem Onkel aus; Sie wusste, dass sie eines Tages ein eigenes Fahrrad besitzen und fahren würde.

„Mit meinem Onkel zu fahren war einfach das Coolste. Ich liebte das Dröhnen des Motors, den Geruch des Auspuffs und die Nähe und die Berührung mit allem. Es machte das Autofahren nur noch langweiliger. Es war total berauschend. Ich würde jedem, der mir zuhören wollte, erzählen, dass ich mir eine Harley zulegen würde, wenn ich groß bin, was für ein junges Mädchen damals ein ziemlich seltsamer Wunsch war. Meine Familie und meine Freunde lächelten nur und dachten, es sei nur eine vorübergehende Vorstellung, aus der ich herauswachsen würde. Aber sie hätten es besser wissen müssen. Ich war sehr stur und entschlossen. Sobald ich mir etwas in den Kopf gesetzt hatte, würde ich es früher oder später versuchen und es verwirklichen. Ich habe mich heute nicht viel verändert“, sagte Gina.

Später, in Texas, fand Gina neue Freunde, die sich für den Biker-Lifestyle interessierten und nur zu gerne auf ihrem Motorrad unterwegs waren. Wie viele Mädchen im Teenageralter fühlte sie sich zu „Bad Boys“ auf großen Rädern hingezogen. Sie mochte nichts lieber, als mit ihnen abzuhängen und mit ihnen in und um

Austin herumzufahren. Obwohl sie nicht viel Freizeit hatte, musste sie an den Wochenenden nicht arbeiten und ging zu Threadgill's, einem berühmten Austin-Trink- und Esslokal, in dem Janis Joplin sich die Zähne schnitt, bevor sie mit Big Brother Ruhm und Reichtum fand und die Holdinggesellschaft. Threadgill's war ein beliebtes Ziel für Biker und ein Magnet für die Mitglieder des örtlichen Bandidos Motorcycle Club. In diesem Umfeld fühlte sich Gina in ihrem Element und ihr Engagement für ein eigenes Fahrrad wurde nur noch intensiver. 1989 hatte sie endlich genug Geld zusammengekratzt, um eine 69er Sportster zu kaufen. 1991 ersetzte sie dieses Motorrad durch eine 48er Harley-Davidson Panhead.

„Aufgrund von ORR und meiner Beteiligung an der Branche kann ich andere Marken fahren, sei es zur Bewertung oder was auch immer. Es ist ein bisschen wie ein Kind in einem Süßwarenladen. Ich liebe Motorräder aller Art einfach. Jede Marke und jedes Modell hat etwas zu bieten. Alle heutigen Marken profitieren von der gleichen modernen Technologie. Jeder wählt den Fahrradtyp, der ihm am meisten zusagt und seinen Zweck am besten erfüllt. Das respektiere ich total. Aber ich bin im Herzen ein Harley-Mädchen und war es schon immer. Harley ist Amerikanerin. Es steht ganz oben auf der Skala. Es hat eine lange und faszinierende Geschichte. Es hat eine gewisse Mystik, die keine andere Marke für sich beanspruchen kann. Und es ist gleichbedeutend mit dem Biker-Lifestyle. Ich denke, das ist der Grund, warum viele Harley-Fahrer glauben, dass Sie nicht der Richtige sind, wenn Sie keine Harley fahren. Ich teile diese Meinung nicht besonders, weil wir alle im

Wesentlichen aus den gleichen Gründen Motorrad fahren und die damit verbundene Kameradschaft über Marken hinausgehen sollte", erklärte Gina.

„Wenn mir jemand ein Motorrad anbietet, das keine Harley ist, fahre ich es gerne, ohne mich als Verräter oder so zu fühlen. Aber wenn die Bedingung für den Erhalt einer anderen Marke ist, dass ich meine Harley abgeben muss, können sie behalten, was sie mir geben wollen. Ich liebe meinen 48er Panhead total. Ich reite sie seit über zwanzig Jahren. Sie ist wie eine vertrauenswürdige Freundin, eine Erweiterung von mir. Wenn ich einen besonders stressigen oder problematischen Tag habe, kann ich eine meiner Freundinnen anrufen und darüber sprechen, aber am Ende des Gesprächs bin ich immer noch im gleichen Kopfraum. Wenn ich auf meinem Panhead fahre, scheinen sich alle meine Frustrationen aufzulösen. Und wenn ich nach Hause komme, habe ich eine viel bessere Kopffreiheit. Ich fühle mich befreit und verjüngt, bereit, wieder ins Getümmel zu springen."

Als sachkundige Motorradfahrerin und Radiopersönlichkeit weiß Gina, dass sie in der Lage ist, die Meinungen der Menschen zu beeinflussen, und das nimmt sie nicht auf die leichte Schulter. Sie ist eine engagierte Verfechterin der Rechte von Motorradfahrern und fördert diese Agenda in ORR sowie in Gesprächen mit Gruppen oder Organisationen. Sie ist der festen Überzeugung, dass es im besten Interesse aller Biker ist, sich über neue Gesetzesvorschläge zu informieren, die sie negativ oder positiv beeinflussen könnten. Sie stellt fest, dass die Gesetzgebung die Möglichkeit hat, sich an die Leute heranzuschleichen und sie zu ergreifen, wenn sie es am wenigsten erwarten, aber dann ist es zu spät. Es ist einfacher zu versuchen, vorgeschlagene kontraproduktive Rechtsvorschriften zu stoppen, als zu versuchen, sie zu ändern oder aufzuheben, sobald sie in Kraft sind. Gina fordert alle Biker, die es mit ihrem Lebensstil ernst meinen, auf, informiert zu bleiben und etwas zu bewegen, indem sie einer nationalen oder lokalen Motorradrechtsgruppe beitreten oder diese zumindest unterstützen.

Gina hält es für eine gute Idee, eine Art Motorrad-Sicherheitskurs zu besuchen und zu lernen, was man bei Motorradunfällen tun und nicht tun darf. Um zu praktizieren, was sie predigt, belegte sie Ende der 90er Jahre den Kurs Unfallszenenmanagement bei ihrer guten Freundin Vicki Roberts Sanfelipo. 2007 besuchte sie den Kurs erneut, nachdem sie zwei Blocks von ihrem Haus entfernt gestürzt war, um einer Katze auszuweichen, die vor ihr auf die Straße gerast war. Beim zweiten Besuch der ASM ging Gina noch einen Schritt weiter und ergänzte den Kurs mit EMS, um selbst Instruktorin zu werden. In einer Werbekampagne für die Sicherheit im Jahr 2008 stellte Allstate die Mittel für Gina zur Verfügung, um den Kurs durchzuführen. Es zog mehr als 250 Biker an, die daran interessiert waren, ihre Fahrtechnik zu verbessern.

Gina ist eine wandelnde Enzyklopädie für Motorrad-Trivia, Geschichte und Wissen über die aktuelle Szene und arbeitete mehrere Jahre in der Branche bei Illinois Harley-Davidson. Sie hielt es für eine großartige praktische Erfahrung, ihr Hintergrundwissen über das Geschäft zu erweitern und viele der Menschen hinter den Kulissen zu treffen, die das Rückgrat der Motorradwelt sind. Ihre Hauptaufgabe war die Koordination von Veranstaltungen wie Modenschauen für Motorradbekleidung sowie das Betreiben von Ausstellungsständen auf Messen.

In den letzten Jahren war eines von Ginas Lieblingsprojekten das XX Chromes All Woman Bike Build von Gina Woods. Es ist eine weitere ihrer Innovationen, Fundraising mit Motorradfahren zu einem unterhaltsamen Paket für Jung und Alt, Biker und Nichtbiker zu verbinden. Wie der Name vermuten lässt, trifft sich an verschiedenen Orten ein Team von Frauen, um ein Motorrad zu bauen, das bisher allesamt Harleys waren. Dabei fördern sie Frauen im Motorradsport, die Industrie im Allgemeinen und sammeln Geld für wohltätige Zwecke. Als Teamleiterin leitet Gina eine Gruppe von verschiedenen prominenten Baumeisterinnen durch den Bau eines Motorrads, quasi von Grund auf neu. Unter denen, die mit Gina auf der Bühne standen – Schraubenschlüssel in der Hand und Fett unter den Fingernägeln – sind Laura Klock, Sara Liberte, Jessi Combs, Kim Jordan und Tami Walker, die alle über den erforderlichen technischen Hintergrund verfügen.

Seit seiner Einführung im August 2006 anlässlich des jährlichen Fat Fests von Open Road Radio im Fatman Inn, einer Biker-/Sportbar in Gurnee, Illinois, hat der All Woman Bike Build Zehntausende von Menschen an Veranstaltungsorten wie der Midwest Cycle Mania in seinen Bann gezogen Motorradausstellung in Green Bay, Wisconsin; IMS in Chicago, um ein Fahrrad für

Mooseheart zu bauen; Daytona International Speedway/Bike Week zur Teilnahme am Allstate Chop-Off; und Harley-Davidsons 105. Geburtstag bei Hals Harley-Davidson in Wisconsin. Zu den Wohltätigkeitsorganisationen, die von XX Chromes All Woman Bike Builds profitiert haben, gehören die Breast Cancer Research Foundation und Mooseheart Child City & School, eine weitläufige Gemeinde außerhalb von Chicago, die seit 1913 vernachlässigte und verwaiste Kinder beherbergt und unterrichtet.

„Ich koordiniere seit einigen Jahren Events bei Fatman's und wollte mehr Männer anziehen. Eigentlich ein Kinderspiel, wenn man die Anziehungskraft der Geschlechter bedenkt. Ich wusste, dass, wenn ich Frauen auf die Bühne stelle, mehr Männer herauskommen würden. Aber ich wollte nicht das übliche käsige nasse T-Shirt oder Miss Leather machen. Ich wollte nicht, dass ein Haufen gutaussehender, halbnackter Frauen die Aufmerksamkeit von den Motorrädern ablenken, ich wollte anständig gekleidete, gutaussehende Frauen, die die Aufmerksamkeit auf die Motorräder lenken. Ich wollte etwas Würdevolles tun, um Frauen in einer Umgebung zu präsentieren, die keine Stereotypen unterstützt, und dies führte zum XX Chromes – All Woman Bike Build. Ich rief einige Freunde und Bekannte an, die sich mit Motorrädern auskannten, erzählte ihnen, was ich vorhatte, und sie waren von der Idee begeistert“, sagte Gina.

„Es war ursprünglich als einmaliger Deal gedacht. Aber die Botschaft, die wir projizierten, als wir auf der Bühne standen, war größer, als ich es je für möglich gehalten hätte. Und es hat sich einfach zu diesem wunderbaren Ding entwickelt. Etwa sechstausendfünfhundert Menschen nahmen über einen Zeitraum von drei Tagen an der Fatman-Veranstaltung teil, während wir uns losreissen. Frauen, Jungs und Kinder kamen auf uns zu und machten Kommentare wie „Vielen Dank", „Danke, dass Sie uns das gezeigt haben", „Das ist großartig", „Das ist ermutigend" und noch wichtiger: „Das hätte ich nie gedacht Frauen könnten so etwas tun." Also dachte ich, hmm, da könnte etwas dran sein. Ich habe es auf eine andere Ebene gehoben, indem ich Unternehmen eingebunden habe, die nach einer Marketingmöglichkeit suchen, und die Fahrräder, die wir gebaut haben, an eine Wohltätigkeitsorganisation gespendet habe, um sie zu verkaufen oder zu verlosen."

Im Jahr 2008 wurde Gina gebeten, dem Buell Sister Racing Team beizutreten, um einen neuen Geschwindigkeitsrekord auf den Bonneville Salt Flats aufzustellen. Als begeisterter Motorradrennsportfan nutzte Gina die Gelegenheit, das Gaspedal zu drehen und Vollgas zu geben, ohne sich um Polizeiradar, unvorhersehbare Straßenbedingungen und die allgegenwärtigen Autos sorgen zu müssen. Sie gibt gerne zu, dass sie es mag, schnell zu fahren, wenn die Bedingungen ein bisschen Geschwindigkeit bieten, und sie sagt, dass die Veranstaltung eines der unglaublichsten Dinge war, die sie je gemacht hat – zumindest auf einem Motorrad! Obwohl sie fünfzehn Meilen pro Stunde unter dem Klassenrekord lag, bemerkte sie, dass sie die Auszeichnung hatte, die letzte Fahrerin zu sein, die ihren Mut auf den Ebenen testete.

Obwohl sie ein Borderline-Workaholic ist – eine Tendenz, die sie seit ihrer Jugend hat – sorgt Gina immer dafür, dass ihr Sohn und ihre Tochter Zeit haben. Während der relativ kurzen Radsaison in der Windy City fährt sie so oft sie kann und liebt es, in ihrem Garten herumzutoben. Als vollendete Biker-Frau, die sie ist, wälzt Gina immer wieder neue Ideen, die das Motorradfahren fördern – nicht nur für Frauen, sondern auch für Männer, für wohltätige Zwecke und für alles, was sich am Horizont bewegt die Motorrad-Community. Und natürlich landet alles bei Open Road Radio. Lassen Sie die Äther fließen!

Laura Klock – Leben Auf Der Überholspur

Laura Klock ist Ehefrau, Mutter, Geschäftsinhaberin und Bikerin – die richtig schnelle Sorte. Auch legal! Geboren in einer bürgerlichen Familie in Wisconsin, ist Laura die Art von Frau, die keine Angst davor hat, neue Dinge im Leben auszuprobieren und Herausforderungen direkt zu meistern. Als sie weit über 30 war, den gefährlichen Sport des Landspeed-Rennens auf Motorrädern aufzunehmen, ist nur eine der vielen Herausforderungen, die Laura angenommen und gezähmt hat. Keine Kleinigkeit in einer Sportart, die meist mit Männern und hohem Risiko in Verbindung gebracht wird. Obwohl Frauen im Motorradrennsport viele Wege erobert haben, ist er in jeder Hinsicht immer noch eine Bastion der Männlichkeit. Frauen werden in dieser Macho-Welt nicht immer mit offenen Armen willkommen geheißen, insbesondere auf Profi-Ebene. Diese Einstellung hat Laura jedoch wenig davon abgehalten, zu den berühmten Bonneville Salt Flats zu fahren, um das zu tun, was sie am liebsten tut – Motorrad mit Höchstgeschwindigkeit zu fahren!

Im September 2006 machten sich Laura und ihr baldiger Verlobter Brian Klock auf den Weg nach Bonneville, Utah, um ihr maßgefertigtes Tourenrad auf Herz und Nieren zu testen: teils aus Interesse, um zu sehen, wie schnell das Motorrad fahren kann, und teils um ihr Geschäft zu fördern, Klock Werks Kustom Cycles, die die Maschine gebaut hatten. Am Ende hatte Laura in ihren ersten beiden Durchgängen einen neuen nationalen AMA-Geschwindigkeitsrekord aufgestellt, der dem Motorrad den Titel „World's Fastest Bagger" einbrachte. Diese Hommage setzte das sprichwörtliche i-Tüpfelchen, da ihre Bagger-Rakete bereits im selben Jahr eine Ehre für den *Biker Build Off* von Discovery Channel gewonnen hatte. Um ein großartiges Jahr noch unvergesslicher zu machen, machte Brian Laura nach der Veranstaltung beim Bonneville Awards Banquet einen Heiratsantrag.

Beflügelt von ihrem Erfolg pilotierte Laura das gleiche Motorrad 2007 zu einem nationalen SCTA-Geschwindigkeitsrekord von 146.297 mph (235.442 km/h). In nur zwei Jahren hatte sie sich einen Namen als eine verdammt schnelle Dame gemacht; H-D-Bagger – kaum als Raketen gedacht – in ein anderes Licht rücken; hat dazu beigetragen, Klock Werks Kustom Cycles auf ein höheres Profil und ein höheres Betriebsniveau zu bringen; und nicht zuletzt inspirierte sie Frauen – einschließlich ihrer beiden Töchter im Teenageralter – dazu, sich ähnlichen Herausforderungen zu stellen. Motorradrennen mögen eine Männerwelt sein, aber jede Frau, die dieser Aufgabe gewachsen ist, kann einen Anspruch auf diese Welt erheben, sei es zur Hölle oder zum Hochwasser. Ein Punkt, den Laura zweifelsfrei bewiesen hat.

Für die Uneingeweihten werden Motorrad-Landgeschwindigkeitsrennen auf Bonnevilles 159 Quadratmeilen (412 Quadratkilometern) Salzseen auf einer geraden, präparierten Strecke von 8 km Länge und Breite ausgetragen. Es gibt zu jeder Zeit nur einen Konkurrenten auf der Strecke, der im Wesentlichen gegen die Uhr fährt. Nachdem er die grüne Flagge erhalten hat, verlässt er oder sie die Startlinie und bringt das Fahrrad durch die Gänge und auf Fahrt. Wenn sie den Anfang der Zwei-Meilen-Markierung erreichen, sollten sie idealerweise mit Höchstgeschwindigkeit laufen. Diese Geschwindigkeit muss zwischen "Meile zwei" und "Meile drei" konstant gehalten werden, die als "gemessene Meile" bekannt ist, die kritische Strecke, bei der der Teilnehmer von den Beamten der Sanktionsbehörde gemessen wird. Nach der dritten Meile drosselt der Rennfahrer wieder und hat die verbleibenden zwei Meilen, um das Motorrad zum Stehen zu bringen. War der Lauf schnell genug, folgt ein Rücklauf in die entgegengesetzte Richtung. Nach Beendigung des zweiten Durchlaufs wird die Geschwindigkeit der beiden Durchläufe gemittelt. Wenn diese Geschwindigkeit den bestehenden Rekord übertrifft, wird ein neuer Rekord aufgestellt, bis die technische Inspektion des Motorrads und die Zertifizierung durch die Sanktionsbehörde, die den Rekord überwacht, abgeschlossen ist.

„Meine Erfahrung in der Disziplin des Landspeed-Rennsports ist, dass es viel mehr um Kameradschaft und das Bestreben geht, das Beste aus seinem Motorrad herauszuholen, als um große Egos. Wenn es um Geschwindigkeitsrekorde geht, sind die Maschinen wirklich die Stars. In vielen Fällen sind sie etwas Schönes und einfach nur Ehrfurcht einflößend. Und die Fahrer und Teams werden ziemlich kreativ bei der Suche nach nur einer Meile pro Stunde mehr. Es ist erstaunlich zu sehen. Das Aufstellen von Geschwindigkeitsrekorden ist eine echte Teamleistung. Alle, auch die Konkurrenz, sind so entgegenkommend, weil sie wollen, dass du gut abschneidest. Die Leute scheinen wirklich daran interessiert zu sein, was du fährst und was du tust, um es schneller zu machen. Ich liebe den Geist der Leute auf den Salinen ", sagte Laura.

Frauen wie Laura Klock, die 2008 vom *Cycle Source Magazine* zur Motorradfrau des Jahres gekürt wurde, sind der Traum eines jeden Motorradvermarkters: feminin, temperamentvoll, selbstbewusst, artikuliert, fokussiert und ohne Angst, sich unabhängig von den Chancen für den Messingring zu entscheiden. Dank ihres Rennsportprofils und ihrer ansteckenden Leidenschaft für den Motorrad-Lifestyle wird Laura oft gebeten, Wohltätigkeitsfahrten zu leiten und an Autohaus-Veranstaltungen, Banketten und anderen Orten teilzunehmen, um mit anderen Fahrerinnen zu sprechen und sie zu inspirieren. Sie wurde in Zeitschriften wie *Hot Bike Bagger, American Bagger, American Iron, IronWorks, Cycle Source* und *Biker's Ally* sowie auf PowerBlock TV, Speed Channel, History Channel, Travel Channel und National Geographic vorgestellt.

Bei Veranstaltungen in den Jahren 2007 und 2008 schloss sie sich Gina Woods von Open Road Radio als Teil der XX Chromes – All Woman Bike Builds an. Um Frauen für das Motorradfahren zu sensibilisieren, bauen die XX Chromes ein Motorrad auf der Bühne zusammen, das dann für wohltätige Zwecke gespendet wird. Und in den letzten Jahren ist Laura an verschiedenen Orten gereist, um ihre Präsentation „Any Road" zu halten, wo sie ihre persönliche Geschichte teilt, um mit dem Publikum in Kontakt zu treten und es

zu inspirieren und herauszufordern, den Mut zu finden, „jeden Weg"
zu gehen. vor sie stellen.

In den letzten zehn Jahren haben Motorradhersteller viel
Zeit, Mühe und Geld aufgewendet, um weibliche Fahrer für ihre
speziellen Produktlinien zu gewinnen. Das Ergebnis all dessen ist,
dass Frauen heute das am schnellsten wachsende Segment des
Motorradmarktes darstellen. Aber es sind Frauen wie Laura – ganz
zu schweigen von vielen der anderen Frauen, die in diesem Buch
vorgestellt werden –, die am meisten zu diesem Wachstum
beigetragen haben, indem sie einfach rausgehen, das Leben leben
und ihr Geld auf die Lippen legen. Und wie viele ihrer Harley-
Schwestern ist Laura eine Selfmade-Frau, die dort durchgehalten
hat, wo weniger Frauen auf der Strecke geblieben wären.

„Ich komme aus einer zerrütteten Familie. Es gab
Alkoholismus, Depressionen und Kämpfe. Nur schlimme Sachen,
bei denen sich meine Eltern scheiden ließen, als ich in der dritten
Klasse war. Folglich habe ich früh im Leben viele schlechte
Entscheidungen getroffen, einschließlich der Heirat und der viel zu
jungen Kinder mit einem Mann, der aus einem ähnlichen
Hintergrund kam. Unsere Ehe hatte trotz unserer zwei schönen
Kinder keine Chance. Auch meine zweite Ehe wurde geschieden.
Aber wie sie sagen, das dritte Mal ist ein Zauber. Ich bin jedoch
nicht aus all dem hervorgegangen, weil ich meine Mutter und
meinen Vater nicht geliebt habe. Tatsächlich konnte ich diese
weniger glücklichen Lebenserfahrungen nutzen, um jetzt anderen zu
helfen, die Schwierigkeiten haben. Durch all die schlechten Dinge

kam auch viel Gutes. Deine Lebenserfahrungen, alle guten und schlechten, machen dich zu dem, der du bist. Gott verschwendet nie eine Verletzung", erklärte Laura.

„Ich habe auch einige großartige Erinnerungen an das Privatleben ... wie zum Beispiel, als ich schon sehr jung mit meinem Vater in der Garage rumhängte, während er an seinen Motorrädern und Stock Cars arbeitete. Es war eine Aktivität, die eine gewisse Nähe zwischen uns brachte, ganz zu schweigen davon, dass ich mich ermutigte, mechanische Dinge zu lernen. Und mein Vater hat mir die Liebe zu Motorrädern eingeflößt. Ich weiß, für ihn war sein Fahrrad seine Therapie. Meine Mutter war auch eine mutige Frau. Ich habe mehr als einmal zugesehen, wie sie mit dem Stock Car meines Vaters in einem Pulverschnee-Rennen gefahren ist. Und sie hat mir nie gesagt, dass ich diese Dinge nicht tun kann, weil ich ein Mädchen bin. Sie stand mir nicht im Weg und ermutigte mich, viele Dinge auszuprobieren. Ich bin mir sicher, dass es für sie als alleinerziehende Mutter schwer war, und mein Bruder und ich haben es ihr nicht immer leicht gemacht."

Ihr Vater Dave arbeitete in einer Reifenfabrik, bevor er seine Ausbildung zum Werksleiter eines Fensterherstellers fortsetzte. Und um seinen Unternehmergeist zu stillen, führte er mehrere Jahre lang ein kleines Speditionsunternehmen. Ihre Mutter Julene, ein hart arbeitendes Mädchen vom Land, ist seit dreißig Jahren im Bundesstaat Wisconsin als Finanzbuchhalterin angestellt. Dave, ein Hobby-Stockcar-Rennfahrer auf der regionalen Rennstrecke, war auch ein begeisterter Harley-Davidson-Mann und seine Softail war die erste Harley, die Laura je fuhr. Leider verlor er 2008 bei einem Reitunfall in Sturgis ein Bein. Ein Jahr später saß er jedoch wieder im Sattel: ein Zeugnis seines Überlebensinstinkts und seines harten Charakters – Eigenschaften, die auf seine Tochter abfärbten. Als Lauras Mutter wieder heiratete, fuhr ihr Stiefvater zufällig auch eine Harley und Laura sagt, dass der Klang einer Harley sie bis heute immer noch aufhält. „Ich liebe dieses Geräusch", bemerkte sie. "Für mich ist es etwas ganz Besonderes." Obwohl Julene zu dieser Zeit nie selbst ritt, liebte sie es, Passagiere zu fahren und lange Fahrten zu unternehmen. Das hat auch Laura Spaß gemacht, bis sie alt genug war, ihr eigenes Fahrrad zu steuern.

Aufgewachsen in der weiten Landschaft von Wisconsin, begann Laura schon mit zehn Jahren, Dirtbikes, dreirädrige ATVs und Schneemobile zu fahren. Später würde sie sie mit Hilfe ihres Reitkumpels und Bruders Mark auseinandernehmen, um zu sehen, wie sie funktionierten und vielleicht etwas mehr PS aus ihnen herausholen. Laura bekam 1980 mit zwölf Jahren ihr erstes Dirtbike, eine Suzuki 175TS. Es hätte auch ein Pony sein können: Es war Liebe auf den ersten Blick! Sie fuhr das Fahrrad überall auf und abseits der Landstraßen. Für eine Fotoklasse-Aufgabe in der achten Klasse machte sie eine Reihe von Schwarz-Weiß-Fotografien des Fahrrads aus jedem möglichen Blickwinkel in einer Vielzahl von Einstellungen. Der TS war ihr ganzer Stolz. Laura fuhr viele Jahre einen Doppelsport und fuhr meist aufgemotzte Autos.

1996 kaufte sie ihre erste Harley. Da sie kaum Straßener-fahrung hatte, nahm sie an einem Fahrsicherheitskurs teil und entschied sich wie viele Harley-Davidson-Erstkäufer für eine 883cc Sportster. Sie war diesem Modell schnell entwachsen und stieg auf eine 96er Softail um. Heute besitzt sie natürlich eine '91er Softail, die angepasst wurde. Wie kann man als Teilhaber eines Motorradladens kein Custombike fahren? Sie besitzt auch eine neue 2010er Screamin' Eagle Softail – sie mag sie schnell. Darüber hinaus hat Laura eine andere Erfahrung gewagt und besitzt eine Victory Vision 2008, die sie in der Saison 2009 tatsächlich auf dem Salz gefahren hat.

Motorradfahren ist seit Laura denken kann eine Familienangelegenheit und eine Tradition, die sie mit ihrem Mann Brian und den Töchtern Erika und Karlee gerne weiterführt. Wie bei ihrer Mutter begann die Liebesbeziehung der Mädchen zu allem, was motorisiert ist, schon in jungen Jahren; Es dauerte nicht lange, bis sie ihr eigenes Dirtbike hatten. Karlee, die jüngere der beiden, war beim ersten Reiten erst fünf Jahre alt.

„Wenn man auf dem Land lebt, scheint jeder etwas zu fahren, zusätzlich zum Auto. Das Herumfahren auf Dirtbikes, ATVs und Schneemobilen ist eine Selbstverständlichkeit, egal ob Sie ein Junge oder ein Mädchen sind. Ich habe mich nie für einen Wildfang gehalten, aber ich denke, per Definition war ich es. Beim Sport war ich immer gut. Ich war sehr unabhängig und war es immer. In meiner Gegend gab es mehr Jungs als Mädchen und wir waren die ganze Zeit auf dem Trail unterwegs … im Sommer mit dem Fahrrad, im Winter mit dem Schlitten. Und natürlich würde ich mich von den Jungs nicht übertrumpfen lassen. Ich würde genauso hart und schnell reiten und genauso hoch und so weit springen wie sie es taten. Wenn meine Eltern das damals gewusst hätten, wären sie ziemlich aufgeregt gewesen. Aber hey, ich habe alles unversehrt überlebt und es hat mich zu einem sehr guten Motorradfahrer gemacht", sagte Laura.

„Unnötig zu erwähnen, dass ich sauer wäre, wenn meine Mädchen so etwas ziehen würden. Ich bin sicher, sie haben es und ich weiß es einfach nicht! Aber sie haben viel mehr Verstand als ihre Mutter in diesem Alter. Sie haben meinen wilden, abenteuerlichen Geist, daran besteht kein Zweifel, aber sie haben viel mehr Kontrolle darüber und lassen es für sie arbeiten und nicht gegen sie, wie es oft bei mir der Fall war. Dass sie meine Leidenschaft für das Reiten und den Rennsport teilen, hat mich unbeschreiblich stolz gemacht. Jetzt kann ich nachvollziehen, wie sich Väter fühlen, wenn ihre Söhne auf der Rennstrecke in ihre Fußstapfen treten. Es ist wirklich ein tolles Gefühl, wenn auch manchmal ein bisschen nervenaufreibend."

Als Kind in der kleinen ländlichen Gemeinde Elk Mound, nicht weit von ihrem Geburtsort in Menomonie, träumte Laura davon, wie ihr Held Pinky Tuscadero aus der TV-Sitcom *Happy Days* Abriss-Derbyfahrerin zu werden. Sie war auch beeindruckt davon, wie Daisy Duke von *The Dukes of Hazzard* mit schnellen Autos umgehen konnte. Als sie sich an diese Tage ihres Lebens erinnerte, lachte Laura und bemerkte: „Hey, was soll ich sagen? Damals hatten wir weder Internet noch Kabelfernsehen. Das waren die Damen, die mich bei den wenigen TV-Sendern inspiriert haben, die uns zur Verfügung standen."

Aber als sie aufs College ging und sich in der realen Welt besser verankerte, entschied Laura, dass eine Karriere in Psychologie und Beratung ihre Berufung sei. Laura war ein guter Zuhörer mit einem mitfühlenden Herzen, daher vertrauten alle ihre Freunde und Bekannten ihr ihre Probleme an und baten um Rat. Während ihres Studiums an der University of Wisconsin-Stout hatte sie jedoch zwei Jobs, um ihren Schulabschluss zu finanzieren, und stellte bald fest, dass die kombinierte Arbeitsbelastung für sie ein wenig entmutigend war. Da sie eine Überfliegerin war und nicht die Absicht hatte, den Job oder die Schule aufzugeben, entschied sie sich jedoch für den Krieg und konzentrierte sich auf eine Karriere in der Grafik.

„Ich hatte schon immer das Herz eines Beraters. Obwohl ich den Glauben zu diesem Zeitpunkt in meinem Leben noch nicht ganz verstand, war ich ein sehr spiritueller Mensch. Die Leute kamen immer zu mir, um Rat zu bekommen, und ich schien eine Gabe zu haben, ihnen zu helfen. Ich hatte gute Ratschläge für alle. Die Ironie ist, dass ich mehr Probleme hatte als die meisten, die meine Hilfe suchten. Ich konnte ihnen helfen, aber ich konnte mir nicht helfen. Ich habe neben meiner harten Arbeit viel gefeiert und hatte Schwierigkeiten, das alles mit meinem Schullehrplan in Einklang zu bringen. Also entschied ich mich, mein Hauptfach ins Grafik-management zu wechseln, weil es viel weniger Input von mir verlangte als Psychologie. Ich war mit kreativem Talent gesegnet.

Ich habe während meiner Kindheit gezeichnet und gemalt und hatte dabei einige wirklich gute Kunstlehrer", sagte Laura.

„Der Zeitpunkt war auch richtig. Einer meiner College-Teilzeitjobs war in einer Druckerei und ich mochte es, in dieser Umgebung zu arbeiten. Computer kamen gerade auf den Plan und es schien der logische Schritt zu sein. Ich war im Erdgeschoss im Studium und im Umgang mit Designsoftware und wusste, dass dies gute Jobchancen bieten würde. Aber grundsätzlich bin ich den Weg des geringsten Widerstandes gegangen. Ich hielt es immer für einen Ausrutscher, weil mein Herz in der Beratung lag. Aber Gott wirkt auf mysteriöse Weise und ich bin sicher, er hat mich dorthin geführt, wo ich hin wollte. Darüber hinaus erfüllt Erika diese Rolle und studiert Psychologie. Es sieht so aus, als hätte ich doch meinen Beitrag geleistet, indem ich jemanden auf die Welt gebracht habe, der dort weitermacht, wo ich aufgehört habe. Und jetzt, um das auszufüllen, leite ich ein Frauenprogramm in meiner Kirche, dem ich seit vier Jahren selbst gefolgt bin. Es ist ein zwölfstufiges glaubensbasiertes Programm namens Celebrate Recovery. Alles hat sich geschlossen."

Laura, deren erste Ehe geschieden wurde, als ihre Töchter erst drei und sechs Jahre alt waren, lernte Brian Klock beim 100. Geburtstag von Harley Davidson 2003 kennen entwickeln sich bis 2005. Während dieser Zeit war Laura in einer Beziehung mit einem anderen Mann, der vorzeitig an einem Herzinfarkt starb, und Brian hatte sich in der Zwischenzeit auch verabredet. Auf dem Rückweg von der Westküste nach Wisconsin, wo Laura sich eine Weile niedergelassen hatte, hielt sie in Brians Fabrikationswerkstatt in Mitchell, South Dakota, um Hallo zu sagen und den neuen Laden zu sehen, in den sie eingezogen waren. Wie sich herausstellte, veränderte ihre Entscheidung, anzuhalten und ihn zu sehen, das Leben für sie beide. Obwohl Brians Geschäft mit drei Mitarbeitern relativ gut lief, befand er sich in einer Sink-oder-Schwimm-Situation. Er brauchte dringend jemanden, der ihm half, seine Angelegenheiten zu organisieren und das Geschäft richtig zu führen.

Obwohl Brian früher nicht wollte, dass Laura für ihn arbeitete, sah er sie jetzt als vom Himmel gesandt. Beide waren sich einig, ihm zwei Wochen Zeit zu geben und zu sehen, was sich entwickelt. Der Rest ist, wie sie sagen, Geschichte. Sie haben nicht nur ihre Romanze wiederbelebt, sie haben sich auch als perfektes Geschäftsteam erwiesen. Und Brian und die Mädchen haben sich von Anfang an gut verstanden. Laura und ihre Töchter ließen sich in Brians Haus in Mitchell nieder und wurden sofort eine Familie. Während Brian mit der Planung und dem Aufbau des Unternehmens fortfuhr, kümmerte sich Laura um Werbung, Marketing und Buchhaltung. Da die meisten Künstler mit Mathematik notorisch schlecht sind, schreibt sie ihre Begabung für Zahlen ihrer Mutter zu.

Seit diesem glücklichen Tag, an dem Laura in dem Geschäft vorbeischaute, haben sie und Brian Klock Werks Kustom Cycles auf eine völlig neue Ebene gebracht, indem sie offiziell als Präsident (Brian) und Vizepräsident (Laura) des Unternehmens zusammenarbeiten. Als Laura der Crew beitrat, hatte Brian gerade einmal 37 kundenspezifische Teile entwickelt; Heute hat das

Unternehmen mehr als 450, darunter ein patentiertes kundenspezifisches Windschutzscheibendesign für Bagger, die es über Drag Specialties und deren Website www.kustombaggers.com vertreibt. Und sie haben 23 Vollzeitbeschäftigte.

Nach ihrem ersten Bonneville-Erfolg im Jahr 2006 wollten Laura und Brian nicht nur 2007 zurückkehren, um zu sehen, ob sie ihren Rekord verbessern können, sondern beschlossen auch, ihre Hochzeitszeremonie auf den Salinen abzuhalten. Und sie dachten, es sei auch an der Zeit, zu sehen, ob die damals sechzehnjährige Erika das richtige Zeug hatte, um die Ebenen abzureißen und einen eigenen Geschwindigkeitsrekord aufzustellen. Da sie wussten, dass irgendeine Form des Rennsports in der Zukunft der Mädchen lag, hatten Laura und Brian über die Idee nachgedacht, sie an Landspeed-Rennen teilnehmen zu lassen. Nachdem sie nach South Dakota gezogen waren und einen zukünftigen Stiefvater hatten, der einige der knorrigsten Custombikes des Landes baut, war der Appetit von Erika und Karlee auf Motorräder exponentiell gestiegen und es war offensichtlich, dass sie die Liebe ihrer Mutter für Geschwindigkeit geerbt hatten.

Beide Mädchen bekundeten bald ihr Interesse an Flat-Track-Rennen über Viertel- und halbe Meile und Laura und Brian nahmen sie mit zu einigen lokalen Veranstaltungen, um zu sehen, was es braucht, um an dieser Art von Rennen teilzunehmen. Aber die enge, von Mauern umschlossene Strecke ohne Auslauf, die Nähe der Konkurrenz und die schnelle Beschleunigung und Kraft, die durch die Kurven rutscht, machten Laura Angst. Sie konnte sich einfach nicht vorstellen, dass ihre Kinder mit bis zu fünfzehn anderen Fahrern mit halsbrecherischer Geschwindigkeit um ein Oval fliegen. Zu diesem Zeitpunkt beschlossen Laura und Brian, die Mädchen zu Lauras erstem Landspeed-Unterfangen nach Bonneville mitzunehmen, um zu sehen, ob sie vielleicht stattdessen in dieser Renndisziplin antreten wollten.

„Nachdem ich es selbst gemacht hatte, sagte ich den Mädchen, dass man zwar einige hohe Geschwindigkeiten erreichen kann, aber Landspeed eine ziemlich sichere Form des Rennens ist. Sie sind nicht von anderen Fahrern umgeben. Es gibt keine Wand neben dir, in die du laufen kannst, und es ist eine sehr kontrollierte Umgebung. Erika und Karlee waren sich aus ganzem Herzen einig, dass die Landgeschwindigkeit etwas war, an dem sie teilhaben wollten. Ich hatte nicht erwartet, dass sie ihre Meinung so schnell von flacher Strecke auf Landgeschwindigkeit ändern würden, aber es hat meinen Tag irgendwie erleichtert, zu wissen, dass ich keine Flat-Track-Mutter werden müsste. Meine Kinder haben Scheidung hinter sich. Wir hatten viele Widrigkeiten, viele Umzüge und viele Veränderungen. Ich liebe die Tatsache, dass sie das tun. Sie könnten unterwegs falsch abgebogen sein. Es gibt viele Kinder da draußen, die in Schwierigkeiten sind, Drogen nehmen, die Schule schwänzen. Zu sehen, wie sie sich für den Rennsport interessieren, gibt mir ein gutes Gefühl“, sagte Laura.

Obwohl Karlee auch 2007 gehofft hatte, ins Rennen zu gehen – alles, was für ein Rennen in Bonneville erforderlich ist, ist ein gültiger staatlicher Führerschein –, wurde die Veranstaltung nur wenige Tage vor ihrem 14. Führerschein. Stattdessen kam sie als Zuschauerin und unterstützte ihre ältere Schwester und Mutter moralisch. Aber an dem Tag, an dem Erika zum ersten Mal das Salz passieren sollte, wurde das Verfahren von zwei Stürzen getrübt. Laura versicherte ihrer Tochter, dass es ihr gut gehen würde und sagte ihr, dass sie, wenn sich überhaupt etwas nicht richtig anfühle, langsamer werden sollte. „Ich habe dafür gesorgt, dass sie verstand, dass sie da draußen war, um Spaß zu haben, um niemandem etwas zu beweisen und sich selbst zu verletzen", bemerkte Laura.

Am Ende war aber alles gut im Fahrerlager von Klock Werks. Laura stellte ihren zweiten Geschwindigkeitsrekord zu Lande auf und Erika brachte stolz ihren ersten Geschwindigkeitsrekord mit einer Buell Blast mit einer Geschwindigkeit von 101 mph (162,544 km/h) nach Hause. Damit waren Laura und Erika das erste Mutter-Tochter-Team, das gleichzeitig Rekorde hielt. Im folgenden Jahr, 2008, war Karlee nicht mehr nur Crew-Mitglied, sondern auch Konkurrent. Doch wieder hing das Gespenst der Hochgeschwindigkeits-Renngefahr und des Motorradfahrens im Allgemeinen wie eine schwere Wolke über dem Lager der Klock Werks. Lauras Vater hatte nur einen Monat vor der Veranstaltung bei dem Motorradunfall in Sturgis seinen rechten Unterschenkel verloren. Und an dem Tag, an dem die Mädchen für ihre Läufe geplant waren, erlag der 47-jährige Cliff Gullet, ein erfahrener Rekordhalter im Flachland, seinen Verletzungen, als er die Kontrolle über seinen 500cc Streamliner bei einer Geschwindigkeit von 239 Meilen pro Stunde verlor km/h).

Aber für das Team Klock Werks endete wieder alles gut. Auf einer modifizierten Version des Motorrads, auf dem ihre Schwester 2007 einen Rekord aufgestellt hatte, behauptete Karlee zwei separate AMA-Rekorde: 107,391 mph (172,829 km/h) in der M-PG 500-Klasse und 110,724 mph (178.193 km/h) in der MPS-PG 500 Klasse. Erika, die eine Buell S2 fuhr, stellte einen neuen AMA-Rekord von 130,392 mph (209,846 km/h) in der P-PP 1350-Klasse auf und Laura verließ Bonneville mit einem weiteren Rekord: diesmal erreichte sie im Durchschnitt beeindruckende 153,592 mph (247,182 km/h) und erreichte a Höchstgeschwindigkeit insgesamt 161 mph (259.104 km/h) auf dem Bagger.

Laura, Erika und Karlee erhielten mit ihren Leistungen eine weitere Auszeichnung: Sie waren das erste Mutter-Tochter-Trio in der Geschichte des Landspeed-Rennens, das gleichzeitig Rekorde hielt. Und wir freuen uns, Ihnen mitteilen zu können, dass sie es 2009 wiederholt haben! Karlee hat jetzt die Gelegenheit, 2010 eine 200-mph-Turbo-V-Rod auf dem Drag Strip zu fahren, besucht die Lyn St. James Drivers Academy und plant, die V-Rod 2010 auf dem Salz zu fahren. Karlee hat davon geträumt dem 200 MPH Club beigetreten, seit sie in der siebten Klasse war. Sie könnte das vielleicht früher tun, als wir denken.

„Wir alle wissen, dass Unfälle auf der Straße und im Rennsport passieren können, aber das ist nichts, worauf man sich konzentriert. Dann parken Sie Ihr Fahrrad besser in der Garage und lassen es dort stehen. Du musst deinen Kopf an der richtigen Stelle halten und deinen Fokus behalten. Wir hatten alle erforderlichen

Tests und Übungen durchgeführt und wussten, dass die Fahrräder und die Ausrüstung erstklassig und sicher waren. Aber trotzdem hatte ich das Gefühl, ich würde mich übergeben und mich fragen: „Was tue ich, wenn ich sie da draußen setze?" Ich hatte Angst, aber ich wollte nicht, dass sie Angst haben. Du musst sie nur ihr Ding machen lassen, denn wenn du sie nervös machst, weil du es bist, ist das schlimmer. Es wird zu einer Glaubens- und Vertrauenssache. Man muss ihnen und allem vertrauen, was man ihnen über das Reiten beigebracht hat. Aber ich gebe zu, ich halte den Atem an, bis ich weiß, dass sie die Meile geräumt haben", sagte Laura.

„Es ist ein bisschen wie ein Klischee, aber der Rennsport ist in der Tat eine Metapher für das Leben. Es ist so, als würden Sie Ihre Kinder in die Welt hinausschicken, nachdem Sie sie durch ihre Kindheit geführt und beschützt haben. Es ist dieser entscheidende Moment, in dem Sie beten, dass alles, was Sie ihnen auf dem Weg gelehrt haben, sich merken und anwenden werden. Sie müssen darauf vertrauen, dass Sie wirklich gute Arbeit geleistet haben, um sie zu führen. Letztlich geht es nicht nur ums Motorradfahren und den Versuch, Rekorde aufzustellen. Das ist der Teil, den ich als Mutter an so einem Unterfangen wirklich liebe. Die Kinder lernen so viel über sich selbst. Sie lernen andere Menschen, Teamgeist und die Zusammenarbeit mit anderen kennen. Sie lernen, mit Sieg und Niederlage umzugehen. Dies sind Dinge, die sie in ihrem Leben verwenden werden. Ich bin in meinem Glauben sehr gewachsen und bete viel, besonders da draußen. Ich muss es Gott übergeben. Ich glaube, dass alles, was wir im Leben tun, nur ein Teil von Gottes größerem Plan ist. Und wenn man diese Erde mit einem Motorrad verlassen soll, dann ist das der Weg, den man gehen sollte. Es ist schon geschrieben."

Ironischerweise fuhr Laura viel mehr Rad, bevor sie sich in der Motorradbranche engagierte. Früher, wenn ihre Kinder übers Wochenende oder eine Woche in den Schulferien beim Papa waren, fuhr sie mit ihrer Softail aus und fuhr so viele Kilometer wie möglich zurück. Abgesehen davon liebt sie es, mit Brian, Erika und Karlee gemütliche Ausritte zu unternehmen, wann immer es die Zeit erlaubt. Außerdem ist sie staatlich geprüfte Reitlehrerin. Unter den Frauen, die Laura zum Motorradfahren inspiriert hat, ist eine sechzigjährige Großmutter, die zwei Tage hintereinander über eine Stunde von ihrem Zuhause entfernt fuhr, um Lauras Fahrkurs zu besuchen. Und im Sommer 2009 brachte Laura ihrer Mutter das Motorradfahren bei, als sie South Dakota besuchte. Laura und Brian freuen sich auf das Wachstum ihres Unternehmens und die Fortsetzung ihrer ständig wachsenden Teilelinie. Und da Brian einer der führenden Hersteller der Branche ist, sieht die Zukunft für Klock Werks Kustom Cycles in der Tat rosig aus.

„Wenn ich auf mein Leben zurückblicke, war Motorradfahren eines der wenigen beständigen Dinge. Als ich anfing zu reiten, war es eine Flucht für mich. Etwas, über das ich tatsächlich die Kontrolle hatte. Es war ein gesunder Sport und hat mir in vielerlei Hinsicht geholfen, mit meinen Kämpfen und Problemen umzugehen. Mein Motorrad war wie ein lieber Freund. Es hat mich nie verurteilt. Es war egal, wie ich aussah, ob ich weinte, mit mir selbst redete, glücklich war oder sang. Für mich ist Motorradfahren gottgegeben. Lange Zeit habe ich es für selbstverständlich gehalten, aber jetzt merke ich, wie viel es mir in allen Bereichen meines Lebens gebracht hat. Ich möchte nicht spekulieren, wie ich gelandet wäre, wenn ich kein Biker gewesen wäre, aber ich weiß, dass ich den Weg der Selbstzerstörung sehr leicht hätte fortsetzen können ... stattdessen ist es jetzt ein Werkzeug, zu dem ich komme verwenden, um andere zu inspirieren und meinen Töchtern das Leben beizubringen", sagte Laura.

Deborah DiMiceli – Es Ist Niemals Zu Spät

Während die drei Töchter von Deborah DiMiceli das Zentrum ihres Universums sind, umfasst der Rest ihres Kosmos die Unterhaltungsindustrie, das Gesundheitswesen, die Automobilindustrie, das Unternehmertum oder hat sie umfasst – sie besitzt derzeit eine Boutique-Marketing/Werbe/PR-Firma sowie ein Abschleppwagengeschäft – und ihre Kirche, in der sie ein Theaterteam leitet. Als eingefleischte Abenteurerin, was bedeutet, dass sie fast alles einmal ausprobieren wird, zählt Deborah zu ihren Lieblingsaktivitäten Bergsteigen, Klettern, Abseilen, Mountainbiken, Schwimmen, Tauchen, Schnorcheln, Jetski, Wasserski , Kajakfahren, Windsurfen, Bowling, Golfen, Wandern, Reiten, Softball, Volleyball, Rollschuhlaufen, Angeln und im Fitnessstudio trainieren – und natürlich auf ihrer Harley Road King!

Trotz ihrer Liebe zum Fahrrad ist Deborah nicht in einer Motorradfamilie aufgewachsen und ist die einzige, die den Lebensstil aufgegriffen hat. Alles begann für sie, als sie fünfzehn Jahre alt war und einen Freund hatte, der eine Kawasaki Ninja besaß. Zusammen würden sie mit atemberaubender Geschwindigkeit durch die Canyons von Südkalifornien sausen und Kniekratzer und andere hochmoderne Possen machen, was ihr im Nachhinein einen Schauer über den Rücken jagt. Spätere Freunde fuhren auch Motorrad und sie hielt es für nur natürlich, dass sie die Beifahrerin auf dem Heck war. Eine ihrer Lieblingsbeschäftigungen ist es, Zeit mit engen Freunden und Liebsten auf dem Motorrad zu verbringen.

Deborah und ihr Freund Alan liebten es, zusammen zu fahren und beschlossen, ihr eigenes Motorrad zu entwerfen und zu bauen. Der ursprüngliche Plan war, ein Fahrrad für zwei Personen zu bauen, aber im Laufe der Zeit entwickelte es sich zu einer benutzerdefinierten Street-Chopper-Kombination, die Fahrradshows im ganzen Staat gewinnt. Sie wollten sich jedoch nicht von dem einsitzigen Chopper stören lassen, also kaufte Alan Deborah ihr eigenes Fahrrad. Sie nahm sofort an einem Reitunterricht und machte ihren Führerschein. Heute sind sie glücklich verheiratet und fahren regelmäßig zusammen im sonnigen Südkalifornien.

Obwohl Deborah schon als Teenager eine Faszination für Motorräder hatte und ihr ganzes Leben lang Beifahrerin auf einem solchen war, fing sie erst 2007 an, selbst zu fahren. Als sie beschloss, dass es endlich Zeit war zu nehmen die Steuerung eines eigenen Fahrrads, meldete sie sich für den Fahrersicherheitskurs der California Highway Patrol an. Nachdem diese Aufgabe erledigt und ihr Führerschein erworben war, fühlte sie sich in eine besondere Welt aufgenommen, die nur Motorradfahrer erleben können. Nach den meisten Maßstäben ist sie immer noch ein relativer Neuling, aber das bedeutet nicht, dass Deborah nicht unzählige Meilen auf ihrem stolzen Reiten alleine, mit ihrem Mann und mit Freunden zurückgelegt hat, von denen sie seit ihrem Bestehen schon einige gemacht hat selbst eine Bikerin.

„Ich hatte das Glück, eine 2002er Harley-Davidson Road King für mein erstes Motorrad zu bekommen. Ich liebte immer das Rumpeln und Aussehen von Harleys und als patriotischer

Amerikaner wollte ich ein amerikanisches Motorrad besitzen und fahren. Viele Leute dachten, ich wäre verrückt, nicht mit einem kleineren Fahrrad anzufangen. Aber ich war lange genug mit großen Motorrädern unterwegs, wenn auch als Beifahrer, um mich wohl und sicher zu fühlen, dass ich mit einem Road King umgehen konnte. Ich liebe mein Fahrrad einfach und fahre sehr gerne. Und ich genieße es sehr, andere Fahrer zu treffen. Ich finde, dass wir immer so viel gemeinsam haben und sich schnell Bindungen bilden. Wir sind ähnliche Geister. Die normalen gesellschaftlichen Barrieren existieren in der Fahrergemeinschaft nicht. Egal wo Sie sind oder wohin Sie wollen, Sie können immer jemanden finden, der Sie begleitet. Ich fahre sehr gerne mit anderen zusammen. Da ist eine bestimmte Energie, die einzigartig und magisch ist", sagte Deborah.

Die aus Südkalifornien stammende Deborah und ihre Familie – Alan und drei Töchter im Teenageralter aus einer früheren Ehe – leben in Huntington Beach. Als begeisterte Freiwillige, die gründlich in ihrer Gemeinde verwurzelt ist, war sie neun Jahre lang Pfadfinderin, unterrichtet Schauspielklassen in der Gemeinde und arbeitet mit vielen Oberstufenschülern im Rahmen der Programme Junior Achievement und Banking on Our Future zusammen. Wie viele bestätigte Motorradfahrer spendet Deborah einen Großteil ihrer Freizeit, um Geld zu sammeln und für gemeinnützige Organisationen zu sensibilisieren. Dazu gehören Stand Up for Kids, Random Acts of Freundlichkeit, A Day in the Park, The Crossing Church und Compassion International.

Geboren und aufgewachsen im San Fernando Valley, wuchs Deborah in Northridge auf, wo sie das Leben eines typischen SoCal-Kindes und Teenagers genoss. Als aufgeschlossene Persönlichkeit liebte sie es, mit anderen Kindern und Erwachsenen jeden Alters zu interagieren, unabhängig von Rasse, Glauben und körperlichen Eigenschaften. Sie war eine begeisterte Sportlerin, die Baseball und Basketball mit den Jungen in ihrer Nachbarschaft dem Spiel mit Puppen vorzog und sich mit anderen von Mädchen bevorzugten Zeitvertreib beschäftigte. In der High School zeichnete sie sich durch Softball und Basketball aus und war Cheerleaderin für das Footballteam der Northridge Knights.

Ihr Vater Barry arbeitete als Account, während ihre Mutter Lisa eine Hausfrau war, die sich um Deborah, ihre ältere Schwester Lisa und die beiden jüngeren Brüder Jon und Ryan kümmerte. Schon früh im Leben vermittelten ihre Eltern die Bedeutung einer soliden Arbeitsmoral, Integrität und der Behandlung anderer Menschen, wie Sie von ihnen behandelt werden möchten. Deborah erinnert sich, dass ihr Großvater väterlicherseits, Joe, einen großen Einfluss auf ihr Leben hatte. Er forderte Deborah auch auf, groß zu denken und zu träumen: Sie konnte alles sein, was sie sich vorstellte.

„Als ich jung war, wollte ich die erste Präsidentin sein. Aber dies war zu einer Zeit in unserer Gesellschaft, in der Träume, Präsident zu werden, für mindestens eine weitere Generation für amerikanische Frauen unerreichbar blieben. Ich war sehr idealistisch und motiviert und daran interessiert, die Welt zum Besseren zu verändern, weil ich immer der Typ Mädchen war, der anderen Menschen hilft. Als ich älter wurde, überlegte ich, Strafrecht zu studieren, kam aber schnell zu der Erkenntnis, dass das wirklich nichts für mich ist. Ich hatte eine Affinität zur Anklage und zur Vertreibung der Bösen, obwohl dies meinem Charakter widersprach, Menschen helfen zu wollen. Natürlich ist man als Anwalt in der Lage, Menschen zu helfen, aber der Gedanke, einen angeklagten Mord, der tatsächlich schuldig sein könnte, freizubekommen, war eine große Abschreckung dafür, diesen Weg zu gehen", erklärte Deborah.

Als sie achtzehn war, lockte die Faszination und der Glamour des nahegelegenen Hollywood und Deborah beschloss, ihr Schicksal in den Wind zu schlagen, um eine Karriere in der Unterhaltungsindustrie zu verfolgen. Sie liebte alles, was mit Tanzen, Schauspielern und Modeln zu tun hatte, und hatte das Aussehen und die Persönlichkeit, um sich in einer Stadt, in der schöne Frauen die Regel und nicht die Ausnahme sind, einen Namen zu machen. Und sie kam mit der starken Arbeitsmoral ihrer Eltern und der Neigung, in allem, was sie anpackte, erfolgreich zu sein. Nachdem sie sich entschlossen hatte, in der Welt des Showbusiness nach Ruhm und Reichtum zu streben, stand zunächst ein Schauspiel- und Tanzstudium auf ihrer Agenda. Sie schrieb sich bei namhaften Schauspiellehrern wie Claire Powell, John Medici und Valerie Grear ein und nahm Tanz- und Bewegungsunterricht bei Doug und Chia Rivera sowie am Dan Durrie Performing Arts Center.

Deborah war bald auf dem Vormarsch, landete Sprechrollen in Fernsehwerbespots, Unternehmensvideos und Fernsehserien wie

Saved by the Bell und *Candid Camera* und hatte eine wiederkehrende Rolle in der Seifenoper *Santa Barbara*. Sie war auch zwei Jahre lang Co-Moderatorin von *Eye on L.A.* mit Chuck Henry. Eine Rolle im Bette Midler-James Caan-Hit 1991 Film *For the Boys* war ihr erstes Abenteuer auf der großen Leinwand. Darüber hinaus arbeitete Deborah in Theaterproduktionen von *Sweet Music, Medium Murder, The Key Exchange* und *Down to Earth* mit.

Ihre Kenntnisse in Country, Ballett, Ballsaal, Hip-Hop, Improvisations, Jazz, Modern, Salsa und Swing-Tanzen führten zu ihrer Choreografie von Musikvideos unter anderem für Hall and Oates, Janet Jackson und Alyssa Milano. Obwohl sie regelmäßig als Tänzerin, Model und Schauspielerin arbeitete, verliefen die Auftritte alles andere als stabil. Um ihr Einkommen aufzubessern, nahm Deborah eine DJ-Position bei Black Angus Funbar an, die neben dem Auflegen von Platten auch einen Lounge-Act und Club-Promotions aufführte. Sie konnte nicht glauben, dass dies ihr „richtiger Job" war und dass sie buchstäblich „zum Feiern bezahlt wurde", erinnert sich Deborah. Sie zeichnete sich in der Branche aus und gewann Auszeichnungen für ihre Techniken und ihren Erfolg.

Die Heirat und die Geburt ihrer Töchter Lynsee, Cidney und Taylor, die alle innerhalb von dreieinhalb Jahren geboren wurden, änderten unerwartet ihre Prioritäten. 1993 legte sie ihre Ambitionen als Schauspieler, Model und Tänzerin auf Eis und versprach sich, eines Tages zurückzukehren und dort weiterzumachen, wo sie aufgehört hatte. Obwohl sie es bereitwillig akzeptierte, den hektischen Lebensstil und die Ungewissheit der Arbeit in der

Unterhaltungsindustrie gegen einen richtigen Job einzutauschen, wusste sie, dass es nichts für sie war, Hamburger umzudrehen, Kellnerin zu sein oder eine Kasse in einem Supermarkt oder Kaufhaus zu besetzen. Im Einklang mit dem Mantra ihres Großvaters Joe, groß zu denken und zu träumen, beschloss Deborah, eine Karriere im amerikanischen Konzern zu machen und ging auf Jobsuche.

Obwohl sie nur minimale College-Credits hatte und nicht genau wusste, wo ihre Talente hingehören, nahm Deborah die erste vielversprechende Position ein, die sich ihr bot. Sie begann ihre neue Karriere in der Gesundheitsverwaltung in einem von zwei Akutkrankenhäusern der United Western Medical Centers in Santa Ana. Aber es stellte sich bald heraus, dass sie ein natürliches Talent für Marketing und Vertrieb hatte. Dies entging der Aufmerksamkeit ihres Arbeitgebers nicht und sie wurde zur Unternehmensvertreterin für Vertrieb und Marketing des Unternehmens befördert.

„Ich hatte eine Reihe unterschiedlicher Stellenbeschreibungen, darunter die Geschäftsentwicklung für das Krankenhaus und die Förderung der drei Einrichtungen in Orange County in der Gemeinde, einschließlich der Planung und Durchführung sehr großer Gesundheitsmessen in der Gemeinde. Dies führte zur Einrichtung von Gesundheits- und Wellnessprogrammen bei verschiedenen kommunalen Unternehmen. Ich habe auch mit Senioren zusammengearbeitet, um ihnen dabei zu helfen, ihren Versicherungsschutz bei Medicare zu optimieren. Der Maxicare-Versicherungsplan ermöglichte es Senioren, mehr Gesundheitsleistungen und Versicherungsschutz zu erhalten, und die United Western Medical Centers boten Maxicare-Mitgliedern zusätzliche Vorteile und Rabatte ", sagte Deborah.

„Wir veranstalteten viele kostenlose Gesundheitsuntersuchungen für ganze Gemeinden und halfen den Menschen, medizinische Hilfe zu erhalten, damit sie die benötigte Versorgung erhalten konnten. Es war wirklich ein cooler Job. Es war herausfordernd und nie langweilig. Ich habe es sehr genossen, weil ich tatsächlich etwas tat, das für mich selbstverständlich ist und das Leben der Menschen verändert. Der Wunsch, Menschen zu unterhalten und eine positive Wirkung zu erzielen, ist ein Teil von mir, seit ich denken kann. Auch wenn ich jemandem einfach eine Tür aufhalte oder ihn während eines Films 90 Minuten lang zum Lachen und Wohlfühlen bringe. Ich liebe es einfach, Menschen zum Lächeln zu verhelfen."

Als Deborahs Position nach drei Dienstjahren durch eine Übernahme gestrichen wurde, machte sie sich auf die Suche nach einem neuen Arbeitgeber. Da sie sich ihrer Stärken im Marketing und Vertrieb bewusst ist, fand sie eine Stelle bei Coverking, einem Hersteller von kundenspezifischem Autozubehör, der Autobezüge, kundenspezifische und universelle Sitzbezüge, Armaturenbrettbezüge und Fußmatten herstellt. Sie war verantwortlich für das OEM-Geschäft (Original Equipment Manufacturer), die Katalogentwicklung sowie die Förderung und den Verkauf von kundenspezifischen Sonnenblenden, einer kürzlich eingeführten neuen Produktlinie. Leider arbeitete Deborah für einen Chef, mit dem sie nicht auf Augenhöhe war. Obwohl sie es zweieinhalb Jahre lang ertragen konnte, zu grinsen und es zu ertragen, gab sie ihm fünf Minuten vorher Bescheid, an dem Tag, an dem er in einem Anfall kindlicher Wut einen Stift nach ihr warf und ging.

„Ich bin eine sehr engagierte und loyale Person, daher fällt es mir unabhängig von der Situation nicht leicht, aufzuhören. Ich bin kein Aufsteiger-Typ. Aber jeden Freitag hatten wir ein Verkaufsmeeting, das oft umstritten wurde. Ich mache kein Blatt vor den Mund und bleibe stehen, wenn ich glaube, dass ich Recht habe. Wenn ich falsch liege oder etwas vermassele, gebe ich es als Erster zu. Obwohl ich mir nach vielen, vielen unangenehmen Meetings gesagt habe, dass ich hier raus muss, habe ich es immer wieder durchgehalten. Ich habe immer gehofft, dass sich die Dinge wenden würden. Und weil ich nicht gefeuert wurde, weil ich mit dem Chef zusammengehört hatte, kam mir der Gedanke, dass ich mehr als einen zufriedenstellenden Job gemacht haben muss. Aber genug war genug und ich verließ das Unternehmen schließlich im Unklaren darüber, was vor mir lag", sagte Deborah.

Innerhalb eines Monats fand sich Deborah bei Fremont Investment & Loan wieder. Wie bei ihren beiden vorherigen Jobs standen ihre Marketing-Skills im Vordergrund. In den fast neun Jahren bei Fremont hat sich Deborah die Karriereleiter hochgearbeitet, um Marketing- und Werbemanagerin zu werden, und gewann die CLEAR Values Awards sowohl von ihren Vorgesetzten als auch von ihren Kollegen. Aber nachdem sie etwa fünfzehn Jahre in Bereichen gearbeitet hatte, die nicht ihr Beruf waren, begann es Deborah zu jucken, in die Unterhaltungsindustrie zurückzukehren. Sie betrachtete ihre Arbeit in der Gesundheits-, Automobil- und Finanzindustrie als wertvolle Erfahrung, die viel zu ihrer Lebenseinstellung beitrug, aber es war an der Zeit, weiterzumachen. Der Umstand, dass die Finanzindustrie 2008 implodierte, erleichterte ihr die Entscheidung, das Unternehmen zu verlassen. Ihr Chef, die Antithese ihres ehemaligen Arbeitgebers, war platt und Deborah erlebte hautnah die Machenschaften und den Verrat, die zu einer krisengeschüttelten Branche gehören. Obwohl sie ihren Job nicht verlor, wusste sie, dass sie nach dem Bankenfiasko nicht verwickelt werden wollte.

Auch ihre erste Ehe war zu diesem Zeitpunkt geendet und ihr zweiter Ehemann, Alan, schlug ihr vor, für sein Gabelstaplergeschäft zu arbeiten, während sie sich wieder in die Schauspiel- und Modelwelt eingliederte. Zwischen ihren Aufgaben bei Southern California Lift und den beiden Firmen, die sie selbst gegründet hat, begann Deborah, den Zirkel des Vorsprechens zu betreten und Rollen in einer Reihe von unabhängigen Filmen sowie in vielen Rollen in Industriefilmen zu bekommen. Fernseh-werbespots – für viele Schauspieler eine echte Alternative – trugen ebenfalls zu ihrem Wiedereinstieg in die hart umkämpfte Hollywood-Traumfabrik bei. Sie hat Produkte vorgestellt, die von Nesquick – was sie mit ihrer jüngsten Tochter Lynsee gemacht hat – bis hin zu Powell Electric reichen. Das Modeln ist eine weitere Möglichkeit, mit der Deborah ihren Unterhalt als professionelle Entertainerin verdient.

Zu ihren Lieblingsaufgaben gehörte zufällig ihr Lieblingsmotorrad und ihre Leidenschaft fürs Fahren. Sie wurde aufgefordert, eine nationale Werbekampagne für Harley-Davidson zu machen, an der auch die Singer/Songwriterin Jewel, die Schauspielerin Tricia Helfer und die Gesundheits- und Wellnessexpertin Jillian Michaels teilnahmen. Dies bestand aus einer zweiseitigen Strecke in der Juni-Ausgabe 2009 von *Vanity Fair*, die ein ganzseitiges Foto von ihr enthielt, das auf ihrer Harley posierte. Außerdem gab es ein Behind-the-Scenes-Video der vier Damen, in dem sie zu ihrer „Inspiration zum Reiten" interviewt wurden. Neben *Vanity Fair* wurde Deborah in Printanzeigen für maßgeschneiderte Motorräder und viele Fitnessprodukte vorgestellt.

Deborah war keine Frau, die untätig darauf wartete, dass das Telefon klingelte, und beschloss, ihre im Laufe der Jahre gesammelte Marketingerfahrung sinnvoll zu nutzen. 2008 gründete sie EZ Advertising, ein Boutique-Unternehmen für Marketing, Werbung und Öffentlichkeitsarbeit. Sie entwickelte ein einzigartiges Konzept, das sie „Promotions in a Box" nennt und richtet sich hauptsächlich an kleine und mittlere Unternehmen. Ihr erster Schwerpunkt liegt darin, das Geschäft eines Kunden zu bewerten und dann eine Strategie zu entwickeln, um ihm in den Sektoren zu helfen, in denen er wachsen möchte, oder um die Effizienz seiner Werbe- und Marketinggelder zu erhöhen. Ihr zweites Ziel ist es, die bereits ausgegebenen Mittel zu optimieren, ihre Ausgaben bei Bedarf auf andere Bereiche umzuschichten oder einen anderen Ansatz zu verfolgen, um den optimalen Erfolg zu erzielen.

Bei der Firma Southern California Lift ihres Mannes, einem Vertriebshändler von erstklassigen Alt- und Repo-Gabelstaplern an der Westküste, konzentriert sich ihre Hauptaufgabe auf den administrativen Bereich. Aber manchmal, wenn es einen Nahverkehr gibt, der sich um Deborah kümmert, übernimmt Deborah die Aufgabe, wenn es die Zeit erlaubt. Sie springt in ihren Abschleppwagen – ein weiteres Geschäft, das einen Fahrer beschäftigt – und macht sich auf den Weg, um einen Gabelstapler abzuholen oder abzusetzen.

„Wenn ich auftauche, um einen Gabelstapler mit diesem riesigen Abschleppwagen abzuholen oder abzusetzen, sind die Leute total ausgeflippt, weil sie einen Abschleppwagenfahrer nicht mit einem 1,70 m großen, einhundertfünfzehn- Pfund Frau. Leute, die im Laden arbeiten und sogar Passanten, bleiben stehen und starren mich an, während ich Ketten schleudere und die Steuerung betätige, um diesen Zehntausend-Pfund-Gabelstapler auf die Ladefläche zu ziehen. Es ist wirklich eine verrückte Szene, etwas, das in einem Film oder im Fernsehen sehr komisch wäre. Ich genieße die Herausforderung und liebe es, Dinge zu tun, die die Leute normalerweise nicht erwarten würden. Ich bin härter als ich aussehe. Es bringt mich zum Lachen, wenn die Leute nicht glauben können, dass ich gerade dieses riesige Gerät geladen habe", sagte Deborah.

Es ist keine Fantasie, zu dem Schluss zu kommen, dass Deborah mehr Energie, Antrieb und Ehrgeiz hat als viele Frauen, die halb so alt sind wie sie. Ganz zu schweigen davon, dass Sie ein Überflieger sind, dem keine Herausforderung zu groß oder zu klein ist, egal ob im Beruf oder in der Freizeit. Irgendwie findet sie genug Zeit in ihrem Leben, um mit einer der vielen Aktivitäten, die zu Beginn dieses Kapitels erwähnt wurden, fit zu bleiben; sich um das Geschäft kümmern; verbringe Zeit mit ihrer Familie; fahre ihr Fahrrad; und ehrenamtlich für Wohltätigkeitsorganisationen und andere gute Zwecke arbeiten. Eine ihrer jüngsten Aufgaben war es, in einer Varieté-Show des Gemeindetheaters zu produzieren, Regie zu führen, zu spielen und zu tanzen, die mit Schauspiel, Tanz und viel Musik gefüllt ist. Die Besetzung umfasste atemberaubende siebenundvierzig Darsteller und neunzehn verschiedene Acts, die alle in einer zweistündigen Show verpackt waren. Die Spendenaktion war ein großer Erfolg und das Geld wurde ihrem kirchlichen Härtefonds gespendet.

„Es war sehr ehrgeizig, um es gelinde auszudrücken. Es gab all diese unterschiedlichen Menschen und unterschiedlichen Persönlichkeiten, mit denen man sich auseinandersetzen musste, und alle verließen sich darauf, dass ich sie durch diese Situation begleitete. Ich hatte für die Show ein Vorsprechen abgehalten und fand es schwer, jemanden abzulehnen, weil alle so eifrig waren, Geld für die Kirche zu sammeln. Wenn sie einigermaßen talentiert genug waren, nahm ich sie unter meine Fittiche. Das bedeutete natürlich viel mehr Arbeit für mich, aber am Ende wuchsen die

Leute so sehr. Und es war so erfüllend, die Fortschritte zu sehen, die sie gemacht hatten, als der Vorhang für die Aufführung sich öffnete. Nur wenige Tage vor Showtime war die ganze Produktion noch ein Zugunglück. Aber irgendwie passte alles zusammen und der zweiwöchige Lauf verlief im Grunde reibungslos. Irgendwie neige ich dazu, mich in diese verrückten Szenarien hineinzuversetzen. Ich frage mich oft, wie ich es schaffen soll. Aber ich scheine es immer zu schaffen. Ich bin sehr gesegnet. Ich glaube an Gott und ich weiß, dass er mit seinem leitenden Licht auftauchen wird, um mir weiterzuhelfen", sagte Deborah.

Heute verbindet Deborah ihre geschäftlichen Unternehmungen, Freizeitaktivitäten und ihr Privatleben mit ihrem Streben nach einer Karriere im Showbusiness. Obwohl sie weiß, dass ihre Tanztage ziemlich vorbei sind, gibt es immer noch viele Modelaufträge und sie hat das Gefühl, dass ihre Schauspielkarriere gerade erst begonnen hat. So wie sie gezeigt hat, dass es nie zu spät ist, mit dem Motorradfahren anzufangen, ist Deborah überzeugt, dass es nie zu spät ist, ihre Träume und Ziele zu verwirklichen, den Erfolg zu erreichen, den sie sich in jungen Jahren beim Einstieg in das Unterhaltungsgeschäft wünschte. Und sie ist nicht die einzige. Seit ihrer Bekanntheit im Harley-Werbespot und der *Vanity Fair* unterschrieb sie bei Felix Tipper bei JLA Talent, der auch davon überzeugt ist, dass die fleißige Mutter eine Zukunft in Film und Fernsehen hat.

„Ich glaube, wenn ich meine Karriere in jungen Jahren fortgesetzt hätte, wäre ich wahrscheinlich ein sehr erfolgreicher

Film- oder Fernsehstar. Davon abgesehen bereue ich den Weg meines Lebens überhaupt nicht, denn meine Familie steht immer an erster Stelle. Meine Mädchen bedeuten mir alles und der Rest ist ein Bonus. Ich habe nie daran gedacht, meine Unterhaltungskarriere als Opfer aufzugeben. Eigentlich finde ich es in gewisser Weise gut. Jeder weiß, dass nur sehr wenige erfolgreiche Filmstars in Hollywood überleben, wenn sie über vierzig sind. Nur die Härtesten und Besten finden weiterhin relevante Arbeiten. Aber das Gesicht Hollywoods verändert sich. Als ich zum ersten Mal in die Szene kam, war es viel restriktiver. Wenn Sie ein kommerzieller Schauspieler waren, waren Sie ein kommerzieller Schauspieler. Wenn Sie ein Film- oder Fernsehschauspieler waren, haben Sie das getan“, bemerkte Deborah.

„Ein Crossover-Schauspieler zu sein, wird jetzt zur Norm. Es gibt viele Rollen für Frauen über 40, und es kann von Vorteil sein, in Ihrer Jugend kein großer Star im Festzelt gewesen zu sein. Ich bin in keine Schublade gesteckt worden und kann viele verschiedene Rollen spielen. So Gott will, werde ich einige dieser Rollen ergattern, sei es im Film, in einer Fernsehserie oder im Theater, und Deborah DiMiceli wird ein bekannter Name werden. Wenn es passiert, passiert es. Ich habe gute Erinnerungen an das Unterhaltungsgeschäft und sammle jetzt mehr. Ich fühle mich sehr gesegnet und meine Hauptpriorität im Leben ist es, in enger Gemeinschaft mit anderen zu leben. Ich habe eine liebevolle Familie und ein wunderbares Leben. Ich bin an drei erfolgreichen Unternehmen beteiligt, die ich je nach Bedarf hoch- oder

runterfahren kann. Und egal was passiert, ich werde immer meine
Harley haben.“

Vicki Roberts Sanfelipo – ASMI Engel Fürs Leben

Der Lebensstil des Motorradfahrens beeinflusst unweigerlich die Lebensperspektive eines Menschen und führt in vielen Fällen zu einer unerwarteten Motorradkarriere. Für Vicki Roberts Sanfelipo, die sich lieber als Biker denn als Motorradfahrerin bezeichnet, führte der Lebensstil direkt dazu, dass sie in den Vereinigten Staaten zu einer wichtigen Befürworterin der Motorradsicherheit wurde. Nicht so sehr, wie man Unfälle verhindert, sondern wie man sicher mit den Folgen umgeht, wenn und wenn ein solcher auftritt. Vicki ist seit über 25 Jahren engagierte Gesundheitsfachkraft (RN/EMT) und gründete 1996 die gemeinnützige Organisation Accident Scene Management, Inc. (ASMI). Reaktionstraining.

Vierzehn Jahre später fungiert sie als ASMI-Direktorin/Lead Instructor/Instructor Trainer und ASMI-Vorstandsvorsitzende. Zur Zeit hat ASMI fünf Instruktor-Trainer und über 140 Instruktoren in 28 Staaten. Das von Vicki entwickelte Programm A Crash Course for the Motorcyclist wurde in zahlreichen lokalen und staatlichen Publikationen sowie in vielen der führenden amerikanischen Motorradmagazine wie *Iron Horse, Thunder Press, American Motorcyclist, Road Bike, Quick Throttle* und *Big Twin* ausge-zeichnet.

Zusätzlich zu ihren Aufgaben bei ASMI ist Vicki, die in einer Vielzahl von Krankenhäusern von der Intensivpflege bis zum Operationssaal gearbeitet hat, derzeit im Waukesha Memorial Hospital in der Nähe von Milwaukee, Wisconsin, als perioperative

Krankenschwester für die Abteilung für Chirurgie tätig. Als ob sie nicht genug zu tun hätte, unterrichtet sie auch HLW, Defibrillatoren und Erste Hilfe für die American Heart Association. Und natürlich steigt sie bei jeder Gelegenheit mit ihrer Harley aus. Obwohl sie im Norden der USA mit den langen Wintern lebt, reiten Vicki und ihr Mann Tony „Pan" Sanfelipo so viel und so oft sie können; in einem durchschnittlichen Jahr legen sie etwa 15.000 Meilen (24.140 Kilometer) zurück. Im Jahr 2009 fuhr Vicki 28.968 Kilometer (18.000 Meilen) und wurde Mitglied der Iron Butt Association, indem sie in weniger als 24 Stunden über 1.000 Meilen (1.609 Kilometer) fuhr.

„Ich bin definitiv ein vielbeschäftigter Mensch und manchmal ist es ein echter Jonglierakt, all das zu tun, was ich tue. Aber es ist alles eine Liebesarbeit. Ich habe es geschafft, meinen gewählten Beruf mit meiner Leidenschaft für Motorräder durch ASMI zu verbinden. Es ist eine Art Win-Win-Situation. ASMI-Klassen sind Motorrad-Crash-spezifisch. Wenn ein Trauma zu einer HLW führt, hat das Opfer nur eine einprozentige Überlebenschance. Die Fahrer müssen sich dessen bewusst sein und wir müssen alles tun, um diesen Punkt zu vermeiden. ASMI-Klassen sind sowohl für den durchschnittlichen Fahrer als auch für den professionellen Retter geeignet. Ich bin sehr stolz auf das, was ich tue und was ich zur Motorrad-Community beitragen konnte", sagte Vicki.

„Und ich bin stolz darauf, eine Frau zu sein. Eine Bikerin noch dazu! Mein Mann sagt mir, dass er froh ist, dass ich beim Reiten wie einer von den Jungs bin, aber das Gute ist, dass ich ein

Mädchen bin, was ihm richtig Spaß macht. Ich bin jedoch nicht unbedingt dein „rosa" Mädchen. Ich denke, wir alle haben ein bisschen Wildfang in uns, sonst würden wir wahrscheinlich erst gar nicht Motorrad fahren. Ich habe einfach nicht das Gefühl, dass ich den Leuten meine Weiblichkeit zeigen muss, indem ich pink bin. Aber ich liebe meinen Schmuck und habe zum Beispiel kleine Nieten und hübsche Dinge an meiner Hose. Ich lackiere gerne meine Nägel und achte darauf, dass ich mich jeden Morgen schminke, bevor ich zur Tür gehe. Da ist ein bisschen Eitelkeit dabei!"

Vickis gesamtes Erwachsenenleben wurde in Minneapolis, Minnesota, geboren und ist seit fast drei Jahrzehnten sowohl sozial als auch beruflich Biker. Tatsächlich betrachtet sie sich selbst vor allem als Biker. In ihrem Leben haben nur drei Dinge Vorrang: Ehefrau, Mutter und Großmutter zu sein. Sie wuchs in verschiedenen Gegenden des Staates auf, da ihre Familie regelmäßig umzog. Der Umzug wurde durch die Beschäftigungsmöglichkeiten ihres Vaters Glen diktiert, der als Fabrikarbeiter begann und schließlich die Karriereleiter hinaufkletterte, um Buchhalter zu werden. Als Computer Ende der 70er Jahre gerade erst zu einem festen Bestandteil des Arbeitsalltags wurden, bekam er einen Job bei NCR, wo er sich niederließ und eine solide Karriere als Programmierer machte. Vickis Mutter Marcia war Hausfrau, die sich um Vicki, ihren älteren Bruder Doug und die beiden jüngeren Schwestern Sharon und Ginny kümmerte.

Als fromme, eng verbundene baptistische/evangelische Familie besuchten sie alle an Sonn- und Feiertagen die Kirche. Im

Einklang mit ihrer aufgeschlossenen Persönlichkeit nahm Vicki an kirchlichen Aktivitäten wie Chor, Sonntagsschule und Campusleben teil. Obwohl sie regelmäßig entwurzelt wurde, verlor sie den Kontakt zu ihren Freunden in Kirche und Schule, ihr Glaube und ihr Engagement für ihre Religion waren jedoch sehr stark und gaben eine Kraftquelle, um mit den Umzügen fertig zu werden, die sie erduldete. Im Laufe der Jahre wurde Vicki jedoch von der organisierten Religion und dem damit verbundenen Dogma mehr oder weniger desillusioniert. Wie so viele Motorradfahrer, ob religiös oder nicht religiös, betrachtet sie sich als spirituelle Person, die sich beim Motorradfahren Gott am nächsten fühlt.

„Wenn ich fahre, fühle ich mich mehr mit Gott, der Natur und sogar mit mir selbst verbunden. Ich kann klarer denken, denn sobald ich auf mein Rad steige, scheint schon beim Fahren das Wichtige vom Unwichtigen zu trennen. Es ist, als würde mein Geist aufgeräumt. Mein Bewusstsein konzentriert sich auf das Reiten und Bereiche meines Unterbewusstseins tauchen auf. Dies scheint es zu ermöglichen, die Dinge leichter zu relativieren. Es ist eine wundervolle heilende Auszeit auf meinem Fahrrad. Es gibt keine Mauern oder Barrieren zwischen Gott und mir. Ich bin da draußen in den Elementen. Seine Elemente, die Elemente, von denen wir alle ein Teil sind. Und beim Fahren bin ich mir der Vernetzung von allem bewusster", erklärte Vicki.

„Früher dachte ich, man müsse in die Kirche gehen, wenn man an Gott glaubte. Diese Kirche war der einzige Ort, an dem Sie sich wirklich mit Gott verbinden. Aber jetzt sehe ich das nicht mehr so. Nicht, weil ich meine Meinung willkürlich geändert habe, sondern weil mir meine Erfahrungen im Leben gezeigt haben, dass es nicht so sein muss. Der Lebensstil des Motorradfahrens hat viel damit zu tun. Ich finde es interessant, dass viele nichtreligiöse Menschen durch ihre Radfahrerfahrung entweder religiös oder spirituell veranlagt werden. In den USA gibt es zum Beispiel einige christliche Motorradclubs mit großen Mitgliedschaften. Wir sind alle Brüder und Schwestern im Wind. Es ist alles gut! Wie kann etwas, das dich zu einem besseren Menschen macht, nicht gut sein?"

Um den Übergang von einem Ende von Minnesota zum anderen weiter zu erleichtern, vertiefte sich Vicki in Schulaufgaben und außerschulische Aktivitäten. Sie war sehr sportlich und wettbewerbsfähig und nahm unabhängig von Stadt oder Schule an Softball, Leichtathletik, Schwimmen, Fußball, Radfahren teil – sie kandidierte sogar für die Klassensprecherin! Als gute Schülerin fand sie schnell Freunde und liebte es, Teil jeder Szene zu sein, der sie begegnete. Im Alter von sechzehn Jahren wird Vicki schwanger und bringt ihre älteste Tochter Andrea zur Welt. Vickis Familie lebte zu dieser Zeit in Duluth, Minnesota, und Vicki war der Meinung, dass sie als Mutter mit der High School fertig sein sollte. Aber anstatt das Studium abzubrechen, nahm sie eine ganze Menge Unterricht, Abendschule und Sommerschule, um nach ihrem Juniorjahr ihren Abschluss zu machen. Mit siebzehn heiratete sie den Vater ihres Babys und zog kurz darauf nach Zentral-Wisconsin.

Nach ihrer nomadischen Jugend – und jetzt in der Hand ihres eigenen Schicksals – beschloss Vicki, dort zu bleiben und einen

Laden im Zentrum von Wisconsin zu eröffnen, wo sie ihre Familie aufzog. Dort würde sie 25 Jahre bleiben und in Wausau leben. Nach der Geburt ihres zweiten Kindes, Becky, wurde Vickis erste Ehe geschieden und sie dachte, es sei an der Zeit, sich weiterzubilden. Sie schrieb sich an einer Krankenpflegeschule ein und schloss 1984 das North Central Technical College mit Bestnoten ab. Sie verfolgte eine Karriere im örtlichen Krankenhaus als registrierte Krankenschwester und verbesserte regelmäßig ihre Qualifikationen, um ihre Fähigkeiten zu erweitern, ihren Beruf optimal zu erfüllen. Ihre Lieblingsbereiche waren die Intensivpflege, aber in den letzten sechzehn Jahren hat sie im Operationssaal gearbeitet. Acht Jahre davon waren in der Ausbildung, der Entwicklung eines Orientierungsplans für neue Mitarbeiter und der Überwachung der Personalentwicklung für einen OP mit 16 Suiten. Auf dem Weg dorthin heiratete sie erneut und gebar eine dritte schöne Tochter, Michelle.

Wie bei vielen Bikerinnen erfolgte auch Vickis offizieller Einstieg in die Welt der Motorräder als Beifahrerin auf einem. Ihre erste Begegnung mit einem Motorrad, als sie fünfzehn Jahre alt war, hatte jedoch ziemlich schlecht geendet. Einer ihrer Cousins – das einzige Mitglied ihrer Großfamilie, das sich für Motorräder interessierte – versuchte eines Tages, ihr beizubringen, wie man sein neues Dirtbike fährt. Sie drückte versehentlich die Kupplung und drehte das Fahrrad, und nachdem sie abgesetzt wurde, hielt sie sich mit geöffnetem Gas am Lenker fest. Sie rannte hinterher und versuchte herauszufinden, wie sie die Situation unter Kontrolle bringen konnte, und erkannte bald, dass sie nur noch loslassen konnte. Das Motorrad fuhr natürlich weiter, bevor es in einer Staubwolke zerschellte. Obwohl ihre Cousine versuchte, sie zu beruhigen, dass Dirtbikes eine Tracht Prügel einstecken sollten, und sie drängte, es noch einmal zu versuchen, war sie zu aufgebracht, um wieder in den Sattel zu steigen.

Vicki dachte erst zehn Jahre später über Motorräder nach, als sie anfing, sich mit einem Harley-Fahrer zu treffen. Sie erinnert sich deutlich an ihre erste Erfahrung mit dem Wind in ihren Haaren; die Geschwindigkeit und die Nähe zur Umgebung waren berauschend und aufregend. Und obwohl sie anfangs ziemlich nervös war, gefiel ihr das Gefühl der Freiheit so gut, dass sie regelmäßige Mitfahrerin auf seinem Motorrad wurde. Dann, um 1987, erleichterten eine Reihe dramatischer Ereignisse den Prozess, ein eigenes Fahrrad zu bekommen. Sie kaufte eine Harley Sportster von 1979 und wurde von einigen Motorradclubmitgliedern, mit denen sie befreundet war, unterrichtet, wie man sie fährt. Obwohl sie immer noch eine gewisse Angst hatte, tatsächlich zu fahren, verfolgte sie die Erinnerungen an ihren ersten fehlgeschlagenen Versuch, ein Fahrrad zu kontrollieren, nahm sie die Herausforderung an.

„Durch meinen ehemaligen Freund hatte ich mich mit einigen Mitgliedern der Night Riders und Vietnam Vets angefreundet und sie brachten mir das Reiten bei. Skip von den Night Riders hat mir die Basics und Straßenkenntnisse gezeigt, während Cowboy von den Vietnam Vets mir gezeigt hat, was dich zu einem Hardcore-Fahrer macht. Er sagte mir, wenn ich eine

Harley fahren und mit den Jungs rumhängen würde, sollte ich besser wissen, wie man gut fährt und in der Lage ist, in jeder Situation und Umgebung mit mir selbst zurechtzukommen, weil niemand auf mich aufpassen würde. Er würde mich für total verrückte Fahrten mitnehmen", sagte Vicki.

„Er brachte mich zu Baustellen, auf denen die Straßen alle zerrissen waren, und in den Wald auf Holzfällerwegen, überall dort, wo es nicht wirklich für ein Straßenrad gedacht ist. Er führte mich in knifflige Situationen, in denen es extrem schwierig war, sich umzudrehen oder das Gleichgewicht zu halten, und stellte dann sicher, dass ich mein Fahrrad abholen konnte, wenn ich es tat. Ob Skip oder Cowboy, sie haben mich wirklich herausgefordert, versuchten mich zu zermürben und aufzugeben. Natürlich waren das Tests, bei denen ich ein besserer Biker wäre, wenn ich sie bestanden hätte. Und ich wollte der beste Biker sein, der ich sein konnte und den Respekt dieser Jungs gewinnen."

Da Vicki der Meinung war, dass es nicht zu viel Training gibt, hat Vicki auch den Experienced Rider Course der Motorcycle Safety Foundation absolviert, um eine noch versiertere Fahrerin zu werden. Seit sie mit dem Motorradfahren begonnen hat, ist Vicki ein lebenslanges Mitglied von ABATE of Wisconsin und ein Gründungsmitglied des Central Wisconsin HOG Chapters; Sie ist auch Mitglied von Kettle Moraine HOG, Motorcycle Riders Foundation, BOLT, Patriot Guard, St. Croix Valley Riders und der American Motorcyclist Association. Ihre Familie und Freunde, die kein Motorrad fahren, waren jedoch bestürzt über ihre

Entscheidung, ihr eigenes Fahrrad zu fahren. Nicht so sehr, dass sie Anti-Motorräder waren, sondern dass sie glaubten, dass dies der letzte Schritt in ihrem selbstzerstörerischen Verhalten sein würde, das sie seit einigen Jahren gezeigt hatte.

„Die erste Reaktion meiner Familie war, dass sie dachten, ich wäre auf einem Selbstmordkommando. Meine Mutter hat viele Tränen vergossen, als ich das Fahrrad bekam. Sie und der Rest meiner Familie dachten, ich wäre wirklich aus dem Ruder gelaufen, weil sie einige der anderen Probleme mit mir gelöst hatten. Ich war gerade wegen Drogen und Alkohol aus der Behandlung gekommen. Es war eine schwierige Zeit in meinem Leben. Zu dieser Zeit hatte ich mich auch von meinem Freund getrennt, der Biker war und das Motorrad besaß, auf dem ich früher beifahrer war. So verlor ich nicht nur meinen Freund, sondern auch meine Verbindung zum Motorradfahren. Ich weiß nicht, was ich mehr vermisst habe, ihn oder die unbeschwerten Stunden, die wir auf seinem Motorrad verbracht haben. Der einzige Weg, dies zu beheben, bestand darin, mein eigenes Fahrrad zu bekommen, damit ich nicht mehr von anderen abhängig bin, um den Fahrspaß zu genießen", sagte Vicki.

„Ich habe versucht, meiner Familie zu versichern, dass ich nicht die Absicht hatte, mich auf einem Motorrad gegen eine Mauer zu schicken, und dass es bequemere und weniger unordentliche Wege gäbe, wenn ich es wirklich schaffen wollte. Aber als die Jahre vergingen und sie erkannten, wie gut das Fahrradfahren für mich war, änderten sie ihre Einstellung völlig. Sie wurden tatsächlich meine größten Unterstützer und waren sehr stolz auf mein

Engagement für die Motorrad-Community und meine Initiative zur Gründung von ASMI. Meine Freunde kamen auch vorbei und zwei meiner besten Freundinnen, Cherie Haimerl und Karen Holland, Frauen, von denen ich dachte, dass sie die letzten sein würden, die jemals Motorrad fahren würden, stiegen tatsächlich ein. Heute gehen wir oft gemeinsam Ausritte und sind uns in vielerlei Hinsicht noch enger zusammengewachsen."

Seit ihrer Kindheit träumte Vicki davon, etwas aus ihrem Leben zu machen, das diese Welt prägen würde. Diese Träume drehten sich hauptsächlich um Dinge, von denen viele Kinder träumen, wie zum Beispiel ein berühmter Schriftsteller, Schauspieler oder Sänger zu werden. Als sie zwölf Jahre alt war, begann sie mit ihrem ersten Roman. Sie schrieb auch Songtexte und entdeckte, dass sie ein Talent zum Singen hatte, ein Talent, das ihr einen Auftritt bei einer Rockband namens Black Fire Rose einbrachte. Als die Band zusammenbrach, bildeten sie und ein weiteres Mitglied ein Duo, das sich Leather and Lace nannte. Ihr Material orientiert sich eher an Folk à la Dylan und dem Softrock von Bands wie Fleetwood Mac. Schließlich ging sie alleine als Solo-Performerin mit einer Akustikgitarre und spielte einige ihrer Originalmelodien zusammen mit den Covers, die sie machte.

Obwohl Vicki als Sängerin keinen Einfluss auf die Welt hatte, führte ihre Musikkarriere sie durch die Krankenpflegeschule. Nach ihrem Abschluss musste sie eine wichtige Entscheidung treffen: weiter singen oder als Krankenschwester arbeiten. Die Ungewissheit des Musikgeschäfts und die Arbeit jedes

Wochenendes drängten sie zur Krankenpflege, einem relativ sicheren Job mit einem festen Gehaltsscheck und Sozialleistungen. Obwohl sie gehofft hatte, nebenbei singen zu können, um zu sehen, ob es tatsächlich zu Ruhm und Reichtum führen würde, machte ihr Arbeitsplan im Gesundheitswesen mit seinen wechselnden Schichten und Wochenenden dieser Idee bald ein Ende. Sie wusste, dass sie auf andere Weise ihre Spuren in der Welt hinterlassen musste.

Aber es waren keine leichten Zeiten für Vicki. Die Anstrengung, drei Töchter aufzuziehen – von denen eine nach einem Schlaganfall im Alter von neun Monaten behindert war – und die Vollzeitbeschäftigung forderten ihren Tribut. Sie stellte fest, dass sie zu viel ihrer Freizeit in lokalen Bars verbrachte, was sie auf einen Weg des Exzesses führte, zu dem sie bereits anfällig war. Die Kombination aus all dem hat ihrer Ehe nicht viel gebracht und nach vier Jahren trennten sie sich von ihrem zweiten Ehemann; sie ließen sich schließlich scheiden.

„Ich war ziemlich beschäftigt mit meinen drei Töchtern, vor allem mit der Betreuung von Becky, die wegen ihrer Behinderung mehr Aufmerksamkeit brauchte als Andrea und Michelle. Der Schlaganfall hatte Becky spastisch triplegisch hinterlassen, entwicklungsverzögert und dazu bestimmt, ihr Leben im Rollstuhl mit Vollzeitpflege zu verbringen. Ich denke, dass ich wie viele andere Menschen nicht an einem Ort bin, an dem ich mir heute vorgestellt hätte. Früher glaubte ich, als Sängerin berühmt zu werden, aber das sollte nicht meine Bestimmung sein. Als ich verheiratet war, eine Familie gründete und als Krankenschwester arbeitete, dachte ich, ich würde einfach durchs Leben gehen, ohne jemals etwas Wichtiges zu erreichen. Nicht, dass Pflege nicht wichtig wäre. Ich finde, es ist ein sehr nobler und ehrenhafter Beruf und ich habe meinen Job immer geliebt. Aber Krankenschwester zu sein führt in der Regel zu nichts anderem. Du kommst in eine Routine, meldest dich für deine Schicht, arbeitest acht Stunden oder mehr und gehst dann nach Hause", bemerkte Vicki.

„Und dann wurde ich Biker. Das Letzte, was ich je erwartet hatte, war, dass ein Motorrad mein Leben so dramatisch verändern würde und dass meine pflegerischen Fähigkeiten tatsächlich in meiner Rolle als Biker zum Tragen kamen. Wenn ich nicht Krankenschwester geworden wäre, wäre ich zweifellos immer noch Biker geworden, aber es hätte nicht zu meiner Gründung von ASMI mit der Mission geführt, Leben zu retten. Auch wenn ich weit davon entfernt bin berühmt zu sein, habe ich meine Spuren hinterlassen, und das ist sehr befriedigend. Hoffentlich gibt es ASMI noch lange nach meinem Weggang und mein Bild hängt an einer Wand im Hauptbüro mit einer Plakette, die mich als Gründer auflistet. Ich liebe Musik immer noch, aber ich bereue es nicht, dass ich keine Art Rockstar geworden bin. Wer weiß, vielleicht hat es zu Unglück geführt. Ich bin glücklich mit meinem Leben, so wie es ist, und ich fühle mich erfüllt. Ich bin vielleicht nicht dort, wo ich mir in dieser Phase meines Lebens vorgestellt hatte, aber mir ist klar, dass ich dort sein sollte."

Obwohl es für die meisten eine Selbstverständlichkeit für eine Motorradfahrerin erscheinen mag, eine Organisation wie ASMI zu gründen, um sich mit Motorradunfalltraumata zu befassen, war es kein Slam Dunk. Tatsächlich tauchte ASMI auf einem ziemlich umständlichen Weg auf und es dauerte fast zehn Jahre, bis Vicki anfing, ihr eigenes Motorrad zu fahren. Wenn sie mit Freunden unterwegs waren, sagten sie oft, dass sie sich sicherer fühlten, wenn sie wussten, dass eine Krankenschwester mit ihnen fuhr, wenn sie in einen Unfall verwickelt wurden. Aber jedes Mal, wenn sie diese Worte hörte, zuckte sie zusammen, weil damit eine Menge Verantwortung auf den Schultern von jemandem lastete, der noch nie in Feldmedizin oder Motorradunfalltrauma unterrichtet worden war. Dennoch war die Saat, aus der ASMI werden sollte, gesät.

Vicki begann, die Verfahren zu überprüfen, die sie in einer Situation kennen musste, in der jemand aus ihrer Gruppe ausgefallen war und Rettungskräfte noch nicht vor Ort waren. Eines der ersten Dinge, die sie tat, war, sich für einen EMT-Kurs (Emergency Medical Technician) einzuschreiben. Um ihre Effektivität an einem Unfallort weiter zu steigern, nahm Vicki an einem Kurs von Slider Gilmore teil, einem Rettungssanitäter, der sich auf Traumata bei Motorradunfällen spezialisiert hat.

„Als ich das Wissen erlangt hatte, wie ich mit der Möglichkeit eines Abstiegs eines Mitfahrers umgehen sollte, begann ich mich zu fragen: ‚Wer kümmert sich um mich, wenn ich derjenige bin, der untergeht?‘ Zuerst fühlte ich irgendwie egoistisch zu denken. Aber dann wurde mir klar, dass je mehr Biker die

Prozeduren kannten, die ich gelernt hatte, desto größer war die Chance, dass ein verletzter Fahrer überleben würde, wenn der Unfall schwerwiegend genug war. Dies war der eigentliche Funke, der dazu führte, dass ich ASMI gründete und einen Crashkurs für das Motorradfahrerprogramm zusammenstellte. Der Kurs dauert siebeneinhalb Stunden und basiert auf dem U.S. DOT First Responder Curriculum. Es führt Sie im Wesentlichen durch vier verschiedene Abschnitte: wie Sie weitere Verletzungen vermeiden, die Situation einschätzen, den Rettungsdienst kontaktieren und die Person mit lebenserhaltender Pflege behandeln. Der Kurs richtet sich an den durchschnittlichen Laien. Es ist kein CPR- oder Erste-Hilfe-Hintergrund erforderlich", sagte Vicki.

Die ersten Menschen, denen sie den Kurs beibrachte, waren ihre Motorradfahrer-Freunde. Dies sorgte für ihre anfängliche Reaktion, wer ihr helfen würde, wenn sie unterging. Als bekannt wurde, dass Vicki diesen innovativen neuen Kurs unterrichtet, bekam sie immer mehr Anfragen von Leuten, die sie nicht einmal kannte. ASMI wurde geboren und seit seiner Gründung im Jahr 1996 haben über 16.000 Menschen den Kurs in den USA besucht – der eigentliche Unterricht begann erst 1997. Nicht nur das Wissen um den Umgang mit dem Absturz eines anderen Menschen kommt zum Tragen, sondern auch, wie man damit umgeht die Situation, wenn Sie noch bei Bewusstsein sind, nachdem Sie selbst untergegangen sind. Vicki hofft, dass ASMI nach Kanada expandiert – einige Kanadier gehen derzeit in die Vereinigten Staaten, um den Kurs zu belegen – und schließlich weltweit. Es laufen auch Diskussionen, um das Kursarbeitsbuch als eigenständiges Buch zu veröffentlichen, damit mehr Menschen Zugang zu den Informationen haben.

In den USA ist ASMI im Laufe der Jahre stetig gewachsen und nimmt Vicki immer mehr Zeit in Anspruch. Ihre derzeitige Vereinbarung mit dem Waukesha Memorial Hospital sieht vor, einen Tag in der Woche zu arbeiten, aber oft wird sie aufgefordert, zusätzliche Tage einzuplanen. Sie ist sich bewusst, dass sie in nicht allzu ferner Zukunft ihren Pflegejob aufgeben muss, wenn sie ihr Arbeitspensum bei ASMI mit zwei Vollzeitkräften bequem bewältigen will. Um ihr Einkommen aufzubessern – Vicki arbeitet tatsächlich ehrenamtlich bei ASMI – gründete sie ein zweites Unternehmen, SOS-LLC, das HLW und Erste-Hilfe-Produkte unterrichtet und verkauft, die den ASMI-Kurs ergänzen.

Neben ihren vielen Aufgaben bei ASMI, zu denen Direktorin, Hauptausbilderin, Ausbilderin, Vorstandsvorsitzende, Fundraising, Öffentlichkeitsarbeit usw. gehören, ist Vicki ständig bestrebt, ihr Programm zu verbessern, um die Ergebnisse von Motorradunfällen zu verbessern. Eines ihrer Lieblingsprojekte im Sommer 2009 war das Studium der Helmabnahmetechniken eines verletzten Fahrers. Um den Prozess zu erleichtern, wurden Crashtest-Dummies verwendet und Blindstudien durchgeführt, um die beste Entfernungstechnik zu finden. Diese Studie, die erste umfassende ihrer Art, wurde in Zusammenarbeit mit dem Center for Injury Prevention und dem Medical College of Wisconsin durchgeführt.

In Übereinstimmung mit ihrer Überzeugung, dass es nicht zu viel Training gibt, startete Vicki 2010 ein ergänzendes ASMI-Programm namens Road Guardians. Dieses Programm bietet Ressourcen, Belohnungen und Anerkennung, die das lebenslange Lernen von Motorradfahrern fördern. Alle Road Guardians erhalten die gleichen Anreize. Zertifizierte Road Guardians erhalten einen zertifizierten Rocker und ein goldenes Label auf ihrer Mitgliedskarte. Um ein Road Guardian zu werden, muss man lediglich eine ASMI-akkreditierte Bystander Assistance Class absolvieren, die lehrt, was bei einem Motorradunfall zu tun ist. Konferenzen namens Biker's Betterment Conferences oder BBCs sind Ressourcen für alle Motorradfahrer.

Vor kurzem gründete Vicki zur Unterstützung amerikanischer Veteranen eine Gruppe namens Diamond Posse. Ihre Mission ist es, Veteranen zu ermutigen und zu stärken, die sich durch ihren Dienst mit Herausforderungen konfrontiert sehen, sie auf ihrem Weg zur Genesung zu unterstützen und das Bewusstsein für die Hindernisse und Opfer zu schärfen, mit denen Veteranen konfrontiert sind, um Amerikas Freiheit zu verteidigen. Die Gruppe veranstaltete im Mai 2010, wie sie hoffen, den ersten von vielen jährlichen Diamond Posse Rides. Die Fahrt begann in San Antonio, Texas und endete in Green Bay, Wisconsin. Von dort ging es weiter nach Milwaukee, um an Harley-Davidsons Women & Motorcycling Celebration mit einem Abschlussempfang im Iron Horse Hotel teilzunehmen. Das Hauptaugenmerk der Fahrt liegt auf der Sensibilisierung und Spenden für den Fallen Heroes Fund.

Aber es ist nicht nur Arbeit und kein Spiel für Vicki. Und spielen bedeutet natürlich normalerweise, ihre Harley 2008 Street Glide alleine zu fahren, mit ihrem Ehemann Tony oder mit einer Gruppe von Freunden. Im Jahr 2002 hatten sie und Tony, einer ihrer größten Unterstützer, eine Hochzeit auf dem Crazy Horse Mountain in den Black Hills von South Dakota, die man als Märchenhochzeit bezeichnen könnte – oder je nach Perspektive aussergewöhnliche Hochzeit. Beide waren zuvor verheiratet und waren sieben Jahre lang zusammen, bevor sie den Bund fürs Leben geschlossen haben.

Die Hochzeitszeremonie fand auf dem Arm des Crazy Horse-Denkmals neben seinem Gesicht statt. Kein typischer Ort, um Gelübde abzulegen, aber einzigartig und einfallsreich. Tonys und Vickis Harley-Davidson-Motorräder, die mit Wildblumen bedeckt waren, waren auf die Spitze des Denkmals gebracht worden, um als Altar zu dienen. Es überrascht nicht, dass sie das erste Paar waren, das jemals um Erlaubnis bat, am Denkmal des angesehenen indianischen Freiheitskämpfers des Stammes Oglala Lakota zu heiraten. Über zweihundert geladene und nicht eingeladene Gäste, viele von ihnen Motorradkönige, nahmen an der Veranstaltung teil. Die Hochzeitsgesellschaft umfasste eine Trauzeugin und sechzehn Trauzeugen. Statt Blumenmädchen gab es Blumenkätzchen in Leopardenhosen. Diese Damen waren Mitglieder einer kleinen Gruppe von Weibchen, mit der Vicki reitet, die Kitten Squad genannt wird.

„Es war für alle ein fantastischer Tag. Wir hätten nie gedacht, dass so viele Menschen den ganzen Weg nach draußen wagen würden, um an unserem besonderen Tag teilzunehmen. Sogar die lokalen Medien haben darüber berichtet. Manche Leute dachten, es sei etwas bizarr, nicht in der üblichen kirchlichen Umgebung zu heiraten, aber wenn Sie nach einem spirituellen Ort suchen, werden Sie ihn am Crazy Horse Mountain finden. Ich habe schon lange eine Affinität zu den Indianern und ihrer Spiritualität. Ich denke, sie wissen mehr über den Großen Geist als wir. Während der Zeremonie flog ein Adler über sie hinweg und alle schnappten nach Luft. Es war absolut wunderbar. In der Kultur der Ureinwohner gilt dies als sehr gutes Omen und wir wussten, dass wir gesegnet waren. Es war wahrscheinlich der perfekteste Tag, den ich je erlebt habe und alles war motorradorientiert. Wir sind alle von Wisconsin nach Sturgis gefahren und einige Gäste kamen aus Kalifornien, Texas und neun anderen Bundesstaaten", sagte Vicki.

Die einzige Traurigkeit war die Tatsache, dass Vickis Mutter nicht da war. Sie war Anfang des Jahres plötzlich an Gallenblasenkrebs gestorben. Tonys Mutter starb später in diesem Jahr, was 2002 zu einer Achterbahn der Gefühle machte. Zur Aufregung und Freude des Tages trug jedoch Tonys Aufnahme in die Motorcycle Hall of Fame in Sturgis am frühen Morgen bei. Er war der erste Aufnahme in eine neue Kategorie, die Motorrad-Freiheitskämpfer Amerikas ehrt. Tony ist ein national bekannter Redner für Motorradrechte und Interessenvertretung. Als Biker seit weit über vierzig Jahren ist er seit Anfang der 1970er Jahre im Motorradrecht aktiv.

Tony ist nicht nur der Gründer von ABATE of Wisconsin und BOLT (Bikers of Lesser Tolerance), sondern unterrichtet jedes Jahr viele Stunden ehrenamtlich, um Motorradkonfiszierungsgesetze, Versicherungsnomenklatur und Bystander Assistance Classes zu unterrichten. Tony ist seit 1999 Rettungssanitäter und leitet die Motorradtouren von Scott Walker und Tommy Thompsons. Er arbeitet für Hupy and Abraham, S.C., eine führende Anwaltskanzlei in Milwaukee, und hat über 16 Jahre Feldforschung als Spezialist für Motorradkoffer. Wenn es um Kompatibilität geht, haben Vicki und Tony alle Zutaten für eine erfolgreiche Ehe, einschließlich der gleichen Ziele in ihrem persönlichen und beruflichen Leben, wobei ihre Harleys im Mittelpunkt stehen. Sie ergänzen sich komplett und sind zu zwei großen Playern in der amerikanischen Motorradszene geworden.

„Es gab Zeiten in meinem Leben, in denen ich mich selbst in Frage gestellt habe … worum geht es, warum bin ich hier, was mache ich? Ich habe einige sehr schwierige Zeiten durchgemacht. Irgendwann waren meine Familie und Freunde sehr besorgt darüber, dass ich diese schwierigen Zeiten meistern könnte, aber ich überlebte. Ihre Liebe und Unterstützung halfen, aber letztendlich verdanke ich dem Motorrad, dass es mein Leben zum Besseren verändert hat, dass es mir eine Richtung gegeben hat und das getan hat, was ich mit meinem Leben machen soll. Tony zu treffen, ein direktes Ergebnis davon, Biker zu sein, und sich mit ihm niederzulassen, brachte noch mehr positive Veränderungen. Ich bin sehr gesegnet. Ich lebe mein Leben so, wie ich es leben möchte. Ich habe einen großartigen Ehemann und habe zwei weitere Töchter bekommen, also haben wir zusammen fünf Töchter und acht Enkelkinder. Ich habe eine wundervolle Familie, eine erfolgreiche Karriere und eine Organisation, die einen Beitrag zum Motorrad-Lifestyle leistet. Was könnte ich mehr verlangen?" sagte Vicki.

Pepper Massey – Avantgarde-Motorradberater

Der Beitrag von Pepper Massey zur Motorrad-Community ist beeindruckend. Mit Sitz in Sturgis, South Dakota, war sie einige Jahre lang eine Schlüsselfigur bei der legendären Motorrad-Rallye der Stadt, bevor sie ihre eigene Beratungsfirma PM Consulting leitete, die sie 2008 gründete. Sie war Direktorin der Sturgis Rally Abteilung für zwei Jahre und geschäftsführender Direktor des Sturgis Motorcycle Museum & Hall of Fame für die viereinhalb Jahre davor. Außerdem war sie zweieinhalb Jahre lang Direktorin des National Motorcycle Museum & Hall of Fame und arbeitete elf Jahre lang als Executive Coordinator für die National Coalition of Motorcyclists (NCOM). Ihre Arbeit in der Motorradindustrie ist nicht unbemerkt geblieben; Zu den Ehrungen, die ihr zuerkannt wurden, gehören der NCOM Lifetime Achievement Award; Cycle Source Magazine Motorradfrau des Jahres; Ehrenmitglied #16 Wind & Fire Motorcycle Club; Ehrenmitglied des Verbandes europäischer Motorradfahrer auf Lebenszeit; und Ehrenmitglied auf Lebenszeit Comité d'Action Politique Motocycliste, Quebec.

Seit ihrem ersten Besuch bei der Sturgis Rally im Jahr 1985 – dem Jahr, in dem sie begann, ihr eigenes Fahrrad zu fahren – hat Pepper irgendwann alle wichtigen Motorradveranstaltungen, Konferenzen und Rennen in den Vereinigten Staaten besucht. Die Gründe für die Teilnahme an diesen Veranstaltungen waren in der Regel zweierlei: Erstens als leidenschaftlicher Biker auf Kameradschaft und Spaß und zweitens als aufmerksamer

Beobachter, der so viel wie möglich über die Motorrad-Community und das Geschäft lernte. Ebenso ist sie aus den gleichen Gründen nach Europa und Kanada gereist. 25 Jahre später ist Pepper eine der kenntnisreichsten und angesehensten Frauen der amerikanischen Bikerszene. Sie ist eine sehr gefragte Beraterin, Eventplanungs, PR-Marketing-Agentin und Keynote-Speakerin, deren Arbeitspensum für den Durchschnittsmenschen als abschreckend empfunden wird.

Durch ihren vielfältigen Hintergrund und ihre vielfältigen Aktivitäten, die ein breites Spektrum an Expertise in den Bereichen Public Relations, Marketing, Promotion, Unternehmens- und Verbraucherkommunikation sowie Eventmanagement mitbringen, hat Pepper immer etwas unterwegs, vieles davon in der Motorradbranche. Sie ist eine strategische Denkerin und eine detailorientierte, hochintegrierte Teamplayerin mit einem Streben nach Exzellenz in Organisation, Team und Selbst. Ihre 25-jährige Erfahrung ist mit bedeutenden Erfolgen gespickt. Peppers Lebenslauf ist wirklich beeindruckend und spiegelt die selbstmotivierte, energische, einfallsreiche und leidenschaftliche Person wider, die sie ist.

„Ich bin ein sehr schwarz-weißer Mensch. Es gibt richtig und es gibt falsch. Ich denke gerne, dass ich ein guter Zuhörer bin, aber ich habe sicherlich Meinungen, die auf Dingen basieren, die mir sehr am Herzen liegen. Und die Motorradindustrie und die erweiterte Motorradszene sind zwei Dinge, für die ich eine große Leidenschaft habe. Ich setze mich dafür ein, es in all seinen Facetten so gut wie möglich zu machen, und das gilt auch für den legislativen Bereich.

Andererseits denke ich, dass es nur wenige Dinge im Leben gibt, über die es sich lohnt, ernsthaft zu kämpfen. Je älter ich werde, desto mehr merke ich, dass nichts in Stein gemeißelt ist. Ich denke, hoffentlich altere ich in Würde und verstehe immer mehr, dass Veränderungen akzeptabel und unvermeidlich sind. Dass die Person, die ich heute bin, sicherlich nicht die ist, die ich war, als ich zwanzig war, als ich wirklich glaubte, alles zu wissen", sagte Pepper.

Als Energieball mittleren Alters, freigeistig, mitfühlend, charmant, artikuliert und freimütig erblickte Pepper zum ersten Mal in Woonsocket, Rhode Island, das Licht der Welt. Ihre Mutter Claire, die italienischer Abstammung war, ließ sich kurz nach Peppers Geburt von ihrem Vater Clifford scheiden. Tatsächlich hat sie ihren leiblichen Vater, der irischer Abstammung war, nie kennengelernt. Die zweite Ehe ihrer Mutter mit einer Kanadierin, als Pepper erst drei Jahre alt war, führte dazu, dass die Familie, zu der auch ihre ältere Schwester Margie gehörte, in den Norden der Grenze zog. Sie zogen bis nach Keswick, Ontario, in eine ländliche Gegend an der Südspitze des Lake Simcoe, etwa 97 Kilometer nördlich von Toronto. Peppers zehn Jahre jüngere Schwester Aileen wurde geboren, nachdem die Familie in den Großen Weißen Norden gezogen war. In Keswick wuchs Pepper auf einer kleinen Farm auf und lebte sehr naturverbunden. Das Haus hatte keine sanitären Anlagen im Innenbereich und die Wärme wurde von einem Holzofen geliefert.

Edward, ihr Stiefvater, war neben dem Anbau von Feldfrüchten und dem Dachdecker auch Jäger/Fischer. Das Geld war normalerweise knapp und ein Großteil der Ernährung der Familie wurde durch das, was er auf dem Land angebaut hatte, und die Fauna, die er aus den Wäldern, Bächen und Seen mitbrachte, ergänzt. Obwohl sie es damals nicht wirklich sehen konnte – vor allem als Jugendliche, die sich nach dem Stadtleben sehnte, fand Pepper Gefallen am Landleben. Heute erinnert sie sich an diese Tage in Kanada als Abenteuer und eine wundervolle Kindheit zurück. Jahre später, als sie anfing, Sturgis und die Black Hills jährlich von ihrem damaligen Zuhause im geschäftigen Los Angeles aus zu besuchen, wurde ihr klar, dass sie zu einem einfacheren, langsameren ländlichen Lebensstil zurückkehren wollte. Es war das Leben, das sie in Keswick gelebt hatte. Ihr neues Zuhause in Sturgis hatte jedoch Inneninstallationen, Zentralheizung und ein richtiges Badezimmer.

„Du weißt nie, wohin dich dein Weg im Leben führt. Mein Weg hat mich an Orte geführt, von denen ich in meiner kühnsten Vorstellung nie geträumt hätte. Es gibt keinen Grund, warum ich heute hier in Sturgis bin. Jeder Schritt, den ich gemacht habe, war der richtige Schritt, auch wenn ich es damals nicht wusste, und er hat mich an einen ziemlich glücklichen Ort gebracht. Ich kann mir nicht vorstellen, woanders zu leben als in den Black Hills. Als ich 1985 zum ersten Mal hierher kam, fühlte ich mich verbunden. Ich hatte tatsächlich das Gefühl, irgendwie nach Hause gekommen zu sein und das Leben in Kanada hatte mich darauf vorbereitet. Ich liebte sofort das hügelige Gelände, die Bäume, die Adler und Hirsche und wilden Truthähne, die herumlaufen", sagte Pepper.

„Die heiligen Orte wie Bear Butte und Devil's Tower und die besonderen Orte wie Mount Rushmore und Custer State Park – so viel Schönheit an einem Ort und so viele fantastische Straßen, die Sie dorthin führen. Der Himmel war blau und die Luft sauber. Und die Leute waren freundlich! Es war auf allen Ebenen ein wunderbares Erlebnis und es wurde jedes Mal intensiver, wenn ich zur Rallye ging. Ich wusste, dass ich in diese Gegend der Vereinigten Staaten gehöre. Natürlich muss alles zu seiner Zeit stattfinden und ich habe ungefähr vierzehn Jahre gebraucht, um den Umzug zu vollziehen. Das Leben in Sturgis hat mich im Laufe der Jahre definitiv verändert. Ich möchte positiv glauben. Ich bin in vielerlei Hinsicht eine sehr glückliche Frau. Ich mag es wirklich, wo mein Kopf heute ist und ich fühle mich sehr wohl in meiner Haut."

Leider endete auch die zweite Ehe ihrer Mutter mit einer Scheidung und sie nahm ihre Töchter mit in die Staaten, als Pepper vierzehn Jahre alt war. Sie ließen sich in Woonsocket nieder, wo Pepper die High School besuchte. Nach ihrem Abschluss verließ sie das Familiennest und zog nach Delray Beach, Florida. Obwohl sie die Küstenstadt mochte, brachten die Regenzeit und die drückende Feuchtigkeit sie dazu, in ein anderes warmes Klima umzuziehen, aber ohne Regen und Feuchtigkeit. Tucson, Arizona, war ihr nächstes Zuhause und sie lebte dort vier Jahre lang.

In der Zwischenzeit hatte sich Pepper in ihre Tochter April Louise verliebt und war schwanger. Anstatt sie jedoch zu heiraten, ging ihr Freund den einfachen Weg und ließ eine schwangere Pepper auf sich allein gestellt. Da sie nicht in der Lage war, für sich und das Baby zu sorgen, befand sie sich in der unglücklichen und schwierigen Lage, April Louise zur Adoption freigeben zu müssen, als das Kind drei Monate alt war. Obwohl Pepper wusste, dass sie das Richtige für ihre Tochter tat, lastete die Entscheidung, das Baby aufzugeben, im Laufe der Jahre schwer auf ihr. Dennoch stand für beide ein Happy End bevor. Sie haben sich auf Aprils Geheiß Anfang dieses Jahrzehnts, als sie sechsundzwanzig Jahre alt war, wieder verbunden. Heute sind sie enge Freunde und genießen eine wundervolle Beziehung, in der sie sich so oft wie möglich treffen. Es überrascht nicht, dass April ihrer leiblichen Mutter nachgeht – sie besitzt ihre eigene erfolgreiche Werbefirma in Phoenix.

„Diese erstaunliche Person auf den Planeten zu bringen, ist bei weitem das Wichtigste, was ich je getan habe. Sie ist ein überaus freundlicher und guter Mensch und ich bin unglaublich stolz auf sie. Der Tag, an dem wir uns wieder verbunden haben, war mein bester Tag. Wenn ich so unglücklich sein sollte, dass mir in meinem Leben nie wieder etwas Gutes passiert, könnte ich von dem Wunder leben, das sie zu mir zurückgebracht hat ", bemerkte Pepper.

Im Jahr 1979, mit dem Drama einer gescheiterten Beziehung und dem Herzschmerz, ihre Tochter aufgeben zu müssen, zog Pepper erneut auf und machte sich auf den Weg nach Sherman Oaks, Kalifornien. Wie viele Menschen, die an die Westküste auswandern, zog sie in die Gegend von Los Angeles auf der Suche nach Möglichkeiten, die zu größeren und besseren Dingen führen würden. Sie hatte auch keine Ahnung, was sie machen wollte: Sie hatte nur sehr wenig Erfahrung und hatte nur eine Hochschulausbildung.

„Als ich aufwuchs, wurde nicht viel Wert auf eine Hochschulausbildung gelegt. Es ging hauptsächlich um harte Arbeit und das Überleben. Im Nachhinein machte mich das zu einem harten Arbeiter und Überlebenden. Ich war in der Grundschule und in der High School gut, aber als ich es am College versuchte, hielt ich nicht lange durch. Das Leben kam schnell auf mich zu und ich habe mein Studium nie abgeschlossen. Ich bin einer von denen, die es geschafft haben, ohne dieses Stück Papier voranzukommen. Es war nicht immer einfach, aber ich habe immer hart gearbeitet, um das zu erreichen, was ich erreicht habe. Ich war immer unabhängig und wurde als Kind von meiner Mutter gesagt, dass ich alles schaffen kann, was ich mir vorstelle. Als ich anfing, konnte man noch ohne Hochschulabschluss Karriere machen, aber heute ist es eine andere Welt", sagte Pepper.

Wie viele junge Mädchen, die Tiere lieben, wollte Pepper als Erwachsene Tierärztin werden. Aber die Tatsache, dass sie nicht gut mit Blut und Blut zurechtkommt, hat ihr klar gemacht, dass es keine gute Berufswahl wäre. In Tucson hatte sie als Kellnerin in einem gehobenen Restaurant gearbeitet, und da sie ein soziales Wesen ist, fand sie die Arbeit nach ihrem Geschmack. Aber während einer längeren Krankheit, als sie nicht arbeiten konnte, dachte Pepper über die Richtung nach, in die ihr Leben ging, und stellte fest, dass sie nirgendwohin ging. Als sie sich an der Westküste niederließ, arbeitete sie in einer Reihe von Jobs, darunter als Verkäuferin in einer Damenmodeboutique, als Buchhalterin für eine Katalogfirma und als Angestellte bei einer Gehaltsabrechnungsfirma für ein Hollywood-Studio. Diese Jobs dauerten nicht sehr lange und obwohl Mathematik alles andere als ihre Stärke war, fand sie sich bald in der Kreditrückzahlungsabteilung eines Optikunternehmens wieder.

Während keiner ihrer früheren Jobs etwas mit dem Bereich zu tun hatte, in dem Pepper später hervorstechen sollte, lernte sie bei der Optikfirma Computer und den Umgang mit ihnen kennen. Dies war eine Fähigkeit, die ihr in den kommenden Jahren und sogar für den Rest ihres Lebens gute Dienste leisten würde. Während ihrer Zeit bei der Optikfirma beschloss Pepper, sich für einen Journalismus-Kurs am College einzuschreiben. Seit sie ein junges Mädchen war, hat sie immer gerne geschrieben und dachte, dass es vielleicht eine Karriere wäre, die sie verfolgen sollte. In der Zwischenzeit hatte Pepper geheiratet, in der Hoffnung, das Trauma ihrer früheren verlorenen Liebe und Adoption ihrer Tochter hinter sich zu lassen. Leider wurde die Ehe ein Jahr später geschieden. Aus der Ehe kam zwar nicht viel Gutes, aber eines: Sie führte indirekt dazu, dass Pepper Biker wurde.

„Mein Ex-Mann hatte mir ein Auto gekauft, aber er nahm es zurück, als wir uns trennten. Hier war ich also in Los Angeles ohne Transportmittel, und in L.A. braucht man Transportmittel. Ich konnte mir kein anständiges Auto leisten und da dachte ich darüber nach, mir ein eigenes Motorrad zuzulegen. Mein Ex ist Fahrrad gefahren und wir sind viel zusammen gefahren, aber er war der Meinung, dass Mädchen nicht Motorrad fahren. Ich glaube, ich habe das Fahrrad zum Teil gekauft, um ihm zu zeigen, dass dieses Mädchen es kann! Ich habe eine 450er Honda gekauft und der Typ im Laden, der sie mir verkauft hat, hat mir das Fahren beigebracht. Das war 1983 und ich war 25 Jahre alt. Für mich war es ein bisschen mühsam, ein Fahrrad zu bekommen, weil ich nicht mit ihnen aufgewachsen bin. Niemand in meiner Familie ist gefahren. Niemand, den wir kannten, ritt übrigens. Aber ich erinnere mich immer an meine erste Begegnung mit Fahrrädern, als ich ungefähr fünfzehn Jahre alt war. Ein Freund eines Freundes hat mich gefragt, ob ich mitfahren möchte. Er hatte einen gehackten Triumph und einen König-und-Königin-Sitz", sagte Pepper.

„Es war das unbequemste Fahrrad als Beifahrer, keine Stöße, kaum Polsterung auf dem Sitz mit den Knien bis zum Kinn, aber ich fand es das Coolste. Ich bin zwischenzeitlich auf mehreren Motorrädern gefahren und habe mir irgendwie nie vorgestellt, dass ich fahre, bis ich etwas brauchte, um in Los Angeles herumzukommen. Für mich war der Honda ein reines Fortbewegungsmittel. Ich fuhr damit jeden Tag zur Arbeit bei Society Optics, wo man sich professionell kleiden musste. Ich würde morgens dort ankommen, in den Waschraum gehen und mir die richtige Kleidung anziehen. Dann am Ende des Tages würde ich die Verbandsreihenfolge umkehren und nach Hause gehen. Ich war die einzige Frau, die mit einem Motorrad zur Arbeit gefahren ist, und das war für die anderen Mitarbeiter eine faszinierende Sache.

Ich trug einen Integralhelm und normale Straßenkleidung und während der Wintermonate trug ich einen großen roten Steppparka. Ich muss sicher absurd ausgesehen haben, aber ich hatte Räder. Und obwohl ich es damals noch nicht wusste, ritt ich einem ganz neuen Leben entgegen. Dieser kleine Honda würde alles für mich verändern."

Eine Kollegin, die davon beeindruckt war, dass Pepper ihr eigenes Motorrad fuhr, kannte Richard Lester, einen Anwalt für Motorradunfälle in Los Angeles. Lester war sehr aktiv im Bereich Motorradrechte, eine Plattform, die der Gewinnung von Kunden förderlich ist. Zu dieser Zeit baute er sein Geschäft aus und brauchte jemanden, der mit ihm an den Motorradrechten arbeitet. Zu den Stellenbeschreibungen gehörte das Verfassen von Pressemitteilungen und Artikeln sowie das Reden in der Öffentlichkeit. Als Lester von seinem Freund von der Motorradfahrerin bei Society Optics hörte, dachte er, Pepper wäre ideal für den Job. Obwohl sie keine wirkliche Qualifikation hatte, wurde ihr der Job zum doppelten Gehalt angeboten, das sie bei der Optikfirma verdiente.

„Ich würde gerne glauben, dass ich angeheuert wurde, weil ich intelligent, energisch und mit Leuten umgehen konnte, aber ich denke, es lag wirklich daran, dass ich Motorrad gefahren bin und irgendwie süß war. Das waren damals meine besten Qualifikationen. Ich wusste nichts über Motorräder, die Motorradkultur und Motorradrechte. Ich habe mich selbst nicht wirklich als Biker gesehen, dass ich mit Bikern etwas anderes als das eigentliche

Fahren gemeinsam hatte. Aber das sollte sich ändern, als ich anfing, für Richard zu arbeiten. Der Hauptgrund, warum ich den Job annahm, war jedoch, dass er mehr Geld bedeutete und mich herausfordern würde. Ich lerne schnell und denke gut auf den Beinen. Es dauerte nicht lange, bis mir klar wurde, dass mein Weg mich an einen sehr guten Ort gebracht hatte. Dies fühlte sich wie eine großartige Chance an, möglicherweise eine Karriere mit Zukunft, ein Ort, an dem ich etwas bewegen könnte", erklärte Pepper.

Ironischerweise wurde Pepper eines Morgens auf dem Weg zur Arbeit in einen Motorradunfall verwickelt, nachdem sie nur wenige Monate für Lester gearbeitet hatte. Obwohl sie relativ unverletzt davonkam, wurde ihr Fahrrad abgeschrieben und sie musste am linken Knie operiert werden. Sobald sie wieder auf den Beinen war, nahm sie an einem Motorrad-Sicherheitskurs teil und ist seitdem eine große Befürworterin solcher Kurse.

Lester und sein Freund und Kollege Ron Roloff diskutierten ein neues Konzept, das eine nationale Plattform für Motorradfahrerrechtsorganisationen (MROs) bieten würde. Zu dieser Zeit hatten die meisten Staaten ihre eigenen Organisationen, manchmal zwei, aber es gab kaum Kommunikation zwischen den Gruppen. Jede Gruppe musste das Rad neu erfinden, ihre eigenen Tools und Ressourcen entwickeln und Beziehungen aufbauen. Lester glaubte, dass MROs gemeinsam die Fahrer besser vor Anti-Motorrad-Gesetzgebungen schützen könnten. Die Dachorganisation hieß National Coalition of Motorcyclists (NCOM) und Pepper wurde der erste Executive Coordinator. Sie war auf dem Weg, eine echte Bikerin zu werden. Ihr Job bei NCOM beflügelte ihre Begeisterung für den Biker-Lifestyle zusätzlich. In Zusammenarbeit mit Motorradrechts- und Basisgruppen im ganzen Land fungierte NCOM als vereinende Kraft und Clearingstelle für Informationen. Während sie ihre vielen Aufgaben als Executive Coordinator erledigte, konnte Pepper endlich auch ihre Schreibfähigkeiten einsetzen. Pressemitteilungen und ausführliche Artikel flossen aus ihrer Feder, als sie als Autorin für Motorradpublikationen wie *Easyriders, Thunder Press* und *Super Cycle* tätig wurde.

Was Pepper bei NCOM bald herausfand, war, dass es immer noch viel Diskriminierung von Motorradfahrern gab, hauptsächlich gefördert durch das negative, böse, Hardcore-Biker-Image, das von den Behörden, den Nachrichtenmedien und Hollywood aufrechterhalten wurde. Auch wenn es Mitte der 1980er-Jahre war, galten Biker im Allgemeinen noch immer als ungehobelte Störenfriede und auf Abstand gehalten. Eine der Aufgaben von Pepper war es, sich auf das Positive des Biker-Lifestyles zu konzentrieren und dazu beizutragen, Gesetzgeber und die Mainstream-Öffentlichkeit aufzuklären. Von ihren und NCOM-Initiativen profitierte nicht nur die alltägliche Motorradfahrerin, sondern auch Ein-Prozent- und Patch-Inhaber anderer sogenannter Outlaw-Clubs.

„Der normale Mensch auf der Straße kannte den Unterschied zwischen einem Hells Angel und einem Mitglied der GWRRA [Gold Wing Road Riders Association]. Sie sahen jemanden mit einem Rückenaufnäher an der Weste und dachten automatisch negativ ... dass diese Person ein schlechter Mensch sein musste. Für die breite Öffentlichkeit könnte im Wesentlichen jeder auf einem Fahrrad in diese Kategorie fallen. Orte wie Bars, Restaurants und Hotels könnten sich dafür entscheiden, Patch-Halter nicht zu servieren oder ihnen Zimmer zu vermieten. NCOM gründete eine Tochtergesellschaft namens Confederation of Clubs. Die Mission dieser Gruppe war es, die Diskriminierung in der Patch-holding-Gesellschaft zu stoppen. Der Weg, dies zu erreichen, bestand darin, die Clubs dazu zu bringen, sich zusammenzusetzen und dies als Basisbewegung anzugehen, es von Fall zu Fall zu behandeln und die Diskriminierung, mit der Patch-Inhaber konfrontiert sind, langsam zu untergraben. Ich konnte sowohl mit den Motorradrechtlern als auch mit der Patch-Holding-Seite dieser Gruppe zusamme-narbeiten", bemerkte Pepper.

„Wenn Sie in Südkalifornien lebten, Motorrad fuhren und zu Motorradveranstaltungen gingen, würden Sie sich aufgrund der Anwesenheit mit Patch-Inhabern treffen und mit ihnen in Verbindung treten. Ich bin mit den Vereinen, die mit der Konföderation arbeiten, noch vertrauter und vertrauter geworden. Bei Veranstaltungen im ganzen Land sieht man unabhängige Fahrer und Clubmitglieder, die sich mischen und Kontakte knüpfen. Niemand sucht Ärger, nur eine gute Zeit und das Teilen des Motorrad-Lifestyles. Sicher, manchmal flammen die Gemüter auf und es kann zu Streit kommen, aber Sie müssen nicht zu einer Biker-Veranstaltung gehen, um das zu sehen. Das sieht man überall.

Obwohl es immer eine gewisse Diskriminierung und Angst vor Patch-Inhabern geben wird, möchte ich glauben, dass immer mehr Menschen aufgeklärt werden und verstehen, dass die Mehrheit der Clubmitglieder normale Menschen sind, die eine gemeinsame Bindung haben, für die sie eine Leidenschaft haben. Es gibt brüderliche, soziale, geschlechtsspezifische und religiöse Clubs und es gibt einen Grund, warum die meisten keinen Ein-Prozent-Patch auf ihren Westen haben."

Nach elf Jahren im Job trat Pepper wegen eines Interessenkonflikts von NCOM zurück. Sie wurde darauf aufmerksam gemacht, dass die Anwaltskanzlei von Herrn Lester aktiv an einer Reihe von Gerichtsverfahren beteiligt war, in denen behauptet wurde, dass Fahrer unnötige Beinverletzungen erlitten hatten, teilweise weil die Hersteller fahrlässig keine Beinschützer in ihre Motorradkonstruktionen eingebaut hatten. Zum Zeitpunkt ihres Rücktritts erklärte eine nervöse Pepper: *„Nach meinem Verständnis wurde NCOM gegründet, um den Kampf gegen die Anti-Motorrad-Gesetzgebung zu unterstützen. AIM [Hilfe für verletzte Motorradfahrer] war ein Fahrzeug, mit dem wir dieses Ziel erreichen konnten. NCOM wurde gegründet, um unseren europäischen Brüdern und Schwestern unsere Unterstützung anzubieten, die derzeit alle ihre Anstrengungen in den Kampf gegen Gesetze investieren, die Hersteller zwingen würden, Beinschützer an Motorrädern anzubringen. In irgendeiner Weise Teil dieser Prozesse zu sein, widerspricht dem Kern der Überzeugungen und Prinzipien der Motorradfahrerrechtsbewegung."* Obwohl sie sich nicht mehr für Lester oder NCOM engagierte, erhielt sie 2009 einen Lifetime Achievement Award der Organisation für ihren Beitrag zum Motorradfahren.

Nach Peppers Unfall – verursacht durch einen unvorsichtigen Autofahrer – stieg sie sofort wieder in den Sattel, entschied sich diesmal aber für eine Harley-Davidson Sportster. Obwohl sie kein Harley-Markenfan ist und anerkennt, dass es viele tolle Motorräder auf dem Markt gibt, fährt sie seit dem Kauf der Sportster nur Harleys. Sie kaufte das Motorrad von Laidlaws Harley-Davidson, einem der ältesten und größten Motorradhändler der Gegend um Los Angeles. Ihre Begeisterung und Leidenschaft für ihr neues Fahrrad führten dazu, dass sie zu einer regelmäßigen Besucherin von Laidlaw's wurde, wo sie sich mit Jerry Laidlaw, einem der Besitzer, anfreundete.

Als sie NCOM verließ und eine anschließende Phase der Desillusionierung durchmachte, wurde Pepper sogar eine Stelle bei Laidlaw angeboten, so lange sie es wollte. Sie hatte bereits darüber gesprochen, nach Sturgis zu ziehen, und wusste, dass es nur eine Frage der Zeit war, LA zu verlassen Einzelhandelsperspektive. Sie hatte zwei Jahre lang die Position der Büroadministratorin inne, aber South Dakota winkte!

Als sie NCOM verließ, hatte sich Pepper in der Branche einen guten Ruf als engagierte, hart arbeitende Person für die Rechte von Motorradfahrern aufgebaut. Ihr Wissen über die Szene und ihre Fähigkeiten in der Öffentlichkeitsarbeit machten Ed Netterberg auf sie aufmerksam, der Leiter von ABATE South Dakota und Direktor des National Motorcycle Museum & Hall of Fame in Sturgis war. Er hatte vor, sich vom Museum zurückzuziehen, und als er hörte, dass Pepper in die Gegend von Sturgis umzog, schlug er ihr vor, die Stelle zu übernehmen.

Wieder fand sie sich mit einer Stellenbeschreibung wieder, von der sie keine Ahnung hatte. Aber mit ihrer üblichen Begeisterung und ihrer energischen und einfallsreichen Art nahm Pepper den Job an, als wäre sie dafür geboren. Schließlich war dies ein Traumjob, den sich jeder begeisterte Motorradfahrer nur wünschen kann. Zweieinhalb Jahre lang war sie als Geschäftsführerin tätig. Damals mit ihrem zweiten Ehemann Jon verheiratet, der Motorräder in- und auswendig kannte, verließ sich Pepper darauf, dass er sie über all die verschiedenen Motorräder im Museum aufklärte und auf welche Art von Anschaffungen sie achten sollte. Sie schreibt ihm zu, dass er den Übergang vom Motorradrechtler zum Direktor des Motorradmuseums reibungslos gestaltet hat.

Obwohl Pepper eine solide Karriere in der Motorradbranche gemacht hatte, wagte sie 2002 einen Abstecher, nachdem sie ihren Job im National Motorcycle Museum and Hall of Fame aufgegeben hatte. Nicht ganz sicher, in welche Richtung sie gehen sollte, nahm sie zu ihrer eigenen Überraschung schließlich die Position der Herausgeberin der zweiwöchentlich erscheinenden *Meade County Times-Tribune* an. Obwohl sie diese Art von Arbeit noch nie gemacht hatte, war sie überzeugt, dass sie die notwendigen Fähigkeiten hatte, um bei der Arbeit erfolgreich zu sein, ebenso wie die Eigentümer der Zeitung. Sie vertrat die *Times-Tribune* bei Geschäfts- und Gemeindeveranstaltungen. Ihr allgemeines Berufsbild umfasste die Leitung und Mitarbeit der Redaktionen – Designer, Künstler, Schriftsteller und Fotografen – sowie die Planung und Leitung spezieller Rubriken. Darüber hinaus leitete sie die Marketing- und Vertriebsmitarbeiter, baute, reparierte und pflegte Community- und Geschäftsbeziehungen mit den allgemeinen Auswirkungen steigender Werbeeinnahmen und Abonnements. Außerdem steuerte sie redaktionelle und fotografische Inhalte bei und war für den Inhalt, das Design und die Promotion der Sonderausgabe der Sturgis Motorcycle Rally verantwortlich.

„Ich hatte das National Motorcycle Museum verlassen und versuchte herauszufinden, wo ich als nächstes landen würde. Der Herausgeber der Lokalzeitung hatte im Süden eine lukrativere Position eingenommen und die Besitzer suchten nach Ersatz. Ich war einer der Leute, denen sie den Job angeboten haben. Für mich war es eine weitere Erinnerung daran, dass das Universum Sie dorthin bringt und führt, wo Sie sein sollen, wenn Sie Ihren Weg verlassen. Was sie wirklich brauchten, war ein Arbeitspferd, das Multitasking beherrschte und einen guten Ruf in der Stadt hatte, das Anzeigenverkäufe und guten Willen generieren konnte. Die Zeitungen in Kleinstädten hatten zu dieser Zeit zu kämpfen, und die Abonnements gingen zurück, ebenso wie die Budgets. Ich hatte noch nie so etwas wie ein Zeitungsverleger gemacht, aber es war eine Gelegenheit, etwas anderes auszuprobieren, und ich sagte, verdammt, ja!" Pepper erinnerte sich.

„Es war eine großartige Erfahrung, sehr herausfordernd, und ich konnte mit mehreren unglaublichen Menschen mit immensem Talent zusammenarbeiten. Einige von ihnen wurden Freunde, mit denen ich heute noch Beziehungen habe. Ich konnte schreiben und dieser Teil der Arbeit war unglaublich befriedigend. Ich habe es auch genossen, ein Sprecher zu sein und mich sehr um die Beziehungen zur Gemeinde gekümmert. Um ein Problem zu lösen, müssen Sie zuerst verstehen, was es ist. Zuhören ist der Schlüssel. Die Menschen in Kleinstädten sind begeistert von dem, was dort passiert, und möchten, dass die Geschichte ehrlich erzählt wird. Wenn sie das nicht fühlen, werden sie mehr als glücklich sein, vor Ihnen zu stehen und es Ihnen zu sagen. Und das ist in Ordnung. Das war einer der Gründe, warum ich dort war. Aber ich konnte mich noch nie lange von Motorrädern fernhalten. Ich werde einfach immer wieder zurückgezogen. Muss sein, weil ich hier sein soll."

2004 verließ sie ihre Position bei der *Times-Tribune*. Die bis heute anhaltende Abwärtsspirale im Zeitungsgeschäft führte zu sinkenden Budgets und Fusionen mit größeren Organisationen. Das bedeutete weniger Mitarbeiter, die wiederum mit einem unüberwindbaren Arbeitspensum betraut wurden. Pepper arbeitete bereits durchschnittlich siebzig Stunden pro Woche und es begann, seinen Tribut zu fordern. Obwohl ihr der Job gefallen hatte, fiel ihr der Abschied nicht schwer. Wie es das Schicksal so wollte, wurde sie gebeten, die Geschäftsführung des Sturgis Motorcycle Museum

& Hall of Fame zu übernehmen. Sie ergriff die Chance nicht ganz, wurde aber von einem Freund und Mentor, Bob Illingworth, mehr oder weniger überredet, der einer der Gründer und eine treibende Kraft hinter dem Erfolg des Museums war. Sie blieb viereinhalb Jahre als Geschäftsführerin des beliebten Museums, dann bot sich eine weitere lukrative Position und Herausforderung.

Nach insgesamt sieben Jahren Tätigkeit in der Arena des Motorradmuseums ergatterte Pepper einen so genannten Traumberuf eines weiteren Motorradfahrers: Rallye-Abteilungsleiter der Stadt Sturgis. Sie verfügte mittlerweile über alle Qualifikationen und Erfahrungen, die für eine so anspruchsvolle Aufgabe erforderlich sind, und trat mit vollem Vertrauen ihre Stelle im Rathaus an. Zu ihren Aufgaben gehörte neben der Werbung für die Rallye auch die Koordination aller innerstädtischen Dienste für die Rallye. Das bedeutete, dass sie sicherstellen musste, dass die Polizei-, Park- und Straßenabteilungen alles unter Kontrolle hatten und für die Kundgebung bereit waren. Sie kümmerte sich auch um die Bedürfnisse der vielen Verkäufer, die während der Rallye-Woche in die Stadt strömen, um ihre Waren zu verkaufen und zu bewerben.

„Meine Ehe mit Jon wurde ebenfalls geschieden, aber wir mögen uns immer noch und sind immer noch Freunde. Das ist mir wirklich wichtig. Ich kaufte mein eigenes Haus und begann, in die Zukunft zu schauen, und da stand Patrick mittendrin! Endlich habe ich den Mann kennengelernt, mit dem ich den Rest meines Lebens verbringen sollte. Mein Partner Patrick und ich leben zusammen in einer Hütte, die er und sein Vater in einem kleinen Dorf namens Silver City in den Hügeln gebaut haben. Ich bin fast wieder da, wo ich angefangen habe. Ich habe den Kreis geschlossen. Das ist gut so und ich fühle mich komplett. Patrick unterstützt mich sehr bei meiner Arbeit und lässt mich ich sein. Und wie ich hat Patrick eine Leidenschaft für alles, was mit Motorrädern zu tun hat. Ein Großteil der Zeit, die wir zusammen verbringen, dreht sich um das Fahrradfahren", sagte Pepper.

„Patrick hat im Gegensatz zu mir einen Universitätsabschluss in Theologie und Kunst, was für viele interessante Gespräche sorgt. Ich hatte großes Glück und bin gesegnet. Ich bin stolz auf meine Arbeit im Bereich Motorradfahren und habe 2008 einen Vertrauensvorschuss gewagt und mein eigenes Beratungsunternehmen PM Consulting gegründet und die abwechslungsreiche Arbeit, die ich geleistet habe, verschafft mir eine breite Erfahrungsbasis. Ich liebe Motorräder und diese Branche. Seine Energie kann eine Person durch die mageren Zeiten tragen, wenn Sie es zulassen. Ich mache gerade kleine Schritte, aber ich habe große Erwartungen. Aber eines ist sicher, ich fahre Motorrad bis zu dem Tag, an dem ich zu alt und körperlich nicht dazu in der Lage bin."

Heute fährt Pepper eine 2000er Dyna, ein Modell, das sie seit dem Tausch ihrer Sportster im Jahr 1997 bevorzugt. Obwohl sie nicht so viel auf ihr Fahrrad fährt, wie sie es gerne hätte, schätzt sie jede Zeit, die sie dafür hat, ob es ist eine lange oder kurze Fahrt. Wie viele Biker ist die Zeit, die sie auf ihrem Motorrad verbringt, eine

Zeit, um den Alltag zu vergessen und den Stress abzubauen, der zum modernen Leben gehört. Und wie viele Biker, die jahrelang in der Nähe der Natur und der Elemente unterwegs waren, ist Pepper sich der spirituellen Seite des Lebens bewusster geworden. Die Gegend von South Dakota, in der sie lebt, wird von den amerikanischen Ureinwohnern als heiliger Ort mit hoher spiritueller Energie angesehen. Es war eines der Dinge, die sie von den Black Hills angezogen haben, und sie fühlt sich mehr mit der Spiritualität der Ureinwohner als mit den christlichen Religionen verbunden.

„Die Prinzipien, nach denen ich lebe, sind christlich, aber ich würde mich nicht als religiös bezeichnen. Ich bin katholisch erzogen worden, aber der Katholizismus hat mich schon lange nicht mehr wirklich unterstützt. Mein Glaubenssystem dreht sich um die Prämisse, dass alles und jeder auf diesem Planeten einen Grund hat, hier zu sein. Es ist nicht meine Aufgabe, dies zu beurteilen. Ich akzeptiere es einfach. Das bedeutet nicht, dass ich jeden und alles mag, aber ich lebe nach dem alten Edikt, andere so zu behandeln, wie Sie von ihnen behandelt werden möchten. Das ist es, was ich bemühe. Es gelingt mir nicht immer. Ich war nicht immer die Person, die ich gerne sein möchte, und ich habe meinen Anteil an Fehlern und schlechten Entscheidungen getroffen. Aber ich stehe jeden Tag auf und versuche, die Menschen gut zu behandeln und die Natur zu respektieren. Der Schutz der Umwelt ist eine Sache, an die ich fest glaube. Wenn Sie etwas Unangemessenes tun, wird es zurückkommen und Sie in den Hintern beißen“, sagte Pepper.

Es überrascht nicht, dass Pepper eine engagierte Freiwillige ist, die ihre Zeit für eine Reihe von guten Zwecken und Gemeindeprogrammen verwendet hat, darunter Black Hills, Badlands und Lakes: Vorstandsmitglied; Kids & Chrome: Vorstandsmitglied/Event-Freiwilliger; Stadt Sturgis, Downtown: Ausschussmitglied; Crisis Intervention Shelter Services: Vorstandsmitglied; Zonta Club of Sturgis Area: ehemaliger Präsident (zwei Amtszeiten); und Mitglied der Sturgis Area Chamber of Commerce: Business Promotions and Cavalry Days Komitees. Sie ist seit 1985 Mitglied der American Motorcyclist Association, seit 1986 der Harley Owners Group (HOG) und ist Gründungsmitglied des Undaunted Motorcycle Club, dem sie als Sekretärin und Präsidentin diente. Derzeit ist sie Fundraising-Direktorin des Dahl Arts Center in Rapid City, South Dakota. Zu ihren Aufgaben gehören die Entwicklung und Umsetzung eines umfassenden Mitgliedschafts, Sponsoring und Sonderveranstaltungsprogramms. Im Leben von Pepper Massey wird es nie langweilig.

Lorrie Penteluke – Eine Zweite Chance

Wer Motorrad fährt, weiß, dass er nicht besonders crashfreundlich ist. Und so ziemlich jeder, der fährt, hat schon einmal einen Sturz erlitten. Die meisten stehen auf und gehen mit nur ein paar Schnitten, Kratzern und Prellungen davon. Manchmal sind die Folgen eines Crashs viel weniger versöhnlich. 1996 war Lorrie Penteluke aus Niagara Falls, Ontario, zusammen mit ihrem Ehemann Jim in einen verheerenden Unfall verwickelt. Beide überlebten, aber sie verließen den Unfallort nicht gerade: ein Frontalzusammenstoß, verursacht durch einen betrunkenen Fahrer. Lorrie, die als Beifahrerin auf dem Fahrrad war, erlitt massive innere Verletzungen, Platzwunden und umfangreiche Gewebe- und Bänderschäden sowie gebrochene Hände. Jim brach sich 50 Prozent seiner Knochen, darunter zahlreiche komplizierte Frakturen. Seine inneren Verletzungen wären ohne eine schnell reagierende Rettungswagenbesatzung tödlich gewesen. Sanitäter mussten ihn zweimal wiederbeleben. In den ersten Tagen nach dem Unfall hatte Jim eine noch geringere Überlebenschance als Lorrie.

Letztendlich kämpften sich beide vom Abgrund zurück, wobei Lorrie die entscheidende Kraft war und der Fels, auf dem ihre Genesung aufbaute. Es war eine Reise, die Jahre zusätzlicher Operationen und Physiotherapie sowie ein Jahr psychiatrischer Beratung in Anspruch nehmen würde. Erschwerend kam ein elfjähriger Kampf mit ihrer Versicherungsgesellschaft um Ansprüche und Entschädigungen hinzu. Erst als der Fall den

Obersten Gerichtshof von Kanada erreichte, wurde eine Einigung erzielt. Am härtesten betroffen waren Lorrie und Jims Kinder im Alter von vier Jahren, drei Jahren und neun Monaten, obwohl sie noch zu jung waren, um die Schwere des Geschehens zu begreifen. Um sich um ihre Bedürfnisse zu kümmern, wurde eine lebende Nanny eingestellt. Zusätzliche Hilfe wurde rund um die Uhr geholt, um sich um das Haus der Pentelukes in Niagara Falls zu kümmern.

„Es war eine schreckliche Erfahrung. Eine, die Sie Ihrem schlimmsten Feind nicht wünschen würden. Ich weiß nicht, wie wir das durchgestanden haben. Ich habe fast ein Jahr gebraucht, bis ich überhaupt wieder laufen konnte. Zwei Jahre für Jim. Wenn Sie zum ersten Mal die missliche Lage, die Schwere und das Ausmaß Ihrer Verletzungen entdecken, möchten Sie im Grunde sterben. Du fühlst dich total hilflos, weil du nichts tun kannst, außer an die Decke zu starren. Du fängst an zu fragen, warum ich. Du wirst depressiv und verbittert. Hoffnung ist ein Wort, das nicht mehr in Ihrem Wortschatz vorkommt. Aber etwas in dir will leben, überwinden. Es ist dieser menschliche Überlebensinstinkt, der eingreift, aber die Gänge greifen nicht sehr gut ineinander. Und du denkst an deine Kinder. Du weißt, wenn du nicht mehr für dich selbst kämpfen willst, musst du es für sie tun. Also fängst du an, den guten Kampf zu kämpfen. Du fängst allmählich an, dir ein Leben jenseits deines Krankenhausbettes vorzustellen, und dir wird klar, dass du mit siebenundzwanzig Jahren noch viel Leben vor dir hast", sagte Lorrie.

„Man beginnt die zweite Chance zu schätzen, die man bekommen hat, besonders nachdem man klinisch tot war. Eines der Dinge, die Jim und mir wirklich geholfen haben, unsere dunkelsten Stunden zu überstehen, war die Tatsache, dass wir beide eine echte Lebenslust haben. Und ich habe auch einen guten Sinn für Humor und versuche immer, die leichtere Seite zu sehen. Das hat uns stark gemacht. Wir wollten unsere Kinder aufwachsen sehen und bei der Geburt unserer Enkelkinder dabei sein. Wir hatten noch all diese Pläne, Ideen, Träume und Ziele, die wir uns für die Zukunft gesetzt hatten. Ich glaubte, dass die Tatsache, dass wir beide noch am Leben waren, bedeutete, dass es Dinge gab, die wir in dieser Welt noch tun mussten. Als sich der Nebel, in dem ich mich befand, auflöste, war ich mehr denn je davon überzeugt, dass wir nicht nur durchhalten, sondern auch erfolgreich sein würden, was immer wir tun würden. Und ich wollte wieder aufs Rad, obwohl ich damals noch nicht wusste, ob ich das körperlich jemals schaffen würde. Jim jedoch sah sich dem Leben im Rollstuhl gegenüber. Wieder zu reiten schien ihm völlig unerreichbar. Aber das ließ er sich von niemandem sagen. Er wollte es nicht hören. Er sagte immer, dass er nicht nur wieder laufen, sondern auch wieder reiten würde.“

Lorrie wurde in Kitchener, Ontario, in eine fünfköpfige Familie hineingeboren, und ihre Eltern ließen sich scheiden, als sie nur neun Monate alt war. Ihr Vater Dale war CEO bei Uniroyal Tyres in Kitchener. Ihre Mutter Patricia besaß und betrieb verschiedene Bars und kümmerte sich um den Haushalt. Sie würde viermal wieder heiraten, was am Ende eine Familieneinheit von zwölf Kindern bedeutete – acht Mädchen und vier Jungen. Zwischen Lorries und den Kindern ihrer Brüder und Schwestern gibt es heute über fünfzig Enkelkinder in der Familie. Wie Lorrie sind die meisten ihrer Geschwister erfolgreiche selbstständige Unternehmer – ein charakteristisches Familienmerkmal. Diejenigen, die kein eigenes Geschäft führen, sind Ehepartner, die zu Hause bleiben. Und wie Lorrie fahren fünf ihrer Familienmitglieder Motorrad.

Nachdem Patricia das erste Mal wieder geheiratet hatte, zog die Familie Anteile und zog in eine kleine Zellstoff- und Papierfabrik namens Smooth Rock Falls, eine hauptsächlich frankophone Gemeinde im Norden Ontarios. Dies führte dazu, dass Lorrie sich mehr mit der französisch-kanadischen Seite ihrer Großfamilie verband und beide Amtssprachen Kanadas fließend beherrschte. Als sie bereit war, sich an der High School anzumelden, war der Clan nach Hamilton, Ontario, gezogen, einer blühenden Stahlstadt am Ontariosee, 64 Kilometer westlich von Toronto. Aber die High School war nicht nach ihrem Geschmack und sie brach in der zehnten Klasse ab. Damals, als ein Abitur keine Voraussetzung für ungelernte Arbeit war, nahm Lorrie sofort eine Stelle an. Wenige Tage nach ihrem Schulabschluss arbeitete sie als Hausmeisterin in einem kanadischen Kaufhaus namens Zellers.

„Die meisten Leute denken, dass ich eine traumatische Kindheit gehabt haben muss, aber das war nicht der Fall. Wir hatten einen lustigen Haushalt, weil es so viele Kinder gab und wir immer Tanten und Onkel bei uns hatten. Die Hälfte meiner Familie ist Französisch-Kanadier und in den alten Zeiten in dieser Kultur war es nicht ungewöhnlich, dass Großfamilienmitglieder in derselben Wohnung oder auf demselben Gelände lebten. Wir lebten immer in einem großen Bauernhaus und hatten alle ein bisschen Platz für uns, wenn wir es brauchten. Das Haus wurde makellos sauber gehalten. Alle halfen bei der Hausarbeit und wir passten alle aufeinander auf. Wir waren ein eingeschworener Haufen und haben viele familienorientierte Dinge unternommen. Das Sonntagsessen, normalerweise ein riesiges Barbecue, bei dem bis zu vierzig Verwandte herumsaßen, war eine langjährige Tradition. Sogar mein leiblicher Vater kam und verbrachte die Wochenenden bei uns, nachdem er und meine Mutter sich scheiden ließen. Für diese Gelegenheiten hatte er sein eigenes Zimmer reserviert. Jeder hat sich mit jedem verstanden, abgesehen von den üblichen Geschwisterrivalitäten und Streitereien“, erklärte Lorrie.

„Wir hatten nicht viel Geld, aber es ging uns gut. Wir betrachteten uns nicht wirklich als die armen Leute, die wir waren. Es war immer Essen auf dem Tisch und das Haus war im Winter warm. Aber Kleider und Spielsachen wurden weitergegeben. Vieles, was die meisten Kinder für selbstverständlich halten, war für uns Luxus. Natürlich gab es für meine Mutter anhaltende Eheprobleme, aber ich habe gerade gelernt, ihre Scheidungen als eine Tatsache des Lebens zu akzeptieren. Eine Zeit lang habe ich sogar geglaubt, das sei die Norm. Ungeachtet ihres komplexen Privatlebens war sie eine hingebungsvolle Mutter, die alle ihre Kinder gleichermaßen liebte und sich um sie kümmerte. Als ich die Schule verließ, war sie ziemlich sauer auf mich, weil sie wollte, dass wir wenigstens das

Abitur machen. Als ich aufhörte, war mir total langweilig und ich dachte, ich könnte mit einem Job mehr aus dem Leben machen. Aufgrund der Größe unserer Familie bekam niemand ein Taschengeld. Ich wollte mein eigenes Geld verdienen und unabhängig sein. Ich wollte ausgehen und meine eigenen Klamotten kaufen, in ein Restaurant gehen, ein Rockkonzert oder einen Film sehen. Ich hatte schon ein bisschen Geld verdient, indem ich nach der Schule eine Papierroute gemacht hatte. Ich hatte gerne mein eigenes Geld und wollte mit einem Vollzeitjob mehr verdienen."

Es dauerte jedoch nicht lange, bis Lorrie ihre Entscheidung, die Schule zu verlassen, bereute, denn sie sah sich mit einer Sackgasse konfrontiert. Die Möglichkeiten, die sich ihr boten, waren begrenzt. Lorrie erkannte auch, dass sie eher eine Anführerin als eine Mitläuferin sein wollte. Sie wusste, dass sie mehr Bildung brauchte, wenn sie im Leben vorankommen wollte. Aber zurück auf die High School zu gehen, schien eine unattraktive Alternative zu sein. Sie hatte gehört, dass Barkeeper ein ziemlich anständiges Leben verdienen, wenn sie in der richtigen Einrichtung arbeiteten, und so beschloss sie, es auszuprobieren. Schließlich war sie noch ein Teenager mit ihrem ganzen Leben vor sich und konnte sich immer beruflich verändern, wenn es ihr nicht gefiel. Sie schrieb sich an der Master Bartending School ein, besuchte tagsüber den Unterricht und wischte nachts den Boden. Nach ihrem Abschluss verließ sie Zellers und fand, mit einer Barkeeper-Lizenz in der Hand, sofort eine Anstellung in Garfield's Restaurant. Das beliebte

Restaurant befand sich zufällig im selben Einkaufszentrum wie Zellers.

„Das waren lange Stunden für mich. Tagsüber zur Schule zu gehen und nachts zu arbeiten, kann zu einer entmutigenden Routine werden. Ich hatte nur einen freien Tag in der Woche. Ich hatte nicht viel Zeit, um mit Freunden oder Familie abzuhängen. Aber ich wusste, dass ich es tun musste, wenn ich mein Leben lang keine Böden putzen wollte. Die einzige Chance auf Aufstieg war der Leiter der Reinigungsabteilung bei Zellers. Als ich bei Garfield arbeitete, hatte ich das Gefühl, dass ich anfing, Orte zu besuchen. Die Welt begann sich für mich zu öffnen. Ich habe es wirklich genossen, als Barkeeper zu arbeiten. Das Geld war gut und ich habe viele interessante Leute kennengelernt. Ich bin ein geselliger Mensch und als Barkeeper kommt man mit Kunden ins Gespräch, was man als Kellnerin nicht wirklich kann. Es ist erstaunlich, was man bei der Arbeit hinter einer Bar lernt. Es ist eine Ausbildung für sich", sagte Lorrie.

Kurz vor ihrer dreijährigen Tätigkeit als Barkeeperin bei Garfield's lernte Lorrie ihren ersten Ehemann Larry kennen, der zufällig Motorradfahrer war. Gemeinsam eröffneten sie eine Baufirma in Burlington, einer Stadt neben Hamilton am hochbefahrenen Queen Elizabeth Highway, der Toronto mit Buffalo, New York, verbindet. Sie nannten ihre Firma Larry and Lorrie's Construction und konzentrierten sich auf den Markt für Hausrenovierungen. Jetzt 22 Jahre alt und verheiratet mit einem kleinen Mädchen, Ashley, blieb Lorrie zu Hause, aber sie war mehr als nur Mutter und Hausfrau: Sie kümmerte sich auch um die Buchhaltung des Unternehmens. Sie hatte keine Erfahrung oder Ausbildung auf diesem Gebiet, hatte aber ein Händchen für Zahlen. Von ihrer Schwiegermutter, einer Buchhalterin, lernte Lorrie die Grundlagen. Sie nahm auch an Nachtkursen, um endlich ihr Abitur zu machen.

Schließlich arbeitete Lorrie als Juniorbuchhalterin bei Cross Pens, dem berühmten Hersteller von Füllfederhaltern und Kugelschreibern. Sie war unterwegs! Sie belegte zusätzliche Buchhaltungskurse an der Abendschule und führte innerhalb von drei Monaten nach ihrem Eintritt in das Unternehmen ihre eigene Abteilung bei Cross Pens. Sie war keine Gefolgschaft mehr, sondern eine Anführerin und verdiente so viel Geld, dass es undenkbar war, nach Hause zurückzukehren, um eine Hausfrau zu werden.

Wann immer sie Freizeit hatten, fuhren Lorrie und ihr Mann mit seinem Motorrad herum. Lorrie war seit ihrem dritten Lebensjahr mit Motorrädern beschäftigt und liebte sie. Einige ihrer Onkel fuhren Fahrrad und sie freute sich immer darauf, mit ihnen eine Runde um den Block zu drehen. Trotz ihrer Vorliebe für Fahrräder kam ihr der Gedanke, selbst zu fahren, jedoch nicht wirklich in den Sinn. Als Beifahrerin war sie glücklich.

Nach einem Jahrzehnt der Ehe schien Lorrie in die gleiche Richtung zu gehen wie ihre Mutter: Die Ehe wurde 1994 geschieden. Drei Monate später lernte sie bei einer Wohltätigkeitsveranstaltung für Motorräder in Niagara Falls ihren zweiten Ehemann Jim kennen, einen geschiedenen Vater mit einer

Tochter, Kristin. Sie gab 1994 ihren Job bei Cross Pens auf, zog nach Niagara Falls und heiratete 1998 Jim. Im folgenden Jahr kam ihr Sohn Michael dazu. Jim, ein ehemaliges 1-Prozent-Motorradclub-Mitglied, ist zehn Jahre älter als Lorrie und ein erfahrener Mechaniker mit einem Talent für den Bau und die Anpassung von Motorrädern. Er betrieb ein kleines Custom-Geschäft, das sich zu einem ansehnlichen Motorradladen ausweitete, sobald Lorrie das Bild betrat. Sie war wie immer entschlossen, im Leben voranzukommen, und dank Jim erwies sich die Motorradindustrie als ihre unerwartete Eintrittskarte zum Wohlstand. Es war das letzte Geschäft, an das sie jemals gedacht hatte.

Die ersten vier Jahre nach ihrem schrecklichen Sturz waren für Lorrie besonders schwierig. Sie hatte nicht nur ihre eigene Genesung zu bewältigen: Als sie wieder laufen und sich fortbewegen konnte, kümmerte sie sich um ihren Mann. Da Jims zukünftige Mobilität und Arbeitsfähigkeit in Frage gestellt wurden, sah sich Lorrie mit der Möglichkeit konfrontiert, der Hauptverdiener ihrer Familie zu sein. Sie kümmerte sich nicht nur um die Kinder und Jim, sondern gründete im Keller ihres Hauses ein kleines Lederhandwerksgeschäft, das sie The Eagles Nest nannte. Dort arbeitete sie viele Stunden damit, maßgeschneiderte Motorradtaschen, Chaps und Jacken herzustellen. Gebrauchte Fahrradteile wurden in ihren Bestand aufgenommen und sie verkaufte ihre Waren auf Motorrad-Tauschbörsen in ganz Süd-Ontario und lokal von zu Hause aus durch Mundpropaganda.

Einige Jahre später, 1998, führte der Erfolg ihres Unternehmens dazu, dass Lorrie ihr erstes Einzelhandelsgeschäft in Niagara Falls eröffnete. Im ersten Jahr nahm sie Jim im Rollstuhl mit in den Laden, damit sie sich keine Sorgen machen musste, dass er allein zu Hause war. Obwohl er keine körperliche Arbeit verrichten konnte, pflegte er Kontakte zu Kunden und half in der Teileabteilung aus. Im Jahr 1999 war Jim bereit, wieder zu arbeiten, nachdem er allen Widrigkeiten getrotzt hatte. Nach einem Job musste er nicht lange suchen – Lorrie stellte ihn als Vorgesetzten der neu eröffneten Serviceabteilung ein.

Der Laden begann mit dem Verkauf von Lederaccessoires und Kleidung, die Lorrie hergestellt hatte, gebrauchten Fahrradteilen und schließlich Jims fantastischen Custombikes. Im Laufe der Jahre fügten sie ihrer Produktpalette gebrauchte und dann neue Motorräder hinzu, darunter Harley-Davidson, Suzuki, Honda und Kawasaki. Mit dem Wachstum des Unternehmens stieg auch der Platzbedarf und 2001 wurde ihr kleiner Laden gegen ein 650 Quadratmeter großes Gebäude am Valley Way eingetauscht, nur einen Steinwurf von den donnernden Katarakten der mächtigen Niagarafälle entfernt. Das Gebäude beherbergt eine Ausstellungsfläche von 4.000 Quadratfuß (372 Quadratmeter), der Rest wird von einer Teileabteilung, einer Serviceabteilung mit vier Buchten und Büroräumen eingenommen.

Heute bauen Jim und seine Crew etwa neun vorbestellte Custombikes pro Jahr von Grund auf neu; dazu gehört auch der letzte Schliff in der eigenen Lackierkabine. Die Fahrräder werden normalerweise in den Wintermonaten gebaut, wenn die Verkaufs- und Servicenachfrage langsamer ist als im Rest des Jahres. Der Ruf von Eagles Nest als meisterhafter Bike-Custom-Shop ist nicht auf Kanada beschränkt – zu ihren Freunden und Kunden zählen Lorrie und Jim amerikanische Koryphäen wie Jay Leno und Wayne Newton.

Der Erfolg von Eagles Nest führte versehentlich dazu, dass Lorrie und Jim sich in der lokalen Viertelmeilen-Flachbahn-Rennszene auf dem Welland County Raceway in Welland, Ontario, engagierten, wo sie begannen, Fahrer zu sponsern. Der Veranstaltungsort hat einige der größten Flat-Track- und Speedway-Stars Kanadas hervorgebracht, darunter John Parker, Chris Evans und Kyle Legault. Zu einer Zeit hatte Eagles Nest fünf Fahrer auf der Strecke. Sie sind langjährige Sponsoren der Rennfahrerin Christy Dooley (Intermediate 600) und Mickey Labelle (Expert 450/600). Ironischerweise interessierten sich weder Lorrie noch Jim für Motorradrennen, bis sie nach Welland gingen. Lorrie war sich nicht einmal bewusst, dass es so nahe bei den Niagarafällen eine Strecke gab, bis einige Kunden im Laden in einem flüchtigen Gespräch darüber sprachen.

„Als wir anfingen nach Welland zu fahren, um uns die Action anzusehen, waren wir sofort begeistert. Wir wussten, dass wir dabei sein wollten. Wir begannen mit Werbeschildern und sponserten dann Fahrer. Als bekannt wurde, dass Eagles Nest nach ein paar Fahrern als Sponsor suchte, wurden wir mit Anfragen überhäuft. Dann kam eines Tages dieses dreizehnjährige Mädchen namens Christy in den Laden, um ihren Lebenslauf abzugeben, der begrenzt war, weil sie noch eine Anfängerin war. Aber sie war total konzentriert, sehr professionell und höflich. Nicht etwas, was man von einem Kind in diesem Alter erwartet. Sie suchte nicht nur Unterstützung für sich selbst, sie hatte einen Plan, wie sie Eagles Nest fördern würde. Das hat mich aufhorchen lassen, denn die meisten hilfesuchenden Rennfahrer kamen einfach mit einer Liste, was sie von uns wollten. Seitdem fliegt Christy in unseren Farben", erklärte Lorrie.

Als sie sich immer mehr im Motorradgeschäft und in den Fahrergemeinschaften verwurzelte, wuchs Lorries Wunsch, den Biker-Lifestyle zu leben, exponentiell. Als direkte Folge ihres Unfalls hatte sie 1998 begonnen, ihr eigenes Fahrrad, eine Harley Sportster, zu fahren. Ihre damalige Logik war, dass, wenn sie nicht mehr mit Jim zusammenpasste, die Wahrscheinlichkeit geringer wäre, dass beide verletzt würden, wenn ein weiteres Worst-Case-Szenario seinen hässlichen Kopf erhob. Inzwischen verblüffte Jim nicht nur seine Ärzte, indem er aus seinem Rollstuhl aufstand und wieder ging, sondern stieg schließlich auch wieder in den Sattel. Aber mit Händen, die sich nicht verbiegen, und einem rechten Bein, das sich nicht verbiegt, sind seine Räder speziell dafür gebaut, dieses Handicap auszugleichen.

Im Jahr 2004 gründete Lorrie, inzwischen eine erfahrene Motorradfahrerin und Bikerin, die ihre Beiträge mehr als bezahlt hatte, das zweite kanadische Chapter des in den USA ansässigen Chrome Divas Motorcycle Club. Heute hat das Niagara Chapter eine solide Mitgliedschaft von 42 Frauen im Alter von 23 bis 83 Jahren. Wie Lorrie sind 80 Prozent der Diven selbstständige Umzugsunternehmen, die in vielerlei Hinsicht in ihrer Gemeinde etwas bewegen. Neben der Spendenaktion, die sie mit den Divas für die Pink Ribbon-Brustkrebsforschungskampagne leistet, trägt Lorrie über Eagles Nest zu einer Reihe anderer Wohltätigkeitsorganisationen bei. Einer ihrer Lieblingsgründe ist Dreams to Memories, eine Stiftung, die todkranke Eltern mit Kindern unter 14 Jahren vertritt, die in der Niagara-Region leben. Sie ist seit der Gründung im Jahr 1998 in der Organisation aktiv und organisiert jedes Jahr ein Fahrrad-Event, um das Anliegen zu unterstützen.

Seit sie mit dem Fahren angefangen hat, hat Lorrie über dreißig Motorräder pilotiert, von metrischen über Harleys bis hin zu Custom-Builds von The Eagles Nest. „Es ist einer der Vorteile, ein eigenes Motorradgeschäft zu besitzen", bemerkte sie. Zu jeder Zeit hat sie mindestens zwei Fahrräder für den persönlichen Gebrauch vorrätig, darunter eine Harley. Obwohl sie keine Einzelgängerin ist, reitet Lorrie lieber alleine – auch wenn sie mit den anderen Divas unterwegs ist. Als Präsidentin kann sie wählen, wo sie reitet und sie wählt immer das Schlusslicht.

„Ich fahre gerne hinten ein Stück weit hinter dem Rest der Gruppe, sodass niemand in meiner Nähe ist. Ich weiß, das klingt seltsam, wenn man bedenkt, dass ich meinen eigenen Club gegründet habe. Ich mag die Kameradschaft beim Reiten mit anderen, aber ich komme nicht oft zum Reiten und wenn ich es tue, möchte ich nicht gestresst sein. Ich möchte nicht ständig das Gefühl haben, die Räder oder Lichter der anderen Bikes zu beobachten. Die meiste Zeit nehme ich meine Arbeit zum Reiten frei, weil es eine Vereinsveranstaltung ist oder einige der Mädchen zu einem Nachmittagsausflug zusammenkommen wollen. Sie verpflichten sich dazu und Sie tun es. Aber es ist leicht, eine Verpflichtung zu brechen, die Sie sich selbst gegenüber eingegangen sind. Ich bin gerne alleine unterwegs und fahre durch unsere wunderschöne Landschaft von Niagara und vergesse einfach den Alltag. Wir haben einige großartige Straßen, auf denen wir durch unsere berühmten Weinberge und Obstfarmen fahren können. Ende April und Anfang Mai, wenn die Obstbäume blühen, ist es optisch eine atemberaubende Fahrt und ein duftender Festschmaus für die Nase", so Lorrie.

„Und es gibt neben den Niagarafällen auch viele Wasserfälle entlang des Niagara Escarpment zu bestaunen. Sie können diese Fahrten in einem Auto nie duplizieren. Deshalb nehme ich ein Fahrrad, kein Auto, wenn ich mein Motorradgeschäft für eine Weile verlassen möchte. Ich möchte nie von meinem Motorrad weg. Motorräder haben mir nicht nur zu einem anständigen Einkommen verholfen, sie haben auch immens zu meinem Leben im Allgemeinen beigetragen. Manche Leute können nicht verstehen, wie ich, ganz zu schweigen von meinem Mann, es jemals geschafft habe, nach einem so verheerenden Unfall wieder auf ein Motorrad zu steigen. Nun, das Motorrad hat den Unfall nicht verursacht. Wir waren nicht dafür verantwortlich. Ein betrunkener Fahrer war! Er hat uns viel genommen, aber eine Sache, die er nicht hat, war unsere Liebe zum Fahrrad und zum Reiten. Dieser Typ hätte uns genauso gut auf dem Bürgersteig bei einem Abendspaziergang treffen können. Wenn ich das überlebte, würde ich wieder gehen wollen und meine Beine nicht für das, was passiert ist, verantwortlich machen.“

Lorries Geschichte über Mut, Überleben und Anmut unter Druck hat vielen Frauen als Inspirationsquelle gedient. Sie wurde in lokalen Medien vorgestellt und trat zwischen 2005 und 2009 in einer Reihe von Fernsehproduktionen mit Fokus auf Bikerinnen auf, darunter eine lokale Fernsehproduktion und *Things That Move* (History Channel), *Biker TV* (Global) und *The Gourmet Cooking Show* (A&E). Eine Kochshow und Biker? Absolut! Lorrie und seine Chrome-Diva-Kollegen Robbie Hines, Kim Scott, Barb Pear und Jennifer Priestly waren in der Show zu sehen. Der Anschauungsunterricht bestand darin, den Damen bei ihren speziellen Ernährungsproblemen zu helfen und wie man Essen, das sie nicht mögen, kreativer und gesünder zubereiten kann, mit leckeren Ergebnissen.

Für Lorrie erwies sich der Auftritt in einer Kochshow als eine rundum Win-Win-Situation, da sie ihr nicht nur Kochtipps gab, sondern auch die Chrome Divas förderte und ihr einen Einblick in einen Aspekt der Lebensmittelindustrie gab – sie nächste große Unternehmung. Lorrie ist dabei, auf den vier Hektar Land, die ihr Haus in Port Robinson umgeben, ein Bio-Gewächshausgeschäft aufzubauen. Derzeit werden zwei Gewächshäuser mit den Maßen

22 mal 100 Fuß (8 mal 30 Meter) gebaut: eines für den Anbau von Tomaten und Gurken, das andere für essbare Blumen. Ihr Plan ist es, sich 2014 aus dem Motorradgeschäft zurückzuziehen und die Gewächshäuser zu verwalten. Außerdem will sie sich einen Lebenstraum erfüllen und einen Schulbus fahren. In der Zwischenzeit wird Jim zu Hause weiterhin Fahrräder bauen und das verbleibende Land rund um die Gewächshäuser nutzen, um Kiefern anzubauen.

Der Rückzug aus dem Motorradgeschäft bedeutet jedoch nicht den Rückzug aus dem Motorrad-Lifestyle. Tatsächlich freuen sich Lorrie und Jim darauf, viel mehr Zeit miteinander zu verbringen, etwas, wofür ihr aktueller Terminkalender nicht gut geeignet ist. Sie formulieren ihren zukünftigen Geschäftsplan, um sechs Monate im Jahr zu arbeiten. In den Wintermonaten wollen sie mit ihrem Wohnmobil abheben und in den Süden und Westen der USA reisen. Ihre Harleys werden sie überallhin begleiten und ihre wichtigsten Erkundungsfahrzeuge sein.

„Sowohl Jim als auch ich reisen gerne. Das haben wir uns nach unserem Unfall versprochen. Seitdem haben wir viel gemacht, aber normalerweise gehört unser Urlaub nicht zum Radfahren, da wir unsere Fahrräder selten mitnehmen und nie in den eigentlichen Radurlaub fahren. Wir waren hauptsächlich Kreuzfahrtreisende und haben bisher alle karibischen Inseln zweimal besucht. Das passt gerade zu unseren Bedürfnissen, denn wir wollen uns nur entspannen, zurücklehnen und unsere Batterien aufladen, wenn wir eine längere Auszeit von Eagles Nest nehmen. Das bietet uns ein

Kreuzfahrtschiff. Ich versuche, fit zu bleiben, indem ich schwimme, und das kann ich immer noch im Schiffspool oder an einem Strand tun, wenn wir im Hafen sind. Aber wir freuen uns beide auf den Tag, an dem wir viel mehr Zeit auf unseren Rädern verbringen können", sagte Lorrie.

Ironischerweise waren die Kinder der Pentelukes nicht vom Biker-Lifestyle begeistert. Obwohl alle drei als Kinder glückliche Passagiere mit Lorrie fuhren, fährt heute keiner mehr. Und sie haben kein Interesse daran, Eagles Nest zu übernehmen, wenn Lorrie und Jim das Geschäft aufgeben. Ashley studiert Zahnarzthelferin; Kristin beginnt Musik mit einer Karriere als Cellistin und schließlich Dirigentin als ihr Hauptziel. Michael, der noch in der High School ist, hat sich eine Karriere in der Architektur vorgenommen. Das Flat-Track-Racing-Fieber bekam er jedoch, als sich seine Eltern zum ersten Mal in Welland mit der Szene beschäftigten. Als er fünf Jahre alt war, fuhr er für kurze Zeit Rennen, aber ein böser Abgang führte dazu, dass er schnell das Interesse an dem Sport verlor. Im Gegensatz zu einigen Motorsporteltern drängten Lorrie und Jim Michael nicht, weiter zu fahren und respektieren seine Entscheidung, dass es nichts für ihn war.

„Ich bin sehr stolz auf meine Kinder und freue mich zu sehen, dass sie nicht die Fehler machen, die ich in meiner Jugend gemacht habe. Sie sind echte Leistungsträger und, wie ich, wenn sie sich einmal vorgenommen haben, etwas zu tun, dann gehen sie es an, ohne dass ein Scheitern eine Option ist. Dass sie sich für

Motorräder oder das Motorradgeschäft interessieren, ist für mich irrelevant. In gewisser Weise bin ich als Mutter ein bisschen erleichtert, weil ich einen so schlimmen Unfall erlebt habe. Ich ermutige sie, ihren eigenen Träumen zu folgen. Glücklicherweise können ihr Vater und ich ihnen dabei helfen, indem wir ihnen die bestmögliche Ausbildung bieten. Wer weiß, vielleicht entdecken sie eines Tages die Freuden des Reitens und warum es mir und ihrem Vater so viel bedeutet. In der Zwischenzeit geht das Leben weiter. Für mich wird das Motorrad immer ein fester Bestandteil meines Lebens sein. Es hat viel zu der Person beigetragen, die ich heute bin", sagte Lorrie.

JoAnn Begey Bortles – Kunst Trifft
Auf Das Motorrad

JoAnn Begey Bortles wurde als Künstlerin geboren. Aber suchen Sie nicht an zu vielen Wänden nach ihrer Arbeit. Obwohl sie seit ihrer Kindheit zeichnet und malt, drückt sich JoAnn nicht so sehr auf Leinwand, sondern auf Motorrad-Benzintanks aus. Die gebürtige Connecticuterin bemalte ihren ersten Panzer 1979 und hat sich seitdem als eine der führenden Motorrad-Custom-Lackierer in den Vereinigten Staaten etabliert. Ihre Firma Crazy Horse Painting bringt auch preisgekrönte Lackierungen auf Hot Rod Autos und Trucks auf, da JoAnn sowohl eine begeisterte Hot Rodder als auch eine Bikerin ist. JoAnn erhielt nicht nur zahlreiche Auszeichnungen und Auszeichnungen für ihre Arbeit, sondern war auch eine von fünf Gewinnern der Most Outstanding Paint Awards von PPG im Jahr 2006.

JoAnn, die seit 1996 in Waxhaw, North Carolina, lebt, ist ebenfalls eine versierte Autorin/Fotografin. Sie hat sechs Malbücher geschrieben und regelmäßig Artikel und Bilder für Zeitschriften wie *American Iron, Easyriders, Cycle Source, V-Twin, Ironworks* und *The Horse* verfasst. Und obwohl sie sich nicht als Biker-Küken sieht, ist sie seit 1975 mit Motorrädern beschäftigt und fährt seit 1981. Derzeit besitzt sie zwei Harleys: eine 89er Sportster und einen 04er Chopper. Die Sportster ist seit fünfzehn Jahren ihr Road-Trip-Bike und ein Testgelände, um die Haltbarkeit ihres Lacks zu messen. Der Chopper ist ein Hardtail-Schwanenhals, bei dem jedes

Teil, sogar der Rahmen, in Flammen steht; es zierte das Cover der September-Ausgabe 2004 des *Easyriders-Magazins*.

„Wenn ich mir ein Etikett anbringen müsste, würde ich sagen, ich bin Künstler. Und obwohl ich dafür bekannt bin, Motorräder und Custom Cars und Trucks zu lackieren, sehe ich mich immer noch als Künstler. Ich male zufällig Metall. Ich liebe meine Arbeit und die Freiheit, die sie mir ermöglicht. Aber obwohl es mir viel Befriedigung und Anerkennung gebracht hat, lebe ich den Traum eines anderen. Anfangs habe ich nie gesehen, dass ich mit dem Lackieren von Motorrädern und Hot Rods meinen Lebensunterhalt bestreite. Es begann als Hobby, das ich zwischen den richtigen Jobs machte. Aber 1990, zehn Jahre nachdem ich mit Custom Painting angefangen hatte, traf ich Dave, einen Freund von mir aus der High School. Er hat sich auch für das Lackieren von Motorrädern interessiert und wir haben an verschiedenen Projekten zusammengearbeitet", sagte JoAnn.

„Dave hatte diesen Traum, dass wir nach Florida ziehen und berühmte Fahrradmaler werden. Da wir damals beide ums Überleben kämpften, träumte ich nur davon, eine Erwerbstätigkeit zu finden. Ich durchlebte eine schwierige Zeit in meinem Leben und war sogar in meinen ersten Laden im Haus meiner Eltern zurückgezogen. Ich wollte nur einen Job mit einem festen Gehaltsscheck und Firmenleistungen, damit ich mir nicht ständig Gedanken darüber machte, woher mein nächstes Geld kam. Aber Dave ließ nicht locker. Er meinte es so ernst, während es sich für mich wie ein Wunschtraum anhörte. Er glaubte wirklich an mein

Talent, mehr als an sein eigenes, und sagte mir, dass ich eines Tages auf dem Cover von *Easyriders* sein würde. Er war überzeugt, dass ich ein angesehener Motorradlackierer werden sollte. Ich dachte, das sei das Lächerlichste, was ich je gehört habe."

Ein Jahr später, noch Anfang Dreißig, starb Dave an einem Herzinfarkt und hinterließ eine am Boden zerstörte JoAnn. Um das Andenken an ihren Freund und den Glauben, den er ihr entgegengebracht hatte, zu ehren, beschloss sie, nach Florida zu reisen, um ihren Traum zu verwirklichen und eine Karriere als Motorradlackiererin zu machen. Auf einer dieser Florida-Reisen lernte sie James Bortles kennen, einen Motorradhersteller, der seine Erfahrungen mit namhaften Designern wie Wyatt Fuller von Razorback Motorcycle Works und Eddie Trotta von Thunder Cycle Designs, beide in Fort Lauderdale, gemacht hatte. JoAnn und James begannen sich zu verabreden, verstanden sich und waren bald ein Paar, das unter einem Dach lebte, mit einer gemeinsamen Leidenschaft für Motorräder und insbesondere für ihre Ästhetik.

Aber im Herzen ein Mädchen vom Lande, fand JoAnn, dass die Hektik ihres neuen Zuhauses in Südflorida nicht mit ihr übereinstimmte. Wie es das Schicksal so wollte, wurde James, den sie 1996 heiratete, nach North Carolina eingeladen, um für Carolina Harley-Davidson zu arbeiten. Auch Jim war bereit für eine Veränderung und 1996 zogen die Bortleses in den Old North State. Obwohl sie in Florida als Custom-Malerin voll auf ihre Kosten kam, dauerte es eine Weile, bis ihr Geschäft in North Carolina einmal aufkam. Es schien, dass die lokalen Biker nicht viel von Frauen hielten, die Motorräder bemalten, geschweige denn von einer Yankee-Frau.

„In den ersten zwei Jahren in North Carolina war es sehr hart, aber ich habe es sofort gemocht, dort zu leben. Es war die Art von entspanntem Ort, an dem ich mich wie zu Hause fühle. Ich fand auch, dass es meine kreativen Säfte aufwühlte. Es dauerte jedoch eine Weile, bis mein Malergeschäft in Schwung kam, und meine Ersparnisse schwanden rapide. Aber wie so oft im Leben passiert etwas, wenn man es am wenigsten erwartet. Im Januar 1998 besuchte ich die Easyriders Show, wo sechs Motorräder mit meiner Lackierung Trophäen mit nach Hause nahmen, darunter Best of Show und zwei erste Plätze. Und das war der Wendepunkt für mich. Der damalige Redakteur des *VQ Magazine*, Paul Garson, erwähnte, dass er, wenn ich ein Fahrrad zum Easyriders-Finale in Columbus mitbringen und gut abschneiden würde, einen Artikel über mich in seinem Magazin schreiben würde. Ich sagte ihm, ich würde ihn in Columbus sehen“, sagte JoAnn.

„Das Motorrad, das es in Columbus wirklich für mich getan hat, gehörte einem Kunden, der mich zwei Wandbilder von Steve Ray Vaughn an den Benzintanks seiner 52er Panhead anfertigen ließ. Es gewann den zweiten Platz in der Kategorie Best in Show. Und ich lernte Keith Ball vom *Easyriders Magazine* kennen. Er hat meine Arbeit sehr unterstützt. Ich habe nicht nur ein sechsseitiges Feature in VQ von Garson bekommen, sondern insgesamt sechs verschiedene Artikel aus diesen Bikes in *Easyriders* und *Biker*. Von diesem Zeitpunkt an begann es für mich zu laufen. Ein Jahr später erschien ein von mir bemaltes Fahrrad auf dem Cover von *Easyriders*. Ich fing an, wirklich den Traum zu leben, den sich mein Freund Dave vorgestellt hatte. Dann, im Jahr 2004, wurde mein persönlicher Chopper auf dem Cover von *Easyriders* gezeigt, etwas, das Dave vor all den langen, harten Jahren gesehen hatte. Und Motorräder mit meiner Lackierung wurden auch auf den Titelseiten anderer Zeitschriften vorgestellt."

Geboren in Hartford, Connecticut, wuchs JoAnn in Windsor auf, einer kleinen Stadt außerhalb der Hauptstadt, deren Berühmtheit es ist, die erste englische Siedlung im Staat zu sein. Als einziges Kind von Joseph und Jeanmarie Begey zeigte JoAnn bereits im Alter von zwei Jahren eine natürliche Begabung für die Kunst. Ihr Talent blieb ihrem Vater, der in der Automobilindustrie arbeitete, und ihrer Mutter, die zu Hause blieb, nicht verborgen. Sie schrieben ihre frühreife Tochter für einen Kunstkurs für Kinder im Vorschulalter im renommierten Wadsworth Atheneum Museum of Art in Hartford ein. Später, als sie neun Jahre alt war, nahm JoAnn Privatunterricht in Malerei und bildender Kunst bei dem Hartford-Künstler Jan Dagonhart. Diese frühen Lektionen gingen nicht verloren, denn JoAnn gewann verschiedene lokale Wettbewerbe für ihre Gemälde, Federzeichnungen und Holzschnitte, darunter einen Preis der Zeitung Hartford Courant.

In der High School schnitt JoAnn in all ihren Studien gut ab und war natürlich auch in der Kunst hervorragend. Aber sie war alles andere als ein Bücherwurm oder Goody Two-Shoes. Tatsächlich war ihr erster Satz Räder ein Mustang von 1969; das und ihre wilde

Art und ihr unabhängiger Geist brachten ihr den Spitznamen "Crazy Horse" ein. Da das Blut der amerikanischen Ureinwohner Mohawk von der Seite ihres Vaters durch ihre Adern fließt, ist es ein Name, den sie seitdem stolz trägt. JoAnn, im Herzen ein Wildfang, war eines der wenigen Mädchen in der Schule, das einkaufen ging und dabei eine geübte Schweißerin wurde. Zu dieser Zeit war einer ihrer ersten Highschool-Freunde ein Hot-Rod-Enthusiast, der eine aufgemotzte 67er Chevelle SS fuhr. Obwohl sie bereits Jahre zuvor vom Motorradvirus infiziert war, als sie eine Cousine hatte, die Fahrrad fuhr, wurden Motorräder erst später zu einem Teil ihres Lebens.

„Die beste Zeit in meinem Leben war 1975. Ich war jung. Ich war frei. Ich hatte einen süßen Freund und wundervolle Freunde, mit denen ich diese tollen Tage teilen konnte. Wir wussten, dass wir etwas Besonderes waren; dieser Ort in dieser Zeit. Ich war jung genug, um Hoffnungen und Träume zu haben, die alle Kinder haben, und dass meine persönlichen Träume von einem glücklichen Leben in Erfüllung gehen würden. Ich glaubte, dass die Welt ein besserer Ort werden würde; dass die Menschen in Frieden leben würden; dass es keine Kriege mehr geben würde! Aber in gewisser Weise war es das Ende der Unschuld für mich und für die Welt. Die Zeiten änderten sich, die Meinungsfreiheit, die Entdeckung neuer Existenzweisen und die Aufregung, die sie in den sechziger und siebziger Jahren ausgelöst hatte, gingen zu Ende. Erinnerst du dich an die Muscle-Cars? Die Regierung würde gegen sie und alles

andere, was die Meinungsfreiheit repräsentierte, hart durchgreifen",
bemerkte JoAnn.

„1967 beschrieb Hunter Thompson es als eine große Welle,
die brach und zurückrollte, aber 1975 war es das, was es war. Die
Welt veränderte sich, und ich veränderte mich mit ihr. Ich war
fünfzehn Jahre alt. Bald würde ich sechzehn sein und 1976 würde
echte Verantwortung mit sich bringen. Ich müsste fahren und Geld
verdienen. Dann hatte ich einen schrecklichen Autounfall, der mein
Leben verändern sollte. Mein Vater war gerade von einem
zweimonatigen Krankenhausaufenthalt nach Hause gekommen und
ich fuhr mit dem Auto auf der Suche nach unserem verlorenen
Hund. Ich habe nicht geschaut, wohin ich wollte, und traf mit 72
Stundenkilometern einen Telefonmast. Ich erlitt schwere
Gesichtsverletzungen und eine Gehirnerschütterung, die mein
Kurzzeitgedächtnis und die Fähigkeit meines Gehirns,
Informationen zu verarbeiten, dauerhaft beeinträchtigte. Es war der
Beginn der sehr harten Realitäten des Erwachsenseins für mich.
Aber durch das Gute und das Schlechte hatte ich immer meine
Kunst, und manchmal kann sie sehr therapeutisch sein."

Im Laufe der Jahre hat JoAnns Engagement für ihre Kunst
zu einem Portfolio geführt, um das viele Künstler beneiden würden.
JoAnns Eltern waren sehr arm, und sie war es gewohnt, selbst zu
bezahlen, angefangen mit einer Zeitungslieferung im Alter von zehn
Jahren bis hin zur Arbeit auf einer Tabakfarm mit zwölf Jahren. Als
sie 18 Jahre alt war, machte sie sich selbstständig und versuchte,
sich an der Parsons School of Design in New York City

einzuschreiben. Parsons, eine der führenden kommerziellen Kunsthochschulen in den Vereinigten Staaten, ist auch eine der am schwersten zu erreichenden. Leider wurde ihr gesamtes Kunstportfolio zerstört, als ein Feuer die Garage ihrer Eltern ausbrannte, in der ihre Sammlung aufbewahrt wurde.

„Ich war sehr verzweifelt und hatte ein totales Herz. So ziemlich alles, was ich bis dahin gemacht hatte, ging ein paar Monate vor meinem Vorstellungsgespräch bei Parsons in Flammen auf. Ich hatte nur noch einen Skizzenblock, ein paar Holzschnitte und ein paar Gemälde, an denen ich in meinem Schlafzimmer arbeitete. Also erschien ich zum Interview mit diesen Drucken, den beiden Gemälden und meinem Skizzenbuch. Da waren all diese Kids mit schicken Mappenkoffern voller Arbeit. Ich bekam ein paar verwirrte Blicke, als ich da stand und meine Sachen unter meinem Arm verstaut hatte. Obwohl ich nicht sah, was sie mitgebracht hatten, war es ziemlich einschüchternd, in einer Gruppe von Leuten zu sein, die alle ihre i-Punkte und ihre gekreuzten Ts zu haben schienen. Ich dachte nicht, dass meine Chancen, in die Schule zu kommen, sehr gut waren. Während des Wartens erfuhr ich, dass wir zu unserer Portfolio-Präsentation eine Collage machen sollten, die ich dann bei einem Burger King aus einigen Bildern, die ich aus verschiedenen Zeitschriften herausgerissen hatte, eilig zusammenstellte. Der Kleber trocknete noch, als ich zu meinem Vorstellungsgespräch kam", sagte JoAnn.

Zu ihrer großen Überraschung wurde JoAnn ins College aufgenommen, obwohl sie nur wenige Kunstwerke zu zeigen hatte, was beweist, dass Qualität tatsächlich jedes Mal die Quantität übertrifft. Die Qualität ihrer Arbeit und ihre Leidenschaft für die Kunst brachten sie an diesem Tag zu Parsons, während die anderen Bewerber, abgesehen von ausgefallenen Portfolio-Fällen, nicht den Durchbruch schafften. 1979, nach einem Jahr Studium, nimmt JoAnns Leben jedoch eine dramatische Wendung. Finanzielle Probleme zu Hause führten dazu, dass sie das vierjährige Kunstprogramm bei Parsons abbrach und nach Connecticut zurückkehrte. Es würde sie auf den Weg direkt in die Motorradwelt und eine Karriere als Custom Painter ebnen.

Als sie wieder zu Hause war, bekam JoAnn einen Job bei Stanadyne Diesel Systems in ihrer Heimatstadt Windsor. Dort verbrachte sie zehn Stunden am Tag, um Diesel-Einspritzpumpen zu testen. Obwohl sie hoffte, aufs College zurückzukehren und ihren Abschluss in Bildender Kunst zu machen, konzentrierte sie sich auf den Moment und die Möglichkeit, bis zur Rente in einer Fabrik angestellt zu werden. Das Leben als Fabrikarbeiterin war nicht ganz das, was JoAnn sich erträumt oder geplant hatte, aber die Familie stand immer an erster Stelle. 1976, als sie sechzehn war, hatte sie ihren Eltern bereits ihr Engagement gezeigt, als ihr Vater erkrankte. Sie arbeitete nach der Schule, an Wochenenden und nahm sogar frei von der Schule, fuhr seinen Teilelieferwagen und leitete sein kleines Autoteilegeschäft, wenn er nicht konnte. Es war ihr von größter Bedeutung, zur finanziellen Genesung ihrer Eltern beizutragen.

JoAnn stand ihrer verstorbenen Mutter und ihrem verstorbenen Vater sowie ihren Großeltern mütterlicherseits und väterlicherseits sehr nahe. Sie alle hatten einen tiefgreifenden Einfluss auf sie und sie schreibt der Weisheit und Führung, die sie an sie weitergegeben haben, einen Großteil des Erfolges zu, den sie erreicht hat. Und als Vorbild hatte sie ihre Tante Lucille, der das Clearing House gehörte, eine Antiquitäten-Auktionsgalerie, eines der angesehensten Auktionshäuser in Connecticut. JoAnn wollte wie ihre Tante sein, eine kultivierte und edel arbeitende Dame, die sich wie ein Adel kleidete.

Trotzdem war das Leben in Stanadyne nicht so schlimm. Wie bei allem, was sie sich vorgenommen hat, nahm JoAnn ihren Job mit Begeisterung, Stolz und Würde an. Sie verpasste keinen Tag, war eine Top-Performerin und kam mit der überwiegend männlichen Belegschaft gut zurecht. Das Geld war gut und es gab Vorteile. Ihr damaliger Freund arbeitete auch dort und fuhr einen 650 ccm Triumph Bonneville Chopper. Ohne es zu merken, war sie im Begriff, sich auf eine Reise zu begeben, die sie sich viele Jahre zuvor für sich vorgestellt hatte.

„Ich kann mich erinnern, als ich zum ersten Mal ein Motorrad gehört habe. Ich war noch ein Kleinkind mit kurzen Beinchen. Es fiel mir schwer zu laufen, um zu sehen, was dieses polternde, dröhnende Geräusch war. Es war ein Typ mit langen Haaren hinter ihm, ganz in schwarzes Leder gekleidet und mit Sonnenbrille, der auf einem Chopper ritt. Ich war total angetan von dem Bild dieses Mannes auf dieser wundervollen Maschine. Ich wusste nur, dass ich das wollte. Als ich Mitte Teenager war, kam einer meiner Cousins zu uns und fuhr einen Triumph. Von da an fing ich an, auf seinem Fahrrad zu fahren und begann Zeitschriften wie *Easyriders* zu lesen, aber erst als ich bei Stanadyne arbeitete, wurden Motorräder zu einem festen Bestandteil meines Lebens", erklärt JoAnn.

Bei Stanadyne bat ein Kollege, Johnny B, JoAnn, ein Wandgemälde auf den Benzintank seines Motorrads zu malen. Tatsächlich hat er sie dazu angestachelt. Johnny wusste, dass sie eine Künstlerin war und forderte sie spöttisch auf, den Panzer zu bemalen. Sie war keine, die vor einer Herausforderung zurückschreckte, und machte die Arbeit mit einem Airbrush-Kit, das ihr Vater für sie gekauft hatte, als sie bei Parsons war. Es entstand jedoch ein umstrittenes Thema, das JoAnn dazu veranlasste, auf einer Entschuldigung des Kollegen zu bestehen; andernfalls würde sie das Wandbild entfernen, bevor sie den letzten Deckanstrich auftragen und das Projekt beenden. Die Entschuldigung kam nicht und sehr zum Leidwesen ihrer Kollegin entfernte JoAnn nicht nur das Wandbild, sie warf schließlich den Benzintank auf ihn! Es wurde bald bekannt, dass diese verrückte Frau namens Crazy Horse jedem Mann die Stirn bot, und andere Typen kamen und baten sie, ihre Fahrräder zu lackieren.

In den nächsten fünfzehn Jahren arbeitete JoAnn in verschiedenen Produktionsstätten wie Stanadyne und Pratt & Whitney und „spielte", wie sie es ausdrückte, in ihrer Freizeit Fahrräder lackieren. Inzwischen hatte sie sich bei der Arbeit eingewöhnt und betrachtete das Malen als Hobby, das sie manchmal einige Jahre lang nicht praktizierte. Sie mochte die Sicherheit eines festen Arbeitsplatzes, und es kam ihr nicht wirklich in den Sinn, sich selbstständig zu machen, um ein individuelles Malergeschäft zu gründen.

„Ich habe gesehen, was die Selbstständigkeit meinem Vater angetan hat. Es kann ein hartes Leben sein, besonders wenn es nicht gut läuft. Der Stress ist bei Ihnen vierundzwanzig/sieben. Er hatte zwei gescheiterte Garagengeschäfte hinter sich, bevor er sein Autoteilegeschäft eröffnete. Mein Vater war ein ausgezeichneter Musiker und Songwriter, aber er ging nie weiter als ein Hobby. Er hatte nie das Vertrauen in sich selbst, das für eine künstlerische Laufbahn erforderlich ist. Die Opfer und Hingabe sind brutal und ich hätte nicht gedacht, dass ich das in mir hatte. Also dachte ich, ich würde für jemand anderen arbeiten und nebenbei meine Kunst machen. Ich war mir nicht ganz sicher, welche Art von Kunst es war, aber ich hätte nie wirklich gedacht, dass das Bemalen von Fahrrädern das Endergebnis meiner Begabung und meines Studiums sein würde", sagte JoAnn.

Aber dann machte die Rezession der frühen 90er Jahre sie arbeitslos. Damals begann sie mit ihrem Freund Dave zu malen. Inzwischen hatte JoAnn gelernt, sie mit dem Triumph-Chopper ihres ehemaligen Freundes zu fahren, was dazu geführt hatte, dass sie eine 500-ccm-Triumph-Trophäe kaufte. Sie nahm das Motorrad jedoch nicht wie eine Ente zum Wasser. Nach eigener Aussage war sie keine gute Reiterin. Eine Kopfverletzung durch einen Treppensturz, als sie drei Jahre alt war, hatte ihr Sehvermögen, ihre Koordination und ihr Gleichgewicht beeinträchtigt. Es dauerte viele

Jahre, bis sie überhaupt Fahrrad fahren konnte, bis sie tatsächlich zwölf war. Um sich ihren Kindheitstraum vom eigenen Motorrad zu erfüllen, weigerte sie sich, sich von ihrer Behinderung in den Weg stellen zu lassen.

„Ich wollte nicht akzeptieren, dass ich kein idealer Kandidat für das Motorradfahren bin. Ich war lange Zeit ein schrecklicher Reiter. Ich hatte immer noch Koordinationsprobleme bei der Bedienung der Steuerung mit meinen Händen und Füßen. Als ich in Fahrt kam, ging es mir gut, aber aufhören und anfangen hat mich wirklich gestresst. 1985 hatte ich das Reiten ziemlich aufgegeben. Ich habe mein Fahrrad in der Garage aufbewahrt und es schließlich ein paar Jahre später verkauft. Aber als ich älter wurde, ließen die Probleme nach, die ich so viele Jahre lang durchgemacht hatte, nachdem ich die Treppe hinuntergefallen war, und in den frühen Neunzigern beschloss ich, das Reiten noch einmal zu versuchen. Diesmal begann ich mit einem Sicherheitskurs der Motorcycle Foundation. Zu meiner angenehmen Überraschung war ich die Beste in meiner Klasse", bemerkte JoAnn.

Beflügelt durch den Erfolg des Sicherheitskurses machte sich JoAnn auf die Suche nach einem Motorrad und eine 89er Sportster mit 1.200 ccm kam ihr zufällig entgegen. Sie wollte schon immer eine Harley-Davidson fahren und hat sich das angeschaut. Obwohl nur 8.000 Meilen (12.875 Kilometer) drauf waren, stand das Rad viele Jahre in einem Schuppen, ohne an eine richtige Lagerung zu denken. Es sah im Grunde wie ein Stück Müll aus, das mit Schimmel, Schmutz, Fett, Spinnweben und narbigem Metall bedeckt war. Aber JoAnn sah das Potenzial des Fahrrads und der Preis stimmte. Sie kaufte es und verwandelte es im Laufe der Jahre in einen preisgekrönten Showstopper, der geharkt und mit maßgefertigtem und maßgefertigtem Blech ausgestattet wurde. Bis heute nutzt sie das Rad für ihre persönliche Fahrt.

Sie nahm auch das Dirtbike-Fahren auf, aber das führte zu einer Verschüttung, die sie ein gebrochenes Bein kostete. Kurz nach dem Unfall kaufte sie sich eine 89er 250 Ninja, ein viel leichteres Bike als die Sportster. Sie wollte reiten, nachdem sich der Gips abgenommen hatte, und hatte das Gefühl, der Ninja würde ihr immer noch flickendes Bein leichter machen. JoAnn fühlte sich auf dem Ninja sicher und fuhr so oft wie möglich mit dem Fahrrad und fuhr nur dann mit ihrem Auto, wenn es unbedingt notwendig war. Sie erledigte sogar ihre Einkäufe mit dem Fahrrad und unternahm ihren ersten Roadtrip damit nach Florida.

Obwohl JoAnn eine engagierte Harley-Fahrerin ist, lackiert sie alle Motorradmarken und jede Art von maßgeschneiderten Chopper. Kein Job ist ihr zu groß oder zu klein. Ihre Kunden reichen von Arbeitern über Angestellte bis hin zu Prominenten. Sie hat sogar ein Fahrrad für die Carolina Panthers und die ehemalige Charlotte Hornets gebaut. Überraschenderweise ist Crazy Horse Painting angesichts der Menge an Motorrädern und Autos, die sie malt, eine kleine Firma, die JoAnns Garage für zwei Autos betreibt. Als zertifizierte Schweißerin führt JoAnn alle ihre eigenen Karosseriearbeiten durch, grundiert, entwirft und fertigt die Lackierung. Während sie sich auf Flammen spezialisiert hat – von echten Feuerflammen über traditionelle Hot-Rod-Flammen bis hin zu Ohio-Flammen, Geisterflammen bis hin zu Flammen, wie Sie sie noch nie zuvor gesehen haben – ist JoAnn auch für ihre bissigen Grafiken und lebensechten Wandbilder bekannt. Ihr Ruf als Custom Painter brachte sie in das Lifestyle-Magazin *Southern Living*. Dies führte wiederum zu einem Besuch der *Today-Show* von NBC im Juli 2007.

„Die Show-Leute von *Today* fanden es sehr interessant, dass ich ein kleiner ‚großer‘ Betrieb mit vielen hochkarätigen Projekten bin, die aus meinem kleinen Laden kommen. Jeder erwartet, versteckt in einem Industriepark ein großes Gebäude mit Showroom, Designshop, Finishing Shop und Büros zu sehen, aber in meiner Garage auf dem Land fühle ich mich absolut wohl. Sicher, ich könnte das Geschäft erweitern und ein oder zwei zusätzliche Maler einstellen, aber wenn jemand ein Crazy Horse Painting Finish bekommt, kann er sicher sein, dass es von mir gemacht wird. Ich beschränke meine Arbeit auf ein überschaubares Maß, dem ich meine volle Aufmerksamkeit widmen kann. Ich versende lackiertes Blech in die ganze Welt. Nur weil jemand in Australien oder einem anderen weit entfernten Ort lebt, heißt das nicht, dass er keine Crazy Horse-Lackierung auf seinem Fahrrad haben kann. Bevor die Farbe auf ein Fahrrad geht, erhält der Kunde einen vollständigen Satz Skizzen des Designs. Dies bedeutet, dass er oder sie genau sehen kann, was sie bekommen, bevor die Farbe auf das Metall trifft. Es werden keine Kunstwerke erstellt, bis die Skizzen genehmigt sind“, bemerkte JoAnn.

Mit Anerkennung in ihrem Bereich kamen Anfragen an JoAnn, über ihr Leben als Motorradlackiererin und Bikerin zu schreiben. Vor einigen Jahren lernte sie bei der Sturgis Motorcycle Rally Darwin Holmstrom, den Akquisitionsredakteur bei MBI Publishing, kennen und fand ihren ersten Buchvertrag, um *How to Custom Paint Your Motorcycle* zu schreiben, ein How-to-Custom-Bike-Lackierhandbuch; Seitdem hat sie fünf weitere geschrieben. Sie hat nicht nur für zahlreiche Motorradmagazine geschrieben, sondern auch lange Zeit für die Website BikerNet.com von Keith Ball mitgewirkt und ist eine freiberufliche Autorin und Fotografin, deren Arbeiten in *American Iron, Ironworks, Easyriders* und *V-Twin* erschienen sind. Sie arbeitet auch für das Magazin Cycle Source, testet Motorradprodukte, interviewt interessante Leute in der Branche und macht Fahrradfeatures. Kürzlich hat sie einen Auftrag für das Schreiben, Fotografieren und Testen von Harley-Davidson-Fahrausrüstung für *Cycle Source* übernommen. Es war ein fünfteiliger Deal mit dem Titel *Can the Chick Ride All Winter?* JoAnn hat auch Pressemitteilungen und Bio-Features für Kris Krome Customs in Michigan verfasst und ist die offizielle Fotografin des Unternehmens.

„Aus diesem Studio kommen keine Überraschungen, nur erstklassige Arbeit. Ich bin sehr stolz auf das, was ich tue, nicht nur auf den künstlerischen Aspekt, sondern auch auf seine Beständigkeit. Meine Finishes halten lange und können alle harten Straßenkilometer mitnehmen. Mein eigener Sportster hat über 64.000 Kilometer drauf und die Lackierung hat noch keine Chips und glänzt immer noch wie ein Spiegel. Ich mache das schon so lange, dass ich weiß, was funktioniert, und ich bin die Art von Person, die bei dem bleibt, was für sie funktioniert. Sagen wir, ich weiß, wie man nicht malt. Ich habe im Laufe der Jahre so viele Fehler gemacht, aus denen ich lernen konnte", sagte JoAnn.

„Es war eine lange und interessante Reise. Es gab unglaubliche Erfahrungen, die von Trauer, Frustration und Enttäuschung getrennt waren. Ich schätze die guten Zeiten. Die letzten Jahre waren für mich sehr glücklich. Ich habe mit einigen der besten Custom Painter zusammengearbeitet, die es gibt und gab. Einige haben diese Welt verlassen, und ich halte ihre Arbeit mit den Techniken, die ich von ihnen gelernt habe, am Leben. Ich nehme nie Abkürzungen. Ich bin sehr detailverliebt. Ich mache den Prozess so, wie es sein soll und verwende nur die besten Materialien. Und ich bin mein eigener schärfster Kritiker. Jeder Job, den ich mache, ist wie eine neue Visitenkarte. Es muss das Beste sein, was es bisher gab."

Obwohl JoAnn stark in der Motorradbranche tätig ist, hat sie nicht viel Zeit, um ihre geliebte Sportster zu fahren. Obwohl JoAnn viele Jahre lang meist allein gefahren ist, ist sie seit kurzem Mitglied im ältesten Frauen-Motorradclub der Welt, den Motor Maids. Und sie unternimmt gerne Ausritte mit ihrem Freund David Malkin. JoAnn trennte sich nach 13 Jahren Ehe von ihrem Mann James. Sie sind jedoch enge Freunde geblieben und James bleibt einer ihrer größten Booster. David, der in Teilzeit für Crazy Horse Painting arbeitet, ist selbst ein begnadeter Maler, dessen Traum es ist, in die

Fußstapfen von JoAnn zu treten. Und wie sie erkannt hat, ist es ein Traum, den es sich zu erhoffen lohnt.

„Letztendlich denke ich, dass wir alle das tun, was wir auf dieser Erde tun sollen. Ich glaube, die wenigsten von uns leben am Ende das Leben, von dem wir träumten, als wir jung und naiv waren. Ich träumte mehr oder weniger davon, zu heiraten, Kinder zu bekommen und eine Mutter zu sein, die zu Hause blieb und an ihrer Kunst arbeitete, um etwas zusätzliches Geld für ihre Familie zu verdienen. Ich wollte natürlich ein angesehener Künstler werden. Es gab viele interessante Abenteuer und ich lächle jedes Mal, wenn ich Rad fahre, weil ich weiß, dass es ein unmöglicher Traum war, der irgendwie wahr wurde. Ich teile jetzt ein Haus mit einem großartigen, fürsorglichen Mann auf dem Land in Carolina. Wir machen Radausflüge zusammen und es ist so wunderbar, nicht alleine zu fahren, wie ich es so viele Jahre lang getan habe. Mein Atelier liegt im Wald hinter dem Haus und ist ein Ort der Ruhe, an dem ich einige der besten Custom-Lackierungen herstelle, die ich je gemacht habe. Wenn ich nicht male oder fahre, liebe ich es zu kochen und im Garten zu arbeiten. Es war eine Reise, über die ich nie zweimal nachgedacht habe, als sie geschah. Es ist einfach so passiert", sagte JoAnn.

Lauralee "Freedom" Conklin – Allamerikanischer Nomade

Lauralee „Freiheit" Conklin verkörpert den Begriff Karrierewechsel nicht nur, sie hat ihn gerade im Hinblick auf Frauen in der Belegschaft praktisch neu definiert. Sie hat als Tänzerin, Model, Krankenpflegerin, Masseurin, Aktivitätsleiterin in einem Pflegeheim, Schweißerin, Schlepperköchin, freiberufliche Fotografin/Journalistin, Maklerin, Reisekauffrau, Truckerin, Motorradkauffrau/-mechanikerin und Bauarbeiterin gearbeitet. Sie hat auch ein kleines Boot-Charter-Unternehmen, ein kommerzielles Reinigungsunternehmen und eine 53 Hektar große Unterhaltungsranch besessen und betrieben, auf der zwölf Bisons, vier Paso Fino-Pferde, neun Ziegen, ein Hängebauchschwein, eine Hühnerherde usw wilder Truthahn und drei Hühnertruthähne. Freedom ist auch ein eingefleischter Motorradnomade, der die USA regelmäßig von Küste zu Küste bereiste.

Vor kurzem erwarb diese temperamentvolle Dame ein Wohnmobil und einen 16-Fuß-Anhänger, in dem ihre '94er Harley Road King und all ihre weltlichen Besitztümer untergebracht sind. Richtig, ihr Wohnmobil wurde im Juli 2009 zu ihrem Schloss auf Rädern, als ihre Welt auf den Kopf gestellt wurde. Als Opfer des Wirtschaftseinbruchs von 2008 und der anhaltenden Rezession erlebte Freedom, dass ihre geliebte Ranch, die Dancing Buffalo Ranch, in schwere Zeiten geriet, die anschließend in einer Zwangsvollstreckung durch die Bank endeten. Als ob dies nicht ein großer Erfolg wäre, löste sich ihre fünfjährige Ehe auf und sie und ihr Mann gingen vor das Scheidungsgericht. Sie streitet sich nicht um materiellen Besitz und Geld, sie überlässt ihrem Ex den größten Teil ihres Hab und Guts. Eigentlich so ziemlich alles außer ihrem Deutschen Schäferhund Polen, dem einzigen Bewohner von Dancing Buffalo, der mit ihnen von der Ranch ausgewandert ist.

Aber Freedom ist nicht die Art von Frau, die herumliegt und ihre Wunden leckt und sich fragt, was schief gelaufen ist. Sie hat sich mutig in ein neues Leben eingelassen, in dem sie Windkrafttechnikerin werden wird. Im Mai 2010 ging sie nach Tehachapi, Kalifornien, wo sie sich bei Airstreams Renewables, Inc., einem führenden Ausbildungsunternehmen für erneuerbare Energien, einschrieb, um sich mit den Besonderheiten der Windturbinentechnologie vertraut zu machen. Mit dieser neuen Karriere hofft sie, einen wichtigen Beitrag zur Reduzierung des CO_2-Fußabdrucks unserer modernen Gesellschaft zu leisten.

„Mein ganzes Leben lang habe ich immer darauf geschaut, dass das Glas halb voll ist. Ich wurde aus irgendeinem Grund tausendmal als Sonnenstrahl bezeichnet. Vielleicht liegt es daran, dass ich meine positive Lebensphilosophie nicht nur auf meine eigene Situation, sondern auch auf die anderer gut anwenden kann. Ich mag es Leuten zu helfen. Das ist meine Natur. Ich denke, ich habe eine Möglichkeit, andere dazu zu bringen, die bessere Seite der Dinge zu sehen, wenn sie unten sind. Natürlich war es schwierig, die Ranch und mein schönes Zuhause zu verlieren, und es war ein toller Aufruhr. Es ist nicht leicht, dir deine Träume zu entreißen.

Aber ich weiß, dass Gott die Tür nicht schließt, ohne das Fenster zu öffnen. Das Leben, das ich auf der Dancing Buffalo Ranch gelebt habe, war ein unglaubliches Geschenk. Bisons sind seit meiner Kindheit mein Lieblingstier Nummer eins, aber ich liebe alle Tiere. Ich stimme mit ihnen mit und sie scheinen mit mir in Resonanz zu sein", erklärte Freedom.

„Es war definitiv schwer, meine zotteligen Kinder zu verlieren, noch mehr als die eigentliche Ranch. Ich liebe sie alle so sehr. Aber ich glaube, es gibt immer größere und bessere Dinge um die Ecke, um ein ganz neues Lebenskapitel zu beginnen. Sie bauen einfach weiter um und lernen, besser auszuweichen und zu weben. Und das war es, was mich durch all das brachte, in dem Wissen, dass neue Abenteuer auf mich zukommen würden, während ich auf eine weitere interessante und aufregende Reise in diesem Ding namens Leben schritt. Ich habe mich schon immer für Mechanik interessiert und bin Umweltschützer, also habe ich mich nach etwas umgesehen, was ich tun könnte, um das zu kombinieren. Als Antwort erwies sich die Windturbinentechnologie. Ich habe viele Hüte in den Händen gehalten und getragen, aber es war an der Zeit, etwas ganz anderes auszuprobieren … Zeit, um zum Erhalt unseres Planeten beizutragen. Der Einstieg in das Green-Collar-Netzwerk trägt dazu bei, dass ich hoffentlich etwas bewirken kann."

Energisch, kontaktfreudig, enthusiastisch und wissbegierig, wurde Freedom auf Long Island, New York, geboren, wo sie die ersten vier Jahre ihres Lebens verbrachte. Ungefähr zu dieser Zeit entwurzelten ihre Eltern die Familie, zu der auch ihr älterer Bruder

Guy gehörte, und zogen ins sonnige Florida. Es ist ein Ort, den die Freiheit seit vielen Jahren zu Hause nannte. Ihr Vater Roy und ihre Mutter Donna betrieben ein florierendes Teppichgeschäft in New Port Richey, und Freedom half, wann immer sie konnte. Donna, seit ihrer Jugend eine versierte Taktstock-Twirlerin, unterrichtete nebenbei auch das Zwirnen und trainierte einige der besten Marschkapellen-Twirler des Staates.

Von ihrem Vater – einem nationalen und weltmeisterlichen Wasserflugzeug-Rennfahrer – hat Freedom den Speed-Bug und die mechanischen Dinge erwischt. Als begeisterter Motorradfahrer hat er auch ihr die Liebe zu Fahrrädern eingeflößt. Als sie zwölf Jahre alt war, kaufte er ihr ein Minibike, mit dem sie die Orangenhaine zerriss, bis sie alt und groß genug war, um seine Dual Sport '72 AMF Harley zu fahren. Als sie vierzehn Jahre alt war, wurde die Ehe der Eltern von Freedom jedoch geschieden und sie verbrachte ihre verbleibenden Teenagerjahre zunächst bei ihrem Vater, dann bei ihrer Mutter und ihrem Stiefvater, einem Bauunternehmer. Es waren harte Jahre für sie, aber sie blieb Roy und Donna nahe und kam mit ihrem Stiefvater Pete aus. Tatsächlich arbeitete ihr erster Baujob mit Stuckarbeiten in Petes Firma.

Als eingefleischter Wildfang, der sich in allem, was sie tat, behauptete, träumte Freedom davon, Transportwagenfahrer zu werden, nachdem sie den Film *Smokey and the Bandit* gesehen hatte. Es war ein Traum, den sie sich erfüllen würde, als sie etwa fünf Jahre lang auf den Autobahnen und Nebenstraßen unterwegs war und eine Sattelzugmaschine fuhr. Aber das war nicht der einzige Traum, den sie hatte. Die langjährige Tierserie *Mutual of Omaha's Wild Kingdom,* eine ihrer Lieblingssendungen im Fernsehen, ließ sie davon träumen, mit Tieren zu arbeiten. Während es eine Sache ist, von etwas zu träumen, ist es eine ganz andere, über das Stadium des Träumens hinauszukommen und es zu verwirklichen. Freedom wurde nicht nur LKW-Fahrerin, sie verwirklichte auch den Traum, mit Tieren zu arbeiten, als sie die Dancing Buffalo Ranch betrieb.

Obwohl sie den Leuten gerne erzählt, dass sie Absolventin der Schule der harten Schläge ist – und ihren Wissenshunger weiterhin durch Lesen, Forschen und praktisches Erkunden stillt – gibt es Freiheit nicht ohne formale Bildung. Nach ihrem Abschluss an der Gulf High School in New Port Richey besuchte sie das Pasco Hernando College und das St. Petersburg College, wo sie eine Ausbildung zur Rettungssanitäterin bzw. Rettungssanitäterin absolvierte. Später absolvierte sie, ihrer Natur entsprechend, ein breites Berufsspektrum, eine Ausbildung zur Krankenpflegerin sowie Kurse in Sattelzug-Fahren, Immobilien, Werbung und Marketing und Journalismus.

An der Ehefront trat Freedom in die Fußstapfen ihrer Eltern. Anfang der 90er Jahre war sie kurzzeitig mit ihrem ersten Ehemann, einem unabhängigen Biker, verheiratet. Obwohl sie sich sofort verstanden und es genossen, zusammen zu fahren – beide auf voll gekleideten Harleys, entdeckte Freedom bald, dass ihr Mann von der missbräuchlichen Art war. Während ihrer eineinhalbjährigen Ehe eskalierte seine Gewalt von Schlägen zu einem Attentat auf ihr Leben. Als er versuchte, ihr ein Messer ganz in die Brust zu bohren, wusste sie, dass sie seine Brutalität lange genug toleriert hatte! Mit dem Glück, den Angriff zu überleben, versteckte sie sich sofort und machte sich auf die Straße, weil sie Angst hatte, dass er den Job beenden würde, wie er gedroht hatte. Noch heute wacht sie über die Schulter nach ihm.

„Meine erste Ehe war einer meiner ersten wirklich großen Fehler im Leben. Ich bin als viel stärkere Person daraus hervorgegangen, aber nicht besonders klüger, denke ich, weil ich in einer weiteren missbräuchlichen Beziehung mit meinem zweiten Ehemann gelandet bin, den ich 2004 geheiratet habe. Jetzt habe ich meine Freiheit und meinen Verstand zurück und ich sehe es nicht Ich werde bald wieder heiraten. Wenn Sie in einer guten Ehe leben, kann das Leben gut sein, aber Sie müssen immer noch Zugeständnisse machen und viel Energie aufwenden, damit alles funktioniert. Das ist der Preis einer Beziehung. Wenn Sie Single sind, tun Sie, was Sie wollen, ohne sich Sorgen machen zu müssen, dass Sie Ihren Ehepartner verärgern oder Reibungen verursachen könnten. Single bedeutet natürlich, dass es niemanden zum Kuscheln gibt, niemanden, zu dem man nach Hause kommen kann. Aber ich bin jemand, der die Leute auf Distanz hält. Ich würde mich nicht als Einzelgänger bezeichnen, aber ich bin mit meiner eigenen Firma zufrieden", sagte Freedom.

In den nächsten sieben Jahren nach ihrer Scheidung reiste Freedom von einem Ziel zum anderen durch Amerika, um Abenteuer zu suchen und zu finden. Bei einer denkwürdigen Gelegenheit, als sie durch Texas trieb, spielte sie stundenlang mit einem Orang-Utan bei einem anderen Biker zu Hause. Das pelzige Tier, das Gebärdensprache beherrschte, liebte es, gekitzelt zu werden und mochte sie sofort.

Obwohl sie es vorzieht, alleine zu fahren, ist sie nicht abgeneigt, sich mit anderen Bikern zu treffen, und hat auf ihren vielen Reisen unzählige Freunde gefunden – Männer und Frauen, Selbstständige und Clubfahrer. Sie erlangte sogar Respekt von einem Outlaw-Club, dessen Präsident ihr ein Empfehlungsschreiben und „Anweisungen zur Pflege" gab, als sie in Teile des Landes reiste, in denen der Club andere Chapter hatte. Und wenn sie kein Ziel hatte, schloss sie die Augen und strich mit dem Finger über ihre Karte. Wo ihr Finger landete, war sie unterwegs.

Mit fünfzehn Jahren war Freedom ein geübter Straßen- und Geländefahrer und bekam 1985 ihr erstes Fahrrad, eine 73er 750 Honda. Das Fahrrad war ein Geschenk eines dankbaren Lkw-Fahrers, den sie auf der Straße kennengelernt hatte. Der unglückliche Trucker und seine beiden kleinen Kinder waren von seiner Frau verlassen worden, als er auf der Flucht war, und Freedom kam für ein paar Wochen zu Hilfe, bis er seine Angelegenheiten in Ordnung bringen konnte.

„Ich liebe Kinder und er war im Stich gelassen, also schien es nur das Richtige zu sein. Das Fahrrad von ihm zu bekommen, inklusive einer Satteltasche voller Werkzeug und einer weiteren voller Armee-K-Rationen, war völlig unerwartet, aber ich habe es gerne angenommen, da ich zu diesem Zeitpunkt keine Räder hatte und meine finanzielle Situation etwas düster war. Obwohl ich

Motorradfahren konnte und schon länger mit anderen Fahrern unterwegs war, war diese alte Honda mehr oder weniger mein offizieller Einstieg in die Bikerwelt. Seitdem bin ich erst seit ein paar Jahren ohne Motorrad und es ist mein wichtigstes Fortbewegungsmittel. Nichts geht über ein Motorrad für Straßenabenteuer und es ergänzt perfekt meinen nomadischen Lebensstil. Als ich ein Kind war, nannte mich meine Familie ihr „Kleines Tumbleweed". Vielleicht wussten sie, dass ich mit Fernweh geboren wurde", sagte Freedom.

„Mein nächstes Motorrad war eine knifflige, leicht gehackte und Hardtail '64 650 Triumph. Das war mein Cross-Country-Bike, ob Sie es glauben oder nicht! Ich habe Gynäkologen-Steigbügel als Autobahnrasten darauf geschweißt, was sich für diese langen Strecken als ziemlich bequem erwies. Dang in der Nähe hätte das Fahrrad mit verbundenen Augen neu verkabeln und wieder aufbauen können, da es ständig kaputt ging. Ich war immer auf der Suche nach Triumph-Teilen und habe alles mit dem zum Laufen gebracht, was ich hatte. Es hat sich nach all den Jahren sicherlich zu einem "Rattenrad" entwickelt. Es blieb zusammen mit Klebeband, sieben Kleiderbügeln, J.B. Schweißnaht und sogar Tampons. Ich habe einmal drei davon für einen Öldeckel zusammengeklebt. 1993 bekam ich eine Sportster und seitdem fahre ich auf einer Harley."

In den späten 90ern beschloss Freedom, sich wieder für eine Weile in Florida niederzulassen. Es war an der Zeit, wie sie sagte, die Nase an den Schleifstein zu legen und über eine neue Karriere nachzudenken. Angesichts des boomenden Immobilienmarktes belegte sie einen Crashkurs in Immobilien, erwarb ihre Maklerlizenz und profitierte dann von den regen Verkäufen von Häusern und anderen Immobilien. Auch ihren zweiten Ehemann lernte sie bei einem Blind Date kennen und heiratete ihn einige Jahre später.

Die Dinge waren gut für Freedom und ihren neuen Partner. Geld von ihrem Immobiliengeschäft und seiner gewerblichen Reinigungsfirma rollte herein. Sie investierten in Immobilien und suchten nach einem größeren Grundstück für ihr Portfolio. Da stießen sie in Brooksville auf ein abgelegenes, fünfundfünfzig Hektar großes Paradies, das als kleine Pferderanch genutzt wurde. Das Anwesen umfasste einen gefüllten Mini-See; Hölzer bestehend aus Magnolie, Bergahorn, Jasmin, asiatischer Birne, Mandarine, Weißeiche, Kiefer und lebender Eiche; Weidefläche; ein Felsenwasserfall und ein Koiteich; Schwimmbad; 3.700 Quadratmeter großes Haus (345 Quadratmeter); Garage für vier Autos; Wohnmobil-Garage; und eine siebenstöckige Scheune mit Dachboden und Büros.

„Es war perfekt für unsere persönlichen Bedürfnisse und Absichten, daraus Einnahmen zu generieren. Das Land war groß genug, um vier oder fünf anständige Grundstücke abzutrennen, um darauf gehobene Häuser zu bauen, damit wir unsere Investition in das Grundstück mehr oder weniger amortisieren konnten. Und da ich noch viel Land übrig hatte, konnte ich alle Tiere auf der Ranch halten, die ich wollte. Dies war eine Win-Win-Situation. Ich könnte mich mit Lebewesen umgeben, die ich liebe, und obendrein noch eine Steuererleichterung dafür bekommen, dass ich Tiere auf Grüngürtel-Grundstücken züchte. Da ich eine Leidenschaft für Bisons hatte, kaufte ich acht davon in Georgia, die für die Ausbildung von Schneidepferden verwendet wurden. Wir öffneten die Ranch für den Agrotourismus und nutzten die Bisons und andere Tiere als Faden. Um die Tour zu ergänzen, habe ich einige indianische Geschichte in Bezug auf Büffel und Pferd erklärt. Ich bin ein Teil von Cherokee und ich bin sehr stolz auf mein Erbe. Mit der Hilfe meines Nachbarn und unseres örtlichen Mediziners hatten wir vier Tage lang sogar ein unglaubliches Powwow auf dem Grundstück, das von etwa dreitausend Menschen besucht wurde", sagte Freedom.

Für Freedom war die Dancing Buffalo Ranch mehr als ein wahr gewordener Traum; es war sehr erfreulich. Sie genoss die Touristen und Busladungen von Schulkindern, die die Ranch besuchten, und half Menschen, die Büffel lieben, einen „sterblichen Wunsch" zu erfüllen, mit einem hautnah in Kontakt zu treten. Sie hatte eine sehr enge Beziehung zur Büffelherde, ein Beweis für ihre Fähigkeit, mit Tieren in Kontakt zu treten, da Büffel nicht gerade für Domestikation und Streicheleinheiten offen sind. Max, ein freundlicher Bulle, zu dem sie eine besondere Bindung eingegangen war, passte perfekt zu jemandem, der sich einem so großen Tier nähern wollte.

Für einige der Besucher der Ranch war es einer der Höhepunkte ihres Lebens, neben einem so edlen Tier zu stehen und es zu berühren, eine Vorstellung, die von Freedom geteilt wird. Max war auch der Freiheit gegenüber äußerst loyal. Nachdem sie Zeuge einer strittigen Angelegenheit geworden war, in der ihr Mann sie ansprach, verfolgte Max ihn, und als ihr Mann stolperte und hinfiel, stand Max über ihm und machte nicht so freundliche Geräusche. Zum Glück für ihren Mann wusste Max, dass er seinen Standpunkt klar gemacht hatte und ihn nicht zu Tode stampfen oder aufspießen musste.

Aber nicht alles war gut im Paradies. Wie Freedom es ausdrückte, entwickelten sie und ihr Mann im Laufe der Zeit ein Szenario, das der beliebten Sitcom *Green Acres* aus den 1960er Jahren nicht unähnlich war. In diesem Fall war es jedoch nicht die Frau des Hauses, die zurück in die Stadt wollte, sondern der Mann. Obwohl ihm die Idee, das Anwesen zu entwickeln, gefiel, mochte er weder die Tiere noch mochte er den von Freedom bevorzugten Agrotourismus-Ansatz. Was für sie eine Herzensangelegenheit war, war für ihn eine große Pflicht. Die Tiere zu füttern und zu pflegen, sich im Stall die Hände schmutzig zu machen, landwirtschaftliche Geräte zu reparieren und all die anderen Aufgaben, die zu einer Ranch gehören, waren ihm ein Gräuel. Im Laufe der Zeit wurde er verbal beleidigend, dann etwas körperlich beleidigend, und die Beziehung begann sich zu lösen. Sie war nicht bereit zu sehen, wie viel schlimmer es noch kommen könnte, wie in der ersten Ehe.

„Wir waren definitiv auf den Kufen. Ich hatte das Fahrradfahren und den Biker-Lifestyle für ihn aufgegeben, weil er nicht auf Motorräder stand und Biker überhaupt nicht mochte. Das hätte für mich ein Warnsignal sein sollen, aber wie man sagt, Liebe macht blind. Dann wollte er, dass ich meine Tiere aufgebe. Ich schätze, er dachte, wenn ich einem seiner Wünsche nachkam, würde ich alles erfüllen, was er von mir wollte. Er wurde sehr besitzergreifend und war eifersüchtig auf die Zeit, die ich den Tieren widmete und die Ranch leitete. Ich mag es, wenn mein Mann mich beschützt, aber nicht besitzergreifend. Das geht einfach nicht. Ich muss ich selbst sein und tun, was ich für notwendig halte. Ich habe meinen Spitznamen Freiheit nicht umsonst bekommen. Aber als ich ihm sagte, dass ich mich scheiden lassen wollte, war er am Boden zerstört. Er hat es einfach nicht verstanden, weil er sagte, dass er mich sehr liebte. Aber es gibt einen großen Unterschied zwischen der Aussage, dass du jemanden liebst, oder der Liebe zu dieser Person. Ich dachte, es ist an der Zeit, zu meinen Wurzeln zurückzukehren. Etwas fehlte in meinem Leben. Und es war Motorradfahren", sagte Freedom.

„Das Reiten aufzugeben schien zunächst kein großes Opfer zu sein, denn ich habe es für den Mann getan, den ich liebte. Ich wollte im Gegenzug geliebt werden, auch wenn es an Bedingungen geknüpft war. Mir ist jetzt mehr denn je klar, dass es nur eine Frage der Zeit ist, bis sich der Kreis geschlossen hat und man sich irgendwie schwindelig und ein bisschen außer sich fühlt, wenn man etwas aufgibt, das man wirklich mag und was dazu beiträgt, anderen zu gefallen der Berührung mit deinem inneren Selbst. Wieder auf ein Fahrrad zu steigen, war für mich die beste Therapie, um mit dem Verlust meiner Ranch und einer weiteren gescheiterten Ehe umzugehen. Ich fing an, klarer zu denken, und während einer Fahrt habe ich angefangen, über einen umweltfreundlichen Beruf nachzudenken. Wenn Sie querfeldein oder sogar um den Block fahren, sind es diese seltsamen Dinge, die aus heiterem Himmel passieren, die der Reise eine interessante Note verleihen. Es absorbiert Sie und nimmt Sie völlig aus der Norm. Es lässt dich die Dinge in einem anderen Licht sehen, wenn du offen für die Erfahrung bist."

Wenn ein weiteres Kapitel in ihrem Leben abgeschlossen ist und sich ein neues entfaltet, könnte es für Freedom noch ein glückliches romantisches Ende geben. Vor etwa zwanzig Jahren lernte sie Mike kennen, einen befreundeten Biker in Salinas, Kalifornien, der ein Seelenverwandter war und bald die Liebe ihres Lebens wurde. Aber das Timing war falsch, da sie noch nicht ganz bereit war, sich auf eine neue Beziehung einzulassen, und sie war nicht bereit, an die Westküste zu ziehen. Wie durch eine göttliche Vorsehung trat Mike zwanzig Jahre später aus heiterem Himmel wieder in ihr Leben ein – wenn auch über ein Ferngespräch – am Ende ihrer Ehe. Während ihr Scheidungsverfahren im Gange war, reiste Freedom nach Kalifornien, um ihn zu sehen, und stellte glücklich fest, dass das Feuer für sie beide immer noch brannte. Ein paar Monate später trafen sie sich bei der Sturgis Bike Rally, einer ihrer Lieblingsveranstaltungen und -ziele.

Jetzt, wo sie in Kalifornien ist, um sich bei Airstreams Renewables über Windturbinentechnologie zu informieren, hofft sie, dass dieses Mal ein Zauber wird. Obwohl ihr Hauptaugenmerk darauf liegt, Windturbinentechnologie zu studieren und weiterführende Kurse zu belegen, damit sie irgendwann andere ausbilden kann, stellt sie sicher, dass sie viel Zeit mit Mike verbringen kann. Und ein Teil dieser Qualitätszeit ist natürlich, so oft wie möglich Fahrrad zu fahren. Freedom liebt auch Wasser und alle Arten von Wassersport sowie Wohnmobile und Camping, Dinge, denen Mike nicht abgeneigt ist.

„Mike und ich sind definitiv ein kompatibles Paar und es ist, als hätte er gespürt, dass mein Leben in Aufruhr war und dachte, es sei an der Zeit, nach all den Jahren nach mir zu sehen. Es war eine dieser Situationen, in denen aus einer schlechten Sache eine gute Sache wurde. Was ist also wirklich schlecht und was ist wirklich gut? Alles eine Frage der Perspektive. Negativ und positiv sind zwei Seiten derselben Medaille. Du musst im Leben optimistisch sein. Ich weiß, dass das in der heutigen Zeit eine Herausforderung sein kann. Wenn ich herumwische und einen Schub brauche, entfacht das Fahrradfahren immer meinen Optimismus. Wir scheinen uns zu einer auf Angst basierenden Gesellschaft entwickelt zu haben, kastriert durch Compliance und in einem Meer von Negativität treibend. Wir konzentrieren uns zu sehr auf das, was da draußen schlecht ist, und je mehr Sie sich auf das konzentrieren, was Sie nicht wollen, desto mehr bekommen Sie davon. Ich konzentriere mich lieber auf das, was da draußen gut ist. Und eines dieser Dinge ist, die Umwelt zu säubern und umweltfreundliche Gemeinden aufzubauen", sagte Freedom.

„Letztendlich versuche ich, am Aufbau ganzer Städte mitzuwirken, die sich selbst tragen. Es gibt einen Ort namens

Worlds-Nest auf dem Freedom Mountain in North Carolina, eine prototypische, sich selbst tragende Gemeinschaft, in der ich weitere Studien planen möchte, und mit GreenZilla, Inc., die insgesamt über fünfunddreißig Jahre Erfahrung in Forschung und Entwicklung verfügt Arten von erneuerbarer Energie. Ich möchte die Lektionen, die ich dort lerne, mitnehmen und mit anderen zusammenarbeiten, um mehr Viertel und Städte wie diese zu bauen. Es wird unsere Abhängigkeit von den amerikanischen Unternehmen und der Regierung verringern, aber vor allem unseren Planeten verbessern, damit unsere Enkel und Urenkel hoffentlich eine bessere Welt erleben werden. Es gibt viel Düsterkeit und Untergang da draußen, aber wenn wir Menschen jemals zusammenkommen und anfangen, einander und Mutter Erde zu respektieren, könnten wir mit einem anderen Garten Eden enden.“

Meg McDonough – Drosseltherapie

Obwohl sie die meiste Zeit ihres Lebens mit Fahrrädern zu tun hatte, begann Meg McDonough erst 2003 zu fahren. Aber sie tat es auf einem brandneuen Road King Classic von 2003. Seitdem ist sie durch neununddreißig Staaten geritten, die meisten davon allein. Obwohl sie ein relativer Neuling im Motorradleben ist, ist ihre Begeisterung dafür so ansteckend, als wäre sie ihr ganzes Leben lang gefahren. Tatsächlich hat ihr ihre Hingabe und Leidenschaft für den Biker-Lifestyle die Ehre eingebracht, die erste weibliche Offizierin der Jackpine Gypsies zu werden. Der legendäre Motorradclub – einer der ältesten der USA – wurde 1936 gegründet und ist der Begründer der ebenso legendären Sturgis Rallye. Im Jahr 2006 wurde Meg die Position des Road Captain angeboten; zwei Jahre später wurde sie zur Vizepräsidentin gewählt! Biker zu werden war ein Meilenstein im Leben von Meg McDonough. Es hat sie nicht nur aus der Flaute, in der sie lebte, gerissen, sondern sie führte sie zu einer Karriere in der Motorradindustrie und einem Gefühl von wahrem Glück.

„Anfang 2003 war ich kein glücklicher Mensch. Ich war in Aufruhr. Meine Mutter, der ich sehr nahe stand, starb im Januar desselben Jahres an einem Gehirntumor. Innerhalb weniger Monate verlor ich meine beiden Großmütter, Frauen, die mir auch sehr wichtig waren. Und meine Ehe stand auf der Kippe. Es war eine schlimme Zeit für mich. Ich wusste, dass ich einige große Veränderungen in meinem Leben vornehmen musste, wenn ich mich erfolgreich neu formieren und weitermachen wollte. Meine Mutter war als junge Frau Motorrad gefahren. Es war schon immer ihr Traum gewesen, eine Harley zu besitzen, aber es blieb schwer fassbar", sagte Meg.

„Ihr zu Ehren und zum Andenken habe ich mir an meinem sechsunddreißigsten Geburtstag eine perlweiße Harley-Davidson Road King Classic gekauft. Es war der erste Geburtstag, bei dem Mama mir nicht alles Gute zum Geburtstag vorsang. Der Kauf dieses Fahrrads hat den Schmerz irgendwie gelindert. Ich weiß, sie hätte zugestimmt. Von dem Moment an, als ich die Harley kaufte, fing ich an, jeden Tag so zu leben, als wäre es mein letzter. Von all den Lektionen, die ich von meiner Mutter gelernt habe, ist es, dass morgen niemand versprochen wird. Wenn Sie nicht rausgehen und es heute tun, werden Sie vielleicht nie die Gelegenheit bekommen. Und obwohl ich kurz hintereinander drei Familienmitglieder verloren hatte, habe ich eine ganz neue Familie namens Biker dazugewonnen."

Das erste, was Meg nach der Übergabe ihres neuen Stolzes und ihrer Freude tat, war, sich für einen Motorrad- und Sicherheitskurs einzuschreiben. Nachdem sie diese Aufgabe erledigt hatte, wurde der Road King zu ihrem bevorzugten Fortbewegungsmittel. Sie entdeckte, dass das Motorradfahren für sie so selbstverständlich ist wie das Atmen und sie ist überzeugt, dass sie in einem früheren Leben Motorradfahrerin war. Meg schreibt der Seattle Harley-Community jedoch zu, dass sie hinter ihr steht und sie in den Feinheiten eines echten Bikers unterstützt.

Obwohl die meisten ihrer Freunde dachten, sie sei verrückt, mit einem großen Fahrrad anzufangen, sangen sie innerhalb weniger Wochen eine andere Melodie. Meg legte in kürzester Zeit über 2.500 Meilen (2.414 Kilometer) ohne Zwischenfälle zurück und sie akzeptierten die Tatsache, dass sie tatsächlich zum Reiten geboren wurde. Sie selbst empfiehlt Neuankömmlingen kein großes Fahrrad, solange sie keine Fahrerfahrung haben, aber einer der Gründe, warum sie das Road King gekauft hat, war die Möglichkeit, ihren kleinen Sohn als Beifahrer bei sich zu haben.

Als sie ihr Fahrrad kaufte, arbeitete Meg als Barkeeperin, ein Job, den sie viele Jahre lang immer wieder ausübte. Aber zwei Wochen nachdem sie mit dem Fahrrad zur Arbeit angefangen hatte, erschien sie eines Tages zu ihrer Schicht und bekam ihren rosa Slip. Sie wurde gebeten zu gehen, nachdem es zu Spannungen zwischen ihr und einigen anderen weiblichen Angestellten kam. Der Streitpunkt erwies sich als ihre brandneue Harley im Wert von 23.000 US-Dollar; so schwer es zu glauben ist, dass es bei ihren Mitarbeitern zu kleiner Eifersucht führte. Als Neuling in der Szene war es die einzige wirklich negative Erfahrung, die sie erlebte. Glücklicherweise hatte sie immer noch ihre Freunde in der Harley-Community, mit denen sie ihre Frustrationen teilen konnte, und erhielt die Art von Unterstützung, die nur ein Biker einem anderen geben kann.

„Meinen Job zu verlieren war eigentlich eine gute Sache. Es hat in mir ein neues Vertrauen geweckt. Ich beschloss, die Scheidung einzureichen, machte mich auf den Weg und kam mit mir klar. Und ich musste herausfinden, was ich mit dem Rest meines Lebens anfangen sollte. Ich hatte etwas Geld für Notfälle gespart und beschloss, es sinnvoll zu verwenden. Ich hatte genug Kummer und Kummer angehäuft; Es war an der Zeit, rauszukommen und ein paar glückliche Erinnerungen für mich zu schaffen. Ich kaufte eine leichte Campingausrüstung für Rucksacktouristen und fuhr quer durch das Land nach Osten. Sturgis war meine erste große Station. Ich liebte den Ort und sein Motorradgefühl. Ich reiste weiter nach Osten bis nach Chicago, dann nach Norden nach Milwaukee, um dem 100. Geburtstag von Harley-Davidson beizuwohnen. Nachdem ich diese Erfahrung in vollen Zügen genossen hatte, fuhr ich nach Minneapolis, wo ich meinen Sohn besuchte, der dort eine Privatschule besuchte. Von Minneapolis habe ich meine Heimreise angetreten", erklärte Meg.

„Ich hatte ein paar tausend Meilen auf meinem Fahrrad, als ich ging, und siebzehntausend, als ich nach Seattle zurückkam. Ich hatte eineinhalb herrliche Monate unterwegs verbracht und war dabei ein neuer Mensch geworden. Oder vielleicht fing ich endlich an, die Person zu werden, die ich sein sollte. Das Reiterlebnis hat mein Leben total verändert. Nachdem meine ganze Welt auf den Kopf gestellt worden war, hätte ich mich irgendwo verkriechen und Antidepressiva nehmen oder selbst Medikamente nehmen können, was nicht das erste Mal gewesen wäre. Aber sich irgendwo aufzuhalten und auf das Beste zu hoffen, schien nicht die Antwort zu sein. Ich hatte gehört, wie überwältigend Motorradfahren sein kann und wollte es selbst herausfinden. Ich habe es einfach geschehen lassen und festgestellt, dass es wahr ist. Von dem Tag an, an dem ich meine erste Langstreckenfahrt unternahm, wurde mein Motorrad zu meiner Quelle für Einsamkeit und Seelenfrieden. Ich nenne das Reiten ‚Gastherapie‘. Es gibt nichts Vergleichbares und wenn ich mich ein bisschen verstimmt fühle, steige ich als Erstes auf mein Fahrrad und fahre los.“

Meg wurde in Chicago geboren und zog mit ihrer Familie nach Minneapolis, kurz bevor sie in den Kindergarten gehen sollte. Sie wuchs in einer sehr strengen irisch-katholischen Gemeinde auf; die Erfahrung ließ sie desillusioniert und nicht gerade eine Anhängerin der organisierten Religion. Meg hatte schon immer eine tiefe Spiritualität in sich gespürt, fühlte sich aber vom Dogma der Kirche betrogen. Daher ihre Affinität zur einheimischen Spiritualität, die für sie mehr Sinn machte und ihrem eigenen Glaubenssystem und ihrer Intuition förderlicher war. Obwohl sie ein eingefleischter Wildfang war, war Meg Mädchendingen nicht abgeneigt, von denen eines von ihrem süßen Aussehen und ihrem unschuldigen Charme profitierte. Von ihrer Mutter ermutigt, nahm sie an einer Reihe von Schönheitswettbewerben für Jugendliche teil. Bei einem Festzug in Verbindung mit der renommierten Minneapolis Aquatennial – einer zehntägigen Feier der berühmten Seen, Flüsse und Bäche der Stadt – wurde sie zur Prinzessin der Stadt Minneapolis gekrönt. Zuvor war sie als lokale Nachbarschaftsprinzessin ausgewählt worden.

„Ich glaube, ich war ein bisschen anders als die Norm. Aber ich war einfach ich selbst. Ich habe mich nicht viel um Labels gekümmert oder mich darum gekümmert, was von Mädchen erwartet wurde und was nicht. An einem Tag würde ich auf Bäume klettern, am nächsten auf einem Wagen in einer Parade mit einem Diadem und weißen Handschuhen reiten und der Menge auf den Bürgersteigen zuwinken. Für mich bedeutete ein Mädchen nicht, dass ich keine Dinge tun konnte, die Jungen gerne machten. In den meisten Fällen könnte ich sie genauso gut machen. In manchen Fällen besser. Sie geben sich einfach mehr Mühe, wenn Sie als Außenseiter oder Außenseiter gelten. Und weil ich ein sogenannter Wildfang war, konnte ich nicht mit Puppen spielen, schicke Kleider tragen und an Festen teilnehmen. Es ging darum, mit den Dingen, die ich tat, glücklich zu sein. Als mich die Leute fragten, was ich werden möchte, wenn ich groß bin, habe ich ihnen gesagt, dass ich glücklich sein möchte. Das war meine Standardantwort", sagte Meg.

Als Meg jung war, arbeitete ihr Vater Mark im Bereich Wertpapieranlagen, eine Karriere, die er später gegen einen Job in der Telekommunikation eintauschte. Ihre Mutter Patricia war Hausfrau und gelernte Puppenspielerin, die wie ihr Vater Motorräder liebte. Der Motorradvirus hat auch ihren jüngeren Bruder Rob gebissen. Er bekam sein erstes Fahrrad, als er noch in der High School war. Meg mochte es, hinten auf seinem Fahrrad zu fahren, genauso wie auf denen einiger ihrer High-School-Freunde. Der Wunsch, selbst am Steuer eines Motorrads zu sitzen, war jedoch noch nicht aufgetaucht.

Als Meg dreizehn war, wurde ihre Welt durch die Scheidung ihrer Eltern zerstört. Die Trennung der Familie hat sie am Boden zerstört. Nachdem die Scheidung vollzogen war, zog ihre Mutter nach Seattle, wo sie zu einem führenden Unternehmen in der Telekommunikationsbranche wurde. Sie lebte eine Weile bei ihrem Vater und dann bei ihrer Mutter, die beide wieder heirateten. Da der Großteil ihrer Familie noch in der Gegend von Chicago lebte, verbrachte Meg ihre Sommer bei ihren Großeltern und besuchte verschiedene Verwandte. Sie kam mit ihrer Stiefmutter und ihrem Stiefvater nie gut aus und fand sich bald mit einer Menge wieder, die gerne trank und Drogen nahm. Es würde viele Jahre dauern, bis sie aus diesem destruktiven Lebensstil herauskam. Es war ein Lebensstil, von dem sie sagte, dass sie Glück hatte, zu überleben, weil sie später herausfand, dass sie gegen Alkohol und eine Vielzahl von legalen wie illegalen Drogen allergisch war.

„Als sich meine Mutter und mein Vater scheiden ließen, musste meine Mutter ihr Leben neu aufbauen. Sie verließ Minneapolis mit den Kleidern auf dem Rücken und zwanzig Dollar in ihrer Handtasche. Nach ihrem Umzug nach Seattle bekam sie einen Job bei US West Communications. Sie hat mit dem Unternehmen eine erstaunliche Karriere gemacht. Es führte sie durch die Reihen bis zum Verkauf von Telekommunikation an die Bundesregierung. Meine Mutter war eine sehr entschlossene und starke Frau. Sie ließ sich von ihren Ambitionen nicht vom Geschlecht abhalten. Damals begannen Frauen gerade erst, in der Geschäftswelt Fuß zu fassen. Es war kein einfacher Weg zu reisen. Wann immer ich eigene berufliche Schwierigkeiten hatte, dachte ich einfach an meine Mutter zurück und schöpfte daraus Mut. Ich tue es immer noch", sagte Meg.

In der High School war Meg kaum eine Musterschülerin. Sie langweilte sich zu Tränen und zog es vor, ihr Leben auf Kosten ihres Studiums auf der wilden Seite zu leben. Sie war auf dem besten Weg, eine Statistik zu werden. In ihrem Abschlussjahr schaffte sie es jedoch, sich anzuschnallen. Sie belegte Wahlfächer und kratzte sich durch, um ihr Diplom zu erhalten. Aber sie hatte keine klare Richtung im Leben, was im Alter von neunzehn Jahren besonders kompliziert wurde, als sie ihren Sohn Alex zur Welt brachte. Da sie den Vater ihres Babys nicht heiraten wollte, entschied sie sich, alleinerziehende Mutter zu sein; Es war undenkbar, ihren Sohn zur Adoption freizugeben. Obwohl sie das gemeinsame Sorgerecht hatten, beteiligte sich Alex' Vater seinerseits erst im Alter von drei Jahren am Leben des Jungen.

Als alleinerziehende Mutter bewarb und qualifizierte sich Meg für staatliche Zuschüsse und Stipendien, um sich weiterzuentwickeln. Sie schrieb sich an der University of Minnesota ein, wo sie Kommunikations- und Wirtschaftsmarketing studierte. Der Stress, das College zu besuchen und Alex aufzuziehen, die jetzt ein Heranwachsender war, erwies sich als zu viel für Meg und sie brach ab. Angesichts der Tatsache, dass sie ihren Lebensunterhalt verdienen oder Sozialhilfe beziehen musste, was sie nicht in Betracht zog, fand sie eine Anstellung bei einer Werbeagentur, für die sie Medieneinkäufe tätigte. Von dort ging sie zur Dayton Hudson Corporation, wo sie im Vertrieb landete. Meg entdeckte bald, dass sie die Menschenkenntnis und die Fähigkeit hatte, Dinge zu verkaufen, und hat seitdem die meiste Zeit ihres Lebens im Einzelhandel gearbeitet.

1993, als sie siebenundzwanzig Jahre alt war, beschloss Meg, ihrer Mutter an die Westküste zu folgen. Beflügelt vom Erfolg ihrer Mutter in der Telekommunikationsbranche bei US West bewarb sie sich bei dem Unternehmen und fand einen vielversprechenden neuen Job. In den nächsten vier Jahren baute sie Wohndienstleistungen für das Unternehmen in den Bundesstaaten Washington, Oregon und Idaho auf. Während dieser Zeit lernte sie einen Kanadier aus dem nahe gelegenen British Columbia kennen und heiratete ihn später. Als sie jedoch den Bund fürs Leben geschlossen hatten, wollte er, dass sie ihren Job kündigte und Hausfrau wurde. Zu ihrer eigenen Überraschung stimmte sie zu.

„Da ich frisch verheiratet und verliebt bin, habe ich nachgegeben. Es war eine dumme Sache. Gewöhnt an meinen Lebensunterhalt, ein Leben in Unabhängigkeit und den ständigen Umgang mit Menschen, langweilte ich mich steif. Als mein Mann vorschlug, mit ihm bei einem Dokumentarfilmprojekt mitzumachen, an dem er beteiligt war, musste ich nicht zweimal gefragt werden. Der Dokumentarfilm befasste sich mit der Geschichte des afroamerikanischen Eishockeys. Obwohl es mir nichts ausmachte, das Spiel zu spielen, da ich in Minnesota aufgewachsen bin, hatte ich ansonsten wenig Interesse daran. Am Ende habe ich viel recherchiert und mehr über Hockey erfahren, als jede Frau jemals sollte. Das Projekt begann sich aufzulösen, als es das Budget überschritten hatte. Ich musste mir einen Job suchen, damit wir über die Runden kamen. Kein Protest von meinem Mann. Während er versuchte, das Projekt zu retten, kehrte ich zum Barkeeper zurück", sagte Meg.

Anfang 2003 hatte Megs Ehe begonnen, sich aufzulösen; ihre Mutter und beide Großmütter sind gestorben; sie war von ihrem Job als Barkeeperin gefeuert worden; und sie war unten auf den Müllhalden. Um ihren Verstand zu retten, reichte sie die Scheidung ein und beschloss, Seattle für eine Weile hinter sich zu lassen. Und sie hatte dazu ihren neuen Road King. Auf dem Rückweg nach Seattle von ihrer ersten Radtour in den Osten machte sie einen Zwischenstopp in Deadwood, South Dakota, wo sie einen Bar- und Casinobesitzer traf. Er war kein Biker, aber sie verstanden sich sofort. Nachdem sie eine Weile telefoniert und Briefe ausgetauscht hatte, beschloss sie, Seattle zu verlassen und zog 2004 nach Deadwood. Die Beziehung schien auf solidem Fundament zu stehen und als er ihr einen Heiratsantrag machte, akzeptierte sie und verlobte sich.

Bis 2005 hatte Meg sich in der lokalen Black Hills Motorradgemeinde verwurzelt. Als die Hurrikane Katrina und Rita im August dieses Jahres die Golf- und Atlantikküste heimsuchten, wollte Meg etwas im Leben der Betroffenen verändern. Da sie wusste, dass die Biker-Community eine der wohltätigsten aller Gruppen ist, nahm sie die Gelegenheit wahr und beschloss, eine Fahrt für den Katastrophenhilfefonds der Heilsarmee zu organisieren. Aber weil sie so etwas noch nie gemacht hatte, kontaktierte sie Pepper Massey, die für ihr Engagement in der Sturgis-Motorradszene bekannt war. Massey gefiel die Idee und er stand Meg gerne mit Rat und Tat zur Seite und telefonierte, um den Ball ins Rollen zu bringen. Zwei Wochen später sammelte Riders for the Storm, wie Meg die Wohltätigkeitsfahrt nannte, sechstausend Dollar für den Hilfsfonds.

Das Leben in den Black Hills machte Meg nicht nur bei der Motorrad-Community beliebt, sondern brachte sie auch ihrem spirituellen Kern näher. Sie fand sich in Resonanz mit der Geschichte der Lakota und übernahm viele der Überzeugungen der Lakota. Die unzähligen Kilometer, die sie auf ihrem Fahrrad zurücklegte, waren für sie wie eine Visionssuche, eine Erfahrung, die ihr Leben parallel zum Fahrerlebnis völlig veränderte. Sie lernte, ein besserer Zuhörer zu werden, mehr auf das zu achten, was um sie herum vorging, und sich mit ihrem geistigen Führer zu verbinden. Die Verwandlung, die sie erlebte, war wie Tag und Nacht, schwarz und weiß.

Mit der Zeit wurde Meg klar, dass sie aus der Pfanne ins Feuer gesprungen war. Ihr Verlobter wurde immer anspruchsvoller und besitzergreifender. Und er mochte ihre Begeisterung für den Biker-Lifestyle nicht. Als er ihr irgendwann sagte, sie müsse sich zwischen ihm und ihrem Motorrad entscheiden, fiel die Entscheidung nicht schwer. Sie hat die Beziehung beendet. Es war Ende 2005. Ein weiterer Neuanfang stand Meg bevor.

„Da begann die örtliche Motorrad-Community, für mich einzuspringen und ich wurde viel stärker involviert. Eine Reiterin, die ich kennengelernt hatte, bot mir eine Bleibe an, bis ich wieder auf den Beinen war. Meine Erfahrung als Barkeeper machte es mir leicht, einen Job zu finden, und ich arbeitete in einigen verschiedenen Bars, darunter in einer im nahe gelegenen Sturgis. Das Geld war gut, aber der Stress und der Ärger, den ich ertragen musste, waren es nicht wert. Das örtliche Drama und der Zustrom von Touristen, die einen großen Teil der Kundschaft ausmachten, begannen mich zu belasten. Ich fragte mich „Was macht dich glücklich?" und die Antwort war „Motorräder". Also begann ich zu überlegen, warum nicht eine Karriere in der Motorradbranche machen. Es war ein Kinderspiel und das führte dazu, dass ich bei Black Hills Harley-Davidson arbeitete. Ich konnte mich auf mein Verkaufstalent verlassen und würde etwas verkaufen, das mir wirklich am Herzen liegt", erklärte Meg.

Megs Riders for the Storm-Initiative hatte viel Medienaufmerksamkeit erhalten. Sie wurde plötzlich von einer anderen Fahrerin zu einer Fahrerin mit einem gewissen Profil und dachte, sie wäre eine willkommene Ergänzung im Autohaus. Sie wurde auch für die Position des Road Captains bei den Jackpine Gypsies nominiert, einem Club, dem sie 2005 beigetreten war. Die Tatsache, dass Neil Altman und Bob Moore – zwei der ältesten Mitglieder des Clubs und ehemalige Road Captains – ihre Nominierung unterstützten, ist Zeugnis von Megs Charisma und Motorrad-Seele. Laut Neil und Bob war Meg am besten für den Job qualifiziert, weil sie ihren Mut und ihr Engagement unter Beweis gestellt hatte, indem sie die lokale Motorradgemeinde zusammenbrachte, um Geld für den Hurrikan-Hilfsfonds zu sammeln.

„Ich war total überwältigt davon, geschweige denn geehrt. Das hatte ich nicht erwartet, schon gar nicht von ein paar Oldtimern. Man könnte meinen, sie wären die letzten, die mit der Tradition brechen. Es sagte viel über sie aus und ich denke, es sagte viel über mich aus. Nicht, dass ich denke, dass ich besser wäre als jede andere Fahrerin, besonders in einem Teil des Landes, in dem etwa die Hälfte der Motorradfahrer Frauen sind. Ich habe die Erfahrung gemacht, dass das Geschlecht bei den meisten Bikern kein Thema ist; entweder fährst du oder nicht. Wenn du mit deinem Fahrrad umgehen und mithalten kannst, bist du ein Biker und das war's", sagte Meg.

Meg wurde nicht nur zum Offizier der Jackpine Gypsies gewählt, sondern nahm auch an Viertelmeilen-Flat-Track-Rennen teil, die lokal vom Club organisiert wurden. Die anderen Jackpine Gypsies-Mitglieder, die wegen ihres aggressiven Fahrstils besorgt waren, drängten sie, auf den Straßen langsamer zu werden und organisierte Rennen zu beginnen, um mit ihrer Liebe zur Geschwindigkeit fertig zu werden. Im Alter von vierzig Jahren tat Meg genau das und wurde eine erfahrene Flat-Trackerin, die mit den Jungs Kopf an Kopf raste. Als ihr klar wurde, dass viele der jüngeren Clubmitglieder für den Wettkampf dabei waren, ermutigte sie sie, ebenfalls Straßenfahrer zu werden. Da der Club eine alternde Bevölkerungsgruppe hatte, war es ihr wichtig, sicherzustellen, dass sich die Touring-Tradition der Jackpine Gypsies regenerieren würde. Zu diesem Zweck organisierte sie regelmäßige Road-Exkursionen, um interessierte Rennfahrer in den Tourenkreis zu bringen.

Ein Ort, an dem Meg bemerkte, dass das Geschlecht in der Fahrrad-Community ein Problem sein könnte, war jedoch auf der Verkaufsfläche des Motorradhändlers. Bei Black Hills Harley-Davidson fiel es ihr schwer, von den rein männlichen Verkaufsmitarbeitern sowie einigen Männern, die auf der Suche nach einem neuen Motorrad kamen, ernst genommen zu werden. Dennoch wusste sie, als sie sich um die Stelle bewarb, mit was sie es zu tun hatte. Als sie zu einem Interview mit einem der Besitzer des Autohauses ging, hatte er ihr gesagt, dass sie darum bat, in einen der größten „Old Boys Clubs" einzutreten, die es in den Vereinigten Staaten gab. Als Meg darauf hinwies, dass sie bei den Jackpine Gypsies – einem der ältesten Old Boys Clubs in Sachen Motorradfahren – in das Amt des Road Captain gewählt worden war, beschloss er, ihr die Möglichkeit zu geben, sich zu beweisen.

„Leider musste ich mich mit einigen ernsthaften negativen Aspekten des bestehenden Verkaufsteams und eines Verkaufsleiters auseinandersetzen, der Frauen nicht besonders mag. Da er nicht derjenige war, der mich eingestellt hat, wie es normalerweise bei Verkäufern üblich ist, hatte er bereits die Nase aus den Fugen. Ich habe mich mit viel Mist beschäftigt, den niemand, weder Mann noch Frau, machen muss, um seinen Lebensunterhalt zu verdienen. Ihre Einstellung gab mir nur einen größeren Entschluss, erfolgreich zu sein, und in einigen Monaten übertraf ich die Verkaufsziele aller anderen. Ich habe einfach viel härter gearbeitet, als sie es für nötig hielten oder wollten. Ich habe auch gesprochen, was die meisten von ihnen nicht taten. Manche sind nicht einmal Motorrad gefahren. Für sie war der Verkauf von Fahrrädern ein reiner Job. Für mich war es ein Job und eine Leidenschaft. Ich habe nicht nur an das Produkt geglaubt und war begeistert, ich bin auch eine Harley gefahren und stolz darauf", so Meg.

Meg verkaufte nicht nur regelmäßig ihre nicht entgegenkommenden Kollegen, sie war auch die erste Person in der Geschichte des Autohauses, die bei einem geheimen Käuferbericht, der von Harley-Davidson-Ringern durchgeführt wurde, 100 Prozent erreichte. Sie erfuhr von der Auszeichnung, als die Besitzer ihr gratulierten. Sie waren überrascht, dass sie nichts davon wusste, da es die Pflicht des Verkaufsleiters gewesen war, sie zu informieren. Als sie den Verkaufsleiter danach fragte, antwortete er, indem er ihr den Papierkram ins Gesicht warf und die Ehre einfach dem Glück zuschrieb. Um die Verletzung noch schlimmer zu machen, schlug er ihr vor, sich wieder auf den Boden zu setzen und ein paar Motorräder zu verkaufen oder sich nach einem anderen Job umzusehen. Das war die Art von Behandlung, die Meg täglich ertragen musste. Es überrascht nicht, dass es schließlich anfing, sie zu zermürben. Juristisch hätte sie ein Diskriminierungsverfahren gegen den Verkaufsleiter und das Autohaus einleiten können, entschied sich aber gegen diesen Weg.

„Ich wollte als Motorradfahrer Karriere machen und so eine Konfrontation wäre nicht zu meinem Vorteil gewesen. Vielleicht hätte ich mit einem netten Stück Geld weggehen können, aber es ging nicht ums Geld, sondern darum, in einem sehr harten Geschäft, das zu dieser Zeit hauptsächlich Männerdomänen war, durchzuhalten und Respekt zu erlangen. Ich wollte nur gleiche Wettbewerbsbedingungen. Außerdem mochte ich die Besitzer des Autohauses, die wie ich noch auf einer Lernkurve waren. Als ich meine Kündigung kündigte, erwähnte ich, dass niemand beim Autohaus jemals die Extrameile gehen würde, solange er Leute wie seinen Verkaufsleiter hat, der für sich arbeitet. Ich war die zweite Frau, die auf der Verkaufsfläche arbeitete und wurde wie die erste belästigt, bis ich das Handtuch warf. Ich bin von Natur aus kein Aufsteiger, aber manchmal muss man wissen, wann man von etwas weggehen muss. Obwohl ich ein Top-Verkäufer war und als hundertprozentig geehrt wurde, wusste ich, dass ich bei ihrem Autohaus nicht den Erfolg und die Freude erreichen würde, die ich mir erhofft hatte", sagte Meg.

Die Abschiedsworte von Meg scheinen den Eigentümern nicht entgangen zu sein: Der Verkaufsleiter wurde wenige Tage später ersetzt. Nachdem sie 2008 Black Hills Harley-Davidson verlassen hatte, beschloss Meg, nach Minneapolis zurückzukehren, wo ihr Sohn noch lebte und das College besuchte. Obwohl sie ihre Position bei den Jackpine Gypsies aufgegeben hat, ist sie immer noch ein beitragszahlendes Mitglied und am Rande des Clubs beteiligt. 2010 organisierte sie die Jackpine Gypsies Tour, entwarf die Tour-T-Shirts und half auch bei der anderen Logistik. Zurück in Minnesota besuchte sie St. Paul Harley-Davidson, den ältesten und erfolgreichsten Händler in der Gegend. Sie machte ein leidenschaftliches Angebot, um dem Verkaufspersonal beizutreten – nicht schwer, wenn man bedenkt, dass sie alles, was mit Motorrädern zu tun hat, besonders Harleys liebt – und wurde ein paar Tage später eingestellt.

Bei St. Paul Harley-Davidson wurde sie nicht ganz so behandelt, als wäre sie der Feind, aber es gab immer noch Gender-Probleme. Genau wie beim Händler in Black Hills war Meg eine Überfliegerin, die mehr Fahrräder verkaufte als viele ihrer männlichen Kollegen. Als einige von ihnen anfingen, ihren privaten Papierkram durchzugehen und Lärm über einige ihrer Geschäfte zu machen, fragte Meg ihren Vertriebsleiter, ob diese Praxis auch auf die anderen männlichen Angestellten ausgedehnt würde. Er sagte ihr, dass sie sie extrem nervös machte, weil sie in ihrem Job besser war als sie und außerdem noch eine Frau. Sie befanden sich in einer Position, in der sie nicht mehr selbstgefällig sein konnten und viel härter arbeiten mussten, um mit ihr Schritt zu halten. Für Meg erwies sich St. Paul Harley-Davidson als eine weitere Lernkurve. Sie hielt es fast ein Jahr lang durch und war überzeugt, dass sie jetzt das richtige Zeug hatte, um mit jedem und allem fertig zu werden, was ihr im Motorradgeschäft in die Quere kam. Sie zog zurück in die Gegend von Deadwood, begann aber stattdessen eine andere Tätigkeit als Barkeeperin.

„Ich habe gerne in den Black Hills gelebt und das Winterklima ist nicht ganz so brutal wie in Minnesota. Ich fand mich immer weniger in der Lage, mit kaltem Wetter umzugehen. Obwohl ich genug vom Barkeeper hatte, nahm ich den Job an, weil es einfach war, Arbeit in dieser Branche zu finden. Und ich wollte nicht zu einem Autohaus zurückkehren, das ich unter unangenehmen Umständen verlassen hatte. Ich betrachtete den Job als Barkeeper als Übergangsphase, während ich über meine Optionen nachdachte. Ich hatte den Gedanken, irgendwo in der Gegend mein eigenes Motorradgeschäft zu gründen. Woody vom Buffalo Chip trat an den Tisch, um mir zu helfen, das Geschäft auf einem seiner Grundstücke zum Laufen zu bringen. Aber zu dieser Zeit entdeckte ich, dass ich eine seltene Blutkrankheit hatte, deren Symptome eine allergische Reaktion auf kaltes Wetter ist. Es macht mich buchstäblich krank, wenn ich ihm längere Zeit ausgesetzt bin. Das bedeutete nur eines: Ich musste an einen schneefreien Ort gehen und dort leben, wo die Temperatur nie unter den Gefrierpunkt fiel", sagte Meg.

Mitte April 2009 beschloss Meg, sich auf die beste Art und Weise neu zu gruppieren, die sie kannte: ein Bein über ihren Road King werfen und eine Fahrt machen. Es erwies sich als langwierig! Sie schlängelte sich durch vierzehn Bundesstaaten und landete in Austin, Texas. Sie mochte nicht nur die Vielfalt des Ortes, auch das Klima war für ihre Kondition ideal. Und es war eine fahrradfreundliche Stadt, eine Voraussetzung für sie. Obwohl sie den Traum von einem eigenen Geschäft auf Eis legte, wollte sie unbedingt wieder Motorräder bei einem etablierten Harley-Händler verkaufen. Und sie hoffte wider Erwarten, dass sie vielleicht, nur vielleicht, einen finden würde, bei dem männliche Mitarbeiter etwas mehr Selbstbewusstsein und Selbstvertrauen hatten. Männer, die sich der Herausforderung gestellt haben, sich mit einem anderen Vertriebsmitarbeiter um die Ehre als Top-Hund des Monats zu messen, unabhängig vom Geschlecht. Sie fand diesen Händler bei Cowboy Harley-Davidson. Es war nicht die erste, die sie ansprach, aber sie ist überzeugt, dass es diejenige war, bei der sie landen sollte. Schließlich stand auf ihrem Motorrad-Kennzeichen in South Dakota COWGIRL.

„Für mich fügten sich alle Teile des Puzzles zusammen. So verrückt es auch klingen mag, ich sehe ehrlich gesagt die Vorteile dessen, was ich in diesem schrecklichen Sommer 2003 sowie in den folgenden Jahren aus meiner Drosseltherapie gewonnen habe. Die Freiheit, die Unabhängigkeit und die Kraft, die ich als Biker gewonnen habe, hatten mich auf diesen Moment vorbereitet. Ich passte sofort in die Cowboy-Händlerkultur und wurde mit Respekt behandelt und für mein Verkaufstalent geschätzt. Ich arbeite dort mit einer großartigen Gruppe von Leuten zusammen, die sich wirklich auskennen. Jeden Tag wache ich aufgeregt auf und bin gespannt, zur Arbeit zu gehen. Ich bin die erste Frau, die Fahrräder für den Cowboy-Händler verkauft und die Jungs fühlen sich damit wohl, eine Frau in ihrem Team zu haben. Sie verstehen tatsächlich, dass die Frauen von heute eine lukrative Demografie im Motorradverkaufsbereich sind. Für sie ist es selbstverständlich, dass auch Frauen Fahrräder verkaufen. Wie ich sind sie bis ins Mark Harley-Leute. Potenzielle Kunden greifen solche Dinge auf. Es gibt keine größere Unterstützung für das Produkt, das Sie verkaufen, als sehr leidenschaftlich daran zu arbeiten und es selbst zu verwenden“, sagte Meg.

Meg verkaufte nicht nur ihre Lieblingsmarke, sondern war auch im Autohaus sehr aktiv, einschließlich der Gründung einer Mentoring-Gruppe für Motorradfahrerinnen. Zu diesem Zweck organisierte sie eine Reitergruppe der Frauen, die sich jeden dritten Sonntag im Monat trifft. Jeden Dienstagabend nach dem Sonntagsausflug moderiert sie eine Diskussion über die Fahrersicherheit; Verhaltensregeln; Einzel- und Gruppenreiten; Packen für Roadtrips usw. Sie lehrt auch Grundlagen, wie zum Beispiel die Pflege eines Motorrads und das Aufsammeln eines kaputten Fahrrads. In ihrem Bestreben, das Motorradfahren zu fördern, betreut Meg nicht nur Frauen, sondern auch Männer, die neu im Motorradfahren sind. Obwohl sie eine Harley-Loyalistin ist, ist ihre Philosophie, alles zu fahren, womit Sie sich wohl fühlen, dass es bei einer echten Bikerin um Leidenschaft geht, nicht um Mode.

„Ich genieße immer noch die Gesellschaft anderer Fahrer, aber auf langen Roadtrips bin ich gerne allein. Wenn ich in Gruppen fahre, merke ich, dass die meisten anderen Fahrer dazu neigen, mich langsamer zu machen. Wenn ich schnell sein will, will ich schnell sein. Wenn ich irgendwo aufhören will, will ich aufhören. Wenn ich mich entscheide, von meiner geplanten Reiseroute abzuweichen, mache ich das gerne. Ich habe gerne die Kontrolle über meine eigene Agenda, wenn ich fahre. Die meiste Zeit im Leben tun wir Dinge, die den Agenden entsprechen, die uns auferlegt werden. Heutzutage ist alles so reguliert und es gibt mehr Regeln und Gesetze, als man sich vorstellen kann", sagte Meg.

„Wenn du mit anderen fährst, wird mehr oder weniger erwartet, dass du mit dem Strom gehst und dem Führenden folgst. Sie möchten nicht als schwierig oder egozentrisch wahrgenommen werden. Sie möchten Teil der Gruppe sein und sich an die Entscheidungen halten, die vor Ihrer Reise getroffen wurden. Für viele, die mit dem Reiten anfangen, ist Kameradschaft eine der Hauptattraktionen. Ich bin kein Biker für die Kameradschaft geworden. Es ging mehr um Selbstfindung und um eine Formel zu finden, die zu meinem Glück und meiner Erfüllung beitragen würde. Die Kameradschaft folgte, nachdem ich Biker wurde. Und ich muss sagen, ich bin von der positiven Einstellung der Reitergemeinschaft und der Unterstützung, wenn man Hilfe braucht, völlig überzeugt."

Marilyn Elmore Bragg – Biker-Journalismus 101

Marilyn Elmore Bragg ist in Seattle, Washington, geboren und als Militärgör aufgewachsen, seit ihrer Geburt auf Reisen. Infolgedessen hat sie keinen bestimmten Ort, den sie ihr Zuhause nennt, außer dem Ort, an dem sie gerade lebt. Mit Vorfahren auf amerikanischem Boden, die bis ins frühe 18. Jahrhundert auf der Seite ihrer Mutter Lucy sowie im späten 18. Jahrhundert auf der Seite ihres Vaters Duane zurückreichen, fühlt sich Marilyn geerdet genug, um jeden Ort in den Vereinigten Staaten als Heimat zu betrachten. Sie hat im ganzen Land gelebt – sowohl mit ihrer Familie als auch allein – sowie in England, Griechenland und Deutschland. Es war hauptsächlich ein Fall von Marilyn, ihrer Mutter, den älteren Brüdern Mark und Ward und der jüngeren Schwester Diane, die ihrem Air Force-Vater zu den verschiedenen Stützpunkten folgten, auf denen er stationiert war.

„Als ich in der neunten Klasse die Schule verließ, war ich auf zwölf verschiedenen Schulen. So oft bin ich mit meinen Eltern von Stützpunkt zu Stützpunkt gezogen, von Staat zu Staat, von Land zu Land. Ich dachte, so sei das Leben für alle. Dass es normal war. Ich wusste es nicht besser. Ich könnte mir keinen besseren Weg vorstellen, aufzuwachsen oder zu leben. Wenn Sie einmal so gelebt haben, sehnt sich Ihr Herz und Ihr Geist immer wieder danach, an einen neuen Ort zu gehen. Sie haben das Bedürfnis, auf die Straße zu gehen. Die Abenteuerlust ist nie verflogen. Ich konnte mir nicht vorstellen, Jahr für Jahr dasselbe zu tun, mein ganzes Leben am selben Ort zu leben und nie zu weit von zu Hause wegzugehen. Ich sehe andere Leute, die das tun, und ich frage mich, wie sie ein solches Leben bewältigen können. Für mich muss es das totste Leben der Welt sein. Auf der anderen Seite, wenn ich mit Leuten zusammen bin, die Wurzeln haben und ihr ganzes Leben in ihrer unmittelbaren und erweiterten Familie waren und diese wundervollen Wiedervereinigungen und Erinnerungen teilen, dann denke ich, dass ich etwas verpasst habe ", sagte Marilyn .

„Aber wenn ich nicht so aufgewachsen wäre, wäre ich nicht die Person, die ich heute bin, und ich fühle mich sehr wohl damit, wer ich bin. Ich bin sehr unabhängig und weiß, wie ich auf mich selbst aufpassen muss. Als Kind beim Militär weiß man einfach instinktiv, was zu tun ist, was von einem erwartet wird. Sie lassen dich nicht locker. Wenn du es vermasselst, würde es deinen Vater widerspiegeln. Du bist dir immer bewusst, was dein Ruf deinem Vater antun würde. Das militärische Leben ist recht strukturiert. Es gibt eine Hierarchie und man muss darin leben können. Als Kind lernt man damit umzugehen. Sie lernen, wie man Offiziere anspricht. Sie lernen Respekt. Wenn Sie sich im eigenen Land und im Ausland bewegen, können Sie sehen, wie andere Menschen leben. Es gibt Ihnen eine viel breitere Perspektive auf das Leben, als wenn Sie an einem Ort bleiben. Ich bin in der Lage, verschiedene Arten von Menschen zu verstehen und zu verstehen und mich in ihrer Nähe wohl zu fühlen, unabhängig von sozialer Stellung, Bildung, Rasse oder Religion. Ich bin im Herzen ein Einzelgänger, aber ich kann überall hinpassen, auch wenn ich dort vielleicht nicht wirklich hingehöre."

Obwohl sie im ersten Jahr die High School abbrach, kehrte Marilyn schließlich in die Hochschulen zurück, um einen Abschluss in Journalismus zu machen. Dies führte zu einer Karriere, die über den Motorrad-Lifestyle und das Reisen schrieb, ihre beiden größten Leidenschaften. Sie hat für zahlreiche Publikationen geschrieben, darunter *Easyriders, Hot Bike, Biker, Thunder Press* und *US Rider News*. Online hat sie unter dem Namen „Mistress Marilyn" und als Marilyn Bragg zu www.bikernet.com beigetragen. Heute arbeitet sie als freiberufliche Reiseautorin, Redakteurin und Blogautorin. Ihre Internet-Site http://chessiestales.blogspot.com wird monatlich rund 3.300 Mal aufgerufen. Während sie sich als Teilespezialistin in der Motorradbranche die Zähne ausgebissen hat, begann sie im Sommer 1971 im Alter von fünfzehn Jahren mit dem Motorradfahren. Kein Wunder, dass die meisten ihrer vielen Fernreisen seither mit dem Motorrad zurückgelegt wurden.

„Wenn ich reise, kann ich mir das nur auf meinem Fahrrad vorstellen. Alles andere betrügt die Sinne um so vieles. Ich glaube, dass der Schmerz und die Freuden des Motorradfahrens die ultimative Belohnung des Lebens sind. Und indem ich Reiseschriftstellerin geworden bin, habe ich gelernt, das Fahrradfahren noch mehr zu genießen. Früher bin ich von A nach B gerast, nur um es eilig zu haben, aber jetzt nehme ich mir Zeit, schaue mich um, halte an, gehe zurück, erkunde, mache Notizen und Bilder. Ich bin im Laufe der Jahre ein ziemlich guter Fotograf geworden und das macht das Schreiben noch angenehmer und lohnender, weil ich mich nicht darauf verlassen muss, dass jemand anderes meine Bilder macht", bemerkte Marilyn.

„Ich hätte nie gedacht, dass ich einmal Moto-Journalistin werden würde. Aber ich betrachte das, was ich mache, nicht als Beruf. Es ist eher ein Lebensstil. Ich liebe, worüber ich schreibe. Reiseschreiben und Motorradschreiben passen perfekt zu mir. Jeden Tag, wenn ich aufstehe, dreht sich alles um Motorräder und das Reisen durch unser schönes Land. Ich lebe im Moment. Die einzige Verantwortung, die ich habe, gilt mir selbst und meiner alternden Mutter, die ich in unserem Haus in Johnson City, Tennessee, betreue. Wenn ich jetzt reise, was weniger ist, halte ich ein bisschen eine Reiseroute, was ich in der Vergangenheit nie gemacht habe. Jetzt weiß ich, dass ich zu einer bestimmten Uhrzeit wieder da sein muss, denn wenn ich nicht zu Hause bin, muss meine jüngere Schwester vorbeikommen und auf Mama aufpassen. Aber egal wo ich bin, jeder neue Tag ist ein neues Abenteuer. Ich bin immer offen für Unerwartetes und gespannt, was mich hinter der nächsten Kurve erwartet."

Ironischerweise war Englisch nicht gerade Marilyns stärkstes Fach in der Schule und es interessierte sie nicht so sehr. Sie lernte erst in der dritten Klasse gut lesen, als sie sich für Comics interessierte. Und erst in der fünften Klasse bekam sie den Schreibfehler. Es kam auf Umwegen zustande, durch Geschwisterrivalität. Einer ihrer Brüder hatte einen Schulaufsatz verfasst, für den er vor allem von der Mutter viel Lob erhielt. Da sie nicht ausgelassen werden wollte, beschloss Marilyn, auch mit dem Schreiben zu beginnen. Und schreibe, sie hat es getan! Darunter das Führen eines Tagebuchs und später, nachdem sie mit dem Fahrradfahren begonnen hatte, Reisetagebücher. Dennoch war es ein langer Weg und eine Reihe anderer Karrieren, bis es tatsächlich ein veröffentlichter Schriftsteller wurde.

Während ihre Kindheit meist ereignislos verlief – abgesehen davon, dass sie sich viel bewegte – waren Marilyns Teenagerjahre nicht. Tatsächlich wuchs sie schneller auf als die meisten anderen. Während sie in Zweibrücken lebte, wo ihr Vater als Bauingenieur zu dieser Zeit stationiert war, lernte sie einen der Soldaten kennen, die zufällig eine 69er 650 Triumph Bonneville fuhren. Als er 1971 nach Südflorida zurückkehrte, schenkte er Marilyn das Fahrrad, da er nicht die Mittel hatte, es in die Staaten zu versenden. Obwohl sie acht Monate lang als Beifahrerin auf dem legendären britischen Fahrrad gefahren war, wusste sie nicht, wie sie es bedienen sollte. Aber das hielt die fünfzehnjährige Marilyn nicht davon ab, auf die Maschine zu steigen und einfach loszufahren.

„Das Einzige, was mir beim Radfahren schwer fiel, war der Start. Es hatte einen unangenehmen Kickstart, an den man sich gewöhnen musste. Der Rest ging problemlos. Ich hatte als Beifahrer viele Kilometer hinter dem Fahrrad zurückgelegt und spürte den Rhythmus meines Freundes, der die Gänge schaltete. Nach einer Weile spürte ich einfach, wann er umziehen würde. Ich habe seinen Fahrstil mehr oder weniger kopiert. Und mein Vater hatte mir viel über Mechanik beigebracht, damit ich mich vom Motorrad nicht einschüchtern ließ. Es war einer dieser Fälle von Liebe auf die erste Fahrt. Ich wusste nicht, wie sehr es mein Leben verändern würde", sagte Marilyn.

1972 schloss sich Marilyn ihrem Freund in Florida an und heiratete ihn; Infolgedessen rutschte sie zum ersten Mal in ihrem Leben in eine Routine und einen nicht so glücklichen Lebensstil ab. Ihre Tochter Kija, geboren 1975, sei das Beste, was aus dieser Verbindung hervorgegangen sei, sagte Marilyn. Die Ehe, die durch den Alkoholkonsum ihres Mannes kompliziert wurde, zerbrach innerhalb von fünf Jahren und wurde 1977 geschieden. Zu diesem Zeitpunkt war Marilyn eine alleinerziehende Mutter und keine, die Sozialhilfe oder Almosen annahm, suchte nach einem Job in der Motorradindustrie und fand bald Anstellung bei Harley-Davidson in Melbourne, Florida, wo sie in der Teileabteilung tätig war; als schnelles Studium machte sie sich bald mit dem gesamten Inventar vertraut.

Während ihrer Arbeit dort verliebte sich Marilyn und heiratete einen der Mechaniker des Autohauses, einen älteren Biker, der entscheidend dazu beitrug, Experte in der Teileabteilung zu werden, und setzte sie auf ihre erste Harley, eine 71er 1200er Pan-Shovel. Das Fahrrad war über ein Jahr lang ohne Kontakt des Besitzers im Laden gestanden und sie konnte es für nur dreihundert Dollar kaufen. Aber wie ihre erste Ehe war die zweite Runde eine turbulente Beziehung, die nach drei Jahren geschieden werden sollte. Zu diesem Zeitpunkt stand auch für Marilyn ein Jobwechsel an, und sie zog quer durch Florida von der Atlantikküste an die Golfküste.

Bei einem anderen auf Harleys spezialisierten Motorradhändler namens Grandpa's Cycle Center in Fort Myers arbeitete sie wieder in der Teileabteilung. Nach einem kurzen Aufenthalt bei Opa kehrte Marilyn an die Ostküste Floridas zurück, wo sie die Herausforderung annahm, die Schiffsteile- und Arbeitsindustrie zu erlernen. Während der folgenden zehn Jahre führte sie das Zigeunerleben fort und zog von einem Yachthafen zum anderen, während sie von kleinen Außenbordbooten und Motoren zu einer Arbeit für Unternehmen wie Hatteras of Lauderdale in Fort Lauderdale in deren Teile- und Schiffslager wechselte.

1994 zog Marilyn nach Norden nach Pennsylvania, ließ ihren Job beim Bootshändler in Florida hinter sich und fand eine Anstellung als Barmanagerin in ihrer neuen Heimat Lancaster. Dort lernte sie George kennen, einen Mann, der ihr Leben grundlegend veränderte und mit dem sie bald Partner im Baugeschäft werden sollte. Zusammen machten sie einen dreimonatigen Urlaub mit dem Fahrrad durch Mexiko, Belize, Guatemala und Honduras und wohnten bei Leuten, die sie unterwegs trafen. Die Arbeit in einer Bar erwies sich für Marilyn jedoch als kontraproduktiv: Eines Tages stellte sie fest, dass sie betrunken war. Da es ihr nicht gefiel, wo sie sich befand, beschloss sie, mit dem Trinken aufzuhören und ihr Leben in Ordnung zu bringen.

Marilyn nahm Georges Angebot an, Teilhaber seines Trockenbau-Zulieferunternehmens zu werden und mit ihm zusammenzuarbeiten. Sie trat gegen die Flasche und wurde eine erfahrene Trockenbauerin und Geschäftsleiterin. Damals herrschte in Pennsylvania ein Bauboom und sie und George arbeiteten oft sieben Tage die Woche. Manchmal lagerten sie zwei Wochen lang auf der Baustelle, ohne die Gegend zu verlassen. Wie bei allem, was sie sich in den Kopf gesetzt hat, hat Marilyn dem Trockenbaugeschäft alles gegeben, was sie hatte, und es wuchs im Laufe der Jahre exponentiell.

Aber die Arbeit forderte ihren Tribut. Der Trockenbaustaub verursachte Atemprobleme und nach zehn Jahren verkaufte sie ihren Anteil an der Firma wieder an George. Es war auch eine Trennung der Wege für sie, da sich ihre Beziehung zu lösen begann. Für Marilyn war es an der Zeit, sich noch einmal beruflich zu verändern. Diesmal ging sie zurück nach Florida, wo sie zu ihren Eltern zog und sich an der University of Central Florida einschrieb, um Englisch und Journalismus zu studieren. Sie brauchte fünf Jahre, um die erforderlichen Kurse zu absolvieren, aber am Ende hielt sie durch und machte ihren Abschluss.

Im Jahr 2002 begann John „Rogue" Herlihy, ein Freund, den sie im Motorradgeschäft in Florida kennengelernt hatte und Korrespondent für *Easyriders*, sie als Motojournalist zu betreuen. Marilyn hat sofort angefangen und hat es nie bereut. Aufträge kamen auf sie zu und sie beschloss, ihre Zeit dem Schreiben zu widmen, obwohl sie sich daran gewöhnen musste, weniger Geld zu verdienen, als sie in der Vergangenheit verdient hatte. Aber für einen freien Geist wie Marilyn ist Geld nichts anderes als ein notwendiges Übel.

2005, nach dem Tod ihres Vaters, schied Marilyn aus ihrem Leben aus. Sie packte ihre Satteltaschen, schnallte ein paar Sachen am hinteren Kotflügel ihrer Sportster fest und brach dann zu einem sechsmonatigen Abenteuer quer durch die Vereinigten Staaten auf. Sie verließ Florida und fand schließlich ihren Weg nach Glendale, Kalifornien, wo sie eine befristete Stelle als Service Writer bei Glendale Harley-Davidson annahm. In den sechs Monaten, die Marilyn im Westen war, war sie (mehrmals) nach Sturgis, Las Vegas und in die Region Four Corners in Colorado gereist. Rosamond, Kalifornien, war während dieser Zeit ihre Heimatbasis.

Seit dem Erwerb ihrer ersten Harley im Jahr 1978 besitzt Marilyn eine '59er Harley Panhead in einem starren Rahmen und eine '78 1/2 Harley FLH 80CI Bagger. Der Bagger, den sie für das Doppelte des Preises verkaufte, verhalf ihr zum College. Heute fährt sie eine 1993 XL 90th Anniversary Limited Edition Sportster und holt so viel aus wie sie kann, ob zum Vergnügen oder geschäftlich, die normalerweise ein und dasselbe sind. In den meisten Fällen fährt Marilyn alleine. Obwohl sie fest in der Bikerwelt verwurzelt ist, versteht sie sich als Unabhängige. Sie geht gerne aufs Land oder am Meer und verbrennt die Meilen, um dem Alltag zu entfliehen.

In Florida hatte sie einen abgelegenen Lieblingsplatz in Palm Bay, wo sie sich mit einer Schule von Seekühen anfreundete. Zweimal im Monat ging sie dorthin und watete ins Wasser, und die großen, grauen Wassersäugetiere tauchten aus dem Nichts auf. Natürlich wussten sie, dass sie ihnen Salat mitbrachte, ein Essen, das sie zu mögen schienen. „Mein Umgang mit den Seekühen hat mich nachhaltig beeindruckt. Die Verbindung mit ihnen auf einer so engen Ebene war wie eine spirituelle Erfahrung, sehr friedlich und beruhigend. Von all den Dingen, die ich in Florida vermisse, sind es die Seekühe. Sie sind wundervolle, mystische Kreaturen", sagte Marilyn.

Trotz der Motorradliebe ihrer Mutter fährt Tochter Kija nicht und zeigt kein Interesse an der Biker-Community. Marilyn bemerkt jedoch, dass sie Kija mit ihrer Triumph Bonneville aus dem Krankenhaus nach Hause gebracht hat. Ihr Mann war in den Everglades zum Fischen unterwegs, und der einzige Weg, um ins Krankenhaus zu gelangen, bestand darin, mit dem Fahrrad zu fahren, ungeachtet der ersten Anzeichen von Wehen. Als sie drei Tage später mit dem Baby entlassen wurde, ging es nur noch mit dem Fahrrad nach Hause. Von da an wuchs Kija praktisch um und auf Marilyns verschiedenen Motorrädern auf. Als sie ein Teenager wurde, war es ihr jedoch peinlich, dass das einzige Fahrzeug, das ihre Mutter besaß, ein Motorrad war. Wenn Marilyn sie in der Schule absetzte, zuckte Kija zusammen – bis eines Tages ein Junge auf sie zukam und ihr sagte, wie cool sie es sei, eine Mutter zu haben, die eine Harley fährt. Kijas Ehemann reitet jedoch eine Buell und ihr heranwachsender Sohn lernt reiten.

„Es ist seltsam, dass Kija nicht fährt, wenn man bedenkt, dass sie erst drei Tage alt war, als sie an dem Tag, an dem wir das

Krankenhaus verließen, in die Motorradwelt eingeführt wurde. Sie ließen mich nicht frei, es sei denn, jemand holte mich ab oder ich rief ein Taxi. Mein Mann war zu betrunken, um mich zu holen. Man könnte wohl sagen, dass er die Ankunft seiner Tochter ein bisschen zu enthusiastisch gefeiert hat. Also rief ich ein Taxi, aber ich hatte nur genug Geld, um um den Block zu fahren. Der Taxifahrer setzte mich am Parkhaus ab, ich packte Kija in meine Jacke, stieg vorsichtig auf mein Fahrrad und machte mich wachsam auf den Heimweg. Vielleicht ist es auch gut so, dass sie nicht reitet, denn eigentlich fahre ich gerne alleine. In vielen Fällen bedeutet Reiten, dass ich an einer Aufgabe oder etwas arbeite, also arbeite ich technisch. Am besten fahre ich alleine; Auf diese Weise muss ich niemandem antworten und tue, was getan werden muss. Es ist ein gutes Leben und jemand muss es leben“, sagte Marilyn.

Seit sie sich in Johnson City niedergelassen hat, hat Marilyn beschlossen, dass sie den Ort wahrscheinlich für den Rest ihrer Tage ihr Zuhause nennen wird. Sie macht sich keine Zukunftsziele mehr und denkt nicht mehr so weit voraus. Außerdem kommen zukünftige Ziele selten so zustande, wie sie es sich erträumt hat. Sie findet diese Träume oft ziemlich flach oder einfach nur unrealistisch. Aber das Fahrradfahren ist eine Realität, die im Mittelpunkt stehen wird, bis sie das Gefühl hat, dass sie es nicht mehr sicher bedienen kann und es an der Zeit ist, es endgültig zu parken und über ihr Reise- und Abenteuerleben nachzudenken.

„Heute freue ich mich sehr, wenn mir etwas Schönes passiert, und bin nicht überrascht, wenn es sauer wird. Dann mache ich einfach Limonade. Es ist alles gut“, sagte Marilyn.

Catherine "Katmandu" Palmer – Vollgas
Zur Erlösung

Die Motorradjournalistin, Fotografin, bildende Künstlerin und Kunstlehrerin an öffentlichen Schulen Catherine „Katmandu" Palmer entdeckte ihre Leidenschaft für Motorräder im Alter von siebzehn Jahren, als sie mit der Hardcore-Clubszene in Neuengland verkehrte. Diese Einführung in den Biker-Lifestyle führte zu einer fünfzehnjährigen Karriere in der Motorradbranche, die 1985 als Teilemanager hinter den Ladentischen verschiedener Harley-Davidson-Händler begann. Nach ihrem eigenen Eingeständnis war Katmandu tatsächlich das wilde Kind. Nach mehr als einem Dutzend Jahren, in denen sie die extreme Achterbahn des Lebens gefahren, große Bissen aus dem Leben und die verbotenen Früchte der Gesellschaft genommen hatte, entwickelte sie sich als nachdenkliche, gewissenhafte und rücksichtsvolle Frau, deren Hauptanliegen heutzutage darin bestehen, einen Unterschied in der Welt zu machen Leben von Kindern und ausgesetzten und misshandelten Tieren.

„Als ich jünger war, war ich eine abenteuerlustige Frau, die bereit war, die Welt zu erobern. Zum Leidwesen meiner Familie bin ich praktisch über Nacht von Pferden auf Harleys umgestiegen. Ich hing mit sechzehn in den Bars rum und riss die nächsten fünfzehn Jahre lang die Autobahnen auf. In den Achtzigern war ich völlig schneeblind, während ich versuchte, meinen Kunstabschluss am College zu machen. Obwohl mein früherer Lebensstil kontraproduktiv, wenn nicht sogar destruktiv war, hat das Motorradfahren viel zu der Person beigetragen, die ich geworden bin. Ich wurde selbstbewusst, fröhlich, großzügig, freundlich, artikuliert, aufgeschlossen, eigensinnig, spirituell und ein wenig zynisch genannt, um das alles zu mildern. Ich denke, das fasst es ziemlich gut zusammen. Ich schäme mich meiner Jugend nicht. Ich hatte viel Spaß und sammelte einige unglaubliche Erfahrungen, die ich nicht für die Welt eintauschen würde. Ich habe aus dem Guten und dem Schlechten gelernt", sagte Katmandu.

„Wir haben Entscheidungen im Leben und ich habe meine getroffen. Abgesehen von dem Kummer, den ich meinen Eltern bereitet habe, bereue ich nichts. Ohne diese frühen weitreichenden Erfahrungen wäre ich nicht die Frau, die ich heute bin. Ich musste den Tiefpunkt erreichen, um mich wirklich neu zu entdecken, um mein eigenes Selbstwertgefühl als Frau, Ehefrau und Freundin zu entdecken. Ich wusste immer tief in meinem Inneren, dass ich viel mehr war als ein Partygirl, und dass ich mit Talenten gesegnet war, die ich verschwendete, weil ich sie nicht verlieren wollte. Jahrelang drehte sich alles um Sex, Drogen und Rock'n'Roll. Das war die Attraktion… neben den Harleys natürlich. Eigentlich ging es immer um die Bikes, nicht um das ‚Look' oder die ‚Attitüde'."

Katmandu wurde in Lafayette, Indiana, geboren und betrachtet sich selbst als rotblütige Eingeborene im Körper einer weißen Frau. Sie hat Cherokee-Blut in ihren Adern aus sieben Generationen. Laut ihrem Stammbaum, der von zwei Verwandten mit Interesse an Genealogie recherchiert wurde, ist Katmandu ein

Nachkomme zweier historischer Familien, darunter der schottische Clan von William Wallace und das englische Haus von William of Oranien. Ihre Vorfahren kamen mit der Mayflower nach Amerika, breiteten sich in Richtung Mittlerer Westen aus und nahmen die Cherokee-Linie auf. Für manche Menschen erfordert eine solche Abstammung das Recht, zu prahlen: Für Katmandu ist es ein Teil ihrer historischen Sehenswürdigkeiten.

Katmandus Mutter und Vater ließen sich scheiden, als sie gerade sechs Jahre alt war. Als sie acht Jahre alt war, heiratete ihre Mutter einen Professor an der University of Connecticut. Die Familie, zu der auch zwei ältere Brüder gehörten, zog in die College-Stadt Storrs im Nordosten von Connecticut um. Dort blieb sie bis zu ihrem achtzehnten Lebensjahr. Ihr Vater, ein Zeitungsjournalist, blieb in Indiana. In den Sommermonaten würde sie ihn einmal im Jahr sehen. Obwohl er mit Alkoholismus zu kämpfen hatte, stellte Katmandu fest, dass er seinem Kind immer Unterhalt zahlte, etwas, das die Kommunikation zwischen ihnen offen hielt. Ihre Beziehung zu ihm erwies sich jedoch während ihrer Kindheit als belastbar und hielt bis ins frühe Erwachsenenalter an. So wie es Katmandu später tat, drehte er sein Leben um und ist seit mehr als fünfunddreißig Jahren nüchtern. Glücklicherweise sind sich Vater und Tochter im Laufe der Jahre näher gekommen und kommen nun zusammen, wann immer es die Zeit erlaubt.

Der Stiefvater war unterdessen innerhalb weniger Jahre aus dem Bild und ihre Mutter heiratete nie wieder. Um ihre Familie zusammenzuhalten, arbeitete sie Vollzeit für ein kleines

Krankenhaus in Neuengland, ein Job, den sie viele Jahre lang ausübte. Sie arbeitete viele Stunden, um ihre Familie zu ernähren und über die Runden zu kommen. Aber die Tochter einer alleinerziehenden Mutter – bevor es gesellschaftlich akzeptierter wurde – hatte schlimme Folgen für Katmandu. Das Ergebnis war, dass sie ab dreizehn wild herumlief und genau das tat, was sie wollte oder womit sie durchkommen konnte.

„Meine Mutter musste hart arbeiten, um mich und meine Brüder großzuziehen, und sie war nicht viel da, um einen Daumen auf uns zu behalten. Wir hatten sehr wenig Aufsicht. Nach Mamas zweiter Scheidung war es ihre Priorität, ein Dach über dem Kopf, Essen im Kühlschrank und Kleidung auf dem Rücken zu haben. Sie strebte danach, dass wir Individuen sind. Freidenker und gute, interessante Leute zu sein, mit denen man Zeit verbringen kann. Wie die meisten Kinder, die unter solchen Umständen in die Pubertät kamen, nutzte ich es aus und tat viele Dinge, die ich nicht tun sollte. Meine Brüder waren Sportler. Sie wussten, wie man genug zu essen und zu schlafen bekommt, und sind nicht wirklich in die Irre gegangen, wie ich es getan habe“, erklärte Katmandu.

„Ich war das, was wir heute ein ‚Risikokind‘ nennen. Heute gibt es so viele Programme und Möglichkeiten für Eltern, damit umzugehen. Der Schwerpunkt liegt mehr auf der Drogenaufklärung und -betreuung, -beratung und -überwachung. Damals warst du auf dich allein gestellt. Ich war oft allein in den Bars und schrie um Hilfe. Aber ich wusste nicht, an wen ich mich wenden sollte. Und meine Gebete blieben unbeantwortet. Davon abgesehen hat meine

Mutter ihr Bestes gegeben und ich verdanke ihr viel für ihr Vorbild. Sie ist eine sehr intellektuelle Frau. Mein Vater hatte auch viel Intelligenz. Beide haben ein hohes akademisches und wissenschaftliches Interesse. Heute sind sie weit über 80 und immer noch scharfsinnig."

Von ihrem vierten Lebensjahr bis zu ihrem vierzehnten Lebensjahr spielten echte Pferde aus Fleisch und Blut eine große Rolle in Katmandus Leben. Noch heute liebt sie es, in ihrer Nähe zu sein und geht mit Freunden reiten, wann immer sich die Gelegenheit bietet. Aber da ein eigenes Pferd finanziell nicht in Frage kam, würde sie auf allen anderen reiten. Sie durfte sogar die Morgan-Pferde der örtlichen Universität reiten; später würde sie diese im Stall reiten, in dem sie eine Weile arbeitete. Als sie jedoch auf ein Motorrad stieg, ließ Katmandu die Vielfalt aus Fleisch und Blut für die eisernen Pferde zurück.

Obwohl Katmandu die Intelligenz und Lebenslust ihrer Eltern geerbt hat, interessierte sie sich in ihrer Jugend überhaupt nicht für ihr Schulstudium. Sie zog es vor, etwas über Jungen, Musik und Motorräder zu lernen. Sie hat sogar den Wunsch ihrer Mutter, Vassar oder ein anderes Frauenkolleg zu besuchen, ausgeblendet. Ihre Mutter wollte wie die meisten Mütter, dass ihr kleines Mädchen zu einer kultivierten, gut ausgebildeten „jungen Dame" heranwächst und etwas Besonderes aus ihrem Leben macht. Katmandu hingegen sehnte sich nach Aufregung, nicht nach Bildung. Und da waren diese sexy Bad-Boy-Biker, denen man nachjagen musste.

Katmandu schreibt ihre erste Motorradfahrt – im Alter von sechzehn – einem Highschool-Freund, der Superglide fährt, Paul zu, der den Spitznamen „Fonzie" trug. Ein Jahr später war sie mit einem langhaarigen Patch-Inhaber zusammen, den sie in der örtlichen Biker-Bar kennengelernt hatte. Irgendwie schaffte sie es trotzdem, mit ihrer Klasse das Abitur zu machen. Obwohl sie nie eine „Biker-Mama" war und das ganze Konzept einer Club-Mama meidete, wurde sie eine stolze und respektvolle „alte Dame" eines Bikers. Sie achtete auf ihre Ps und Qs, kannte ihren Platz im Schema der Dinge und wurde ihrerseits mit Respekt behandelt. Dennoch fing sie an, die Regeln und das Protokoll der Hardcore-Clubs als erdrückend zu betrachten und driftete schließlich ab, da sie es vorzog, mit den unabhängigeren Fahrern abzuhängen.

Obwohl sie nur die Spitze des Eisbergs sahen, machten sich Katmandus Eltern natürlich große Sorgen um den Lebensstil ihrer Tochter. Sie verzichteten jedoch darauf, zu urteilen, da sie glaubten, es wäre der falsche Ansatz, sie zu verwenden und möglicherweise zu entfremden. Sie waren sich bewusst, dass sie einen Tiger am Schwanz hatten und versuchten immer, im Umgang mit ihr einen philosophischen Ansatz zu verfolgen. Die bloße Tatsache, dass es ihr heute gut geht, ist eine Hommage an ihren Erziehungsstil.

„Ich kann meine Mutter immer noch sagen hören, wenn ich es vermasselt habe oder nach einem besonders verrückten Verhalten: ‚Also, was hast du gelernt?' Mama hat nie gepredigt. Sie glaubte, dass Fehler zum Leben gehören, dass wir sie alle machen und dass wir daraus lernen müssen. Und nicht wiederholen! Wenn du deine Fehler nicht wiederholst, wirst du ein besserer Mensch dafür. Obwohl ich ein anständiger Schüler war, als ich mich auf meine Schulaufgaben konzentrierte, was nicht allzu oft vorkam, war der einzige Grund, warum ich die High School beendete, mein Kunstlehrer an der High School, Mr. Pride. Sein Vermächtnis lebt bei mir weiter. Er war sehr ermutigend und hatte einen großen positiven Einfluss auf mich. Ich liebte Kunst und alles, was damit zu tun hatte. Kunst ist in meinem Genpool. Dank meiner Mutter war ich immer von Kunstgeschichte und bildender Kunst umgeben", bemerkte Katmandu.

„Meine Mutter, die nach dem Ausscheiden aus ihrer beruflichen Tätigkeit in Connecticut in ihren Kindheitsstaat Indiana zurückgekehrt ist, ist eine sehr kultivierte Person, die sich mit der Welt, den Künsten und der Literatur bestens auskennt. Im Alter von 65 Jahren erwarb sie ihren Master an der Eastern Connecticut University. Mama ist eine tolle Aquarellistin. Sie schätzt die schönen Dinge des Lebens sehr. Da wir nicht weit von New York City entfernt waren, führte sie mich regelmäßig in Galerien und Museen wie das Metropolitan, das Museum of Modern Art und das Guggenheim. Und wir gingen in die Theater am Broadway. Diese Orte waren sehr cool für mich. Ich habe davon geträumt, Bühnenschauspielerin zu werden, und ich wusste immer, dass ich bildende Künstlerin werden wollte. Aber mein destruktiver Lebensstil kam mir in die Quere. Es wäre ein langer Weg zurück zu meiner Erlösung und zur Verwirklichung eines meiner frühesten Träume, ein arbeitender Künstler zu werden."

Seit sie dazu in der Lage war, liebte Katmandu das Lesen und genoss es, ihre Welt durch Poesie, Malerei, Skizze und Bildhauerei auszudrücken. Sie hatte ein besonders scharfes Auge für alles Visuelle und besitzt ein angeborenes Gespür für Fotografie. Mit siebzehn Jahren begann sie, ihr Engagement im Biker-Lifestyle fotografisch zu dokumentieren. Überall, wo sie hinging, begleitete sie ihre Kamera; im Laufe der Zeit hat sie Dutzende von Fotoalben zusammengestellt. Leider wurden einige dieser Alben, die aus ihren frühen Jahren stammen, gestohlen. Für sie war es eine entleerende Erfahrung, da diese frühen Fotografien unersetzlich waren.

Nach dem Abitur arbeitete Katmandu in einer Reihe von Jobs. Sie versuchte es als Barkeeperin in derselben Biker-Bar, in der alles für sie begann, und machte verschiedene kurze Stints als Vollblutpferdepfleger und Stallknecht. Sie arbeitete sogar als Parkwächterin auf einem Friedhof in einigen örtlichen Parks und Freizeitteams. 1980 entschied sie, dass es Zeit für eine Veränderung war und zog nach Florida, wo sie mit Leuten wie Jim Beam und Black Jack feierte, Parkservice machte und Limousinen fuhr, um ihren Lebensunterhalt zu verdienen. Als sie einmal jemanden bat, sie zur nächsten Barparty zu fahren, sagte er wörtlich: "Wenn du so schlecht fahren willst, warum kaufst du dir nicht deine eigene." In diesem Moment belauschte Noreen, eine Bikerin, das Gespräch und bot Katmandu eine Mitfahrgelegenheit auf ihrem Low Rider an. Katmandu war noch nie zuvor mit einer Frau gefahren und kletterte zögernd an Bord. Sie stellte jedoch bald fest, dass ihr neuer Freund ein Fahrrad genauso gut und oft besser handhabe als jeder andere Mann, mit dem sie gefahren war.

Katmandu beschloss auf der Stelle, dass Noreen es auch konnte, wenn sie es konnte. Und kauft ihr eigenes Fahrrad, das sie gemacht hat. Ihr erstes Motorrad, das sie 1980 erwarb, war eine 650 Triumph Bonneville von 1972. Bruce – der Mann der Mitternachtsstunde – brachte einem eifrigen Katmandu das Reiten bei. Es geschah auf einem großen Parkplatz, auf dem sie ungefähr eine Stunde lang herumfuhr, bevor sie sich auf die Straße wagte. Sie hat nie zurückgeschaut! Katmandu war jetzt eine „Solo-Riding"-Bikerin, deren Passagiertage mehr oder weniger vorbei waren. Ihr nächstes Motorrad war eine 70er Bonnie. Aber weil sie nicht auf viel mehr als Barkeeperin vorbereitet war, verlor sie beide an ihren Lebensstil. Später verlor sie ein weiteres Fahrrad – eine 61er Panhead – aufgrund ihres außer Kontrolle geratenen Verhaltens. Sie war fasziniert von klassischen Harleys geworden, weil Bruce, der antike Harleys fuhr, und diesen Panhead an den Dope-Mann verloren hatte, der sie jahrelang verfolgte. Es war einer der Faktoren, die sie dazu veranlassten, sich aufzurichten, richtig zu fliegen und ihr Leben in die richtige Richtung zu lenken.

1982 kehrte Katmandu zu ihrem alten Revier im Nordosten von Connecticut zurück. Sie begann sofort, Keramik- und Fotokurse an der Kunstschule zu besuchen. Nicht lange nach ihrer Rückkehr aus Florida absolvierte sie sogar einen Lehrgang zum Fahren von Sattelzugmaschinen und war im Frühjahr 1983 Lkw-Fahrerin im Straßenverkehr. Als es immer schwieriger wurde, Jobs für eine einzelne, attraktive junge Frau zu finden – alle Fahrer stießen sie auf ihren Überlandfahrten an – wandte sich Katmandu dem Fahrer von lokalen Muldenkippern zu. In einer verschneiten Nacht, als ein Lastwagen, den sie mit einer vollen Ladung Steine fuhr, neben einem 30 Meter hohen Abhang nach hinten rutschte, wurde ihr klar, dass sie einen neuen Arbeitsplatz brauchte.

Nach ihrer knappen Flucht mit dem Muldenkipper sollten Motorräder zu einem festen Bestandteil ihres Lebens werden. Ihr wurde ein Job bei TSI Harley-Davidson in Ellington, Connecticut, angeboten und sie ergriff die Chance. Als Student lernte Katmandu die H-D-Teilesysteme und stieg aufgrund seines schnellen Studiums und seiner guten Kundendienstfähigkeiten zum Teilemanager des Autohauses auf. Sie verdiente sich den Respekt ihres Chefs und ihrer Kollegen und kam gut mit ihnen aus. 1986, nach einem Jahr beim Händler, kaufte Katmandu eine Superglide von 1976 – ein Fahrrad, das sie noch heute besitzt. Drei Jahre nach ihrer Anstellung im Autohaus wurde sie jedoch gefeuert, weil sie ein "Party-Dummkopf" war. Sie liebte den Job und die Leute, mit denen sie zusammenarbeitete, und war schockiert, als sie sich plötzlich auf der Straße wiederfand; es sollte Faktor Nummer zwei sein, um ihre Tat endlich zusammenzubringen.

„Ich war auf einer dreitägigen Party gewesen, arbeitete high, und dann meldete ich mich eines Morgens krank. Aber der Sohn des Besitzers bestand darauf, dass ich reinkam, weil ich hinter der Theke gebraucht wurde. Als ich endlich auftauchte, immer noch hoch wie ein Drachen, wurde mir gekündigt. Zuerst war ich trotzig. Meine

Reaktion war: „Schieß dich an und scheiß auf diesen Job!" Aber als ich aus meiner Betäubung herauskam und merkte, dass ich gerade einen Job verloren hatte, den ich wirklich liebte und in dem ich verdammt gut war, war das ein großer Realitätscheck für mich . Es war ein Weckruf. Ich war dreißig Jahre alt und erkannte endlich, dass ich mein Leben ernsthaft in den Griff bekommen musste, wenn ich noch viele weitere Geburtstage erleben wollte, geschweige denn, während des Reitens lebend anzukommen", sagte Katmandu.

Ende 1988 zog Katmandu zurück in den Sunshine State. Diesmal ging es nicht darum, wild zu laufen, sondern um ihren langen Aufstieg aus dem von Alkohol und Drogen verseuchten Sumpf zu beginnen, in den sie sich gestürzt hatte. Anfang 1989 fand sie eine Anstellung hinter der Teiletheke eines kleinen Harley-Davidson-Händlers in Stuart. Hier lernte sie eine fleißige Deutsche, Karin Serekas, kennen, die sich problemlos in einer noch sehr männlichen Welt zurechtfinden konnte. Karin gehörte zusammen mit ihrem Mann Ken das junge Autohaus. Katmandu blickte von Anfang an zu Karin auf: Sie hatte endlich ein positives Vorbild in der Welt der Biker und Harleys gefunden.

Karin, die das Potenzial in Katmandu erkannte, betonte, wie wichtig es ist, eine Karriere im Einklang mit einem viel gesünderen Biker-Lebensstil aufzubauen. Sie hat sich nicht nur ihre Ratschläge zu Herzen genommen, sondern auch Karins starke Arbeitsmoral übernommen, ein ausgeprägtes Organisationsbewusstsein erlernt, sich für Details interessiert und die kaufmännischen Fähigkeiten ihres Mentors aufgegriffen. In den nächsten zehn Jahren arbeitete

Katmandu Seite an Seite mit Ken und Karin und half ihnen, den Laden in einen 20-Millionen-Dollar-Händler zu verwandeln. In der Zwischenzeit ermutigte Karin Katmandu auch, sich wieder auf ihre Ausbildung zu konzentrieren, was sie dazu veranlasste, wieder berufsbegleitende College-Kurse zu besuchen. 1990 lernte sie während ihrer Anstellung beim Harley-Händler einen der Biker aus der Gegend kennen und verliebte sich in ihn. Zwei Jahre später legten sie das Ehegelübde ab.

„Ich war immer ein Einzelgänger, eine Solo-Dame und hätte nie gedacht, dass ich heiraten würde. Ich war eine wählerische Frau. Ich bin noch. Als ich diesen besonderen Mann 1990 über das Autohaus kennenlernte, stellte sich heraus, dass er ein großartiger Freund sowie Ehemann und mein Seelenverwandter war. Er war ein intellektueller Typ, mit dem ich mich über mehr als nur alltägliche Kleinigkeiten unterhalten konnte. Leider waren wir nicht mit Kindern gesegnet, was jetzt eigentlich gut gewesen wäre, denn nach neun Jahren Ehe haben wir eine schreckliche Scheidung hinter uns. Nach und nach hatten wir begonnen, uns auseinanderzuwachsen. Er wollte mehr in seinem gewählten Bereich machen, einen Master machen, mehr Gitarre spielen, weniger reiten und kein Daytona mehr. Ein Teil meiner Scheidungsvereinbarung war eine Harley Panhead aus dem Jahr 1957, die später verkauft wurde, um meine Ausbildung zu finanzieren. Es war so ziemlich das einzig Gute, aus den Wirren meiner Scheidung herauszukommen“, sagte Katmandu.

Nach einer kurzen Pause von der Teiletheke wechselte sie 1991 in die Medizin mit dem Gedanken, Ergotherapeutin zu werden, was natürlich auch Kunsttherapie beinhaltete. Nachdem sie in einer Reha für Teenager gearbeitet hatte – jedenfalls diejenigen, die erwischt wurden – fand sie eine Anstellung im Martin Memorial Hospital als Sekretärin in der Pflegestation. Obwohl es nicht wirklich der Job war, den sie anstrebte, hielt sie ihn drei Jahre lang durch.

„Ich hatte 1982 mit dem College begonnen, für das zweijährige Studium, dann für das fünfjährige Studium der Kunsterziehung, das ich 2010 abschloss. Es hat lange gedauert, aber es hat sich gelohnt. Heute bin ich Kunstlehrerin an einer öffentlichen Schule in St. Lucie County. Ich liebe es, Kunst zu unterrichten und mit den Kindern zusammen zu sein und hoffentlich einen Unterschied in ihrem Leben zu machen. Ich hatte nie eigene Kinder … jetzt habe ich ein ganzes Klassenzimmer voll davon. Es ist erstaunlich, wie alles zurückgekommen ist ", sagte Katmandu.

Nach ihrer Scheidung Ende 1999 arbeitete Katmandu wieder Vollzeit für Stuart Harley-Davidson und arbeitete an der Teiletheke und dem Chromaustausch. Sie war wieder vom Hausbesitzer zum Mieter geworden. Sie musste nicht nur alle Rechnungen bezahlen und College-Kurse in ihr geschäftiges Arbeitsleben einplanen; Sie musste auch die Wunden einer gescheiterten Ehe pflegen, bevor sie weiterziehen konnte. Die ersten Monate, in denen sie wieder Single war, erwiesen sich jedoch als aufschlussreich, und sie blieb auf der Geraden und Enge. Frauen mit geringerem Charakter hätten leicht in die Fallstricke ihrer Vergangenheit zurückfallen können.

In den allerletzten Jahren ihrer ersten Ehe verwirklichte Katmandu einen weiteren Traum, den sie seit vielen Jahren hegte: Motorradjournalistin zu werden. Das war etwas, das ihr Ex einen Wunschtraum genannt hatte. 1996 hatte sie damit begonnen, einige ihrer Motorradbilder beim *In the Wind Magazine* einzureichen, und der damalige Herausgeber Kim Peterson begann mit der Veröffentlichung. Katmandu freute sich nicht nur über ihre gedruckten Bilder, sie war auch begeistert, als sie ihren ersten Freelancer-Scheck per Post erhielt.

„Das war Bonus. Es war nicht viel Geld, aber es gab meiner Arbeit Glaubwürdigkeit. Es hat mich zu dem Gedanken gebracht, dass ich vielleicht eine Art Nebenerwerbskarriere aufbauen könnte. Als ich herausfand, dass Zeitschriftenredakteure noch mehr Wert auf Sie legen, wenn Sie schreiben können, machte ich mich sofort daran, mir selbst beizubringen, ein besserer Schriftsteller zu werden. Ich habe einige Artikel an „Clean Dean" Shawler vom *Biker Magazine* geschickt und er hat mich sozusagen unter seine Fittiche genommen. Er machte Vorschläge und half mir, ein kompetenter Journalist zu werden. Und weil ich eine verkleidete Seelenschwester bin, habe ich angefangen, für eine ethnische Motorradzeitschrift namens *Long Riders Magazine* aus Harrisburg, PA, zu schreiben. Ich habe auch die Leute von *The Horse Backstreet Choppers* kennengelernt und meine Arbeit begann danach", bemerkte Katmandu.

„Im Jahr 2000 verließ ich den Harley-Händler und begann, Vollzeit zu schreiben, indem ich Geschichten für eine lokale

Zeitschrift in Florida namens *Crossroads* sowie für die nationalen Zeitschriften schrieb, die mir meinen Anfang gegeben hatten. Zu Beginn meiner journalistischen Karriere habe ich mich in ein paar Aftermarket-Läden versucht, um ihnen mit ihren Teilen und Werbeaktionen zu helfen. Aber das musste ich endgültig aufgeben. Neben den Zeitschriften, für die ich bereits arbeitete, bekam ich immer mehr Schreib- und Fotoaufträge von anderen Biker-Publikationen. Bald schrieb ich regelmäßig für das *Biker Magazine, In the Wind, Easyriders, American Iron, Outlaw Biker, Thunder Press* und *Cycle Source*. Obwohl sich die Welt der Biker, wie ich sie kannte, dramatisch verändert hatte, lebte ich wirklich das Beste aus beiden Welten. Ich habe endlich ein Tattoo bekommen, ‚Mr. Bluebird‘, auf meiner Schulter. Das ließ auch lange auf sich warten, da es so viele Jahre lang mit dieser Tinte zu tun hatte. Aber wie das alte Sprichwort sagt: ‚Besser spät als nie‘.“

Kurz nach ihrer Scheidung vom „Paul McCartney“ ihres Lebens lernte Katmandu Randy „Top Shelf“ Palmer kennen, einen ehemaligen Hardcore-Biker. Er wurde nicht nur die Liebe ihres Lebens, er wurde ihr zweiter und, wie sie bemerkte, letzter Ehemann. Nach zehn Jahren voller Freude und Dankbarkeit glaubt sie, etwas richtig gemacht zu haben. Randy, ein Bauleiter im Bauwesen, unterstützt alles, was Katmandu tut, sehr. Er schätzt sie für ihren Verstand, ihr künstlerisches Flair, ihr schriftstellerisches Talent und ihre reiterliche Finesse. Er kaufte ihr 2005 sogar einen Street Glide von 2006, einfach weil er es konnte. Sie besitzen drei weitere Harleys: seine Fat Boy, ihre Shovel und eine 2010 Street

Glide in schwarzer Grundierung. Sie besitzen auch drei wunderschöne italienische Windhunde, die zusammen mit einem großen blauen Pferd aus ihren Kindheitsträumen immer in ihren Kunstwerken auftauchen.

Katmandu und Randy sind die liebsten Reitfreunde des anderen und gönnen sich, wann immer es ihr verrückter Zeitplan erlaubt. Katmandu ist nicht nur mit ihrer Lehr- und Schreibkarriere beschäftigt – ein Buch über ihr Bikerleben ist in Vorbereitung – Katmandus Liebe zu Tieren führt sie regelmäßig als Freiwillige in ihrem örtlichen Tierheim. Ihre Tage sind voll und golden – ihr Becher läuft über!

Während Südflorida ihr Heimatland bleibt, besucht Katmandu regelmäßig ihre Eltern in Indiana und kehrt alle zehn Jahre nach Connecticut zurück, um an ihrem High-School-Reunion teilzunehmen. Obwohl sie nicht gerade mechanisch veranlagt ist, kann sie ihre grundlegende Motorradwartung selbst durchführen und kleinere Notreparaturen durchführen. Das führt sie auf die vielen Jahre zurück, die sie hinter der Harley-Teiletheke verbracht hat und sich hier und da Tipps von den Mechanikern und den Jungs holte.

„Wenn ich auf mein Rad steige, ist es für mich ein sinnliches Erlebnis im Hier und Jetzt. Ich bin mir dieser Welt um mich herum bewusster. Ich bleibe in der Gegenwart. Ich fühle mich mit allem und jedem verbundener. Das ist für mich die Freiheit des Weges. In Wirklichkeit muss ich immer noch die Regeln, Gesetze und Vorschriften befolgen, wie alle anderen auch. Ich trage heute sogar einen Helm, aber das ist freiwillig. Ich bin so dankbar, dass ich in Amerika lebe, wo ich Staatsgrenzen ohne Pässe oder Grenzpatrouillen überqueren kann. Motorradfahren ist in meiner Welt sowieso der große Ausgleich. Fahrerinnen konkurrieren heute am Arbeitsplatz nicht mehr mit Männern um Anerkennung und Gleichberechtigung. Wenn wir auf unseren Motorrädern sind, sind wir glückliche Biker und das erkennt man an den Käfern in unseren Zähnen und den Verwicklungen in unseren Haaren. Motorräder waren für mich der Klebstoff, der mir geholfen hat, es zusammenzuhalten", sagte Katmandu.

„Als jüngerer Oldtimer bin ich ein stolzer Überlebender und alles, was ich im Leben durchgemacht habe, hat mich stärker und schlauer gemacht. Viele meiner Freunde haben es nicht so weit geschafft. Heute bin ich eine gesegnete und glückliche Frau. Ich hoffe, dass ich als mitfühlende, großzügige, besorgte, liebevolle Ehefrau, Schwester, Tochter und Freundin gesehen werde, die so viel zurückgibt, wie sie nimmt. Und ich glaube, alle meine Biker-Schwestern, mich eingeschlossen, wollen als multidimensional definiert werden. Motorräder sind für viele von uns eine Leidenschaft, eine Lebenseinstellung. Aber wir sind auch ziemlich hip zu allem, was uns umgibt, in der Herrlichkeit, die der Herr gemacht hat."

Neben den vielen Jahren, die sie in der Motorradbranche verbracht und positive Artikel über den Biker-Lifestyle geschrieben hat, hat Katmandu einen weiteren Beitrag zur Motorrad-Community geleistet. 1999 organisierte sie einen Damenlauf zu Ehren ihrer ehemaligen Chefin Karin bei Stuart Harley-Davidson. Sie prägte die Fahrt „Ladies Day Out". Sie hat die Fahrt zu einem jährlichen Event gemacht und einmal im Jahr treffen sich die Mädchen und tun das, was sie am besten können: reiten, einkaufen und die Schwesternschaft feiern. Nachdem sie den Lauf zehn Jahre lang organisiert hatte, gab sie die Fackel jedoch an einen Mitfahrer weiter. Jetzt freut sie sich darauf, nur eine der Teilnehmerinnen zu sein, für die sie sich noch viele weitere Jahre wünscht.

„Ich möchte wieder Spaß bei den Läufen und Rallyes haben, nicht ständig daran arbeiten. Ein Freund fragte mich, ob ich jemals mehr irgendwohin gehe, nur um Spaß zu haben und abzuhängen. Das hat mich zum Nachdenken gebracht", sagte Katmandu. „Ich habe versucht, mich zu entspannen, die Kamera beiseite zu legen, mich zu entspannen, längere Gespräche mit Leuten zu führen, aber dann sehe ich einen erstaunlichen Stahlschlitten vorbeirollen, geritten von einem wunderschönen jungen Blut, und ich laufe wieder los, Kamera Tasche flattert hinter mir, während ich gehe. Reiten heißt glänzen. Fahr weiter und sei gesund, Crazy Diamond."

Gloria Tramontin Struck – Ein Original Motormädchen

Gloria Tramontin Struck ist der lebende Beweis, dass man nie zu alt für Biker-Chic ist. Aber die 85-jährige in Clifton, New Jersey, geborene Großmutter von drei Kindern und Urgroßmutter von zwei Kindern zieht es vor, als Motorradfahrerin bezeichnet zu werden. Sie mag nicht einmal den Begriff Biker. Aber in jeder Hinsicht ist sie eine Bikerin ... man kann mit Sicherheit sagen, dass sie eine Bikerin ist, die in einem Jahr mehr Meilen auf ihrer Harley zurücklegt als die Mehrheit der Hardcore-Biker. Gloria ist eine harte Oma. Sie pilotiert nicht nur eine '04 Heritage Softail Classic – ein Fahrrad, mit dem selbst kleinwüchsige Männer Probleme haben können , sondern sie fährt auch nah und fern. Im Jahr 2010 fuhr diese energiegeladene, abenteuerlustige, junggebliebene Schatzkiste von ihrem Zuhause in New Jersey bis nach Daytona, Florida, um an der jährlichen Bike Week teilzunehmen, eine Distanz von 1.050 Meilen (1.609 Kilometer). Und sie tat es nicht ein paar Meilen auf einmal; Sie legte im Durchschnitt beeindruckende 650 (1.047 Kilometer) pro Tag zurück! Um den Verlust ihres im Juni 2010 verstorbenen Mannes zu bewältigen, fuhren Gloria und ihre Tochter Lori im Juli zur jährlichen Motor Maids Convention bis nach Cody, Wyoming, und nahmen eine Gesamtstrecke von 4.442 Meilen auf (6.437 Kilometer).

Gloria wurde mit Motorradöl im Blut geboren. So in etwa. Da es in der Kleinstadt Clifton kein Krankenhaus gab, brachte ihre

Mutter Pierina sie in einer kleinen Wohnung im hinteren Teil des Familienunternehmens Lexington Cycle Shop zur Welt. Das 1915 von ihrem Vater Ernest gegründete Geschäft verkaufte und wartete Fahrräder und Motorräder aller Art. Und es gab damals eine Menge davon – sowohl Fahrräder als auch Motorräder. Aber Gloria zog Fahrräder den Motorrädern vor, und ihr älterer Bruder Arthur „Bub" Tramontin brauchte viel Überzeugungsarbeit, um mit sechzehn Jahren und dreizehn Jahren ohne Vater ihr Fahrrad gegen ein motorisiertes Zweirad zu tauschen. Da ihr Bruder sechs Jahre älter war, war er Glorias Beschützer und das männliche Vorbild, zu dem sie aufschaute.

Ihr Vater starb 1928 im Alter von zweiunddreißig Jahren; ihre Mutter heiratete erst wieder, nachdem Gloria geheiratet hatte. Konfrontiert mit der Erziehung von zwei kleinen Kindern während einer der wirtschaftlich schlimmsten Zeiten in den Vereinigten Staaten – die Weltwirtschaftskrise begann im Jahr nach Ernests Tod, und die Familie hatte keine Sozialhilfe oder staatliche Unternehmenskredite, auf die sie zurückgreifen konnte – übernahm Pierina den Laden . Sie hätte das Geschäft ein paar Mal fast verloren, aber sie hielt es durch, wie es nur eine entschlossene Frau konnte. Als sie 1947 in den Ruhestand ging, übernahm Bub das Geschäft und wandelte es von einem indischen Händler in einen Harley-Davidson-Händler um. Er benannte das Geschäft in Tramontin Harley-Davidson um, das so erfolgreich war, dass er 1973 ein zweites Werk in Hope, New Jersey, eröffnete. Schließlich übergab er die Leitung der Autohäuser an seinen Sohn Bob, der inzwischen ebenfalls im Ruhestand ist. Der in dritter Generation geführte Familienbetrieb feierte 2010 sein 95-jähriges Bestehen. Ernest Tramontin wäre stolz gewesen zu sehen, was aus seinem einfachen kleinen Laden geworden ist.

„Meine Mutter brauchte viel Charakter, um mit der Tragödie umzugehen, mit der sie konfrontiert wurde, als Dad starb. Anstatt den Laden zu verkaufen, wozu ihr die meisten Leute rieten, ehrte sie das Andenken an meinen Vater, indem sie das Geschäft in der Familie behielt. In ihrem Wortschatz gab es kein Wort wie kann nicht. Sie hat so viel mit so wenig gemacht. Meine Mutter war die Beste und so ein toller Mensch. Sie hat meinen Bruder oder mich nie davon abgehalten, unseren Herzen zu folgen. Und Motorradfahren war eines dieser Dinge. Das hört sich jetzt vielleicht nicht nach einer so großen Sache an, war es aber. Weißt du, mein Vater starb an den Folgen eines Motorradunfalls, also hätte sie hartnäckig dagegen sein können, dass wir fahren. Aber ich glaube, sie hat gemerkt, dass wir den Motorradvirus von Dad geerbt hatten. Irgendwann hat mein Bruder jede Art von Motorradrennen gefahren, die es gab. Wir haben ihm beim Rennen zugesehen und ihn angefeuert. Als er zwölf Jahre alt war, schraubte er an Fahrrädern und war mit fünfzehn ein gelernter Mechaniker. Für ihn ging es beim Rennen nicht nur um den Wettbewerb, sondern darum, die schnellsten Motoren auf der Strecke zu bauen“, sagte Gloria.
In ihren Anfangsjahren besaß Gloria drei indische Motorräder: ein 43er Indian Army Surplus Bike, eine 41er Bonneville Scout und ein 46er Indian Chief, das erste neue Consumer-Bike, das die Fabrik

nach dem Zweiten Weltkrieg baute. 1950 erwarb sie eine brandneue 74-Kubik-Zoll-FLH, ihre erste von elf Harleys. Die Tatsache, dass ihr Bruder einen Harley-Davidson-Händler besaß, beeinflusste ihre Entscheidung, aber als sie sich am Steuer einer Harley befand, wurde es ihre Wahl. Sie besitzt jedoch eine 95er Yamaha Virago mit 1.100 ccm, die ihr von einem Freund geschenkt wurde. Das Fahrrad hatte 500 Meilen (805 Kilometer), als sie es erhielt; heute hat es über 40.000 Meilen (64.374 Kilometer) drauf. Sie betrachtet das Virago als ihr Ersatzfahrrad und fährt selten damit.

„Bub mich überreden zu lassen, mir das Reiten beizubringen, war wirklich eines der besten Dinge, die ich hätte tun können, aber es brauchte einige Überzeugungsarbeit. Ich war ein sehr ruhiger, zurückgezogener Teenager und extrem schüchtern. Das Motorradfahren hat mich da rausgeholt. Es hat mein Leben irgendwie verändert. Damals fuhren noch nicht viele Mädchen Motorrad. Es war eine Leistung und hat viel Spaß gemacht. Obwohl ich immer noch ein bisschen schüchtern war, wurde ich ein viel sozialerer Mensch, als ich mich den Motor Maids anschloss und zu Motorradclubtänzen ging", sagte Gloria.

Im Jahr 1946, im Alter von 21 Jahren, trat Gloria den Motor Maids bei, die zu dieser Zeit sechs Jahre lang bestanden. Mit rund 1.200 Mitgliedern in den USA und Kanada sind die Motor Maids die älteste Motorradorganisation für Frauen der Welt. Heute sind Gloria und Betty Fauls – die Tochter des Mitbegründers des Clubs, Dot Robinson – die ältesten Mitglieder, die nach 64 Jahren noch fahren. Für Gloria hätte es keinen passenderen Club geben können als die Motor Maids, denn alle Mitglieder waren schon immer Langstreckenfahrer. Und mit Kapiteln, die über ganz Nordamerika verteilt sind, haben die Motor Maids fast jede Woche an verschiedenen Orten auf dem ganzen Kontinent etwas zu tun. Da die Motor Maids ihre jährlichen Kongresse in den Vereinigten Staaten abwechseln, gibt es außerdem viele Fernziele, zu denen Sie fahren können. Ob weiter östlich, nördlich, südlich oder westlich, Gloria fährt immer hin und zurück.

„Die Motor Maids waren von Anfang an ein großartiger Club und sind es noch heute. Ich glaube, keiner von uns dachte damals, dass es so viele verschiedene Generationen überleben würde. Ich hätte in meinen kühnsten Träumen nie gedacht, dass es all die Jahre später immer noch gut geht und ich immer noch Mitglied bin. Damals gab es viele Männerclubs, aber keine Frauenclubs. Die Motor Maids waren damals etwas ganz Besonderes und ebneten den Weg für alle nachfolgenden Frauen-Motorradclubs. Clubs kommen und gehen, aber die Motor Maids sind dem Auftrag und den Zielen ihrer Gründer Linda Dugeau und Dot Robinson immer treu geblieben. Das ist ein großer Teil des Vereins, der überlebt hat. Es wurde auf einem starken Fundament mit guten Grundwerten und einer Leidenschaft für das Reiten aufgebaut. Ich kannte Linda nicht so gut, aber ich lernte Dot kennen. Sprechen Sie über ein Vorbild. Sie inspirierte jeden, der mit ihr in Kontakt kam. Die Leute hatten Ehrfurcht vor ihr, weil sie so entschlossen war, bei allem, was sie sich vorgenommen hatte, erfolgreich zu sein. Sie war nicht aggressiv, sondern fokussiert und sehr charismatisch. Sie war eine natürliche Anführerin. Dot war jemand, zu dem ich wirklich aufgeschaut habe. Sie hat mich zu dem gemacht, was ich heute in Sachen Motorradfahren bin", sagte Gloria.

Glorias Reitfreunde sind seit vielen Jahren ihre Tochter Lori und ihr Sohn Glenn. Beide haben ihre Liebe zu Motorrädern geerbt und sie hat sie seit ihrer Kindheit mit dem Offroad-Fahren verbunden. Glenn begann mit sieben Jahren zu reiten; Lori war elf. Beide haben im Familienbetrieb gearbeitet und verstehen das Motorradgeschäft von Grund auf. Ihr Sohn wurde ein geübter Motorradmechaniker, Sammler alter Motorräder und Dragracer.

Glenn begleitete Gloria sogar auf zwei Reisen nach Europa, die erste war, als sie 74 Jahre alt war. Für Gloria wurde ein Traum wahr, denn sie wollte die Reise machen, seit sie Mitte zwanzig war. Mit ihren eigenen Motorrädern durchquerten sie alle Alpenregionen Europas, darunter auch den anspruchsvollsten Pass Europas, das Stilfser Joch. Der Pass liegt in Italien an der Grenze zur Schweiz auf einer Höhe von 2.743 Metern und hat nicht weniger als zweiundachtzig Haarnadelkurven, die äußerste Vorsicht und Respekt erfordern. Zwei Jahre nach ihrer Antrittsreise kehrten Mutter und Sohn nach Europa zurück. Dieses Mal legten sie über viertausend Meilen in acht Ländern zurück. Obwohl das Motorradfahren manchmal ziemlich beängstigend sein kann, wies Gloria darauf hin, dass sie aufhören würde, wenn sie wirklich Angst vor den Gefahren des modernen Motorradfahrens hätte.

„Ich mache mir Sorgen um die Verkehrsbedingungen, klar. Sie müssen es sein, wenn Sie ein Überlebender sein wollen. Viele Autofahrer achten nicht darauf. Sie sind auf ihren Handys oder SMS und tun alle möglichen Dinge, wenn sie sich auf die Straße konzentrieren sollten. Verdammt, ich habe gesehen, wie Frauen während der Fahrt Lippenstift aufgetragen oder ihre Haare mit dem Rückspiegel repariert haben. Wie verrückt ist das? Können die das nicht zu Hause machen? Sie müssen sehr wachsam sein und sich jederzeit bewusst sein, was um Sie herum passiert. Wenn Sie unterwegs sind, müssen Sie immer damit rechnen, dass das Unerwartete passiert, als würde Sie jemand abschneiden. In letzter Minute wollen sie rechts zur Ausfahrt fahren, während sie noch auf der linken Spur sind. Wenn ich weiß, dass Ausgänge kommen, bin ich noch wachsamer. Und ich danke Gott, dass er mich damit gesegnet hat, dass alle meine Fähigkeiten noch intakt sind. Ich habe keinen Todeswunsch und der liebe Gott wird mich wissen lassen, wann es Zeit ist, meinen Helm aufzuhängen. Früher musste man natürlich auch aufpassen, aber jetzt ist es ein ganz anderes Ballspiel“, sagte Gloria.

Obwohl Gloria immer Sicherheit an erster Stelle steht und eine sehr defensive Fahrerin ist, ist sie alles andere als eine schüchterne Pilotin. Sie hat es immer genossen, Gas zu geben, seit sie sich wohl und sicher genug fühlte, um so wenig Zeit wie möglich zu investieren, um ihr Ziel zu erreichen. Und sie fuhr nicht lange, bis sie einen Geschmack für Geschwindigkeit bekam. Sie bemerkte, dass sie früher, ohne Autobahnen, die gleiche Zeit wie heute hatte, wenn sie nach Daytona reiste, an einem Tag abreiste und am nächsten ankam. Aber frag sie nicht, wie schnell sie war. Eigentlich kann jeder Dummkopf schnell sein, betont sie; es ist zu wissen, wann man schnell sein muss und wie man schnell sein muss, um Ärger zu vermeiden.

Wie die meisten eingefleischten Motorradfahrer ist Gloria schon einmal zu allen großen Motorrad-Rallyes in den USA gereist, darunter Sturgis, Laconia und Daytona. Während sie an jeder dieser Veranstaltungen mehr als einmal teilnahm, ist die Daytona Bike Week seit Jahrzehnten eine fast jährliche Veranstaltung für sie. Wenn nicht etwas völlig Unvermeidliches geschah, würde Gloria dort sein, um sich mit ihren Freunden und Bekannten zu treffen, die sie auf ihren Reisen kennengelernt hatte. Als Patriotin und Unterstützerin der amerikanischen Truppen fährt Gloria seit der Einweihung der Fahrt im Jahr 1988 fast jedes Memorial Day-Wochenende nach Washington, DC, um am Rolling Thunder teilzunehmen. Die Veranstaltung, die jährlich Hunderttausende von Biker anzieht - Veteranen und Nichtveteranen gleichermaßen – ist eine Hommage an amerikanische Kriegshelden und ein kollektiver Aufruf an die Regierung, Kriegsgefangene und Vermisste anzuerkennen und alles zu tun, um sie zu schützen oder zu finden.

Obwohl Gloria im Motorradgeschäft aufgewachsen ist, hat sie nie gelernt, Motorradmechaniker zu werden. Sie nahm jedoch die grundlegende Wartung in Angriff, damit sie ihr Fahrrad jederzeit so reibungslos wie möglich laufen lassen und einfache Reparaturen durchführen konnte, falls sie mitten im Nirgendwo eine Panne hatte.

Da sie viele Jahre in der Teileabteilung des Motorradladens ihrer Familie arbeitete, sowohl in Voll- als auch in Teilzeit, lernte Gloria das Teilesystem von Harleys und Indianern. Eine Karriere daraus zu machen, interessierte sie jedoch nicht. 1963 fand sie ihre wahre Berufung als Repräsentantin von Avon, einen Job, den sie stolz vierundvierzig Jahre lang ausübte.

Im Gegensatz zu den meisten Frauen, die in diesem Buch vorgestellt werden, war Gloria kein Wildfang und vermied die ganze Idee, mit den Jungs rau zu werden. Selbst wenn sie in einen Vergnügungspark ging, verzichtete sie auf Achterbahnen und Riesenräder. Einmal, nachdem sie dort mit dem Fahrrad gefahren war, wurde sie dazu überredet, auf das Riesenrad zu steigen. Aber nach einer Umdrehung brachte sie die Telefonistin dazu, sie loszulassen. Gloria sagte, es sei die Angst, nicht die Kontrolle zu haben, die sie dazu brachte, Riesenräder, Achterbahnen und dergleichen nicht zu mögen. Schließlich hatte sie seit ihrem sechzehnten Lebensjahr keine Skrupel, auf einem Motorrad herumzubomben, und nach eigener Aussage kam sie nicht mit Samthandschuhen ans Gas.

Sie mochte die Schule, lernte fleißig und war eine Schülerin mit Auszeichnung, die ihr Abitur vor ihrem siebzehnten Geburtstag machte. Nach ihrem Abschluss bewarb sich Gloria um eine Stelle bei der Bendix Aviation-Fabrik und wurde eingestellt, sobald sie 18 Jahre alt war. Während des Zweiten Weltkriegs arbeitete sie als Endkontrolleurin. Nach dem Krieg blieb sie im Werk und wechselte in die Radar- und Autopilot-Abteilung, wo sie verschiedene Komponenten verkabelte.

Obwohl Gloria in einer Zeit aufgewachsen war, in der von Mädchen noch erwartet wurde, dass sie relativ jung heiraten und sich in einer lebenslangen Routine von Hausfrau und Mutter niederlassen, heiratete sie erst mit neunundzwanzig Jahren den Bund fürs Leben. Sie schätzte ihre Unabhängigkeit und die Möglichkeit, jederzeit auf ihr Fahrrad steigen zu können. Es überrascht nicht, dass Gloria ihren Ehemann Len durch den Motorradlebensstil kennengelernt hat. Nachdem er im Zweiten Weltkrieg gedient hatte, kam er mit seinen Freunden in den Laden, um nicht nur die Waren zu sehen, sondern auch die wunderschöne Tochter des Besitzers. Obwohl er anfangs nicht viel mit ihr zu machen schien, änderte sich das alles, als er sein Geld auf seine Lippen legte und Glorias 41er Bonneville Scout kaufte. Der Rest ist, wie sie sagen, Geschichte. Aber aus Glorias Sicht war es kaum Liebe auf den ersten Blick. Obwohl sie mit Len und anderen Freunden reiten ging, dauerte es fünf Jahre, bis sie sich verabredeten und weitere vier, bevor sie den Gang entlang marschierten.

Ohne Zweifel ist Gloria Tramontin Struck eine einzigartige Persönlichkeit und die Art von Frau, die das Leben in vollen Zügen und zu ihren eigenen Bedingungen gelebt hat. Sie hat immer gut auf sich aufgepasst – sie hat nie geraucht und nur gesellig getrunken – und tut dies bis heute. Bevor sie auf einen langen Roadtrip geht, geht sie immer zuerst zum Arzt und hat bis jetzt ein sauberes Gesundheitszeugnis bekommen. Ihr Verstand ist so scharf wie eh und je und körperlich hat sie die Ausdauer und Energie einer viel jüngeren Frau. Mit ihren Menschenkenntnissen, die ebenso beeindruckend sind wie ihre Langlebigkeit und ihre Fähigkeiten als Motorradfahrerin, war Gloria ein beliebtes Thema in zahlreichen Zeitungs- und Zeitschriftenartikeln und hatte mehrere Fernsehinterviews. Ihre inspirierende Geschichte ist auch in nicht weniger als vier Büchern über Motorradfahrerinnen erschienen, wobei *Biker Chicz aus Nordamerika* ihr fünftes ist. Wie die meisten Menschen, die es in ihre "goldenen Jahre" schaffen, blickt Gloria auf ihr Leben zurück und denkt über Dinge nach, die sie hätte anders machen können und stellt sich die ultimative Frage: "Was wäre wenn?"

„Ich bereue wenig im Leben. Ich war gesegnet mit einer guten Ehe, zwei tollen Kindern und einer Karriere, die mir wirklich Spaß gemacht hat. Wenn überhaupt, wünsche ich mir jetzt, dass ich in meiner Jugend mehr gereist wäre. Ich habe jedoch meinen gerechten Anteil an Reisen gemacht. Ich bin schon viele Male in allen Bundesstaaten der USA geritten, außer in Alaska und Hawaii. Aber ich hätte mehr tun können, wenn ich mich nicht so für meinen Job und meine Familie eingesetzt hätte. Eine andere Sache, die ich schon immer machen wollte, war mit meinem Bruder eine lange Radtour zu machen. So schwer es zu glauben ist, dass wir noch nie zusammen gefahren sind. Aber hier bin ich Mitte 80 und er Anfang 90. Ich hoffe, dass wir dieses Jahr endlich zusammenkommen, obwohl ich denke, dass wir nicht zu weit gehen werden. Bub kann einfach nicht mehr mit seiner kleinen Schwester mithalten. Er hat

Schwierigkeiten beim Gehen und benutzt eine Gehhilfe, um sich fortzubewegen. Und er hat jetzt zusätzliche Hinterräder an seinem Fahrrad. Aber er fährt immer noch sehr gerne. Ich bewundere seine Entschlossenheit und Beharrlichkeit. Wie Mama immer gesagt hat, es gibt kein Wort *wie nicht*", sagte Gloria.

Gloria hat ein interessantes Leben hinter sich und hat noch viele Pläne für das Motorradfahren in der Zukunft. Sie ermutigt die Menschen immer, ihre Träume zu leben, wie sie es mit 85 Jahren immer noch tut.

Banshee "The Lost Soul" LaDucatti – Priesterin
Auf Zwei Rädern

Wenn jemand das Recht verdient hat, als echter Biker bezeichnet zu werden, dann ist Banshee „The Lost Soul" LaDucatti genau das Richtige. Kein Posieren, kein Vortäuschen und total zu Hause in ihrer Haut. Banshee, eine Indianerin, wurde in einem Seminole-Reservat in Dade County, Florida, in eine erweiterte Ein-Prozent-Familie geboren, die sich, ähnlich wie viele südamerikanische Bürgerkriegsfamilien der 1860er Jahre, während des berüchtigten Südens auf entgegengesetzten Seiten befanden Florida-Bikerkriege der 1970er und 80er Jahre. Banshee ist im wahrsten Sinne des Wortes ein Überlebender. Sie wurde beschossen und verfehlt und beschossen und getroffen. Sie beerdigte im Laufe der Jahre auch viele Freunde, darunter ihren Ehemann, den Präsidenten eines Outlaw-Clubs, den sie heiratete, als sie dreizehn Jahre alt war.

Banshee – ihr richtiger Vorname – hat Tätowierungen, die älter sind als viele der heutigen Fahrer und ist leicht an ihrer abgefahrenen Schwarz-Weiß-Frisur zu erkennen. Sanft und wortgewandt begann sie im Alter von fünf Jahren mit dem Minibike-Fahren und bekam 1972 als Jugendliche ihr erstes Big-Bike. Es handelte sich um eine Selbstmordschicht Panhead aus dem Jahr 49, die sie im Rahmen ihrer Weiterbildung zum vollendeten Biker wieder aufbauen half.

„Ich fuhr meinen treuen alten Panhead bis 1981, als er bei einem Unfall durch den betrunkenen Fahrer eines Channel 10 News

Vans einen Totalschaden erlitt. Ich habe mir bei dem Unfall beide Beine gebrochen, aber ein Mitfahrer, der mit einem anderen Fahrrad fuhr, verlor ein Bein. Ich komme definitiv aus einer Bikerfamilie. Ich war nicht gerade das Mädchen von nebenan. Ich war die erste Frau, die in Südflorida ganz hinten in einem Ein-Prozent-Club mitfahren durfte. Ich hielt mein eigenes. Alle fuhren mit, mein Vater, meine Onkel, Tanten und Cousins. Sogar meine Großmutter und meine Mutter waren echte Reiter. Als ich in einem Reservat aufgewachsen bin, gab es immer Pferde und Minibikes und ich fing an, beides zu reiten, als ich kniehoch zu einem Alligator war. Ich war das einzige Mädchen in meiner unmittelbaren Familie und wurde wie einer von den Jungs behandelt. Ich erledigte Aufgaben, die normalerweise mit Jungen verbunden waren, und schraubte an Fahrrädern, als die meisten Mädchen in meinem Alter noch mit Puppen spielten. Aber ich dachte, das sei normal. Ich kannte es nicht anders. Ich weiß, dass Mädchen wie ich Wildfang genannt wurden, aber im Reservat gab es ein solches Wort nicht", sagte Banshee.

Nach jedem Standard hatte Banshee eine harte Kindheit, ganz zu schweigen vom frühen Erwachsenenalter. Ihr Vater war ein Militär, der nicht viel in der Nähe war, und ihre Mutter verließ das Bild, als Banshee erst vier Jahre alt war. Anstatt in einer normalen Familienatmosphäre aufzuwachsen, wurde sie zwischen Familienmitgliedern herumgeschubst und als ein Prozent Vereinskind erzogen. Verschiedene alte Clubdamen sorgten dafür, dass sie satt wurde und zur Schule ging, aber ansonsten war sie ziemlich allein. Sie hatte nicht viele Leute, die ihr sagten, was sie tun konnte und was nicht. Als eines der Vereinskinder lernte sie jedoch schnell, ihren Platz zu kennen und zu akzeptieren, auf sich selbst aufzupassen, Respekt zu zeigen und alles andere als ein Nörgler zu sein. In der Schule war sie eine echte Außenseiterin und kam nie mit Kommilitonen in Kontakt. Aufgrund ihres rassischen Hintergrunds und ihrer Clubzugehörigkeit, zu der auch das Tragen eines Eigentumspflasters in der High School gehörte, wurde sie, als sie bereits verheiratet war, nie zu Geburtstagsfeiern, Poolpartys, Übernachtungen, Grillabenden und vielen anderen Dingen eingeladen, die die meisten Kinder für selbstverständlich halten .

Trotz ihrer unkonventionellen Erziehung ist Banshee nicht den Fallstricken erlegen, die ein solcher Lebensstil denjenigen zufügen kann, die darin gefangen sind. Sie hielt den Kopf hoch und war eine eigenständige Person, die Dummköpfe und andere Idioten nicht tolerierte. Als ehrenvolle Schülerin, die mit sechzehn die High School abschloss, brillierte sie im Sport, insbesondere im Wettkampfschwimmen – und war ein Star-Fußballspieler. Banshee hatte auch ein Händchen für mechanische Dinge und ein echtes Talent für Elektronik, insbesondere Computer. Sie stieg im Erdgeschoss des Computerzeitalters ein und machte schließlich Karriere in der aufstrebenden Branche. Nach der High School besuchte sie die University of Miami mit einem Abschluss in Informatik mit Nebenfach Psychologie; sie setzte ihr Studium fort und promovierte in metaphysischen Wissenschaften.

„In gewisser Weise war ich einer der Glücklichen, denn ich habe sehr jung geheiratet und mein Mann hat dafür gesorgt, dass ich konzentriert bleibe und meine Ausbildung bekomme. Dank seiner Unterstützung und seinem Beharren darauf, dass ich etwas aus meinem Leben mache, habe ich die High School überstanden und die University of Miami besucht, von der ich ein Fußballstipendium erhielt. Computer, die gerade auf den Markt kamen, waren mein Ding. Es war offensichtlich, dass in ihnen eine Zukunft steckte, also beschloss ich, dieses Feld zu verfolgen. Schon früh nutzte ich meine Computerkenntnisse, um mich in Computer von Drittanbietern zu hacken und Dinge zu tun, die ich nicht hätte tun sollen. Aber schließlich drehte ich das um und gründete ein legitimes Geschäft, das ich noch heute betreibe. Wenn ich auf mein Leben zurückblicke, kann ich nicht sagen, dass ich es wirklich bereue. Ich bin mir nicht sicher, ob es besser gewesen wäre, in einer normalen, empfindlichen Familie aufzuwachsen. Ich glaube, es wäre langweilig gewesen und ich wäre, wie die meisten Leute, zu einem netten kleinen neurotischen Bürger geformt worden. Ich habe es geschafft, alles zusammenzuhalten und wuchs zu einer geradlinigen Frau auf, die mit den Schlägen rollen und mit allem umgehen kann, was das Leben auf sie wirft ", sagte Banshee.

„Ich habe Erfahrungen gemacht, die sich die meisten Menschen nicht einmal vorstellen konnten, und ich würde die meisten davon nicht gegen die Welt eintauschen. Meistens habe ich versucht, mich hinter die Kulissen zu halten und mich aus den lustigen Seiten herauszuhalten. Unnötig zu erwähnen, dass ich aufgrund meines Lebensstils, in den ich hineingeboren wurde, einige Auseinandersetzungen mit den Behörden hatte, aber ich wurde in den Achtzigern nie wegen etwas anderem als ungeordneten Verhaltens verurteilt. Ich habe einige Medienaufmerksamkeit erregt und wurde in *Iron Horse, Easyriders, True Detective Stories* und einem Buch namens *Without a Trace* vorgestellt. Die Art und Weise, wie ich dargestellt wurde, war größtenteils alles andere als genau, um der Sensations-Agenda des Autors zu entsprechen und das Stereotyp zu verewigen. Die Leute wollen natürlich von meinen Jahren in Dade County, der Clubszene und den Bikerkriegen hören, aber ich habe viele Geschichten, die man nie erzählen kann. Vielleicht könnte ich eines Tages, wenn ich die Unschuldigen und die Schuldigen überlebe, eine Memoiren über diese Jahre schreiben. Sie waren aufregend und immer am Rand, wenn nicht sogar über dem Rand. Und in vielen Fällen tragisch!"

Banshees Ehemann war Präsident eines großen Outlaw-Clubs in Südflorida, während der Pate ihrer beiden Kinder Denise und Damon Präsident eines anderen war. Beide Clubs lebten viele Jahre friedlich zusammen, aber nach 1972 wurde es sauer und Menschen, die ihr wichtig waren, wurden verletzt und starben. Sie hatte Onkel, die gegen Onkel kämpften, Brüder, die gegen Brüder kämpften, und Cousins, die gegen Cousins kämpften. Im Laufe der Jahre wurde sie selbst viermal erschossen – das erste Mal, als sie gerade zwölf Jahre alt war. Wie durch ein Wunder überlebte sie die Angriffe.

Das erste Mal, dass Banshee unter Beschuss geriet, war 1972, als sie in einem Van unterwegs waren, der Clubmitgliedern folgte, die auf dem Weg zu einem Lauf am 4. Juli in Pittsburgh,

Pennsylvania waren. In North Carolina ging eines der Fahrräder eines Mitglieds kaputt und sie musste ihm laut Protokoll ihres geben, damit er weiterfahren konnte. Dieser Vorfall hat ihr tatsächlich das Leben gerettet. Einer von zwei Radfahrern, die an diesem Tag bei den Dreharbeiten starben, war das Mitglied, das mit ihrem Fahrrad fuhr. Der Lieferwagen, in dem sie saß, war von Kugeln durchsiebt, von denen sie zwei Kugeln fing. Jahrelange Intrigen in der Ein-Prozent-Welt hatten sie mehr als einmal nahe an die Belastungsgrenze gebracht, aber der sprichwörtliche Tropfen, der den Eimer überlaufen ließ, ereignete sich an dem Tag, an dem die Staatspolizei vor ihrer Tür auftauchte, um ihr mitzuteilen, dass ihr Mann gestorben war bei einem Motorradunfall auf der I-95 getötet.

Wo Kugeln sie nicht zu Fall gebracht hatten, kam es zu einem Nervenzusammenbruch, und Banshee fand sich ein halbes Jahr lang auf einer privaten Farm wieder, während sie Beratung erhielt. Obwohl Beratung und Therapie ihr halfen, die Teile ihres zerstörten Lebens wieder zusammenzusetzen, gibt sie bereitwillig zu, dass die Teile nie ganz zusammengewachsen sind. Sie hinterließ nicht nur körperliche, sondern auch emotionale Narben. Nachdem sie ihr ganzes Leben lang extrovertiert war, wurde sie eine introvertierte Einzelgängerin. Aber Banshee wusste, dass sie ihr Leben weiterleben und ihre beiden Kinder großziehen musste. Der Club bot seine volle Unterstützung an, aber für Banshee hatte die ganze Szene ihren Glanz verloren. Sie entschied, dass sie, da ihr Mann weg war, keinen Grund hatte, hier zu bleiben. Obwohl sie mit ihrer Familie in Kontakt blieb, zog sie weiter nach Norden. Sie wollte eine klare Botschaft senden, dass sie mit der Welt der Outlaw-Biker fertig ist und ihrer Tochter und ihrem Sohn, die zwölf bzw. sieben Jahre alt waren, einen sicheren Hafen bieten.

„Es war nicht so, als würde ich mich vor jemandem verstecken. Jeder wusste, wo ich war. Mit allem, was ich erlebt und erlebt hatte, hätte ich durchaus als Bedrohung wahrgenommen werden können. Aber da ich in der Outlaw-Biker-Kultur geboren und aufgewachsen war und Verwandte auf beiden Seiten der kriegerischen Clubs hatte, wussten sie, dass das Letzte, was ich tun würde, jemanden verkaufen würde. Ich wollte nur etwas Distanz zwischen meiner Vergangenheit und mir schaffen, damit ich eine bessere Chance habe, ein neues Leben aufzubauen. Und ich wollte meine Kinder nicht so wie ich als Clubkinder erziehen sehen. Ich wollte nicht, dass sie in der Schule Ausgestoßene sind. Ich wollte, dass sie Freunde haben und all die Dinge tun, die Kinder in einer normalen häuslichen Umgebung tun. Ich wollte nicht, dass sie ein Ziel sind. Mein Mann und ich hatten sie bereits von der Bildfläche entfernt, indem wir ein Haus in neutralem Gebiet gekauft hatten“, sagte Banshee.

„Sie wurden vom Club auf Distanz gehalten und wir hatten sogar eine Nanny, die sich um sie kümmerte. Wir haben sie nie zu Läufen oder anderen Clubveranstaltungen mitgenommen. Natürlich war ihnen bewusst, dass ihre Eltern nicht genau wie andere Mütter und Väter waren. Unnötig zu erwähnen, dass der Tod ihres Vaters und mein Zusammenbruch für sie sehr traumatisch waren. Auch deshalb bin ich in einen anderen Teil des Bundesstaates gezogen, um auch ihnen einen Neuanfang zu ermöglichen. Ich wollte für sie so nah wie möglich an einem normalen Leben sein und ihnen Vorteile und Möglichkeiten bieten, die ich als Kind nie bekommen habe. Ich glaube, dass Dinge aus einem bestimmten Grund passieren, und wenn ich zurückblicke, kann ich das Gute sehen, das aus dem Schlechten kam. Meine Kinder haben mir alles bedeutet und ich bin wirklich glücklich und stolz, dass sie gut geworden sind. Wenn die Dinge nicht so gelaufen wären, wer weiß, wo sie heute stehen würden.“

Da der Apfel nicht weit vom Stamm fällt, überrascht es nicht, dass Banshees Tochter Denise, die in Südflorida eine tierärztliche Notfallklinik betreibt, und Sohn Damon beide Motorrad fahren. Während Denise bei Harleys blieb, ist Damon ein Schritt-Raketen-Mann. Er ist als Bauleiter bei einem Unternehmen beschäftigt, das Hotels und Motels in den Vereinigten Staaten umbaut und renoviert. In seiner Freizeit fährt er mit einem Motorrad-Stunt-Team aus Miami. Obwohl er ein bestätigter Harley-Fahrer ist, hat Banshee wegen Damon eine 993 ccm Ducati Monster bekommen; im Grunde hatte sie es satt, seinen Staub zu fressen, wenn sie zusammen ritten. Nachdem sie sich auf der Ducati wohl gefühlt hatte, ließ sie sich von ihm sogar viele der Trickriding-Techniken beibringen, die er mit dem Stunt-Team beherrschte. Und dank einiger Autofahrer da draußen hat sie im Handumdrehen ein paar zusätzliche Techniken gelernt, um nicht zur Kühlerfigur zu werden.

Obwohl sie der Clubszene den Rücken kehrte, blieb Banshees Liebe zu Motorrädern bestehen. Aber sie suchte nicht mehr die Gesellschaft anderer Reiter – männlich oder weiblich. Tatsächlich war sie von dem Moment an, als sie auf der Straße zu reiten begann, bis zu ihrem Verlassen des Clubs noch nie ohne männliche Eskorte gefahren, oder besser gesagt, einen Leibwächter. Als Frau des Präsidenten eines kriegführenden Clubs war sie ebenso eine Zielscheibe wie er. Nachdem sie nicht mehr mit dem Club in Verbindung stand, zog sie es vor, alleine zu fahren, um mehr in Kontakt mit sich selbst zu kommen und ihr Leben zu ordnen. Zu diesem Zweck ritt sie Meile für therapeutische Meile durch die ganzen Vereinigten Staaten. Nachdem sie ihren geliebten Panhead 1981 bei dem Unfall mit dem Channel 10 News Van verloren hatte, hatte sie einen 79er Low Rider bekommen. Sie fuhr dieses Fahrrad bis 1989, als sie zu ihrer angenehmen Überraschung bei einem Lauf in Hazen, Pennsylvania, bei einer Verlosung ein brandneues Heritage gewann. Sie besitzt und fährt dieses Fahrrad noch heute.

Wie jeder amerikanische Biker mit Herz und Seele, der sich selbst respektiert, ist Banshee eine Harley-Davidson-Loyalistin, seit sie ihre 49er Pan hat, und betrachtet sich nicht als Verräterin, weil sie auch eine Ducati fährt. Es kommt an den Tagen aus der Garage, an denen sie Lust hat, besonders schnell zu sein oder mit ihrem Sohn reiten zu gehen. Wie viele alternde Hardcore-Biker schüttelt Banshee nur den Kopf darüber, was die Biker-Szene heute geworden ist. Obwohl sie zugibt, dass es gut ist, so viele Leute Motorradfahren zu sehen, nimmt sie sie nicht als Biker wahr, insbesondere nicht die Harley-Showboater, die sich als knallharte Biker bezeichnen, weil sie zufällig ein Motorrad fahren, das früher fast ausschließlich mit der Outlaw-Biker-Subkultur in Verbindung gebracht wurde.

„Ich denke, viele dieser Jungs und Mädels haben zu viele Biker-Bücher gelesen oder zu viele Hollywood-Biker-Filme gesehen, von denen die meisten nur ein kleiner Haufen sind. An den Wochenenden, wenn sie ihre Bikes aus der Garage holen, fahren sie durch die Stadt und stylen sich nach den Schauspielern, die Biker auf der großen Leinwand darstellen und denken, das sei ein echter Biker. Zumindest wissen die Schauspieler, dass sie handeln. Eine Harley zu fahren bedeutete früher ziemlich gut, dass man Hardcore war und den echten Biker-Lifestyle rund um die Uhr lebte. Und Sie trugen keine Harley-Hüte, T-Shirts oder Jacken, um die Welt wissen zu lassen, dass Sie ein Biker sind. Heute stolzieren alle und ihre Mutter, ob sie reiten oder nicht, herum, als wären sie eine wandelnde oder reisende Reklametafel für Harley-Davidson. Es ist wie, hey, sieh mich an, ich bin ein cooler Typ oder ein heißes Biker-Girl. Man sieht viele dieser Leute Jahr für Jahr bei großen Biker-Events wie Sturgis und Daytona", bemerkte Banshee.

„Sie fahren mit denselben Anhängern vor, die dieselben glänzenden Harleys enthalten, die normalerweise weniger als fünftausend Meilen haben. Nachdem sie ihre Harley Klamotten angezogen haben, fahren sie durch die Stadt und sehen aus wie die Möchtegerns, die sie sind. Die meisten von ihnen können nicht viel weiter als ein paar Runden um den Block fahren, weil sie Autofahrer sind, keine Motorradfahrer. Sie haben nicht die Ausdauer und Erfahrung, um lange Strecken oder bei schlechtem Wetter zu fahren. Echte Biker fahren zu ihrem Ziel, egal ob quer durch die Stadt oder über das Land. Damals gab es ein Statement, auf einer Harley zu fahren. Jetzt sind Sie nur noch ein Bürger und könnten ein gut betuchter Arzt, Zahnarzt, Anwalt, Architekt oder was auch immer sein, der ein ikonisches amerikanisches Fahrrad fährt. Diese Leute machen eine Modeaussage, keine Lebenseinstellung. Sie haben das Herz daraus gezogen. Biker zu sein ist kein Nebenjob. Aber hey, es tut gut, so viele Harleys auf der Straße zu sehen. Je mehr Harleys verkauft werden, desto mehr Arbeit gibt es für die Leute in der Branche. Und das ist gut für Amerika!"

Die Kommerzialisierung des Bad-Boy-Images und der legendären Kundgebungen hat die Teilnahme von Banshee an diesen Veranstaltungen stark reduziert. Sturgis war für sie ein jährlicher Lauf; jetzt fährt sie alle fünf Jahre dorthin. Für sie ist der Urvater aller amerikanischen Motorrad-Rallyes zur Parodie geworden; die einzige Attraktion ist, sich mit alten Freunden zu treffen, über die vergangenen Tage zu sprechen, eine gute Zeit zu haben und die Möchtegerns, die die Veranstaltung in eine Cash-Cow für die Region Sturgis verwandelt haben, so gut wie möglich zu ignorieren. Obwohl sie es lieber so haben möchte, wie es war, weiß sie, dass sich die Dinge ändern und entwickeln und nimmt es nicht übel, dass Rallyes wie Sturgis kommerziell erfolgreich sind.

Im Gegensatz zu vielen modernen Motorradfahrern zieht sich Banshee nicht ganz schick an, um zu einer zwei Meilen entfernten Bar zu fahren – etwas, mit dem sie sich angeblich nie identifizieren könnte –, aber sie rüstet sich und liebt es, sich buchstäblich „verirren" zu lassen. so oft sie kann. Es überrascht nicht, dass sie seit vielen Jahren als die verlorene Seele oder einfach nur als die verlorene Seele bekannt ist. Sie hat den Griff, weil sie der Typ ist, der zum Einkaufen in einen lokalen Laden fährt – etwas, das unter normalen Umständen vielleicht eine Stunde dauert – und drei Tage später nach Hause zurückkehrt. Manchmal wurde sie abgelenkt, fuhr am Laden vorbei, bog irgendwo falsch ab und entdeckte eine Straße, auf der sie noch nicht gewesen war. Ihre Neugier würde dafür sorgen, dass sie weiterreiten würde, bis sie schließlich nicht mehr wusste, wo sie war. Das würde zu weiteren Erkundungen führen, um ihren Weg nach Hause zu finden. Und wenn du Banshee bis heute fragst, wonach sie da draußen sucht, wird sie dir „das größte Knäuel der Welt" sagen.

Durch ihre Adern floss das Blut von Cherokee und Seminole gemischt und Banshee ist eine lebenslange Anhängerin der Spiritualität der amerikanischen Ureinwohner. Ihre Überzeugungen und Praktiken werden nicht als Religion im traditionellen Sinne betrachtet, sondern als integraler und nahtloser Bestandteil ihres Wesens. Dies ist die Lebensweise der meisten amerikanischen Ureinwohner, die nicht christianisiert wurden und den alten Traditionen der Ältesten folgen.

Banshee kennt sich jedoch gut mit vergleichenden Religionen aus und ist nicht jemand, der die Glaubenssysteme anderer diskriminiert oder ablehnt. Im Jahr 2000 wurde sie zur

Kaplanin der nichtkonfessionellen Universal Life Church ordiniert, deren Hauptgrundsatz darin besteht, dass jeder das Recht hat, seinen oder ihren Gott ohne Intoleranz oder antiquierte religiöse Dogmen anzubeten. Als Seelsorgerin ist sie ermächtigt, bei Hochzeiten, Taufen und Beerdigungen zu amtieren, unabhängig von der spirituellen oder religiösen Überzeugung der Empfänger. Und wegen seiner Offenheit und freidenkenden Philosophie zieht das ULC Menschen aus allen Gesellschaftsschichten und religiösen Hintergründen an. Sie arbeitete mit der Kirche und arbeitete mehrere Jahre als Freiwillige in örtlichen Hospizen, um allen zu helfen, die von traditionellen Religionen desillusioniert waren, aber in ihren Sterbetagen spirituellen Trost und Führung suchten.

Um ihre einheimische Spiritualität weiter zu ergänzen, wurde Banshee 1982 Wicca-Priesterin. Sie beobachtet alle Riten, praktiziert weiße Magie – die Wissenschaft von der Kontrolle der geheimen Kräfte der Natur – und hat die Fähigkeit, mit Geistern zu kommunizieren. Banshee unterhält sogar einen Memorial Garden auf ihrem Grundstück, der die Asche vieler ihrer Freunde enthält, die sie verloren hat, einschließlich eines Lieblingsleibwächters aus alten Zeiten, der 1991 starb.

„Viele Leute halten mich wegen meines Aussehens, meines Glaubenssystems, der Rettung und Rehabilitation von emotional und körperlich missbrauchten Kampfhunden und natürlich als radikaler Biker für verrückt. Aber das sind die gleichen engstirnigen Leute, die mich als Kind gemieden und niedergemacht haben. Viele von ihnen wirken wie selbsternannte moralische Hohepriester, die in einer Feuer-und-Schwefel-Mentalität gefangen sind. Sie verstehen einfach nicht, dass sie von geldbasierten Handelsreligionen einer Gehirnwäsche unterzogen und von ihrem höheren Selbst getrennt wurden. Sie haben Angst und werden eingeschüchtert von Leuten wie mir, die mit der Erdebene und darüber hinaus verbunden sind. Ich wurde von einer bösen Hexe bis zu einem Grabräuber alles genannt, obwohl ich keine schwarze Magie praktiziere oder Gräber ausraube. Mein Gedenkgarten enthält nur kleine Urnen mit der Asche der Verstorbenen, die ich ehren soll, und sie befinden sich auf meinem Grundstück, wie von Freunden gewünscht, bevor sie starben. Ich bin kein Nekrophiler oder Ghul, nur eine Bikerfrau, die sich ein bisschen von den anderen unterscheidet. Nun, vielleicht ganz anders", sagte Banshee.

In einem anderen Abschnitt ihres weitläufigen, zweieinhalb Hektar großen Grundstücks, mitten im Nirgendwo nordwestlich von Daytona, unterhält Banshee einen Tierfriedhof, um die Hunde zu ehren, die sie nicht retten konnte. Einer von denen, die sie gerettet hat, ein eineinhalb Jahre alter Pitbull namens Samson, ist dort auch in einem speziell angefertigten Aluminiumsarg begraben. Samson, der nach Ende seiner Kampftage im Tierheim eingeschläfert werden sollte, blieb ein treuer Begleiter und Beschützer, der vierzehn glückliche Jahre an Banshees Seite verbrachte.

„Ich habe sehr viel mit Tieren und vor allem Hunden zu tun. Tiere sind erstaunliche Charaktere. Sie können die Energie und die psychologische Zusammensetzung einer Person spüren. Ich nehme und rehabilitiere seit achtzehn Jahren verlassene sogenannte Bully-

Rassen und bin noch nie gebissen worden. Ich sage nicht, dass sie plötzlich nette kleine Haustiere werden, die sich an Ihre Kinder oder andere Lebewesen anschmiegen, aber wenn Sie sie dazu bringen, sich an das Leben außerhalb des Rings anzupassen, und sie werden beim Spaziergang richtig behandelt und mit einem Maulkorb versehen, oder Wenn Sie Gesellschaft haben, können sie gute, treue Begleiter sein. Sie verdienen es nicht zu sterben, weil sie ausgebildete Kämpfer waren. Es bricht mir einfach das Herz, was manche Leute zu egoistischen Unterhaltungs und Glücks- spielzwecken mit Hunden machen. Diese Hunde sind keine natürlichen Killer, wie manche Leute glauben; Sie werden von kranken Menschen zu Mördern gemacht", erklärte Banshee.

„Wenn sie den Kampfring lange genug überleben, aber nicht mehr in der Lage sind, andere Hunde zu zerreißen, werden sie von ihren Besitzern in der Regel erschossen. Wenn dies nicht der Fall ist und sie der Tierkontrolle auffallen, werden sie trotzdem vernichtet. Simson war dazu bestimmt, getötet zu werden, weil er jeden angriff, der sich ihm näherte. Zur Überraschung aller im Tierheim nahm er mich wie einen längst verlorenen Freund auf. Aber es hat lange gedauert, bis Samson so weit war, dass jemand auch nur in meine Nähe kommen konnte, ohne dass er durchdrehte. Ich war sein Retter und Freund geworden, und er hielt es für seine Pflicht, mich vor allen realen oder vermeintlichen Bedrohungen zu schützen. Im Laufe der Zeit lernte er, dass nicht jeder eine Bedrohung für mich oder ihn darstellte. Er ging überall mit mir. Als ich einen Roadtrip machte, habe ich ihn in einem speziell angefertigten Anhänger /

Hundehütte hinter meinem Fahrrad geschleppt und er war begeistert. Er liebte das Leben. Er war ein edler Geist und ich bin dankbar, dass er mein Leben so viele Jahre berührt und bereichert hat."

Obwohl Banshee viel auf ihrem Teller hat, indem sie sich um ihr Computergeschäft kümmert, sich um ihre Hunde kümmert, sich um ihre spirituellen Pflichten kümmert und ihren Besitz pflegt, legt sie Wert darauf, so oft wie möglich reiten zu gehen. Obwohl sie ein paar Reitfreunde hat, darunter auch ihren Sohn, bleibt sie meist unter sich und ist zufrieden mit der Gesellschaft ihrer Hunde. Banshee legt auch Wert darauf, körperlich fit zu bleiben und schwimmt zu diesem Zweck mindestens acht Kilometer pro Woche. Sie ist gerne in der Nähe, am oder im Meer. Sie liebt auch Meeresfrüchte und fängt gerne ihren eigenen Fisch, sei es mit der Stange oder beim Schnorcheln mit einer Harpune.

Und um unerwünschte Besucher fernzuhalten, hat sie Sicherheitszäune um ihre Ausgrabungen, eine geladene Schrotflinte vor ihrer Haustür und ihre Hunde, die auf dem Grundstück herumstreifen. Sie hat auch Schilder aufgestellt, auf denen steht, dass EINDRUCKER WERDEN WERDEN UND ÜBER-LEBENDE WIEDER ERSCHOSSEN WERDEN WERDEN; das sind jedoch die Norm in ihrem Waldhals, den sie echtes Redneck-Country nennt. Würde Banshee tatsächlich einen Eindringling erschießen? Wir möchten das auf keinen Fall auf die Probe stellen und empfehlen dringend, dass Sie, wenn Sie sich jemals entscheiden, zu einem Besuch vorbeizuschauen, ihr unbedingt vorher mitteilen, dass Sie kommen.

348

Andrea Perrino – Nicht Ihr durchschnittlicher Alltagsprofessor

Für einen komplexen Menschen ist die Lebensphilosophie von Andrea Perrino ganz einfach: Tue, was du liebst, genieße das Leben und mache einen Unterschied. Wenn es Ihnen nicht gefällt, ändern Sie es! Sie ist die Art von Person, die keine Herausforderungen scheut und sich auch nicht den Veränderungen widersetzt, denen man im Laufe der Zeit ständig ausgesetzt ist. Sie spricht das Gerede, geht den Weg und lebt nach den Werten, die sie predigt…ähm… lehrt! Als Psychologin an der University of British Columbia hat Andrea Fächer wie Sportpsychologie, Gesundheitspsychologie, Sozialpsychologie und Geschichte der Psychologie unterrichtet. Als bestätigte Athletin, die eine seltene Augenkrankheit erfolgreich überwunden hat, ist sie fit wie eine Geige. Zu ihren liebsten sportlichen Aktivitäten gehört die Teilnahme an Ironman-Triathlons und sie trainiert auch ein Drachenboot-Rennteam. Offensichtlich niemand, der im Hinterhof sitzt und dem Gras beim Wachsen zusieht, Andrea besitzt und betreibt außerdem Psyched Up! Professionelles und persönliches Training. Sie ist spezialisiert auf Fitness- und Gesundheitsberatung, Motivationsvorträge und Workshops für Unternehmen sowie auf individuelle Kundenschulungen. Und sie liebt es, ihre Harley zu fahren, was sie erst seit wenigen Jahren macht.

Andrea Perrino, ein Intellektueller in jeder Hinsicht, hat mehr Zertifikate und Abschlüsse als ein Thermometer. Zusätzlich zu ihrem BA, Master und PhD hat sie Zertifizierungen von BCRPA (Personal Trainer, Group Fitness Leader); kanadische Fitnessprofis (Konferenzmoderator, Personal Trainer-Spezialist, Group Fitness-Spezialist, Ernährungs- und Wellness-Spezialist); und der Canadian Society for Exercise Physiology und der Ontario Association for Exercise Science (Fitnessgutachter und -berater). Sie war Workshop- und Vortragsmoderatorin und Kursleiterin für Canadian Fitness Professionals; Nord-Vancouver-Erholungs-Vereinigung; die Regierungsstellen von Ontario und British Columbia (z. B. Office of Intellectual Property); Laufraum Kanada; und viele andere Gemeinschaftsorganisationen wie die Kiwanis und der YMCA/YWCA.

Als Akademikerin im Bereich Psychologie interessierte sich Andrea schon immer für verschiedene Kulturen und Subkulturen, die sich im Laufe der Zeit auch auf die Motorrad-Community ausgeweitet haben. Und weil Harley-Davidson seit über sechzig Jahren ein Synonym für die nordamerikanische Biker-Community ist, war es die Marke, zu der sie sich am meisten hingezogen fühlte. Sie war besonders fasziniert von Frauen, die ihr eigenes Fahrrad fuhren, und nachdem sie 2002 von Ottawa nach Vancouver gezogen war, dachte sie darüber nach, selbst zu fahren. Es spiegelte sich alles in ihrer Kindheit wieder, als ihre Eltern ihr sagten, sie könne alles tun, was sie sich vorstellte.

„Ich bin gerne beschäftigt, aber es ist nicht nur Arbeit, Arbeit, Arbeit! Im Leben geht es darum, im Gleichgewicht zu bleiben und das zu genießen, was man tut. Auch wenn ich technisch arbeite, nehme ich es nicht als solches wahr. Das alte Klischee „Wer liebt was man tut, arbeitet keinen Tag im Leben" trifft auf meinen Fall zu. Sicher, ich habe meine schlechten Tage und erliege Stress wie jeder andere, aber ich habe die Mechanismen, um damit umzugehen. Ausgehen mit meinem Fahrrad ist eine davon. Ich wünschte nur, ich hätte viel früher die Chance, einen zu fahren. Ich erinnere mich, dass ich meine Eltern fragte, als ich noch recht jung war, ob wir ein Motorrad kaufen könnten. Mom und Day sagten immer wieder, dass wir ein Motorrad bekommen könnten, nachdem sie ihre Harleys hatten, was sie nie taten ", sagte Andrea.

„Ich denke, es war nur ein Trick, um uns in Schach zu halten. Ich denke, sie wollten nicht, dass ihre Kinder etwas reiten, was als gefährlich empfunden werden könnte, und ich würde sagen, dass sie ein bisschen überfürsorglich waren, als wir als Kinder aufwuchsen. Als ich meine Harley kaufte, ging ich sofort los und kaufte zwei kleine Nachbildungen des Motorrads und gab eine meiner Mutter und eine meinem Vater. Ich sagte ihnen ‚jetzt habt ihr alle eine Harley', worauf sie lauthals lachten. Sie haben einen guten Sinn für Humor. Eigentlich bin ich noch ein Neuling, aber Motorradfahren wollte ich schon lange machen."

Andreas geschäftiger Lebensstil und andere Prioritäten – wie das Bezahlen ihrer Ausbildung – schienen ihr immer im Weg zu stehen, ihren Traum, ein Motorrad zu besitzen, zu verwirklichen.

Als nächstes wusste sie, dass viel zu viele Jahre vergangen waren, mit immer noch keinem Fahrrad in ihrer Garage. Sie hatte gelegentlich Beifahrer, aber nie wirklich gefahren. Nachdem sie es auf ihre „Bucket List" gesetzt hatte, wurde es für sie eine neue Bedeutung, dieses Fahrrad zu bekommen. Sie wusste, dass sie sich besser bald einen besorgen sollte, oder er könnte auf ihrer "Bedauern, dass ich es nicht getan habe"-Liste landen. Viele Leute finden es seltsam, dass sie tatsächlich eine Bucket List hat, da sie noch nicht einmal vierzig Jahre alt ist. Aber eine schwächende Augenerkrankung (primäre erworbene Melanose), für die sie zweimal operiert wurde, hat sie dazu gebracht, eine neue Perspektive einzunehmen. Darüber hinaus fühlte sie sich mehrfach unglaublich hilflos: Zahlreiche Freunde in der Drachenboot-Paddel-Community und Familienmitglieder kämpften mit Krebs und starben früh an Krebs. Diese Erfahrungen bringen sie mehr in Einklang mit der Kostbarkeit des Lebens.

„Wenn Sie mit einer Krankheit konfrontiert sind, die Ihre Tage auf Erden vorzeitig beenden kann, nehmen Sie Ihr Leben anders wahr. Sie beginnen zu erkennen, dass Sie die Dinge, die Sie tun möchten, nicht auf nächste Woche, nächsten Monat oder nächstes Jahr verschieben können. Was mir die Anschaffung eines Fahrrads erleichterte, war ausgerechnet ein Besuch der Vancouver Home Show. Mein Mann und ich besuchten die Show, weil wir einige Hausrenovierungen planten. Unter all den üblichen Displays, die man auf einer Heimausstellung erwartet, war ein Stand von Trev Deeley Motorcycles, was das Letzte war, was ich erwartet hatte. Ich war begeistert von der Lackierung und dem Chrom und vor allem von den Styles der Motorräder. Die ausgestellten Motorräder, die mich beeindruckten, waren alle zu groß, als ich versuchte, darauf zu sitzen, da ich nur 1,80 m groß bin und ich dachte, dass eine Harley außerhalb meiner Preisklasse bleiben würde. Der Verkäufer, mit dem ich gesprochen habe, versicherte mir, dass sie mir entgegenkommen könnten, indem sie das Fahrrad auf verschiedene Arten absenken, und als ich die Preise sah, war ich überwältigt, wie vernünftig und finanziell dies für mich machbar war. Ich war sehr daran interessiert, diesen Gedankengang zu verfolgen. Es hat eine Weile gedauert, bis mein Mann es geschafft hat, mich von der Harley-Ausstellung wegzuzerren und mir die Dinge anzusehen, für die wir eigentlich gekommen waren", erklärte Andrea.

„Einige meiner Freunde, die gefahren sind, schlugen vor, dass ich mir die anderen Marken ansah, bevor ich mich für eine Harley entschied, was absolut sinnvoll war. Ich bin ein aufgeschlossener Mensch und ein informierter Verbraucher ist ein intelligenter Verbraucher. Ich ging auf dem unteren Festland zu verschiedenen Händlern, aber keiner der Vertriebsmitarbeiter strahlte die Leidenschaft, den Enthusiasmus und die Liebe zu ihrem Produkt so aus, wie es die Mitarbeiter von Trev Deeley gezeigt hatten, noch boten sie die gleiche Servicequalität. Ich stellte schnell fest, dass der Name Deeley markentreu als einer der ältesten Motorradhändler der Welt verdient ist. Ich muss auch zugeben, dass der Klang einer Harley Musik in meinen Ohren war. Ich fand die Geschichte der Marke faszinierend und es war das Fahrrad, von dem meine Eltern immer sprachen. Im Frühjahr 2008 habe ich einen Fahrkurs bei ProRide gemacht, meine Prüfungen bestanden, meinen Motorradführerschein gemacht und mir eine 1200 Sportster Low von Deeley gekauft. Mein Mann Kirby hatte noch nie großes Interesse an Fahrrädern gezeigt, aber als er sah, wie viel Spaß ich beim Fahren hatte, nahm er an dem Kurs teil und kaufte eine Victory, Arlen Ness Signature Serie."

Geboren in Melbourne, Australien, als Tochter kanadischer Eltern und aufgewachsen in Yellowknife im hohen Norden Kanadas, bewies Andrea schon als kleines Mädchen einen scharfen Verstand und eine Lernlust. Als eifrige Schülerin absolvierte sie die Grundschule und die weiterführende Schule in Yellowknife und machte ihren BA an der Brock University in St. Catharines, Ontario. Sie setzte ihr Studium an der University of Ottawa in Kanadas Hauptstadt fort, wo sie ihren Master und anschließend ihren Doktortitel in experimenteller Psychologie erwarb. In akademischen Kreisen ist sie für ihre positive Energie und Motivationsfähigkeit bekannt. Wenn sie einen Kunden oder ein Team nicht motiviert oder schult, finden Sie sie in einem UBC-Hörsaal, der sich für die Forschung und Anwendung der Psychologie einsetzt. Es überrascht nicht, dass sie eine leidenschaftliche und engagierte Lehrerin ist, die ihre Schüler unabhängig von der Klassengröße gerne einbezieht.

Ein typischer Tag für Andrea kann um 5:30 Uhr beginnen. den geschäftigen Chef eines Unternehmens, einen Spitzensportler mittags und eine Mutter mit ihrem Sohn oder ihrer Tochter nach der Schule zu sehen. Und natürlich ihre Lehrtätigkeit an der UBC

Vancouver, wo sie seit 2002 Fakultätsmitglied ist. Es ist ungewöhnlich, dass sie vor 20 Uhr in ihr Haus in North Vancouver zurückkehrt. Obwohl sie im wahrsten Sinne des Wortes Akademikerin ist, ist Andrea Session-Professorin und unterrichtet nur wenige Kurse pro Semester. Sie mischt sich nicht in den universitären Alltag ein, gehört keinem Gremium an, meidet die Politik und veröffentlicht nicht die notwendigen Arbeiten, die zu einer Vollzeitprofessur gehören. Sie ist einfach zufrieden mit der Zusammenarbeit mit anderen Fakultätsmitgliedern, wenn sie ihr Fachwissen und ihre Erfahrung einbringen kann. Sie freut sich, ihre Studenten in ihrem Büro willkommen zu heißen, um das von ihr unterrichtete Kursmaterial oder andere Lebensprobleme zu besprechen, für die sie ein Ohr haben oder Informationen oder Empfehlungen geben kann.

„Meine Kollegen sind viel konservativer als ich und einige von ihnen stellen natürlich einige meiner Tätigkeiten in Frage, wie zum Beispiel Leder zu tragen, Harley zu fahren und sich tätowieren zu lassen. Sogar einige meiner Studenten denken, dass ich ein bisschen „einzigartig" bin. Ich denke, man könnte sagen, ich passe nicht ganz in das Bild, was die meisten Leute denken, wenn sie das Bild eines Professors heraufbeschwören. Schon während meiner Doktorarbeit wusste ich, dass ich die akademische Karriere nicht unbedingt erklimmen wollte. Ich war desillusioniert von vielen politischen Aspekten der akademischen Gemeinschaft, die ein wesentlicher Bestandteil jeder wettbewerbsfähigen Karriere sind. Ich wollte den Studierenden Wissen vermitteln, ohne externen und administrativen Druck. Ich liebe es zu unterrichten. Das ist, was ich erkenne, meine Leidenschaft und meine Gabe. Es gab andere Dinge, die ich mit meinem Leben machen wollte, die ich nicht aufgeben wollte, um „akademisch erkennbar" zu werden. Es kam darauf an, Entscheidungen zu treffen, und ich wusste, dass ich nicht glücklich sein würde, Vollzeit an einer Universität zu unterrichten. Fitness war schon immer eine Priorität in meinem Leben. Ich entschied, dass ein Job, der mich und meine Kollegen bereichern könnte, der eines Personal Trainers und Fitnessberaters sein würde. Ich arbeite seit meinem vierzehnten Lebensjahr in einem Fitnessstudio. In Yellowknife habe ich in einem Fitnessstudio namens BodyWorks gearbeitet und alles von der Reinigung der Toiletten über das Ausbalancieren der Chemikalien im Whirlpool bis hin zum Unterrichten von Fitnesskursen gemacht", sagte Andrea.

„Als ich an der Uni war, habe ich regelmäßig trainiert, aber den Kontakt zu Menschen und meine Mitwirkung bei der Leitung des Fitnessstudios vermisst. Ich liebe es, mit Menschen zu interagieren, um sie herauszufordern, zu motivieren und Wege zu finden, sie zu wachsen. Egal, ob ich eine 90-minütige Spinning-Klasse für eine große Gruppe von engagierten Radfahrern, eine Kernklasse für die allgemeine Bevölkerung oder Einzelunterricht mit einem Kunden unterrichte, ich beziehe Geist und Körper ein. Ich versuche, eine Beziehung und ein Gemeinschaftsgefühl aufzubauen. Es muss gelacht werden und es muss harte Arbeit geben. Ich trainiere keinen Sport und trainiere keine Leute, um einfach nur Gewicht zu verlieren. Ich coache eine Person, einen Menschen, und ich trainiere Menschen, sich selbst anders zu sehen. Die Ergebnisse kommen aber unermesslich jenseits der Uhr, der Skala oder der Fettsättel. Ich habe das Gefühl, dass es meine Rolle ist, als Bindeglied zwischen dem zu fungieren, was eine Person derzeit sein kann, und dem, was sie werden kann. Es ist sehr lohnend zu sehen, wie Menschen geistig und körperlich gesund werden, sich für ihr Leben begeistern und mehr werden, als sie waren. Es geht um Abenteuer, Herausforderungen und darum, sich selbst zu pushen, um herauszufinden, was wirklich in dir steckt."

Aufgrund der Art ihrer Trainingsmethoden, die voller Spaß und Lachen sowie harter Arbeit und viel Anstrengung sind, wird Andrea liebevoll Dr. Evil genannt. Als sie ihr Fahrrad kaufte, dachte sie, das wäre der perfekte Griff für das Nummernschild. Als Psychologin versteht Andrea nur zu gut, wenn Biker von den therapeutischen Vorteilen des Motorradfahrens sprechen: mehr mit sich selbst in Kontakt zu kommen, sich auf einer ganz neuen Ebene mit der Umwelt zu verbinden, ihre spirituellen Zentren zu entdecken und/oder sich tiefer mit ihr zu verbinden ihre religiösen Glaubenssysteme unabhängig von der Konfession. Sie ist sich auch bewusst, dass das Motorradfahren trotz aller therapeutischen Vorteile auch umgekehrt Stress auslösen kann, zum Beispiel beim Fahren im dichten Stadt- oder Autobahnverkehr, insbesondere in Gruppen. Deshalb liebt sie es, wie so viele Biker, die den Alltag für eine Weile auf Eis legen wollen, abseits der ausgetretenen Pfade zu gehen, besonders mit ihrem Mann Kirby.

Wie Andrea ist Kirby ein Überflieger. Er besitzt und betreibt A Glass Act, ein in Vancouver ansässiges Wartungsunternehmen, das zu den führenden Fensterreinigungs- und Gebäudewartungsunternehmen im unteren British Columbia gehört. Unter ihnen ist die Freizeit meist am Wochenende knapp, und ein Tagesausflug im Fraser River Valley oder in den umliegenden Bergen ist eine ihrer Lieblingsbeschäftigungen. Für sie bedeuten Langstreckenfahrten normalerweise eine Hin- und Rückfahrt von etwa 805 Kilometern. Aber sie freuen sich auf den Tag, an dem sie drei bis vier Wochen auf der Straße verbringen können, die nach Osten durch Kanada und nach Süden in die USA führt. Obwohl sie oft alleine fährt, sieht sich Andrea nicht als Einzelfahrerin und fährt gerne mit Gruppen von Freunden aus – auch wenn sie es in ihren Zeitplan einplanen kann. Sie ist Mitglied von HOG und Andrea hat überlegt, einem Frauenclub beizutreten, da sie etwas älter wird und ihr Arbeitspensum reduzieren kann.

Im Gegensatz zu vielen Profis, Yuppies und Neulingen in der Biker-Community sind weder Andrea noch Kirby Harley-Fashionista. Sie machen sich keine Illusionen, eingefleischte Biker zu sein, weil sie zufällig eine Harley besitzen. Sie paradieren nicht mit Harley-Utensilien und ziehen ihre Motorräder nicht an. Für sie ist Reiten eine reine Freizeitbeschäftigung, den Fahrtwind im Gesicht spüren und den Beruf für eine Weile vergessen. Laut Andrea ist Kirby jedoch ein latenter „Bad Boy", der sich problemlos in die Hardcore-Biker-Crowd einfügen würde. Wie jeder, der die Freuden des Motorradfahrens entdeckt hat, ist Andrea zu einer leidenschaftlichen Botschafterin des Lifestyles geworden. Einige ihrer Schüler haben wegen ihres Enthusiasmus mit dem Reiten begonnen, und wegen ihr haben sich eine Reihe von Freundinnen, die zufällig auch kleinwüchsig sind und vorher dachten, sie würden nie fahren können, ein Motorrad zugelegt. Sie hat auch Frauen ermutigt, die dachten, sie seien einfach nicht stark genug oder nicht in der Lage, mit einem Fahrrad umzugehen, es einfach auszuprobieren. Meist waren sie von Anfang an gefesselt.

Obwohl sie in Kanadas Nordwest-Territorien aufgewachsen ist – einem Ort, an dem es an Annehmlichkeiten fehlt, die die meisten von uns für selbstverständlich halten – erlebte Andrea eine idyllische Kindheit und Erziehung. Ihr Vater Frank italienischer Abstammung war Geologe, während ihre Mutter Natalie ukrainischer Abstammung Hausfrau war. Als junges Paar zogen sie nach Australien, um eine Karrierechance zu nutzen, die ihrem Vater dort in der Mineralien- und Bergbauindustrie angeboten worden war. Sie kehrten jedoch nach Kanada zurück, als Andrea und ihre ältere Schwester Lisa und ihr Bruder Michael das Schulalter erreichten. Sie zogen zunächst nach Britannia Beach in British Columbia und verbrachten dort ungefähr zwei Jahre. Danach nahm ihr Vater eine Stelle bei Giant Mines an und wurde nach Yellowknife am Great Slave Lake geschickt, einem Ort von rauer und unberührter Schönheit, an dem sowohl einheimische als auch nicht-einheimische Menschen sich ein Zuhause suchen, die anfangs oft von der Bergbauforschung angezogen wurden Industrie oder in der Regierung beteiligt.

„Wir sind in einer wirklich kleinen Gemeinde in der Nähe einer Bergbaustätte aufgewachsen, wo mein Vater angestellt war. Wir waren ungefähr 402 Kilometer südlich des Polarkreises und 10 Kilometer von der eigentlichen Stadt entfernt. Auf dem Minengelände kannte jeder jeden und wir waren ein eingeschworener Haufen. Manchmal war Papa unterwegs, um nach Mineralien zu suchen, aber er und Mama waren immer für uns da. Die Karriere meines Vaters war ihm sehr wichtig, aber seine Familie stand im Mittelpunkt. Sowohl Mama als auch Papa sind in Alberta aufgewachsen und gut ausgebildet, aber sie haben uns nie etwas aufgezwungen, um in ihre universitären Fußstapfen zu treten. Sie lehrten uns, selbst zu denken, uns dem zu widmen, was uns interessierte und inspirierte. Wenn es um die Berufswahl ging, betonte mein Vater immer, wie wichtig es ist, bei allem, was wir tun, glücklich zu sein, auch wenn Glück bedeutet, Bleistifte an einer Straßenecke zu verkaufen. Er sagte, der Himmel sei die Grenze, wir könnten alles tun, wenn wir uns darauf konzentrieren", sagte Andrea.

„Meine Leute waren Kleinstädter und mochten die einfachen Dinge des Lebens. Sie strebten nicht nach Glück durch den Erwerb von Dingen, die nicht als Grundnahrungsmittel galten. Für sie war das ein sinnloses Unterfangen und im Grunde eine Verschwendung kostbarer Zeit. Sie haben sich nicht unserer Konsumgesellschaft versklavt und mit den Leuten auf der anderen Straßenseite Schritt gehalten. Natürlich hatten wir einen Fernseher und ein Radio. Aber auf dem Bergwerksgelände haben wir viele Jahre nur einen

Fernsehsender und nur wenige Radiosender empfangen. Wenn wir nicht in der Schule waren, spielten wir von morgens bis abends draußen und entwickelten unsere eigenen Spiele durch unsere eigene Kreativität. Wir machten nie extravagante Ferien und bekamen kein Taschengeld. Sie haben uns den Wert des Geldes gelehrt; dieses Geld musste verdient werden. Obwohl es uns an nichts gefehlt hat, wurden wir mit Sicherheit nicht verwöhnt. Obwohl mein Vater in der Bergbauindustrie ein Vermögen hätte machen können, hat er es nie getan, weil Geld nicht seine Motivation war. Es war die Liebe zu seinem Job und etwas Wichtiges zum Wohle der Gesellschaft zu tun, das ihn jeden Morgen aus der Tür trieb."

Obwohl das Leben für Andrea in Yellowknife gut war, erlag sie während ihrer Schulzeit den Versuchungen des Alkohols – nicht überraschend, wenn man bedenkt, dass Drogen und Alkohol für junge Leute, die am Rande der Zivilisation aufwachsen, wo viele der üblichen Attraktionen stehen, fast obligatorisch sind und Ablenkungen für Teenager gibt es nicht. Der Reiz und die Folgen des Alkoholkonsums waren für Andrea jedoch eine vorübergehende Einbildung. Sie experimentierte nie mit Drogen, um ihren Bewusstseinszustand zu verändern. Auch heute noch hat sie keine Verwendung für Rausch oder Aufputschmittel, da sie der Typ Mensch ist, der gerne jederzeit die Kontrolle über seinen Geist und seinen Körper hat. Ein- oder zweimal im Jahr kann sie zu besonderen Anlässen ein Glas Wein trinken, aber dabei belässt sie es.

Andrea führt einen der Gründe, warum sie sich für Psychologie und körperliche Fitness interessierte, darauf zurück, dass sie aus erster Hand Zeuge war, was Drogenmissbrauch für den menschlichen Geist und Körper anrichten kann. Ironischerweise war Andrea als Teenager nicht der sportliche Typ und hasste Sportunterricht, sondern interessierte sich erst im frühen Erwachsenenalter dafür, sich körperlich herauszufordern. Obwohl sie keine Klinikerin ist, ist sie in der Lage, sich in Studenten oder ihre Kunden bei Psyched Up einzufühlen und sie zu beraten, eine angemessene Beratung und Therapie zu suchen, wenn sie mit einem Drogen- oder Alkoholproblem zu tun haben, das sie hinter sich lassen möchten. Und aufgrund ihres Status als engagierte Triathlon-Athletin ist sie Vorbild und Inspirationsquelle für diejenigen, deren Leben sie berührt.

Wenn sie nicht ihre Lehraufgaben bei UBC erfüllt oder sich bei Psyched Up um Geschäfte kümmert, findet man Andrea unterwegs oder im Wasser, trainiert und bleibt in Topform, um an Triathlons in Kanada, den USA und international teilzunehmen. Sie ist seit über zehn Jahren Triathlon-Athletin. Angefangen hat alles an der Universität, als sie rennen ging, um den Stress der Arbeit an ihrem Master-/PhD-Programm in Ottawa abzubauen. Immer auf der Suche nach einer Herausforderung, begann sie jedes Wochenende an einem Kurz- oder Langstreckenrennen teilzunehmen. Andrea war bereits eine begeisterte Radfahrerin und als einige ihrer Freunde vorschlugen, Triathlon zu versuchen, klang es für sie nach einer guten Idee. Es gab nur ein Problem: Sie konnte nicht schwimmen.

Als Kind wäre sie beim Schwimmunterricht fast ertrunken und meidete Wasser wie die Pest. Aber als die Truppe, die sie ist, hat Andrea sich der Situation gewachsen und hat Schwimmunterricht genommen, jetzt weit in ihren Zwanzigern.

„Bei meinem ersten Triathlon war ich der letzte aus dem Wasser. Aber ich war begeistert! Ich hatte es geschafft. Natürlich hatte ich im Rad- und Laufsegment noch viel zu tun, um mich auch nur an das Ende der Gruppe zu halten, aber es ging nur darum, das Rennen zu beenden, nicht um meine Position. Ich hatte eine andere Herausforderung getroffen. auf und setzte sich durch. Es war nicht leicht gewesen, meine Angst vor Wasser zu überwinden, ganz zu schweigen davon, in einem Rudel von Sportlern zu schwimmen, die mit Armen und Beinen ruderten, um nicht ins Gesicht getreten zu werden oder zu schwimmen. Jedes Mal habe ich mich selbst herausgefordert, meine Schwimm , Rad- und Laufzeit zu verbessern, damit ich am Ende zumindest besser abschneide als beim letzten Rennen", sagte Andrea.

„Als ich das Stadium erreichte, in dem ich bequem eine olympische Distanz fahren konnte, fuhr ich ein längeres Rennen. Nachdem ich die Half-Ironman-Distanz geschafft hatte, entschied ich, dass ich wahrscheinlich in der Lage sein würde, das Full-Meal-Deal, den Ironman, zu absolvieren! Könnte ich 4 km schwimmen und dann die 180 km Fahrt und den 42 km Lauf fortsetzen? Es gab nur einen Weg, das herauszufinden. Ich habe trainiert, ich habe gekämpft und ich habe es geliebt! Ich war süchtig. Und seit meinem ersten Ironman habe ich bis heute acht Rennen absolviert, mit Sicherheit noch mehr."

Die Überwindung ihrer Angst vor dem Wasser führte Andrea nicht nur zu einer kompetenten Schwimmerin, sondern engagierte sich auch im Drachenbootrennen, einem beliebten Sport in der Küstenstadt Vancouver. Andrea gehört zur Seventh Wave, einem Team, das aus Deep Cove heraus trainiert. Sie trainiert ein Team von 25 Frauen im Alter von Anfang 30 bis Anfang 70. Und obwohl es um Lachen, Kameradschaft und persönliches und individuelles Wachstum geht, gibt es die harte Arbeit und viele Trainingsstunden auf dem Wasser. Die Damen haben den Ruf, bei den vielen Regatten, die sie besuchen, gute Platzierungen zu erzielen und jedes Jahr regelmäßig Medaillen mit nach Hause zu nehmen.

Obwohl Andrea nicht daran gedacht hat, in absehbarer Zeit langsamer zu werden, fügt sie ihrer Bucket-List regelmäßig Dinge hinzu, darunter Felsklettern, Stepptanz und Surfen. Und natürlich so viele Kilometer wie möglich auf ihrem Fahrrad zurücklegen. Für die Zukunft planen sie und ihr Mann einen Radreise-Urlaub auf Hawaii und werden sich möglicherweise dort niederlassen, wenn sie in Rente gehen. Aber erwarten Sie nicht, dass sie den ganzen Tag am Strand liegen oder mit ihren Harleys um die Big Island herumfahren: Sie denken bereits darüber nach, ein Geschäft wie ein kleines Café oder eine Tourneefirma für sportlich interessierte Kundschaft zu eröffnen. Und da sie Andrea kennt, wird sie bis zu ihren letzten Tagen andere, Jung und Alt, motivieren und inspirieren.

Danielle "Danni" Stockley – Das Leben Ist Rosa

Danni Stockley wuchs während der turbulenten Jahre der Quebec Liberation Front (FLQ) und des Kriegsrechts, das ihre Rücksichtslosigkeit mit sich brachte, auf den gemeinen Straßen von Montreal der späten 1960er Jahre auf. Es war auch die Zeit, in der Danni ein Fan von Motorrädern wurde und davon träumte, eines Tages selbst eines zu fahren. Dannis Verbindung zur Bikerwelt reicht bis in ihre Kindheit zurück, als ihre Helden die berüchtigten Popeyes waren. Mitglieder des harten Motorradclubs Quebec – die ersten Kanadier, die zu den Hells Angels wechselten – waren Stammgäste in ihrer Nachbarschaft in Verdun. Für Danni waren die Popeyes Vorbilder und Verfechter der kleinen Leute, die in die fiese Separatistenbewegung verstrickt waren, die Kanada beinahe zerriss.

Die FLQ wurde Anfang der 1960er Jahre gegründet und galt weithin als Terrororganisation. Die Gruppe war für über 160 gewalttätige Vorfälle verantwortlich, darunter die Bombardierung der Börse von Montreal im Jahr 1969. Diese Angriffe gipfelten 1970 in der sogenannten Oktoberkrise, bei der der britische Handelskommissar James Cross und der Arbeitsminister von Quebec, Pierre Laporte ., entführt wurden wurde ermordet. Dieser Vorfall – sowie die Ermordung von acht weiteren – lösten in Quebec und dem Rest Kanadas Empörung aus. Um den FLQ einzufangen, berief sich der damalige kanadische Premierminister Pierre Trudeau am 19. Oktober 1970 auf das War Measures Act. Alle Bürgerrechte wurden im hauptsächlich französischsprachigen Quebec ausgesetzt und das Leben war für die Bevölkerung der Provinz unruhig und anstrengend. Es war auch der Anfang vom Ende für den FLQ und das Erwachsenwerden von Danni Stockley.

„Ich bin stolz auf mein französisches Erbe und liebe Quebec, aber ich wusste, dass meine Zukunft und ein besseres Leben außerhalb der Provinz liegen, also zog ich Anfang der Neunziger nach Toronto. Am Anfang war es ein kleiner Kulturschock und ich habe oft daran gedacht, wieder nach Hause zu ziehen. Ich bin im Herzen ein Quebecer, aber ich bin auch stolz darauf, Kanadier zu sein, und teile nicht die separatistische Sichtweise, die viele der Leute in Quebec hatten, als ich aufwuchs und immer noch unterschreibe. Es ist bis heute ein heikles Thema, dessen Dynamik man nur verstehen kann, wenn man in Quebec aufgewachsen ist. Den meisten ging es weniger um die Trennung vom Rest des Landes, sondern um den Erhalt ihrer kulturellen und sprachlichen Identität. Das war so ziemlich das einzig Gute, was dabei herauskam. Die Zeit des Kriegsrechts war eine beängstigende Zeit, besonders für die Kinder. Wir waren in einer politischen Krise gefangen, die wir nicht wollten, verstanden und über die wir keine Kontrolle hatten. Wir fühlten uns wirklich hilflos. Ironischerweise begannen in diesen Jahren die Outlaw-Bikerclubs wie die Popeyes in Quebec Fuß zu fassen und Teil des Straßenmosaiks zu werden“, sagte Danni.

„Trotz der übertrieben schlechten Presse, die sie von den Mainstream-Medien erhielten, waren Clubs wie die Popeyes ziemlich beliebt, denn sie unterstützten die einfachen Leute auf der

Straße. Sie waren Vorbilder für uns, weil sie sich dem System völlig widersetzten, ohne in etwas verwickelt zu werden, was sie für eine dumme Agenda der Provinzregierung von Quebec hielten. Die Regierung, die Polizei und die Soldaten, die mit Gewehren durch Montreal streiften, schüchterten sie nicht ein. Die Popeyes waren eine Macht für sich, die zahlenmäßig stark war und sich um ihre eigenen Angelegenheiten kümmerte. Überall, wo es geächtete Biker gab, fühlten sich die Leute tatsächlich sicher. In den Bikervierteln gab es keine Probleme. Sie sorgten immer dafür, dass die Kinder besondere Leckereien bekamen und gaben Essen an Leute, die weder das Geld noch den Ort hatten, um es zu kaufen. Es gab viele Engpässe und Nöte. Die Biker standen in vielerlei Hinsicht für Hoffnung und Mut. Zu dieser Zeit waren sie das Salz der Erde für Kinder wie mich und alle, die sich durch das politische Chaos, in dem sich Quebec befand, entrechtet fühlten."

Danni schreibt der Outlaw-Biker-Community aus dieser Zeit zu, dass sie sie inspiriert hat, nach vorne zu schauen, den Glauben zu bewahren, stark zu sein und ihre eigene Person zu sein. Sie wird nicht argumentieren, dass einige der Popeyes knallharte, asoziale Leute waren, aber wie viele der armen Landjungen oder entrechteten Stadtkinder in den Vereinigten Staaten, die in den 1920er und 30er Jahren zu Gangstern wurden, haben sie ihre nicht vergessen Wurzeln und half den normalen Leuten zu Hause, wann immer sie konnten.

Obwohl ihre Mutter Wanda seit den 1950er Jahren Motorradfahrerin war, fand Danni in dieser Zeit der politischen Unruhen eine echte Vorliebe für Fahrräder oder vielleicht mehr für das, was sie für sie darstellten. Als sie hörte, wie ein Fahrrad durch eine der Straßen des Viertels bombardierte, setzte sie das Geräusch mit einem Gefühl von Komfort, Kraft und Einheit gleich – es würden einer oder mehrere der Popeyes sein, die herumfahren und die Polizei und die Armee wissen lassen Biker waren die falschen Leute. Es bedeutete auch, kostenlose Tüten mit Chips, Schokoriegeln oder anderen Leckereien zu bekommen. Es waren die Biker, die Kindern wie Danni beibrachten, wie wichtig es ist, sich in der Nähe dieser Gentlemen zu verhalten, die so riesig aussahen, die die Waffen trugen, die durch die Straßen von Montreal gingen. Eine falsche Aktion, und die Soldaten wurden angewiesen, ihre Waffe zu richten und dann sogar zu schießen.

Die von den Popeyes projizierte Bruderschaft hinterließ bei Danni einen bleibenden Eindruck und es ist nicht verwunderlich, dass sie viele Jahre später die Schwesternschaft eines reinen Frauen-Motorradclubs suchte. Aber wegen der schlechten Presse, die die Popeyes und andere Quebecer Outlaw-Clubs erhielten – insbesondere nach der Gründung der Hells Angels in Montreal im Jahr 1978 und dem berüchtigten Massaker von Lennoxville im Jahr 85 – wurde jeder, der Motorrad fuhr, mit einer negativen Einstellung wahrgenommen, insbesondere von die Behörden. Das entdeckte Danni bald, als sie Jahre später mit dem eigenen Fahrrad begann.

„Die Polizei würde dich belästigen, wann immer sie könnte oder einfach nur Lust dazu hatte. Wenn sie dich auf der Straße in die entgegengesetzte Richtung sahen, machten sie eine Kehrtwende und hielten hinter dir, nur um dich einzuschüchtern. Sie markieren Ihr Nummernschild, folgen Ihnen eine Weile oder ziehen Sie einfach vorbei, außer um Ihren Führerschein, Ihre Registrierung und Ihre Versicherungsformulare zu überprüfen. Wer Motorrad fuhr, galt als Biker-Müll. Einmal wurde ich von einem Sattelschlepper auf der Champlain Bridge herausgebracht; Mein Fahrrad war ein Wrack und ich war verletzt und blutete. Nichts Lebensbedrohliches, ich war bei Bewusstsein und schlüssig und konnte sogar aufstehen, aber die Polizei, ein Beamter und eine Beamtin, tat nichts, um mich zu trösten und behandelte mich im Grunde wie Dreck. Es war, als ob ich selbst schuld wäre und ich verdiente, was ich bekam, weil ich Motorrad gefahren bin. Um die Verletzung noch schlimmer zu machen, drehte die Polizistin mir den Rücken zu, als ich ihr anbot, ihr die Hand zu schütteln, nur weil ich auftauchte und für die kleine Hilfe, die mir gegeben wurde, wie zum Beispiel einen Kranken- wagen zu rufen", sagte Danni.

Danni wurde in einer hart arbeitenden Familie mit sieben Kindern im Stadtteil Verdun im Süden von Montreal am St. Lawrence River geboren. Ihr Vater Owen war Koch in einem gehobenen Restaurant in Montreal, während ihre Mutter Wanda als Krankenschwester im Gesundheitswesen arbeitete. Danni war ein sehr aktives Kind und ein guter Schüler. Sie war von der Grundschule bis zur High School gut, aber ihre Ausbildung war nicht einfach. Im Alter von achtzehn Jahren verheiratet – mit Kevin, einem Biker aus der Nachbarschaft, der eine Norton fuhr – gebar Danni ein paar Jahre später einen Sohn, KJ. Obwohl es am Anfang einige harte Jahre gab, hat Danni als frisch verheiratete und junge Mutter durchgehalten und ihren Abschluss gemacht. Nicht nur das: Obwohl sie so jung geheiratet hat, verbindet sie und Kevin eine glückliche Verbindung und sind seit über dreißig Jahren verheiratet. Nach ihrem Abschluss an der York University, wo sie Englisch, Philosophie, Frauenwissenschaften und Soziologie studierte, erwarb sie einen Abschluss in Geisteswissenschaften. In den letzten zwanzig Jahren arbeitete sie für die Stadt Toronto als Freizeitsportlerin und schaffte Anreize für kognitiv beeinträchtigte Menschen, wie beispielsweise Alzheimer-Kranke. Demenz ist bekannt als der fortschreitende und langsame Rückgang, der aufgrund einer Schädigung des Gehirns eine kognitive Funktion hervorruft. Es ist eine Art von Krankheit, die das Gehirn infiziert. Demenz betrifft hauptsächlich bestimmte Bereiche des Gehirns, wie Sprache, Gedächtnis und Problemlösung. Die Krankheit kann die Fähigkeit einer Person, Kontakte zu knüpfen oder mit Menschen zu interagieren, stark beeinträchtigen. Danni, eine sehr kontaktfreudige und gesellige Frau, die Menschen mag, hätte keinen passenderen Beruf wählen können.

Danni ist die Tochter ihrer Mutter, die den Überlebensinstinkt und die Ausdauer ihrer Mutter sowie ihre Liebe zu Motorrädern geerbt hat. Wanda hatte in den 1950er Jahren damit begonnen, einen alten Clunker zu fahren, weil es für sie die billigste Art war, in und um den Großraum Montreal zu reisen. Dannis älterer Bruder Harold war der erste in der Familie, der mit dem Reiten begann, gefolgt von den Brüdern Daryl und Shawnee. Doch trotz ihrer eigenen Affinität zu Motorrädern und dem problemlosen Umgang mit ihren Söhnen wollte Wanda nicht, dass ihre Töchter Biker werden.

„Es war nicht so sehr die Tatsache, dass Mama nicht wollte, dass ihre Mädchen Motorrad fahren, wie sie es getan hatte, sondern wegen des Stigmas, das mit weiblichen Fahrern verbunden war. Frauen, die damals Motorrad fuhren, wurden entweder als Lowlife oder als Wildfang angesehen. Mom war natürlich nichts davon. Sie war eine fürsorgliche Dame, die Menschen liebte und ihnen half. Deshalb wurde sie Krankenschwester. Der Grund, warum sie mit dem Reiten angefangen hat, war rein ökonomisch. Autos waren teuer, Benzin auch, und damals verbrauchten Autos viel Benzin. Montreal ist eine große Stadt und je nachdem, wo man lebt, braucht man wirklich etwas, in dem man sich fortbewegen kann“, erklärte Danni.

„Meine Mama war schon vor ihrer Heirat reiten, aber für sie ging es nie wirklich um die Freiheit und den Wind in den Haaren und so. Es war, um zur Arbeit zu gehen, damit sie die Krankenpflegeschule besuchen konnte und später zur Arbeit ins Krankenhaus reiten konnte, wo sie eine Anstellung fand. Damals fuhren nur sehr wenige Frauen Fahrrad; sie galten als hardcore. Mama hat uns Mädchen immer gesagt, dass man, wenn man Motorrad fährt, beschriftet wird. Aber ich habe mich nicht um solche Dinge gekümmert. Ich war schon als Kind als Wildfang bekannt. Ich war sehr sportlich. Als Teenager habe ich im Sommer im Boys and Girls Club gearbeitet, um mir etwas dazuzuverdienen.

Ich habe eine Kindertagesstätte gemacht und alle sportlichen Aktivitäten wie Fußball und Baseballspiele organisiert. Ich war sehr sportbegeistert und hatte nichts gegen die Rauferei."

Während ihre Schwestern nie mit dem Motorradfahren begannen, entschied sich Danni 1994 schließlich, es auszuprobieren. Zu diesem Zeitpunkt hatte ihre Mutter ihren Widerstand gegen das Fahrradfahren ihrer Töchter aufgegeben. Wanda erkannte sich in Danni wieder und gab Danni ihren Segen, damit sie selbst erleben kann, wie es ist, ein Motorrad zu steuern. Und außerdem waren ihre anderen drei Töchter mit ihren Autos zufrieden. Obwohl Danni eine Harley wie die Männer haben wollte, zu denen sie in den Popeyes aufgeschaut hatte, redete ihr ihr lokaler Harley-Händler in Toronto davon ab und schlug ihr vor, mit einem kleinen Fahrrad anzufangen, um es sich auf zwei Rädern bequem zu machen und einige ernsthafte Meilen zu sammeln bevor Sie etwas Größeres in Betracht ziehen. Sie befolgte den Rat des Händlers, eines Kollegen aus Quebec, und kaufte sich einen 250er Honda.

Für Danni war es kein Problem, ein paar Kilometer auf ihrem Fahrrad zurückzulegen. Sie fuhr durch ganz Toronto und fuhr regelmäßig nach Hause, um ihre Familie in Montreal zu besuchen, eine einfache Fahrt von 505 Kilometern. Danni dachte sich, wenn sie den Stau in Toronto und den schnellen, unfallschweren Highway 401, der Toronto mit Montreal verbindet, auf einer 250er überstehen könnte, wäre sie bereit, etwas mit etwas mehr Leistung zu erreichen. Ein Jahr nachdem sie die Honda bekommen hatte, ging sie zurück zum Harley-Händler und kaufte das Motorrad, von dem sie träumte, eine Harley-Davidson. Sie hat sich eine Springer Softail von 1996 gekauft und fährt sie bis heute.

Nachdem sich Danni daran gewöhnt hatte, von Toronto nach Montreal hin- und herzufahren, suchte Danni nach anderen Langstreckenfahrten – eigentlich etwas länger – und reiste regelmäßig in die Vereinigten Staaten, um an einigen der Ostküsten-Rallyes wie Laconia in New teilzunehmen Hampshire und Americade in New York. Ihr erster großer Roadtrip führte sie von Toronto bis zu den Florida Keys, eine Strecke von über 1.500 Meilen (1.610 Kilometer). Aber erst bei den Rallyes lernte sie Mitfahrerinnen kennen. Sie war von Anfang an mit ihrem Mann Kevin und männlichen Freunden ziemlich gut gefahren und hat sich keine Gedanken über Bikerinnen gemacht. Aber als ihr klar wurde, wie viele Frauen tatsächlich zu den verschiedenen Rallyes fuhren, begann sie darüber nachzudenken, Fahrerinnen in ihrer Gegend zu finden und zu organisieren. Wenn Männer die Bruderschaft von Motorradclubs genießen könnten, warum nicht die Schwestern-schaft eines Frauenclubs erleben?

„Am Anfang bin ich nur mit den Jungs gefahren. Außer meiner Mutter kannte ich keine Frauen, die regelmäßig ritten. Aber als ich in die Szene kam, ritt meine Mutter nicht mehr. Mit den Jungs zu fahren war jedoch eine wirklich gute Erfahrung, und ich wurde nie etwas Negatives ausgesetzt, außer ein paar Witzen über Bikerinnen, aber alles hat Spaß gemacht. Ohne Zweifel, wenn ich erfahrene Fahrerinnen gekannt hätte, hätte ich viel von ihnen gelernt. Aber ich glaube nicht, dass ich der Biker geworden wäre, der ich heute bin, wenn nicht die Männer gewesen wären, mit denen ich gefahren bin. Sie behandelten mich wie einen von den Jungs. Es war wie, du willst Biker werden und mit uns fahren, okay, aber erwarte nicht, dass wir dich verhätscheln und pflegen", sagte Danni.

„Es gab kein Jammern oder Jammern oder Tränen, wenn es hart auf hart kam, wie es manchmal bei langen Autofahrten der Fall ist. Vor allem Dinge wie ein mechanisches Problem mit Ihrem Fahrrad, die Weiterfahrt zu Ihrem Ziel bei jedem Wetter oder nicht an jeder Tankstelle auf dem Weg zur Toilette anzuhalten. Sie haben mir nicht nur beigebracht, wie man ein guter Fahrer ist, sondern ein Biker im wahrsten Sinne des Wortes. Ich denke, man könnte sagen, dass ich eine ziemlich dicke Haut gewachsen bin. Sie haben mich abgehärtet. Das heißt nicht, dass ich ein Höllenaufsteiger wurde, sondern nur eine Biker-Küken, die ihre Gebühren bezahlt hatte. Einige der Jungs brachten ihre Frauen oder Freundinnen als Passagiere mit, und ich genoss immer die weibliche Gesellschaft und wünschte mir, sie wären auch mit ihrem eigenen Fahrrad unterwegs. Ich fand es immer spannend, unterwegs und bei diversen Events Mitfahrerinnen zu treffen. Sie strahlten eine gewisse Leidenschaft aus, nicht nur für das Reiten, sondern für das Leben im Allgemeinen. Sie besaßen einen Abenteuer- und Entdeckergeist, den man normalerweise nicht mit der Dame von nebenan in Verbindung bringt. Meistens fühlte ich mich sofort mit diesen Frauen verbunden, eine Schwesternschaft."

Zu Dannis angenehmer Überraschung bekundeten einige der Frauen, die sie kannte und andere, die sie in ihrem täglichen Leben traf, ihr Interesse an einem Motorrad. Das lag zweifellos auch an Dannis ansteckender Liebe und Begeisterung für den Biker-Lifestyle. Die Frauen waren voller Fragen und in vielen Fällen falsch informiert worden. Danni merkte schnell, dass es wirklich nicht viele Informationen oder Vorbilder gab, um das Motorradfahren von Frauen voranzubringen. Sie kam auf die Idee, über den Lebensstil aus der Perspektive einer Frau zu schreiben und anderen Frauen Ratschläge für den Einstieg zu geben usw. Sie wandte sich an einige Motorradmagazinverlage, entdeckte jedoch bald, dass sie in die Männerwelt eintrat. Als ein Verleger ihr dies erzählte, teilte sie ihm höflich mit, dass er keinen Kontakt mehr habe und es nicht mehr lange dauern würde, dass Frauen, die Motorrad fahren, genauso alltäglich werden wie Männer, die Motorrad fahren.

Was damals der Anfang vom Ende für Dannis motojournalistische Ambitionen hätte sein können, wurde stattdessen zum Anfang. Obwohl sie von den meisten Motorrad-Medienleuten den Ansturm bekam, bat der zukunftsorientierte Herausgeber des *The Riders Mag*, J. R. MacRae, sie, einige Artikel einzureichen. Sobald sie es tat, akzeptierte er sie sofort als beitragende Autorin – die erste Frau in Kanada, die einen festen Job als Motorradschreiberin bekam. Jetzt, etwa acht Jahre später, schreibt Danni immer noch für das Magazin und hat ihre eigene Kolumne „Danni's Times". Außerdem schreibt sie regelmäßig für das kanadische E-Zine *Belt Drive Betty*, das unter www.beltdrivebetty.com verfügbar ist. Obwohl sich *The Riders Mag* hauptsächlich auf die kanadische Harley-Davidson-

Motorradfahrer-Community konzentriert, ist es voller Informationen, die auch von Nicht-Harley-Fahrern verwendet und genossen werden können, bemerkte Danni.

„Ich bin Harley-Fahrer, aber kein Harley-Snob. Es war nie meine Absicht, nur Harley-Davidson-Motorräder und alles, was damit zusammenhängt, zu promoten. Ich glaube nicht daran, diese Nachricht zu generieren. Mein Ziel war es immer, die Botschaft zu vermitteln, dass es eine Motorradfahrer-Community gibt und dass Frauen ein wichtiger Teil davon sind. Ich habe die Erfahrung gemacht, dass manche Frauen denken, dass sie eine Harley fahren müssen, um ein richtiger Biker zu sein. Also geben sie die Idee des Fahrens auf, entweder weil sie sich keines leisten können oder immer noch an die Vorstellung glauben, dass nur böse Jungs Harleys fahren. Ich sage diesen Damen, dass das Fahrrad nicht die Frau macht – die Frau macht das Fahrrad. Ich sage ihnen, dass sie das Rad fahren sollen, das sie sich erstens leisten können und sich zweitens damit und weiter am wohlsten fühlen. Egal was du fährst, solange du fährst, sage ich. Vergessen Sie die Stereotypen und die Modenschau. Wenn Sie zwei Räder haben und wissen, wie man damit umgeht, sind Sie ein Motorradfahrer. Ich habe mich auf meiner kleinen Honda genauso als Biker gesehen wie auf meiner Softail", sagte Danni.

Als Mitwirkende für *The Riders Mag* begann Danni, den Stand der Veröffentlichung auf Motorradmessen zu bearbeiten, darunter die International Motorcycle Supershow in Toronto – die als Nordamerikas größte Motorradmesse gilt –, wo sie nicht nur für das Magazin Werbung machte, sondern auch das Frauenmotorrad lobte. Die positive Reaktion, die sie erhielt, veranlasste sie, ihre Kampagne noch einen Schritt weiter zu führen; 2005 gründete sie das Chapter Central Ontario der in den USA ansässigen Chrome Divas. Sie hatte sich geschlossen! Sie hatte ihre Erinnerungen an die Bruderschaft der Popeyes in die Schwesternschaft von Bikerinnen übertragen, an die sie schon lange gedacht hatte. Es ist Dannis Absicht, das Wachstum von Damen-Reitclubs von Küste zu Küste in Kanada zu fördern. Obwohl sie in Ontario lebt und hauptsächlich in dieser Provinz aktiv ist, möchte sie, dass die Kundgebungen von Frauen im ganzen Land stark werden. Sie betrachtet die Kundgebungen zwischen den Provinzen nicht nur als eine großartige Möglichkeit, das Land aus der Nähe eines Motorrads zu erleben, sondern auch als eine Möglichkeit für Frauen, die Gastfreundschaft jeder Provinz zu genießen. Dazu gehört natürlich auch die frankophone Kultur ihres geliebten Quebec.

Wie alle Fahrradclubs haben die Chrome Divas in Central Ontario eine Agenda, um Spenden für Wohltätigkeitsorganisationen und andere öffentliche Sensibilisierungsziele zu sammeln. Die meisten gemeinnützigen Bemühungen der Central Ontario Chrome Divas gehen an die Canadian Breast Cancer Foundation oder Prostate Cancer Canada. Danni selbst hat bereits eine Reihe von Frauenfahrten zu beliebten Biker-Rallye-Zielen in Ontario wie Dover und Wasaga Beach und Gananoque in Quebec organisiert und mitorganisiert.

„Im Laufe der Jahre habe ich in der kanadischen Motorradwelt der Frauen allein aufgrund meiner Aktivitäten in dieser Welt einiges an Glaubwürdigkeit gewonnen. Darauf bin ich stolz, denn es bedeutet, dass ich einen Unterschied mache. Ich denke, man könnte sagen, ich bin ein Teil der Lösung, nicht das Problem. Manche Leute nennen mich Motorrad-Botschafterin für Frauen und das finde ich schmeichelhaft, aber alles, was ich wirklich getan habe und tue, ist, meine Leidenschaft für den Motorrad-Lifestyle und die vielen Vorteile und Freuden, die er bietet, öffentlich zu teilen. Jeder, der Fahrrad fährt, weiß, was er ist. Ich möchte nur, dass möglichst viele Frauen, die sich auch nur im geringsten fürs Motorradfahren interessieren, entdecken, was es damit auf sich hat. Ich weiß, dass wir in unserer Gesellschaft immer Leute in Schubladen stecken und Unterschiede machen, also ja, wir haben Bikerinnen und Bikermänner", erklärte Danni.

„Aber am Ende sind wir alle gleich, wir sind nur Biker, wir sind nur Menschen. Wir sind Menschen mit Familie und Beruf, Träumen und Ambitionen. Leider habe ich mit dem Reiten einige Freundinnen verloren, weil sie dachten, ich gehöre plötzlich nicht mehr dazu. Aber das liegt nur daran, dass sie es nicht verstehen und Motorräder mit den Hells Angels assoziieren. Sie lesen Dinge in der Zeitung oder sehen Dinge im Fernsehen, was in vielen Fällen Motorräder mit Motorradgangs gleichsetzt, und sie glauben all das. Am Ende hatte meine Mutter also recht, ich wurde ‚gelabelt‘. Aber das ist in Ordnung. Ich genieße meine Härte als Motorradfahrer, aber das führt nicht zu Aggressivität. Es bedeutet nur, dass ich weiß, wie man mit einem Motorrad umgeht. Zum Beispiel weiß ich, wie man einen aufhebt, wenn ich einen fallen lasse. Ich bin stolz auf meine Weiblichkeit und genieße sie auch. Ich sehe mich als moderne Frau, die für ihre Familie, ihren Beruf und das Motorradfahren lebt. Ich bin stolz sagen zu können, dass ich zur Biker-Community gehöre.“

Über Die Autoren

Edward Winterhalder ist ein US-amerikanischer Fernseh-produzent, der weltweit Programme über Motorradclubs und den Lebensstil von Outlaw-Bikern für Fernsehsender und Rundfunkanstalten produziert hat. Er ist Autor von fünfzehn Büchern über Motorradclubs und die Outlaw-Biker-Kultur, die auf Niederländisch, Englisch, Französisch, Deutsch, Japanisch und Spanisch erschienen sind. Außerdem ist er Sänger, Songwriter, Musiker und Plattenproduzent, Drehbuchautor und ehemaliger Outlaw-Biker.

Winterhalder hat Dokumentarfilme, Episoden und Segmente für Fernsehsendungen wie *Living On The Edge, Gangland, Outlaw Bikers, Gang World, Iron Horses, Marked, One Percenters, Biker Chicz* und *Recon Commando: Vietnam*; und er ist der Schöpfer und ausführende Produzent der Fernsehserien *Quebec Biker War, Steel Horse Cowboys, Real American Bikers* und *Biker Chicz*.

Als prominentes Mitglied des Bandidos-Motorradclubs von 1997 bis 2003 und Mitglied von 1979 bis 1996 war er maßgeblich an der weltweiten Ausbreitung der Organisation beteiligt und wurde damit beauftragt, die Aufnahme der Rock Machine in die Bandidos während des Quebec Biker War zu koordinieren - ein Konflikt, der mehr als 160 Menschen das Leben kostete.

Winterhalder, der seit fast dreißig Jahren mit Motorradclubs und Outlaw-Bikern in Verbindung gebracht wird, war bereits auf Fox News (O'Reilly Factor with Bill O'Reilly & America's Newsroom), CNN, Bravo, Al Jazeera, BBC, ABC Nightline, MSNBC News Nation, Good Morning America, History Channel, Global, National Geographic, History Television, AB Groupe und CBC zu sehen.

Wil De Clercq lebt in St. Catharines, Ontario, und hat als freiberuflicher Autor und Redakteur, als bildender Künstler und in so unterschiedlichen Bereichen wie Abbruch, Handelsmarine,

Kunstlackierung, Werbetexterstellung sowie Film und Fernseh-produktion gearbeitet. Seit mehr als 35 Jahren ist er eine dynamische Kraft in der Welt des Motorradjournalismus.